CHARLES W. MOORE

WILLIAM J. MITCHELL

Die POETIK der GÄRTEN

WILLIAM TURNBULL JR.

ARCHITEKTONISCHE INTERPRETATIONEN
KLASSISCHER GARTENKUNST

Aus dem Englischen
von Anton Maria Belmonte

Birkhäuser Verlag
Basel · Berlin · Boston

EDITION ARCHIBOOK

Die englische Originalausgabe erschien 1988 unter dem Titel «The Poetics of Gardens»
bei MIT Press, Cambridge, Massachusetts, USA
© 1988 Massachusetts Institute of Technology

CIP-Titelaufnahme der Deutschen Bibliothek

Moore, Charles:
Die Poetik der Gärten : architektonische Interpretationen klassischer Gartenkunst /
Charles W. Moore ; William J. Mitchell ; William Turnbull Jr.. Aus d. Engl. von Anton
Maria Belmonte. – Basel ; Berlin ; Boston : Birkhäuser, 1991
    (Edition Archibook)
    Einheitssacht.: The poetics of gardens
    ISBN 3-7643-2442-2
NE: Mitchell, William J.; Turnbull, William:

Das Werk ist urheberrechtlich geschützt. Die dadurch begründeten Rechte, insbesondere
des Nachdruckes, der Entnahme von Abbildungen, der Funksendung, der Wiedergabe
auf photomechanischem oder ähnlichem Wege und der Speicherung in
Datenverarbeitungsanlagen bleiben, auch bei nur auszugsweiser Verwertung,
vorbehalten. Die Vergütungsansprüche werden durch die «Verwertungsgesellschaft
Wort», München, wahrgenommen.

© 1991 der deutschsprachigen Ausgabe: Birkhäuser Verlag Basel
Printed in Germany
ISBN 3-7643-2442-2

VORWORT

Alle lebenden Geschöpfe, so auch der Mensch, haben eine Reihe von Grundbedürfnissen; sie wollen atmen, essen, sie wollen sich fortpflanzen, und sie haben das Bedürfnis nach einer Behausung, nach einem ausgegrenzten, eigenen Teil der Welt. Vögel stecken ihren Lebensraum akustisch ab, sie markieren die Grenzen ihres Territoriums mit Gesang. Wölfe machen den Anspruch auf ein bestimmtes Revier durch Geruchsmarken deutlich. Der Mensch hat seit seinem ersten Auftreten auf der Erde darum gekämpft, Lebensräume zu finden oder zu gewinnen, zu behaupten oder zu erweitern, oft unter Einsatz des Lebens. Glückliche Eroberungen wurden mit Gesängen gepriesen, mit dem Bau von Burgen und Schlössern gefestigt und, wenn Zeit und Ort besonders günstig waren, durch die Anlage von Gärten gekrönt. Dann wurden Bäche, Bäume und Sträucher, die Blumen des Feldes, Steine und Felsen zusammengetragen und neu – oder in Erinnerung an etwas anderes – zusammengestellt. Gärten sind Ausdruck eines erweiterten Selbst auf dem Antlitz der Erde. Dieses Buch ist geschrieben für Menschen, die solche und ähnliche Gedanken hegen.

Im elften Jahrhundert, gegen Ende der Heian-Zeit, erschien am japanischen Kaiserhof das Gartenlehrbuch *Sakuteiki*. Darin hat ein Adliger, dessen Namen wir nicht kennen, die Regeln der Gartenbaukunst niedergeschrieben. Seine ersten Ratschläge sind einfach: Beginne damit, Land und Gewässer und ihre Lage zueinander zu erfassen; studiere die Arbeit der Meister aus der Vergangenheit; rufe dir alle Orte ins Gedächtnis, deren Schönheit du bewunderst; gehe an die Stelle, die du ausgesucht hast, laß deine Erinnerung sprechen und gestalte den Ort nach den Eindrücken, die dich am meisten bewegt haben.

Im Sinne des Sakuteiki sagen wir als erstes, daß die Regeln für das Anlegen von Gärten universell gültig sind. Nichts ist nützlicher, als berühmte Gärten zu erkunden, Gärten in anderen Ländern, in anderem Klima, Gärten aus anderen Zeiten, Gärten, angelegt von Menschen, die ganz verschieden von uns sind, und nichts ist sinnvoller, als ihre Regeln kennenzulernen und ihre Bilder, Düfte, Geräusche einzusammeln und in eine neue Ordnung zu bringen, die für uns einen Sinn hat, auch wenn wir dabei verdichten oder verstümmeln oder verkleinern müssen, damit unser Garten entstehen kann. (Der wahrscheinlich immer kleiner wird, je mehr Menschen die Erde bevölkern.)

Wir beginnen damit, alle Eigenschaften des Ortes zu entdecken, die in die Anlage unseres Gartens eingehen können: die natürliche Verteilung von Land und Gewässer, die vorhandenen Pflanzen und die Möglichkeiten ihrer

Kultivierung, die umgebenden Bauten und ihre Architektur. Wie liegt der Ort zur Sonne, zum Wind, zu den Sternen? Wie verlaufen Tageszyklen und Jahreszeiten? Wie verbindet er sich mit den Erinnerungen an vergangene Erlebnisse und ferne Orte?

Selbst der schönste Platz in der Natur ist noch kein Garten, wie bezaubernd wir ihn auch finden. Zum Garten wird er erst, wenn wir ihn mit eigenen Händen formen und mit unseren Träumen erfüllen. Wir wollen die Schritte bedenken, die ein Stück Natur zum Garten machen: der Boden wird geformt, Räume werden voneinander abgegrenzt durch Mauern und Dächer, sie werden verbunden durch Wege und kleine Bauten. Wir bewässern und pflanzen und hegen und pflegen. Wir weben Muster aus Namen und Bildern und Erinnerungen und nehmen den Ort rituell in Besitz. (An dieser Stelle soll angemerkt sein, daß in diesem Buch keine praktischen Gartentips gegeben werden. Wir fragen uns nur, wie Orte durch Eingriff und Ritual ihren unverwechselbaren Charakter erhalten.)

Um dahin zu kommen, werden wir eine Reihe von Parks und Gärten vorstellen. Ihre Beschreibung ist nicht als Bündel vergnüglicher Impressionen zur Erbauung des Lesers gedacht, sondern als vielseitige Quelle, als Goldmine, die es auszubeuten lohnt, aus der sich Material, Formen, Bezüge und Ideen zutage fördern lassen. Diese Beschreibungen sind das eigentliche Herzstück des Buches. Wir bilden jeden Ort sorgfältig ab, die meisten in axonometrischer Zeichnung, leiten den Leser hindurch, erzählen von der Geschichte und untersuchen die Muster und Ideen, die als unverzichtbare Anregungen in die Gartenbaukunst eingegangen sind. Im Lauf der Zeit wurden in den verschiedenen Kulturkreisen ganz unterschiedliche Gartenideen verwirklicht. Deswegen spannen unsere Beispiele den Bogen vom alten Rom zum heutigen England, vom Hof Ch'ien Lungs bis zu Walt Disneys Zauberwelt, von Klöstern auf den Höhen des Himalaya bis zur Sträflingskolonie Botany Bay am Strand von Sydney.

DANKSAGUNG

Maya Reiner hat dieses Buch mit ihren großen axonometrischen Zeichnungen bereichert. Andere Zeichnungen stammen von Julie Eizenberg, Leon J.N. Glodt, Hank Koning, Regina Maria Pizzinini und Barbara Russell. Die Genehmigung zum Nachdruck des Bildes von J.M.W. Turner *Petworth Park: Tillington Church in the Distance* gab die Tate Gallery, London. Die Reproduktion der Szenen des Yuan Ming Yuan in Peking erfolgt mit Genehmigung der Bibliothèque Nationale, Paris; die Übersetzung der Bildtitel aus dem chinesischen Original ins Deutsche besorgte Andreas Pigulla. Der Pflanzplan für Rousham von William Kent wird mit Erlaubnis von *Country Life* veröffentlicht, Claude Lorrains *Küstenlandschaft zu Delos mit Äneas* mit Erlaubnis der National Gallery in London. Die heitere Atmosphäre im Gästehaus von G.M. Butt in Nasim Bagh in Kaschmir regte uns zum ersten Entwurf dieses Buches an. Debra Edelstein vom Verlag MIT-Press redigierte liebevoll die letzte Fassung der englischen Ausgabe, und Rebecca Daw fügte Text und Bilder in einem eleganten Layout zusammen.

INHALTSVERZEICHNIS

1
GENIUS LOCI

SHAN UND SHUI 12
GOTT UND KAIN 17
SONNE UND SCHATTEN 19
ERINNERUNG UND
ERWARTUNG 20

2
Am ZEICHENBRETT des PLANERS

DEN ORT IN BESITZ NEHMEN 32
DIE SPIELREGELN WERDEN
FESTGELEGT 34
RÄUME GESTALTEN 37
Die Erde formen 37
Den Boden bedecken 38
Wahrzeichen setzen 40
Grenzen ziehen 41
Flächen einfrieden 42
Dächer aufsetzen 44
Öffnungen schaffen 44
Verbindungen herstellen 45

DAS EIGENE KLIMA SCHAFFEN 46
Bewässerung und Drainage anlegen 46
Belichten und Beleuchten 48
Wärmen und Kühlen 49
Düfte verbreiten 50
Mit Klang erfüllen 51

LEBEN SCHENKEN 52
Bepflanzen 52
Bevölkern 53
Möblieren 54
Benennen 54
Wohnen 56

3
ORTE der VERGANGENHEIT

• SZENENBILDER •
ULURU 63
RYOANJI 69
DIE PARKS VON
CAPABILITY BROWN 71
ISOLA BELLA 78
BALI 82

• SAMMLUNGEN •
DEATH VALLEY:
DAS TAL DES TODES 93
DIE SAMMLUNGEN
DREIER REICHE 94
DER SOMMERPALAST 105
KATSURARIKYU: EIN
KAISERLICHER PALAST 110
SISSINGHURST 116
BOTANISCHE GÄRTEN 123

• PILGERWEGE •
AMARNATH 130
LAMAYURU 133
ROUSHAM 136
STOURHEAD 148
VILLA LANTE 155
STADTGÄRTEN, GARTENSTÄDTE:
ISFAHAN UND BEIJING 159

• MUSTER •
DIE SYMMETRIE
DES RAM BAGH 170
DIE WASSER VON KASCHMIR 174
SCHALIMAR BAGH 182
NISCHAT BAGH 186
DIE GRABPALÄSTE DER MOGULN 187
DIE ALHAMBRA 202
DER GENERALIFE 207
VAUX-LE-VICOMTE 210
STUDLEY ROYAL 215

ANMERKUNGEN 219
BIBLIOGRAPHIE 220
INDEX 222

1

Narren hasten,
Kluge warten,
Weise gehen in den Garten

Rabindranath Tagore

GENIUS LOCI

Orte lassen sich lesen wie Gesichter, sagten die Römer. In beiden offenbarte sich ihnen die Seele. Jeder Ort, wie jeder Mensch, besaß für sie einen individuellen Genius, der beim Betrachten offenkundig wird, wenn auch gelegentlich als Schlange.

Nach alter chinesischer Erkenntnis über das Wesen des Windes *(feng)* und des Wassers *(shui)* wird die Erde durchweht vom Odem der Natur. Bodenformen verraten die Anwesenheit blauer Drachen (als Ausdruck des männlichen Prinzips) und weißer Tiger (des weiblichen Prinzips). Günstige Orte für Häuser oder Gärten finden sich dort, wo die verschiedenen Strömungen, die sie verkörpern, einander kreuzen. Die Kunst des *feng-shui* (des Lesens der Drachenlinien) besteht, ähnlich wie in der Akupunktur, darin, genau den richtigen Punkt zu treffen.

Im England des achtzehnten Jahrhunderts richtete Alexander Pope an seinen Auftraggeber und die Gartenenthusiasten seiner Zeit folgenden Rat:

Befrage den Genius loci in allem,
Der läßt die Wasser steigen und fallen...

Schon damals waren die Schlangen und Drachen und Tiger nur mehr Anspielung und Metapher. Der humanistisch gebildete, auf die Gesetze der Natur vertrauende Engländer richtete sein Augenmerk nunmehr auf die ihr immanenten Kräfte, die nach Vollkommenheit streben, aber durch unglückliche Zufälle von ihrem Weg abgelenkt werden können. Den Genius loci befragen hieß den Versuch machen, die einem Ort innewohnende Vollkommenheit zu erkennen und ihr, falls notwendig, durch unmerkliches Eingreifen zur Entfaltung zu verhelfen.

Um die zweite Hälfte des achtzehnten Jahrhunderts beginnt sich die Einstellung ein wenig zu ändern. Man betrachtet die Natur und die ihr innewohnenden Kräfte allmählich auch unter dem Aspekt ihrer Verwertbarkeit. Der wichtigste Landschaftsgärtner dieser Epoche war Lancelot Brown. Er sprach so oft von der *capability,* dem Potential des ihm anvertrauten Geländes, daß es ihm schließlich den Spitznamen *Capability Brown* eintrug.

Heute sprechen wir viel aggressiver von *Eingriffen* in die Landschaft. Das Potential eines Geländes wird erkundet und vermessen, und dann geht man daran, Mutter Natur kalten Herzens zu vergewaltigen, nicht ohne im voraus kalkuliert zu haben, wieviele Schläge und Stöße die alte Dame wohl aushalten könne.

Gemeinsam ist diesen Metaphern und Mythen die Erfahrung, daß jeder Ort seine besonderen Eigenheiten besitzt, die sich ausdrücken in Stein und Fels, Wasser und Land, Blatt und Blüte, Sonne und Schatten, in Lauten, Lüften und Düften und in der Architektur, die ihn umgibt. Wem es gelingt, dies zu erkennen und im Sinne einer formalen Ordnung oder einer verfeinerten Natürlichkeit weiterzuentwickeln, der beginnt mit der Schöpfung – seines eigenen Gartens.

SHAN UND SHUI

Shan und *Shui*

Regen und Regenwolken

Das chinesische Wort für «Landschaft» wird mit zwei Zeichen geschrieben, die sowohl einen elementaren Gegensatz als auch eine Zusammengehörigkeit darstellen: *shan* steht für Berg, *shui* für Wasser. Die harten, steil aufragenden Formen der Berge stehen als *yang* gegen das nachgiebige, anpassungsfähige Wasser *yin*. Das eine formt das andere. Das Wasser wird von den umgebenden Bergen umschlossen und in Bäche und Wasserfälle, Ströme und Seen gezwängt; doch das fließende Wasser trägt die Berge ab und höhlt die Felsen aus. Das Gleichgewicht zwischen Shan und Shui prägt den Charakter eines jeden Ortes während einer bestimmten geologischen Epoche.

Westsee, Hangzhou

Spiegelndes Wasser, Insel im Westsee

Stromschnellen

Gischt und Brandung, Pazifik

Gipfel und Grate, ganze Bergketten, aber auch Inselberge stehen für Yang. Statt der Gipfel können es Schichtstufen und Hochflächen sein, die sich wieder auflösen zu Tafelbergen und Inselbergen. Sie werden begrenzt von Hängen oder Steilwänden oder Terrassen. An den Rändern und Gipfeln der Erhebungen finden wir manchmal Plätze von besonderem Zauber und bestücken sie mit Brüstungen und Aussichtspunkten. Berge verkleinern sich zu Hügeln und Hügelchen, zu Kuppen und Höckern; sie verwandeln sich in steile Klippen oder sanfte Wellen; sie zerbrechen und werden zu Felsblöcken, Steinen, Kieseln, Kies und Sand. Zu den Bergen gehören die Täler. Je nach

yang: Geländeformen

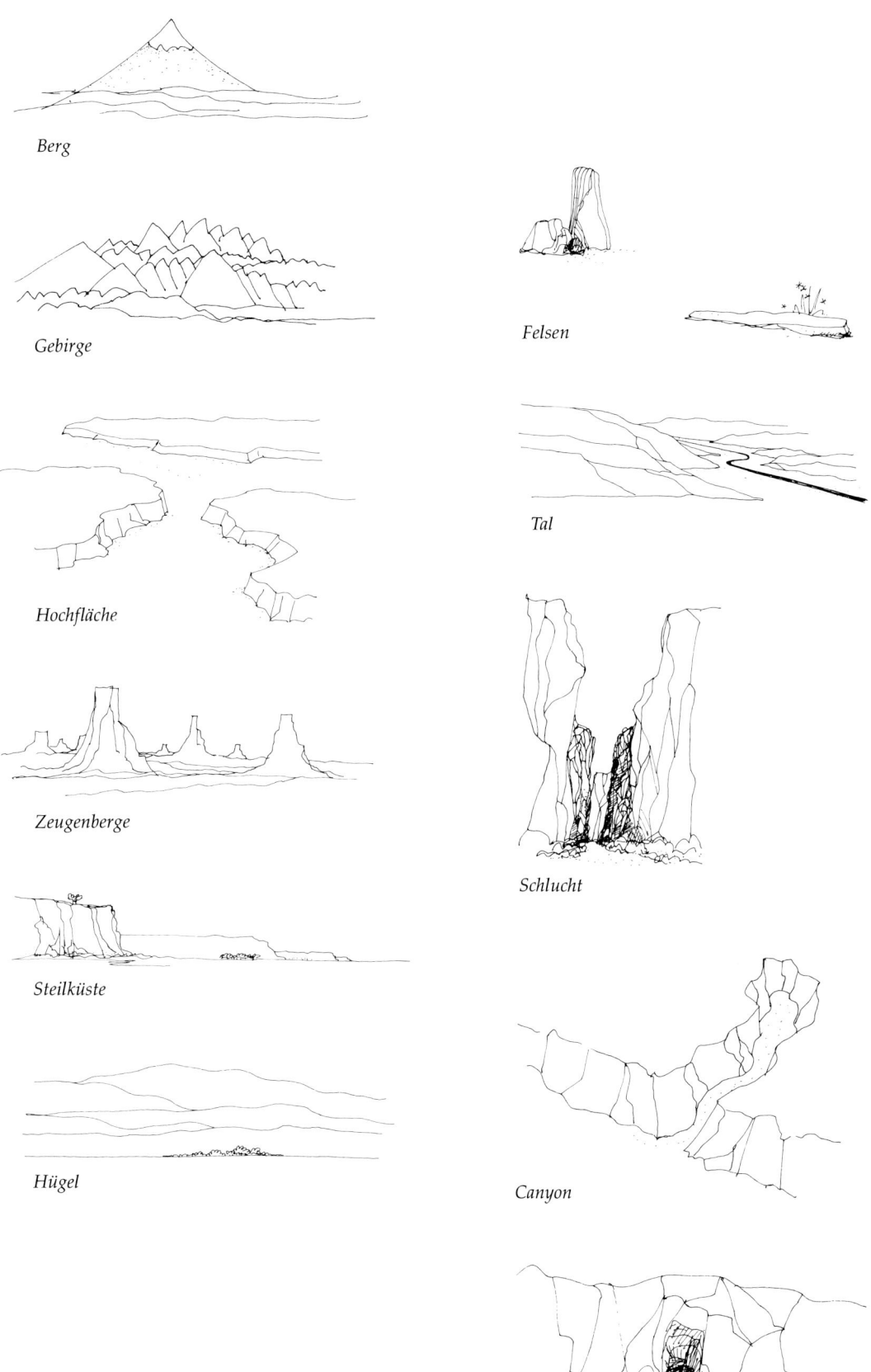

Berg

Gebirge

Hochfläche

Zeugenberge

Steilküste

Hügel

Felsen

Tal

Schlucht

Canyon

Höhle

13 · GENIUS LOCI

yin: Gewässerformen

Bach

Fluß

See

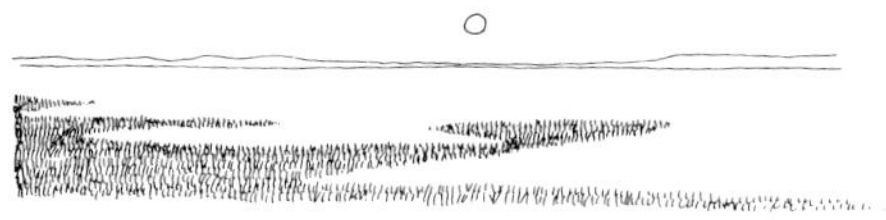

Sumpf

Meer

Form und Größe heißt ein Tal Schlucht, Klamm, Canyon, Mulde, Senke. Tiefer in die Erde gehen Löcher, Grotten, Kavernen und Höhlen. Wo es flacher wird – ganz eben kann es nie werden, wenn das Wasser fließen soll, entstehen Ebenen, Auen, Prärien und Steppen.

Das Wasser des Ortes, als solches noch ohne Form, läßt *yin*-Formen in Erscheinung treten, die den Landformen gegenüberstehen und gemeinsam mit ihnen ein Ganzes (*yin-yang*) bilden. In den Tälern sammelt sich das Wasser zu Rinnsalen, Bächen, Flüssen und Strömen. An Höhenunterstufen bilden sich Stromschnellen und Wasserfälle, in Vertiefungen bleibt das Wasser stehen und bildet Pfützen, Lachen, Tümpel, Teiche und Seen. Ihre Ränder heißen Ufer, Strand oder Küste; sie stülpen sich nach innen als Bucht und Busen, und zwei davon erzeugen eine Landenge, einen Isthmus; oder sie springen nach außen und werden zur Landzunge, Halbinsel, Nehrung, Landspitze oder zum Kap. Die Ränder werden bebaut mit Brücken, Dämmen, Deichen, Molen und Kais. Land und Wasser können einander durchdringen zu Marsch und Mangrove, Sumpf, Moor und Morast. Das Wasser umschließt Sandbänke, Eilande, Inseln und Archipele.

Ist die Wasseroberfläche glatt und ruhig, dann spiegelt sich der Himmel in ihr, und seine Tiefe bricht die ebene Fläche des Bodens auf. Als Kinder waren wir fasziniert von Pfützen, in denen sich die Wolken spiegelten und die Tiefe des Wassers ins Unermeßliche steigerten. Dieses Motiv bestimmt die Anlage eines ganz besonderen Gartens auf einer winzigen Insel im Westsee von Hangzhou. Die gekräuselte Oberfläche des Sees macht jede Reflexion zunichte und betont die Abgeschiedenheit der Insel vom fernen Ufer. Doch mitten auf der Insel befinden sich kleine Teiche. In ihrer spiegelglatten Oberfläche fängt sich der Mond, als schiene er aus ergründlicher Tiefe.

Mancher Ort empfängt seinen besonderen Zauber aus der unsichtbaren Nähe des Grundwassers. In der kalifornischen Wüstenlandschaft erscheinen unerwartet Disteln, Wüstengras und, schon von weither erkennbar, Baumgruppen mit Eichen und zeigen einen unterirdischen Wasserlauf an. So deuten Merkmale der Oberfläche auf die darunterliegende Struktur, ähnlich wie die gemeißelten Ornamente auf die Entstehungszeit einer mittelalterlichen Kathedrale hinweisen. Schon die Nabatäer bauten in der Wüste Negev lange, niedrige Steinmauern, die sich kaum über den Boden erhoben. Damit leiteten sie das abfließende Wasser der seltenen Regenfälle auf ihre Felder und in ihre Gärten. Dort blieb es dann noch lange feucht, dank des im Boden gespeicherten Wassers, grüne Inseln in der längst wieder verdorrten Wüste. Die heutigen Bewohner der Negev haben diese Kunst wiederentdeckt. Sie sammeln das ablaufende Wasser zwischen den trostlosen Hügeln der Wüste an bestimmten Punkten, an denen sogar Eukalyptushaine überleben. Die aride iranische Hochebene ist durchzogen von einem Netz unterirdischer Kanäle, *Kanats* genannt. In ihnen fließt, vor Verdunstung geschützt, Wasser aus den Bergen im Norden. An der Erdoberfläche, am besten aber aus dem Flugzeug, geben sie sich als Kette von Brunnen zu erkennen. An solchen Stellen beginnt die Besiedlung, entstehen Felder und Gärten.

Durch viele Jahrtausende erschien den Menschen das lebenspendende Wasser als Wunder, ob es nun als Regen vom Himmel fiel oder als Quelle aus der Erde sprudelte. Es war nicht schwer zu erkennen, daß alles Wasser früher oder später zum Meer strömte. Doch schwerer fiel es, sich vorzustellen, wo es

Natürliche Kompositionen aus Land und Wasser

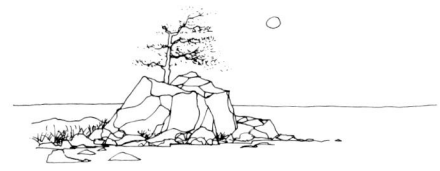

Insel

Archipel

Wasser gibt der ebenen Fläche Tiefe

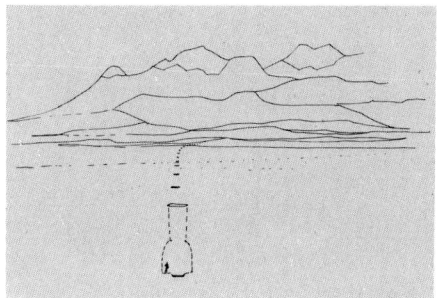

Wasserstollen in der Wüste: Kanats

Oase

Paradiesgarten

Bergbach

Linear angelegter Gebirgsgarten mit Wasserfall (Mogulgarten)

herkam. Erst im achtzehnten Jahrhundert wurde der Kreislauf aus Verdunstung und Niederschlag ausführlich beschrieben und als gelöstes Rätsel voller Überschwang in der Fontana di Trevi versinnbildlicht. Immer waren Quellen und Brunnen, aber auch Berggipfel, die das lebenspendende Naß zu Tal senden, mit der besonderen Aura von Wunderkraft und Geheimnis umgeben. Aus ihnen entsprang nicht nur die praktische Möglichkeit, Land urbar zu machen und zu bebauen, sie waren auch der symbolische Ursprung für jeden Garten.

In trockenen Ländern erscheint Wasser nur als Quelle oder als Brunnen. Gärten, deren Existenz vom Wasser abhängt, entwickeln sich deshalb um

Grüne Landschaft in feuchtem Klima

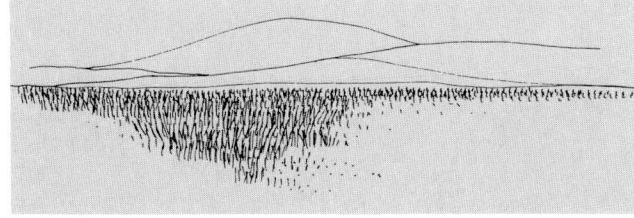

Pflanzenteppich bedeckt den Boden

Brunnen und Quelle herum. Radial angelegt, sind sie dichtbewachsene, symmetrisch auf ihren kühlen, schattigen Mittelpunkt ausgerichtete Oasen. Die ummauerten Gärten Irans sind das beste Beispiel dafür. Wird der Garten entlang eines Baches angelegt, dessen Wasser in einer Quelle am Berg entspringt, dann bekommt er eine lineare Form. Wir denken dabei an die Mogulgärten in Kaschmir, wo der Bachlauf mit seinen Rutschen und Wasserfällen auf beiden Seiten von Wegen und schmalen Bändern üppigen Grüns begleitet wird. Anders die Landschaft Englands: Regen und Nebel bringen gleichmäßige, diffuse Feuchtigkeit. Hier werden die großen grünen Flächen der Rasen, Wiesen und Wälder zum bestimmenden Element jeder Gartenkomposition. Erst der künstlich bewässerte Garten mit unterirdisch verlegten Rohrleitungen verliert leicht die augenfällige Beziehung zwischen Klima und örtlichen Verhältnissen, verliert die Beziehung zu seinem Genius loci.

In den vorgefundenen Formen des Shan-shui leben die alten Mythen weiter, sie erinnern an längst vergangene Wunder, sie wollen sich einspinnen lassen in das Gewebe des Gartens. Berge übernehmen seit jeher die Rolle der kosmischen Achse, die die irdischen Niederungen der Menschen mit den himmlischen Gefilden der Götter verbindet. Selbst das buntgestrichene Matterhorn im Zentrum von Disneyland läßt den Besucher noch die alte Magie spüren, wenn auch über ihm nichts anderes schwebt als gelegentlich ein Sportflieger, der den nahegelegenen Flugplatz ansteuert. Ein Tal mag wie ein Shangri-La erscheinen, und eine Grotte wird zum Portal der Unterwelt. Herman Melville führt die Leser von *Moby Dick* an einen Fluß, in dessen Strömung sie bis zu den geheimnisvollen Tiefen des fernen Ozeans gelangen. Wo das Wasser beginnt, endet das Gebiet des Menschen; er steht vor dem Unbewohnbaren, vor dem Geheimnis der Tiefe, das seine Phantasie mit

Gruppierung von Bäumen

Hain

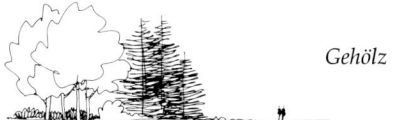
Gehölz

Poseidon, mit Nereus und seinen fünfzig Töchtern, mit Proteus, der unter den Wogen die Herde seiner Seehunde hütet, mit Meerjungfrauen und Wassernixen bevölkert, wo das Krokodil im Schlamm des grünlich-grauen Limpopo lauert. Dort ist das Reich des Großen Weißen Wals. Alles, was wir auf eine Insel versetzen, in diese allseits von Wasser umschlossene Welt, erhält eine besondere Bedeutung. Rousseaus Grabmal in Ermenonville bei Paris bleibt unvergeßlich für jeden, der einmal das Wasser überquert hat, um auf der kleinen Insel im See einen Pappelhain zu finden und dort zu lesen: *Ici repose l'homme de la nature et de la vérité*. Dabei liegt er gar nicht mehr dort. Längst ist Rousseau nach Paris ins Panthéon übergeführt worden, wie es sich gehört. Doch der Mangel an *vérité* beeinträchtigt keineswegs die sorgfältig bedachte Wirkung des Ortes.

Aus Stämmen und Kronen schaffen Bäume einen Raum

Geländeform, Bäume und Pflanzenteppich: Architektur des Außenraums

GOTT UND KAIN

Dschungel

«Gott schuf den ersten Garten, die erste Stadt schuf Kain», schrieb Abraham Cowley. Ein Garten ist einerseits Fortsetzung der Architektur, ist Teil einer Stadt, andererseits ist er Natur, ein Stück Paradies. Die Bedingungen für die Anlage eines Gartens sind darüberhinaus geformt und vorgegeben vom Gleichgewicht (oder von der Spannung) zwischen natürlichem Wachstum und künstlichen Eingriffen.

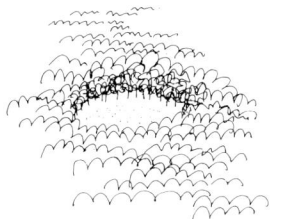
Lichtung

In natürlicher, unberührter Landschaft strebt die Pflanzengemeinschaft einem Gleichgewicht zu. Biologen und Geographen nennen diesen Zustand Klimaxgesellschaft. Jedes einzelne Mitglied der Pflanzengemeinschaft hat seine Rolle im Gesamtsystem, gibt und nimmt, beansprucht einen bestimmten Teil des Lichts, der Luft und des Wassers. Keimen und Wachsen, Sterben und Verwesung bleiben im Gleichgewicht. Auch im Garten versuchen die Pflanzen sich so einzurichten. Der Mensch aber stellt ein anderes Gleichgewicht her durch Jäten und Schneiden und Gießen.

Windbrecher

Schon am gewählten Ort kann es Pflanzen geben, die man später in seinem Garten behalten will. Andere heimische Gewächse aus der näheren Umgebung kommen hinzu, zum Beispiel Bäume mit flammenden Herbstfarben an der Ostküste der USA oder magersüchtige Palmen, die sich in den smogverhangenen Himmel Kaliforniens bohren. So kann sich der Garten in seine natürliche Umgebung einfügen. Auch mancher Exot aus der nächsten Baumschule oder aus einem anderen Garten wird ohne große Schwierigkeiten anwachsen und überleben; andere hingegen, besonders wenn sie aus fernen Ländern und anderem Klima stammen, bedürfen sorgsamer Pflege. Exoten wecken und erhalten Erinnerungen an weit entfernte Orte. Die Eichen und Ulmen Australiens ließen englische Siedler an die Heimat auf der anderen

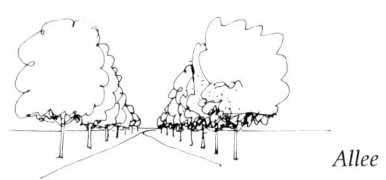
Allee

Seite der Erde denken, unter den Palmen in Schottland glaubt man die laue Brise des Mittelmeers zu spüren.

Was immer die Natur an einem bestimmten Orte bereit hält, der Gärtner wird es nutzen und sich daraus wie einst Robinson Crusoe eine Behausung schaffen. Aus Stämmen und Kronen schaffen Bäume einen Raum, den sie beschatten und mit der Verdunstung aus ihren Blättern kühlen. Bäume lassen sich zu Baumgruppen, Hainen, Gehölzen, Wald und Dschungel zusammenstellen; dort wiederum lassen sich Lichtungen herausschlagen. Bäume, in Reihen geordnet, werden zu Alleen, Spalieren, zum Windbrecher. Den Boden bedeckt ein Teppich aus Gäsern, Kräutern, Blumen, Moos, Flechten, Schilf und anderen niedrigen Gewächsen. Sie lassen sich zu Blumen- und Staudenbeeten formen,

Sträucher und Büsche: Unterholz

Skulpturenschnitt

Vorhang aus Kletterpflanzen

werden zu Rasen und Wiese, zur Savanne, Prärie oder Tundra. Geländeform, Bäume und Pflanzenteppich schaffen die Architektur des Außenraums: Boden, Wand und Dach. Darin werden Sträucher und Büsche zur Inneneinrichtung, zum Mobiliar im menschlichen Maßstab. Sie können allein stehen, wie eine Skulptur, oder sich zu Hecken formieren, zu Dickicht, zu Gruppen und Einfassungen. Ihre Oberfläche kann weiche Konturen haben wie ein aufgeplusterter viktorianischer Polstersessel oder durch scharfen Schnitt kunstvolle Figuren bilden. Bodenkriecher und Kletterpflanzen werden zu Teppichboden und Wandbespannung oder hängen herab wie Vorhänge und Wolkenstores.

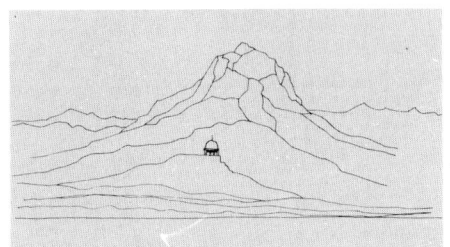

Natur und Kultur: Tempel einer Akropolis

Natur und Kultur: Guru unter dem Banyanbaum

In der noch unberührten Landschaft läßt sich ein Gebäude aufstellen; es steht *in* der Natur, ist aber kein Teil von ihr, so wie der Tempel auf dem steilen Hügel einer Akropolis nicht Teil des Felsens wird. Im kleineren Maßstab markieren Lauben, Pavillons und Aussichtspunkte und *follies*[1] die Spuren menschlicher Existenz. Manchmal, besonders in der Stadt, wächst und wuchert das architektonische Gefüge. Es fängt die Natur ein und umrahmt sie durch Höfe und Terrassen, durch Balkons, Blumenkästen und Kübel. Manchmal fließt Architektur in die Natur ein, manchmal Natur in die Architektur. Charles Correa, ein indischer Architekt, sagt, ein Mensch in seinem Land brauche tagsüber nicht mehr als einen nach allen Seiten offenen Baldachin *(chatri)* zum Schutz vor der Sonne; denn dann genießt er die lauen Lüfte, den Duft der Blumen und den Blick nach draußen. Am frühen Morgen dagegen und des Nachts sei der freie Himmel das beste Dach. «In Asien», schreibt Correa, «wurde deshalb nicht das Schulgebäude zum Symbol für Lernen und Erleuchtung, sondern der Guru unter dem Banyanbaum. Darum erleben wir die monumentalen Gebäude Südindiens nicht nur als Tempel oder Schrein, sondern als Festpunkte in einer unendlichen Bewegung der riesigen offenen

Räume unter freiem Himmel.» Kulturen in anderen Klimazonen haben ihre eigenen Kunstgriffe ersonnen, um Gebäude und Garten zu verbinden. Zu Spanien gehören schattige Arkaden, die zum Innenhof (Patio) mit Garten unter freiem Himmel führen. In China und Japan scheidet oft nur ein leichter Wandschirm Wohnraum und Garten; er öffnet sich als Tür oder wird zur Seite geschoben. Die enge Verbindung von innen und außen ist wichtiger als der Schutz vor Sommerhitze und Winterkälte. Europäische und amerikanische Architekten des zwanzigsten Jahrhunderts haben uns gezeigt, wie man beides zugleich haben kann: sie bauten gläserne Wände.

SONNE UND SCHATTEN

Gärten leben von der Sonne. Ohne Sonnenlicht würde keine Pflanze wachsen, kein Wasser glitzern, es gäbe keinen Schatten. So wird jeder Ort bestimmt durch die Besonderheit seines Lichts, dessen Stärke, Farbe, Bewegung und Einfallswinkel; wie es gefiltert wird durch Laub und Atmosphäre, wie es reflektiert wird von Boden und Wasser. Eine Folge von Mustern entsteht, immer wieder neu, die jeden Ort einzigartig erscheinen läßt.

Im Norden bewegt sich die Sonne flach am Himmel, die Sommerabende sind lang. Zwischen den Wendekreisen steht die Sonne fast senkrecht, Licht und Dunkel wechseln abrupt. Jeder Breitengrad taucht den Garten in ein anderes Licht. Englische Gärten leben von einem Licht, das sich parallel zum Boden fast horizontal auszubreiten scheint. Es läßt lange Schatten entstehen, verleiht dem Wasser einen silbernen Schimmer; im Gegenlicht verstärkt es das Grün von Laubwerk und Gras. Tropischen Gärten schickt die Sonne senkrechtes Licht; unter den Bäumen fließen die tiefen Schatten zu dunklen Räumen zusammen, die Details von Mauern und Wänden treten plastisch hervor.

Beim Passieren der Atmosphäre wird das Sonnenlicht auf vielerlei Weise gestreut, auch verdunkelt und getönt. Die feucht-neblige Luft Englands läßt Hügel sich auflösen im Dunst des Hintergrunds wie in den Farbschichten eines Aquarells. So erstaunt es nicht, daß Aquarellieren und Landschaftsgärtnerei in der englischen Tradition eng miteinander verwandt sind: ein Aquarellist malt die ideale Landschaft, ein Gärtner gestaltet sie nach seinem Bild, und ein anderer Aquarellist malt sie ab. In der trockenen Luft der Wüste wird das Licht hart und klar. Es läßt Berge scharf hervortreten und ganz nah erscheinen. Das von einer dunstigen Atmosphäre gefilterte Licht der australischen Steppe taucht weit entfernte Eukalyptuswälder in ein überaschend pudriges Blau. An tropischen, feuchten Orten ist der Himmel oft blendend weiß. Wie Scherenschnitte erscheinen Gegenstände nur noch als Konturen. Vom bedeckten Himmel der nördlichen Breiten fällt ein zartes, diffuses Licht und läßt auf den Flächen die feinsten Einzelheiten hervortreten. Und wenn am Nachmittag die tiefstehende Sonne durch ein Wolkenloch bricht, dann übergießt sie die Landschaft mit einem heiter güldenen Glast wie bei Giorgione und Tizian.

An manche Plätze dringt den ganzen Tag kein Sonnenstrahl. Sie bleiben immer im Schatten, kühl (oder kalt), erfrischend (oder düster). Andere liegen tagsüber in der Sonne, werden als warm (oder heiß) empfunden und als heiter (oder brütend). Die Strahlen der Morgensonne treffen auf Plätze, die am Nachmittag im Schatten liegen; andere werden erst nachmittags von der Sonne erreicht. In einem geschützten, sonnigen Winkel läßt sich der schönste Nachmittag verbringen, während um die Ecke ein eisiger Wind den Schnee aufwirbelt. Für einen Sommernachmittag eignet sich nichts besser als ein überdachter Aussichtsplatz oder eine schattige Terrasse: man ist gegen die grelle Sonne geschützt und dennoch halbwegs im Garten.

Das neunzehnte Jahrhundert begriff die Natur als Paradies, in dem Luft und Sonne so wunderbar aufeinander abgestimmt sind, daß der Mensch in unschuldiger Nacktheit darin leben kann, wie einst Adam und Eva im Garten Eden. Fayeway, die wunderschöne Polynesierin aus der Erzählung *Typee*, ist des jungen Herman Melville Verkörperung des Lebens im südpazifischen Paradies. «Sie löste den Schulterknoten ihres weiten Tappakleides, ließ es an ausgestreckten Armen über ihrem Haupt flattern wie ein Sonnensegel und stand so, aufrecht, vorn im Kanu.» In weniger gesegneter Umgebung muß man versuchen, zunächst einmal das Kleinklima zu beeinflussen, um das eigene Paradies bewohnbar zu machen oder exotischen Pflanzen eine Heimat zu geben. Je härter das ursprüngliche Klima, desto einschneidender muß die Veränderung sein. Der Koran setzt die heiße, trockene Wüste des Propheten gegen ein kühles, schattiges Paradies mit plätscherndem Wasser und lauen Lüften. Die islamischen Gärten müssen erst mit Mauern gegen Sonne und Sand geschützt werden; dann verkünden sie mit grünem Laub, mit der Melodie des fließenden Wassers, mit Pavillons, die eine kühlende Brise durchweht, schon auf Erden das Paradies. Den Europäern erlaubte die industrielle Revolution, strahlende tropische Paradiese unter dem Schutz von Stahl und Glas in den kalten, grauen Norden zu verlegen.

Bevor man in Amerika anfing, über den Verbrauch von Energie nachzudenken, drohte seinen Bewohnern nach dem Willen der Techniker eine dauernde monotone Abschirmung gegen die Natur. In ein Licht optimaler Intensität getaucht, hätten sie den ganzen Tag bei gleicher Temperatur und konstanter Luftfeuchtigkeit zubringen sollen. Das Leben im Freien ist, gottlob, auch gegen gutgemeinte Manipulation immun. Noch immer lockt uns an einem heißen Nachmittag die Köstlichkeit eines kühlen Lüftchens in den Garten, oder die Aussicht auf farbglühende Blumen im prallen Mittagslicht, die Erwartung lindernden Schattens unter dem Blätterdach, oder die Hoffnung auf wärmende Sonnenstrahlen an einem frostigen Tag.

ERINNERUNG UND ERWARTUNG

Marcel Proust beschreibt die paradoxe Erfahrung, daß vollkommene Schönheit doch enttäuschen kann, weil sich die Phantasie nur am Nichtvorhandenen entzündet. Manchmal sind es gar nicht die offensichtlichen Eigenschaften eines Orts, die uns faszinieren, sondern all das, was unsere Hoffnung, unsere Erinnerung über Zeit und Raum mit ihm verbindet. Der Anblick einer Blume, mehr noch ihr Duft, vermag uns an Augenblicke zu erinnern, die längst vergangen sind; es entsteht eine neue Erfahrung, eine Brücke wird geschlagen zu einem Bild oder einem Gedicht, das uns etwas bedeutet. Es ist rührend, mitten im australischen Busch oder auf einer tropischen Plantage auf einen kleinen Rasen zu stoßen, der einem Tausende von Kilometern entfernten Vorgarten nachempfunden ist; doch nicht weniger rührend ist der Anblick eines heimischen Gartens mit seinen Souvenirs und den Zeichen der Sehnsucht nach exotischen Orten, an die wir nie gelangen werden.

Ruinen und alte Bäume sind Brunnen der Vergangenheit, sie begleiten unsere Phantasie zurück in die Geschichte. Ein altersschwacher, aber noch lebendiger Baum im Garten eines College in Cambridge erinnert an den revolutionären Denker Sir Isaac Newton. In Anuradhapura auf Sri Lanka steht ein Bodhi-Baum, der noch viel älter ist und die Allgegenwart des Erleuchteten Buddha beschwört. Die Ruinen der mittelalterlichen Fountains Abbey in Yorkshire sind umrahmt von Bäumen aus dem achtzehnten Jahrhundert: durch Jahrhunderte voneinander geschieden, bilden zwei Zeugen der Geschichte ein rührendes Gegenüber und zugleich eine widersprüchliche Einheit.

Einen Baum pflanzen ist der höchste Ausdruck für unseren Glauben an die Zukunft. Die gebildeten, selbstbewußten Schöpfer der englischen Landschaftsgärten des achtzehnten Jahrhunderts nahmen bereitwillig in Kauf, daß sie ihre neu gepflanzten Ulmen niemals in ausgewachsener Schönheit erleben würden. Auf der kahlen Hochebene von Johannesburg pflanzten die ersten Siedler, rauhe Gesellen auf der Suche nach Gold, aber nicht weniger optimistisch, Tausende von Eichen, Platanen und Zypressen, langsam wachsende Bäume, die die zukünftige Stadt ihrer Kinder und Enkel verschönern sollten. Es wird erzählt, daß in den Jahren des Nationalsozialismus der Verkauf deutscher Eichen in den Baumschulen drastisch zurückging. Die Leute kauften schnellwachsende Akazien und andere wildwüchsige Pflanzen; an die ungeborenen Generationen wagte niemand zu denken. Heute, in unserer aus den Fugen geratenen Zeit, läßt uns die Arbeit am Garten am Rhythmus der Jahreszeiten und dem Zyklus von Werden und Vergehen teilhaben und erhält uns das Gefühl, in einen größeren Zusammenhang eingebunden zu sein.

Die beiden Gartentypen:

Formaler Garten: Schwarzer Pavillon, Schalimar bagh in Kaschmir

Landschaftsgarten: Blick auf den See, Stourhead in England

Am ZEICHENBRETT des PLANERS

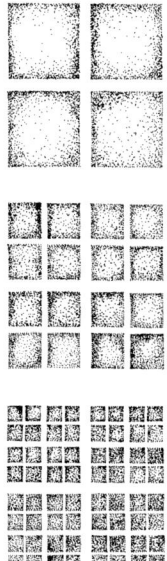

Viergeteilte Paradiesgärten
mit Unterteilungen

Igor Stravinsky schreibt in seinem Buch *Musikalische Poetik*, der Gesang der Vögel sei noch keine Musik, auch nicht das Flüstern des Windes, sosehr sie auch das Herz erfreuten; sie seien nur der Stoff, aus dem Musik gemacht werde. Um Musik zu werden, müßten Töne und Geräusche ausgewählt und geordnet werden.

Mit Gärten ist es ähnlich. Natürliche Landschaft allein ist noch kein Garten. Ein Garten entsteht erst, wenn die Elemente und Materialien aus dem Angebot der Natur sinnvoll ausgewählt und komponiert sind. Komposition bedeutet dabei die Abstimmung zwischen Spannung und Ausgeglichenheit, zwischen Yang und Yin, zwischen Berg und Wasser, zwischen der menschlichen Ordnung und dem Tao der Natur, zwischen Licht und Schatten, Wind und Ruhe, Klang und Stille. Die Komposition schafft neue Beziehungen, die für uns eine Bedeutung erhalten.

In der ganzen Menschheitsgeschichte wurden dafür nur zwei Lösungen gefunden. Wir kennen nur zwei Grundmodelle, zwei Urgärten. Jeder von ihnen verkörpert eine Idee des Angenehmen und darüber hinaus ein Ideal des Gleichgewichts zwischen Mensch und Natur.

Der erste Urgarten ist ein Triumph der Ordnung, ein Paradies im Quadrat, ersonnen in der ebenen Wüstenlandschaft Persiens. Eine Außenmauer schirmt ihn ab vor der unordentlichen Welt. In der Mitte ist die Quelle. Ihr Wasser fließt nach Norden, Osten, Süden und Westen in vier Kanälen, die den Garten in vier Quadrate teilen. Sie sind wieder in vier Quadrate geteilt, und wenn der Garten groß genug ist, können aus jedem der sechzehn noch einmal je vier Quadrate entstehen, wie in einer rekursiven Funktion: kleine Paradiese verschachtelt in immer größeren. Baumgruppen und Pavillons bieten Schutz vor der gleißenden Sonne, die Wasserschleier der Springbrunnen kühlen die heiße Sommerluft. Blumen, nach Farbe und Duft ausgewählt, locken Vögel an; ihr buntes Gefieder wetteifert mit den Farben der Blumen, ihr Gesang begleitet das Plätschern des Wassers.

Der Garten als viergeteiltes Quadrat *(chahar bagh)* wurde in Miniaturen gemalt und in Teppiche gewoben, wenn auch der Gartenbauer das Muster leicht variieren mußte, um sich den Gegebenheiten des Ortes anzupassen. In Persien selbst wurde die symmetrische Ordnung des Quadrats nicht selten zum weniger starren Rechteck abgewandelt, wurde der Kanal zu einem spiegelnden Wasserbassin erweitert. Babur, Eroberer und erster Großmogul Indiens, holte sich den Persischen Garten in das «Land ohne Zauber und Ordnung»; so bezeichnete er Hindustan, dessen Eroberung ihn nicht recht glücklich machte.

Viergeteilte Paradiesgärten in Iran.
Thema und Variationen

a Bagh-i-Takht, Schiras
b Narenjestan-i-Qavam, Schiras
c Bagh-i-Fin, Kaschan
d Haft-Tan, Schiras
e Tschehel-Sotun, Isfahan
f Schah Goli, Täbris
g Bagh-i-Eram, Schiras
h Bescht-i-Behescht, Isfahan
i Bagh-i-Gulistan, Teheran

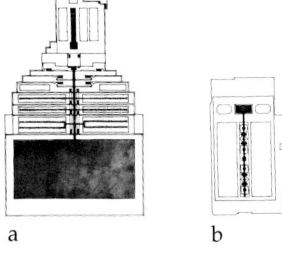

a b

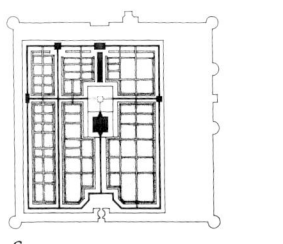 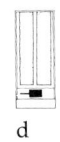 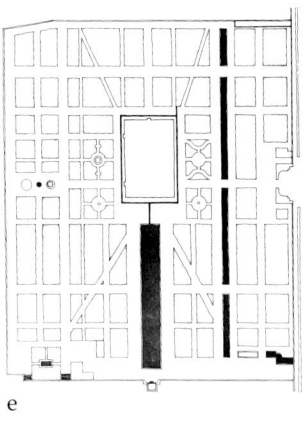 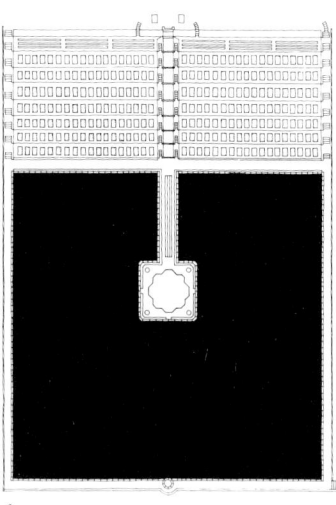

c d e f

In den staubigen Ebenen des Subkontinents, inmitten von Hitze und Chaos, baute er kühle, umfriedete, symmetrische Zufluchten mit Brunnen in der Mitte. Baburs Nachfolger aber bauten ihre Sommerpaläste im Hochtal von Kaschmir; dort fanden sie Berghänge mit Wasserläufen, deren Ursprung oberhalb des Gartens lag und nicht in seiner Mitte. In der Fließrichtung entstand eine breite, feuchte Zentralachse; die Querachsen wuchsen an Zahl und wurden verkürzt.

Als die Araber nach Südspanien kamen, brachten sie auch die Vision des persischen Paradiesgartens mit. In der Landschaft Südspaniens fanden sie für ihre Gärten Hänge und luftige Höhen. Der Urgarten wandelte sich, Hänge wurden terrassiert, *Belvederes* entstanden. Auch italienische Gartenkünstler orientierten sich am persischen Vorbild, aber sie machten den Garten zur Fortsetzung einer Villa, eines Palastes; ihre Gärten verloren die Eigenständigkeit und ihr selbständiges Zentrum. Dann, in der Mitte des sechzehnten Jahrhunderts, entstand die Gartenanlage der Villa Lante. Ihr Wasserlauf in der Mitte des Hangs, in der Art von Kaschmir, eroberte sich die zentrale Position zurück und zwang die Villa in zwei Teile, in zwei Kasinos, die den Garten rechts und links flankieren.

Letztlich waren diese Gärten immer neue Abwandlungen des vierteiligen umfriedeten Paradieses, geschickt angepaßt an die Bedingungen des jeweiligen Ortes. Erst André Le Nôtre, ein Mann des selbstbewußten siebzehnten Jahrhunderts, sprengte die Mauern von Eden. Beim ersten Versuch, in Vaux-le-Vicomte, ging er noch zögerlich vor, als er die Kanäle im rechten Winkel zur Hauptachse ableitete und das Wasser – und damit das Auge und

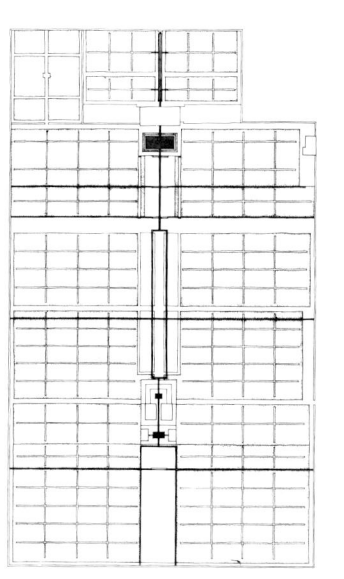
g
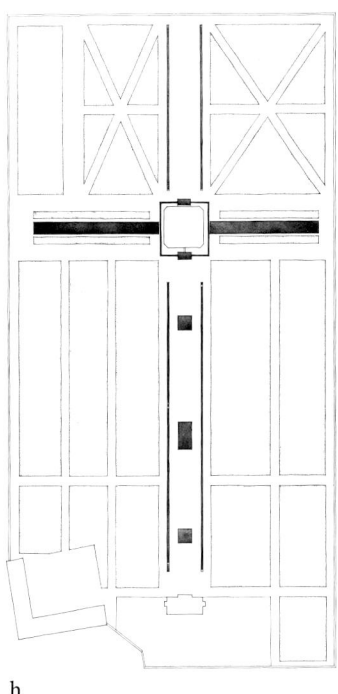
h
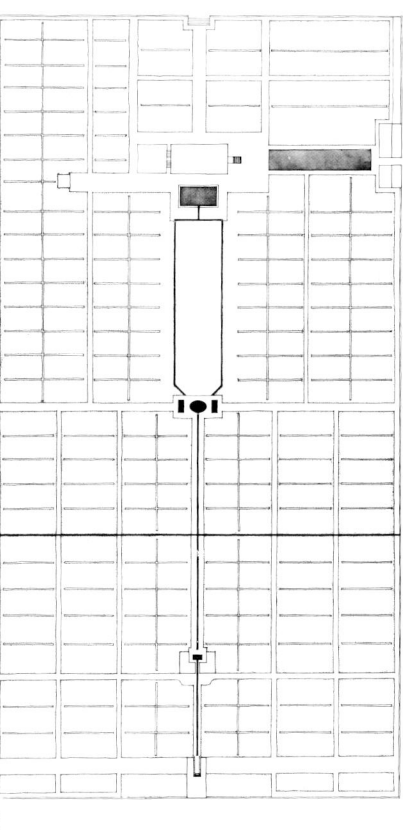
i

die Phantasie des Betrachters – in die Weite der Landschaft führte, hinaus aus dem Garten. Sein Paukenschlag kommt mit Versailles: die fächerartig angelegten *allées* führen vom Schloß scheinbar bis ins Unendliche und beziehen das Umland, nun nicht mehr «Land ohne Zauber und Ordnung», in den weiten Rahmen des Gartens mit ein.

Das führt uns zum zweiten Grundmodell der Gartenbaukunst. Es entfaltete sich in Ländern, wo die Menschen sich nicht vor einer feindlichen Natur schützen oder sie überwinden mußten, wo sie im Gegenteil Freude daran fanden, eine enge Beziehung mit ihr einzugehen. Seit der Mitte des fünfzehnten Jahrhunderts erscheint in japanischen Gartenbüchern immer wieder ein bestimmtes Schema, wie man eine «natürliche Welt» in scheinbar zufälliger, in Wahrheit aber genau geplanter Manier anlegt. Rund um einen zentralen «Wächterstein» sind fünfzehn Elemente aus Land und Wasser gruppiert. Symmetrisch geordnete Quadrate gibt es nicht; die Elemente stehen in asymmetrischem Gleichgewicht. Der einzelne Garten muß keineswegs alle möglichen Elemente enthalten, das Schema erlaubt ebenso Variationen in den Beziehungen der Elemente zueinander und in der besonderen Betonung des einen oder des anderen. Jedes Element hat seine eigene Bedeutung und Aussagekraft und verlangt, einzeln vorgestellt zu werden, wie die Personen in einem Theaterstück.

1. Der *Wächterstein*, auch als Leitstein, Hauptstein, Vorstein oder Frontstein bezeichnet, ist der zentrale Punkt des Gartens. Um seine «Natürlichkeit» zu steigern, um zu betonen, daß er genau an diesen Ort gehört – obwohl er vielleicht mit großem Aufwand aus weiter Ferne herbeigeschafft wurde –, wird er nicht selten tief in die Erde eingelassen.

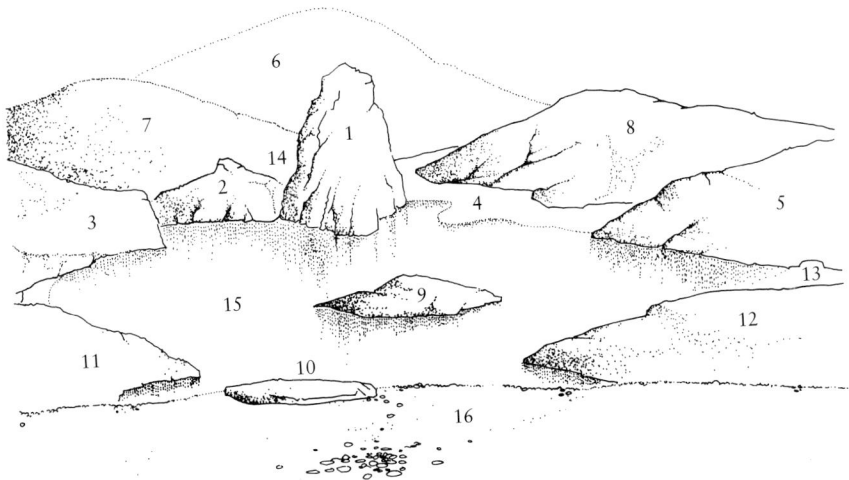

Japanischer Garten, um einen Wächterstein gruppiert

2. Der *Kleine Hügel* oder Felsblock, dann auch Assistenzstein, Gaststein oder Seitenstein genannt, schmiegt sich so eng an der Wächterstein, daß eine kleine Spalte entsteht, die sich vorzüglich für einen Wasserfall eignet oder vielleicht für dessen Abstraktion in Form einer herabhängenden Pflanze: weiße Blüten am Ast einer Azalee oder die noch zarteren Blütensterne weißen Jasmins stürzen als funkelnde Wassertropfen in die Tiefe.

3. Das *Seitengebirge* – es mag nur einen Meter hoch sein – läßt eine ebene Fläche vor dem Wächterstein entstehen, ähnlich wie eine Bühne vor Kulissen; das Zentrum erscheint dadurch weiter entfernt und wirkt größer.

4. Der *sandverwehte Strand* auf der rechten Seite hält dem Seitengebirge auf der linken die Waage. Er erinnert an wirkliche Strände in natürlichen Landschaften. Der Sand muß sehr fein sein, dann wirkt selbst der kleinste Sandstrand wie ein großer.

5. Der *nahe Bergrücken* beginnt am rechten Ende des sandverwehten Strandes. Auch er bezieht sich, wie der Strand, asymmetrisch auf das Seitengebirge. Kulissenhaft unterstreicht er die zentrale Bühne und gibt der Landschaft zusätzliche Tiefe.

6. Das *Ferne Gebirge* trägt wohl am meisten dazu bei, den Charakter der Szenerie zu prägen. Es muß hoch genug sein (zwei bis drei Meter etwa), um den Blick in die Ferne zu begrenzen. Sein Material darf unter keinen Umständen eine Struktur erkennen lassen: weder Grobkörnigkeit noch exzentrische Form dürfen die Größe des Fernen Gebirges verraten.

7. Der *Mittlere Berg* ist ein weiteres Element in der ausbalancierten Staffelung der Berge. Er steht links, gibt dem Fernen Gebirge zusätzlich Kontur und schiebt es damit weiter in den Hintergrund. Der Mittlere Berg wird von einem zwar gerundeten, aber doch deutlichen Gipfel gekrönt.

8. Ein *Bergsporn* schiebt sich von rechts ins Bild. Er bildet das Gegengewicht zum Mittleren Berg. Sein aufsteigender Rücken ohne eigentlichen Gipfel macht ihn zu einem sich aus dem Bild hinaus bis ins Unendliche erstreckenden Bergzug.

9. Die *Mittelinsel* trägt von allen Elementen die größte Bedeutung. In ihr sieht man die letzte der geheimnisvollen Inseln der Seligen, auf denen die Unsterblichen nach alter chinesischer Überlieferung das immerwährende Glück gefunden haben.

10. Der *Andachtsstein* am vorderen Ufer ist so groß und so nah, daß er Körper und Geist gleichermaßen zum Verweilen einlädt. Hier geht der Mensch in den Garten ein, wird ein Teil von ihm und spürt seinen Geist.

11. Die *Insel des Meisters* (oder Hausherrn) links im Vordergrund reicht über das Bild hinaus und erscheint deshalb größer. In ihrer Nähe können besonders interessante Pflanzen angesiedelt werden, ohne daß sie den Maßstab des Ganzen stören. Was an keiner anderen Stelle des Gartens erlaubt wäre, hier, im Reich des Meisters, des Herrn, ist auch Platz für Manierismus und Exzentrik.
12. Die *Insel des Gastes* liegt rechts im Vordergrund, gegenüber der Insel des Meisters, jedoch kleiner und ganz im Bild. Sie ergänzt die Insel des Meisters, versucht aber nicht, ihr ebenbürtig zu sein oder sie gar zu übertrumpfen.
13. Der *Teichabfluß* liegt hinter der Insel des Gastes. Er führt das Auge wiederum aus dem Bild hinaus.
14. Der *Wasserfall* speist den Teich. Er bindet ihn ein in ein Kontinuum; das Wasser ist nicht im Herzen des Gartens gefangen, steht nicht still und unbewegt, sondern ist lebendiger Teil eines Ganzen, dem alle Wasser der Erde zugehören.
15. Der *Teich* ist das Herzstück des Gartens. Alle Elemente stehen mit ihm in Verbindung; er erstreckt sich über den Garten hinaus und verschwindet rechts und links aus dem Bild. In sehr kleinen Gärten kann die Idee des Teichs auch ohne Wasser verwirklicht werden: auf eine Oberfläche aus Kieseln oder Sand ergießt sich eine Kaskade weißer Blüten.
16. Der *Breite Strand* bildet den Vordergrund. Seine Nähe zum Betrachter macht es nötig, daß jedes Detail besonders sorgfältig gestaltet wird. Ist er aus Kieseln, dann sind sie wahrscheinlich handverlesen, denn nur so läßt sich das harmonische – oder auch dissonante – Spiel ihrer Farben und Formen bestimmen.

Lange vor den Japanern hatte man in China begonnen, Miniaturwelten aus Wasser und Bergen zu erschaffen. Reisende aus der westlichen Welt waren immer wieder erstaunt, daß die freien Formen der Gärten und die freien Gedanken des Tao neben der bürokratischen Starre konfuzianischer Regeln, denen die rigide Rangfolge von Rechtecken in den Grundmustern chinesischer Städte entspricht, existieren können. Sie stehen in demselben scheinbaren Widerspruch zueinander wie die Prinzipien Yin und Yang. In chinesischen Gärten sind Linien niemals gerade, wenn sie gekrümmt sein können, niemals symmetrisch, wenn sie asymmetrisch sein können; nie offenbaren sie sich auf den ersten Blick, wenn sie für die schrittweise Entdeckung eingerichtet werden können. Die alte, von Mauern umfriedete Stadt Suzhou ist nach einem Raster angelegt, dem die platanengesäumten Straßen und Kanäle so streng folgen wie in jedem quadratischen Paradiesgarten. Doch hinter den weißgetünchten Fassaden winden sich Wege um Steingruppen und Teiche und über Brücken in Dutzenden verborgener Gärten, necken den Besucher und führen ihn in die Irre, führen die konfuzianische Klarheit ins Reich der Fata Morgana und öffnen sich dem Odem der Natur.

Erstaunliche Parallelen zum japanischen Inselreich finden sich auf den Britischen Inseln. Durch ihre Entfernung zur Landmasse des eurasischen Kontinents fühlen sich die Inseln geschützt. Britische Landschaften sind vielleicht weniger dramatisch als japanische, doch ebenso schön. Schönheit und Sicherheit führten Menschen aller Jahrhunderte dazu, eine besondere Bindung an ihr Land zu entwickeln. (Es ist sicher vorteilhaft, auf einer Insel zu leben, während die Horden eines Dschingis Khan, eines Gustav Adolf, eines

Grundmuster eines typischen Gartens
in Suzhou: Zhuo Zheng Yuan
(Garten des törichten Politikers)

Gesamtanlage

Steine und Wasser

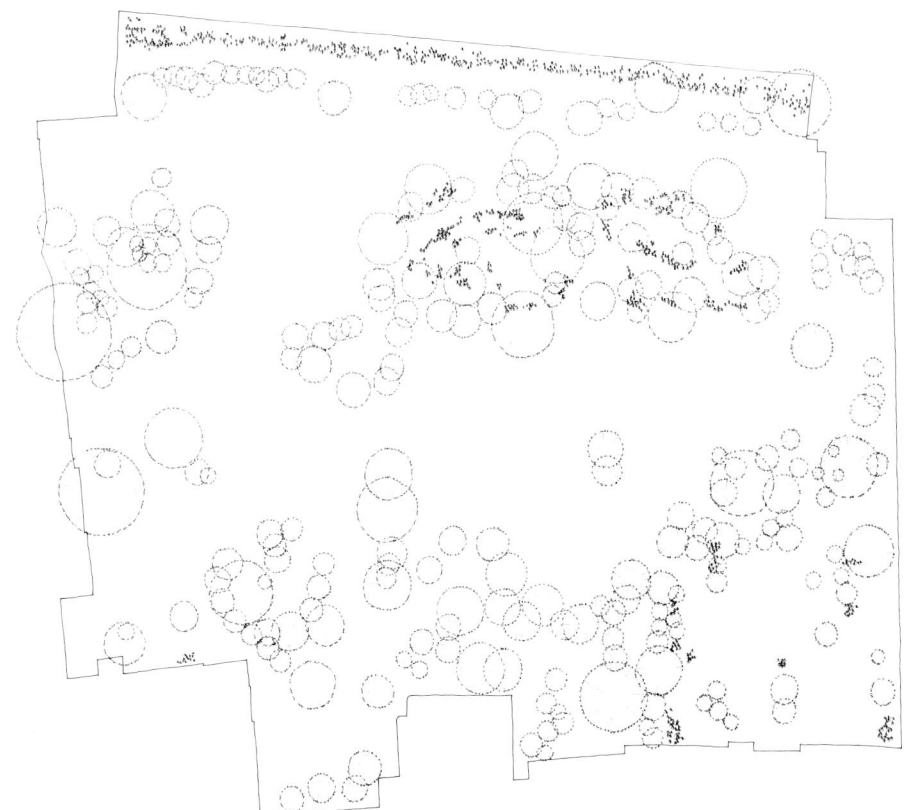

Pflanzplan

Pavillons und überdachte Wandelgänge

Die Gärten von Suzhou,
Thema und Variationen

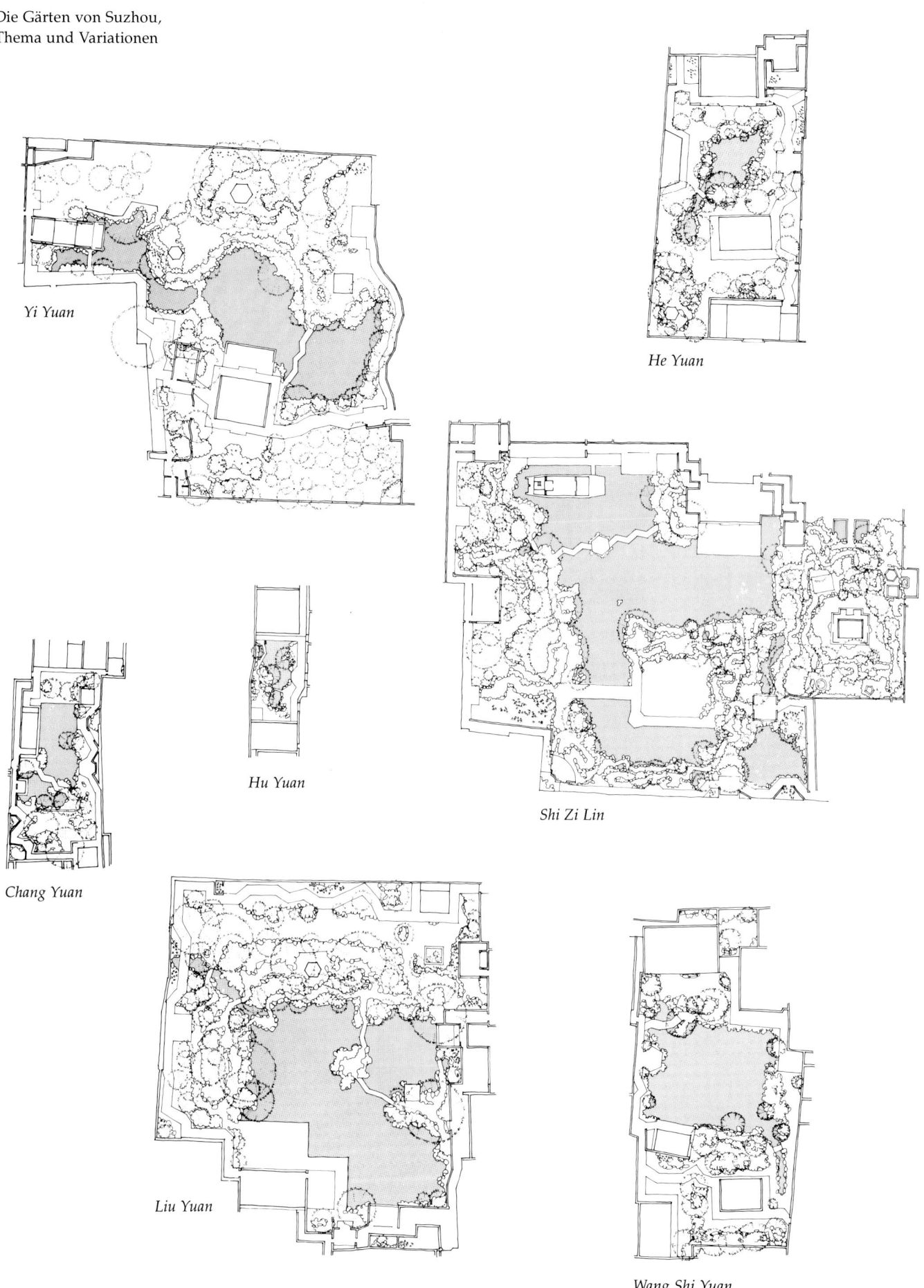

Yi Yuan

He Yuan

Hu Yuan

Shi Zi Lin

Chang Yuan

Liu Yuan

Wang Shi Yuan

30 · Am ZEICHENBRETT des PLANERS

Hitler mordend und brennend über das Festland hinwegdonnern und zunichte machen, was den Naturgewalten zum Trotz an Vertrautheit zwischen Mensch und Natur gewachsen ist.) Dennoch wurden britische Gärten jahrhundertelang mit Mauern umgeben und in symmetrischen Rastern angelegt wie auf dem Festland. Erst am Anfang des achtzehnten Jahrhunderts wagte William Kent, Maler und Architekt, in Rousham ...«den Zaun zu überspringen; und er sah, daß alle Natur ein Garten war»... (wie es Horace Walpole, der große Chronist der englischen Landschaftsgärtnerei, ausdrückte.) Wie Le Nôtre in Frankreich ein Jahrhundert vor ihm sah auch Kent keinen Grund mehr, eine feindselige Natur auszusperren. Sein Sprung führte in die ausgebreiteten Arme der Natur als eines neuen, geistesverwandten Partners, ganz anders als Le Nôtre, der einen bezwungenen Gegner vereinnahmte. Mit Kent begann der Versuch, die Natur nachzuahmen, sie sich anzueignen und sie zu vervollkommnen – wenn auch ganz anders, so doch mit erstaunlichen Parallelen zu den Japanern.

Man kann darüber streiten, ob die chinesischen, japanischen und englischen Gärten nicht doch auf einem von Menschen ersonnenen philosophischen Ordnungsprinzip beruhen. Doch selbst wenn es so ist, bleibt es ein Ordnungsgefüge, das sich nicht sehr von der Harmonie unterscheidet, die das Walten der Natur bestimmt. Edgar Allan Poe hat das daraus entstehende Problem in seinen Erzählungen *Der Park von Arnheim* und *Landschaft mit Haus* anschaulich beschworen, indem er Orte durch Eingriffe unheimlicher Art zu absoluter Perfektion gelangen läßt: kein Unkraut, kein abgefallenes Blatt, kein falscher, kein verschobener Kieselstein.

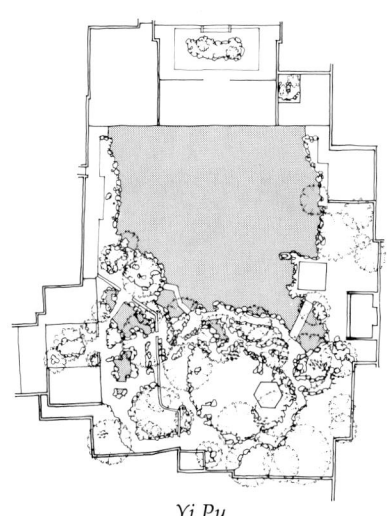

Yi Pu

Der Park von Arnheim dreht sich um ein von Poe konstruiertes Paradox:

Paradiese, wie sie auf den Gemälden eines Claude leuchten und glühen, sind in der Realität mitnichten anzutreffen. Auch in den bezauberndsten der natürlichen Landschaften wird stets ein Mangel oder eine Unmäßigkeit zu finden sein – meist viele Unregelmäßigkeiten und viele Mängel. Während jede einzelne Komponente, für sich betrachtet, auch der meisterlichsten Erfindung des Künstlers spotten mag, wird doch die Gruppierung dieser Einzelheiten prinzipiell der Verbesserung fähig sein. Mit einem Wort: auf der ganzen weiten Fläche der natürlichen Erde kann kein Standpunkt eingenommen werden, von dem aus ein geschultes, sich mit Sorgfalt orientierendes Künstlerauge nicht Grund zum Anstoß fände bezüglich dessen, was man die «Komposition» der betreffenden Landschaft nennt. Und dennoch, wie unbegreiflich ist dieser Umstand! In jedweder andern Hinsicht lehrt man uns, und mit Recht, die Natur als überlegen-vollkommen zu betrachten. Vom Wettbewerb mit ihren Details schrecken wir zurück. Wer maßte sich an, die Farbenglut der Tulpe nachzuahmen, oder die Proportionen der Maiglöckchengestalt zu verbessern?

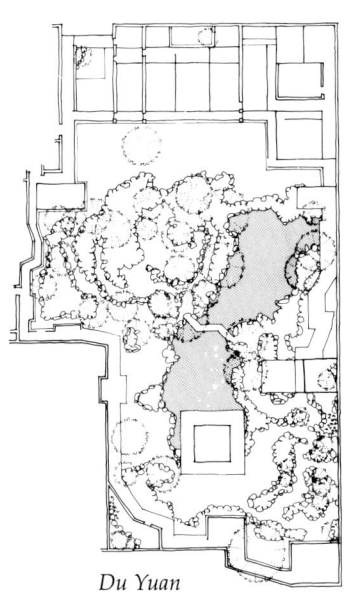

Du Yuan

Poes Hauptfigur, der Landschaftsgärtner Ellison, erwidert:

Auch die kleinste künstliche Zugabe beweist Zuwendung und menschliche Anteilnahme ... und die große Schönheit einer Gartenlandschaft wird durch ihre Mischung mit reiner Kunst noch gesteigert.

Und doch mag noch etwas dahinter liegen. Wird das, was die Natur anbietet, «in eine Art Harmonie oder Übereinstimmung mit menschlicher Auffassung von Kunst gebracht», dann könnte es ein «Gefühl von spirituellem Eingreifen» vermitteln. So benutzt Ellison seinen Reichtum, um eine Landschaft zu schaffen,

31 · Am ZEICHENBRETT des PLANERS

...deren Weitenausdehnung und gleichzeitige Durchgearbeitetheit im Detail – deren vereinte Schönheit, Pracht und Fremdartigkeit sehr wohl Begriffe von Mühewaltung, oder Kultur, oder Überwachung suggerierte, aber seitens von Wesen, die dem Menschentum weit überlegen, obwohl ihm noch verwandt wären – dann bliebe das Element der Anteilnahme erhalten; während die eingeflossene Kunst das Aussehen einer intermediären, zweithöheren Natur beanspruchen könnte – einer Natur, die weder Gott ist, noch eine Emanation aus Gott; die vielmehr immer noch «Natur» ist; aber im Sinne des Kunsthandwerks jener Engel, die zwischen Mensch und Gott schweben.[2]

Auf den folgenden Seiten bieten wir einen Katalog von Vorgehensweisen und Maßnahmen zur Komposition eines Gartens an – keineswegs vollständig; wir haben versucht herauszuarbeiten, wie ein Ort entweder in das Paradies eines Propheten verwandelt werden kann, der mit rigorosen Gesetzen Klarheit und Ordnung in eine chaotische Welt bringt, oder in ein Paradies, dessen Engel die Natur auf eine höhere Stufe der Vollkommenheit heben.

DEN ORT IN BESITZ NEHMEN

Wie ein Gebäude, so kann auch ein Garten seinen Ort auf vielerlei Weise prägen. Ein Garten kann die ganze Umgebung beherrschen wie ein formvollendeter griechischer Tempel auf einer Anhöhe; seit Merlins und König Arthurs Tagen prägen Baumkreise auf Hügelkuppen in ähnlicher Weise die englische Landschaft.

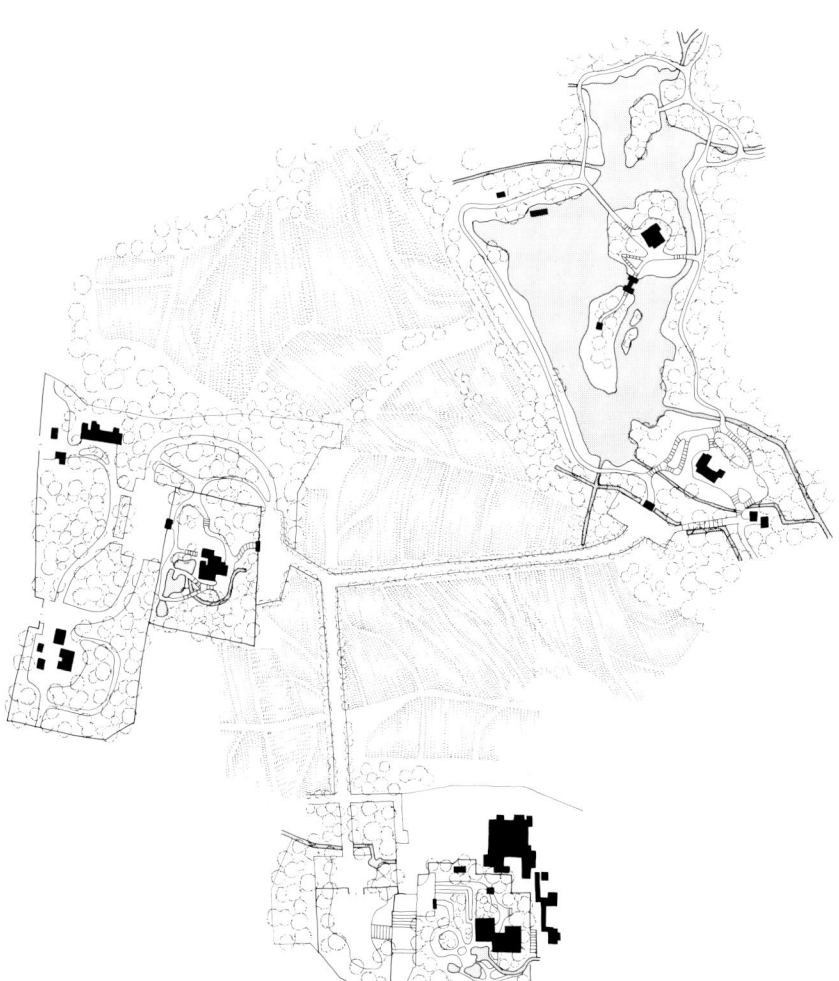

Der Kaiserpalast Shugakuin «borgt» sich die angrenzenden Reisfelder für den Ausblick

Der klassische chinesische Gartenkünstler stellte bescheidenere Ansprüche. Er «borgte» sich die Szenerie einer Umgebung, indem er eine Pagode oder einen Pavillon hineinsetzte und dann Plätze innerhalb des Gartens schuf, von denen aus das Auge auf den entfernten Blickfang gelenkt wurde. In Japan heißt dieses Prinzip des Borgens *shakkei*. Felder und Berge der Umgebung und der Blick auf den arbeitsreichen ländlichen Alltag, aus dem die aristokratische Ästhetik so viel Kraft schöpft, werden sichtbar in den Garten einbezogen. Ansätze dazu finden sich beim Kaiserpalast in *Katsura*; zur vollen Geltung gelangt das Prinzip erst beim Kaiserpalast *Shugakuin* oberhalb von Kyoto, wo das angrenzende Reisfeld zu einem wichtigen Element des Gartenentwurfs wird.

Verschmelzen

Manchmal wird aus dem einfachen Anspruch eine Herrschaftsgeste: die Allées in Versailles, die André Le Nôtre für Ludwig XIV. angelegt hat, beeindrucken vielleicht als Geste mehr denn als Komposition. Viele waren fasziniert von der ungeheuren Kraft und Monumentalität, die von Christos *Running Fence* ausging, von dem sechs Meter hohen Zaun aus weißem Nylon, den der Künstler 1976 vierzig Kilometer lang durch die kalifornische Steppe zog. Die symbolische Kraft einer *Großen Mauer* scheint heute genauso ungebrochen wie zu der Zeit, als die Chinesen die ihre bauten.

Dem Betrachter zuwenden

Man kann aber Gärten und Gebäude auch so anlegen, daß sie mit der Landschaft verschmelzen; sie geben einer Stelle besondere Bedeutung, wollen sich aber nicht von der Landschaft abgrenzen. Die «natürlichen» englischen Landschaftsgärten sind geradezu darauf angelegt, Teil ihrer Umgebung zu sein, betont zwar, aber doch Teil des umliegenden Ganzen; wir werden darauf noch zurückkommen, ebenso auf die japanischen Gärten: so winzig sie auch sein mögen, von innen her betrachtet erscheinen sie als Fragmente der Welt im Großen, die sich nach allen Seiten bis ins Unendliche erstrecken.

Ein dritter Weg besteht darin, sich dem Betrachter zuzuwenden, auch, ihm etwas vorzumachen wie mit den kulissenhaften Fassaden in den Städten des amerikanischen Westens. Ähnliches gilt für eine Baumreihe, oder für eine Blumenuhr, die den Besucher willkommen heißt, oder einen über eine breite Wand sich herabstürzenden Wasserfall wie im Paley-Park in New York.

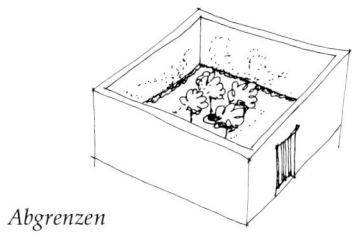
Abgrenzen

Der vierte Weg, sich einen Ort anzueignen, ist das Abgrenzen. Ein Stück Landschaft wird mit einer Mauer umgeben, ein Stück freier Natur oder ein streng symmetrischer Patio wird von der Umwelt abgekapselt und den eigenen Bedürfnissen angepaßt. Der Garten Eden war abgeschlossen; und nach seinem Vorbild wurden es später die Paradiesgärten des Islam und in Europa die Klostergärten des Mittelalters.

Welcher Weg gegangen wird, hängt von der eigenen Einstellung zur Seele des erwählten Ortes ab: will man sich mit ihm verbünden oder ihn beherrschen, ihn akzeptieren oder gegen ihn kämpfen, ihn zähmen oder bestärken. Und aus jeder Entscheidung wird auch gesellschaftliches Handeln: den anderen willkommen heißen oder ihn ausschließen, sich zur Schau stellen oder bescheiden zurückhalten.

DIE SPIELREGELN WERDEN FESTGELEGT

Gärten bereiten auch deshalb so viel Freude, weil es Gleichgesinnte gibt, Partner für ein Spiel mit fest vereinbarten Regeln und Abläufen. Es gibt das Spiel des Sammlers, des Malers, des Regisseurs; das Spiel des Geschichtenerzählers und jenes des Philosophen und natürlich noch eine ganze Reihe anderer. Wenn wir von Spielen reden, meint das keineswegs einen Mangel an Ernsthaftigkeit. Im Gegenteil, wir verweisen damit auf das unerhört wichtige Vorhandensein von allgemeingültigen Regeln. Erst sie verleihen dem Garten jene besondere Bedeutung, die er für den Gartenliebhaber besitzt. Es ist immer wieder faszinierend, kleine Gruppen von Gartenfreunden in englischen Blumengärten eifrig diskutieren zu hören, ob ein kleines Pflänzchen dasselbe ist wie das in ihrem eigenen Garten oder ob sie es irgendwo anders gesehen haben. Das gehört zum Spiel, zu einem fesselnden Spiel, und es wäre ganz unfair, gegen die Regeln zu verstoßen.

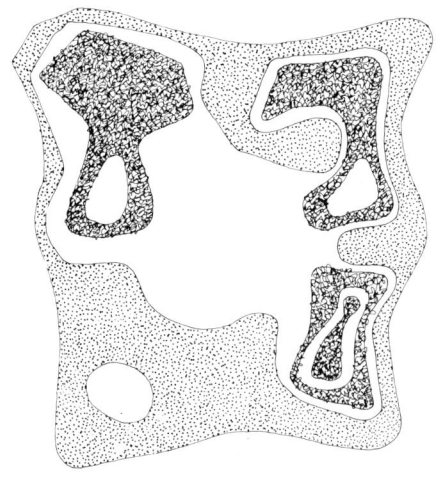

Roberto Burle-Marx spielt das Spiel des Malers: Garten als Riesenbild

Das Sammlerspiel kann sich steigern bis zur Besessenheit. In allen Jahrhunderten waren die Menschen von exotischen Pflanzen fasziniert; sie bewundern den Gärtner, dessen Geschicklichkeit sie unter den unwahrscheinlichsten Bedingungen wachsen und gedeihen läßt; sie begeistern sich für Palmen, ob sie im Gewächshaus oder in geschützten Buchten Schottlands und Irlands oder vor einer windgeschützten Südwand im südlichen Utah wachsen. Andere Gartenliebhaber züchten oder sammeln neue, unbekannte Pflanzenarten. Von der Erosion ungewöhnlich geformte Steine sind für chinesische Sammler wahre Schätze, Japaner schaffen aus größter Entfernung Steine herbei, die möglichst «natürlich» aussehen. Kaiser Hadrian schmückte seine Villa in Tivoli mit Erinnerungsstücken aus allen Ecken des römischen Reiches, das fast die ganze damals bekannte Welt umspannte. Sechzehnhundert Jahre später ergötzte sich Ch'ien Lung, Kaiser von China, in seinem Landschaftsgarten Yuan Ming Yuan bei Peking an einer Sammlung von zahlreichen Gärten, in denen die Herrlichkeit aller Teile seines Riesenreichs verewigt war. Im zwanzigsten Jahrhundert war es Walt Disney, der die Spielzeugeisenbahn seiner Jugend mit ihren Bahnhöfen und Tunnels aus der Erinnerungskiste hervorkramte, im größeren Maßstab wieder aufbaute und im Wunderkabinett Disneyland, im *Magic Kingdom* herumfahren ließ. Andere wiederum sammeln Fuchsien, Iris oder Kakteen oder alle Blumen, die weiß blühen oder blau oder erst im Herbst, und sie sind stolz darauf.

Damit sind wir beim nächsten Spiel, beim Spiel des Malers. Viele europäische Gärten des siebzehnten Jahrhunderts zeigten strenge geometrische Formen, Quadrate, Dreiecke, Kreise und weit kompliziertere Figuren. Gegen das Immergrün der Bordüren aus Liguster oder Eibe standen Farben der Blumen im jahreszeitlichen Wechsel, Farben, die der Palette eines Malers entstammen mochten, gefaßt in Formen wie aus dem Schablonenkasten. Der große brasilianische Landschaftsarchitekt Roberto Burle-Marx hat in den letzten vierzig Jahren Riesenbilder aus Blumen gemalt; die freien Formen hat er selbst entworfen, in künstlerischer Verwandtschaft zu seinen Zeitgenossen Matisse, Miro und Arp, bei den leuchtenden Farben stand der brasilianische Urwald Pate. Monet nahm die Palette seiner Farben aus dem Garten in Giverny, besonders von den selbstgezüchteten Teichrosen. Und in England entwarf Gertrude Jekyll ihre Gartenpläne wie ein Maler sein Bild; sie legte darin genau fest, wo welche Blumen hinkamen und wieviele in welcher Form gepflanzt werden sollten, damit sie, wie

Konvergierende Linien

Abgewinkelte Linien und Flächen erzeugen Raumillusion: Kapitolshügel in Rom

Vordergrund, Mittelgrund, Hintergrund

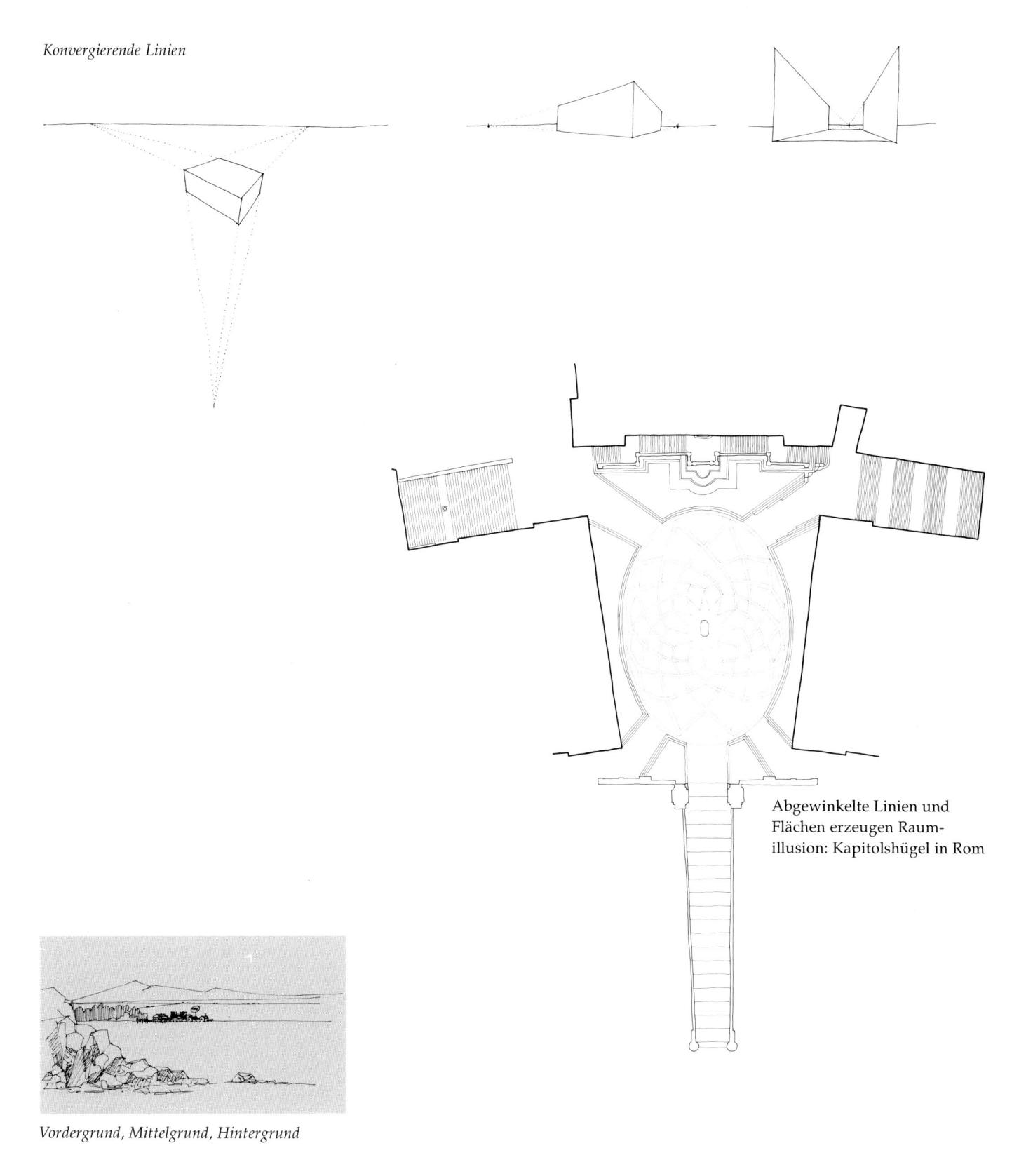

Ausführung von Details betont den Vordergrund

35 · Am ZEICHENBRETT des PLANERS

sie schrieb, «ein schönes Bild» ergaben. Ihre Staudenrabatten zeugen von dem Wissen um die komplizierte Farbentheorie von Michel Chevreul, und sie zeugen von der Bewunderung für die Farb- und Lichteffekte der Impressionisten.

Jahrhundertelang haben Maler verschiedene Mittel und Wege erprobt, um auf der zweidimensionalen Fläche eine Raumillusion zu erzeugen. Auch Gärtner haben daran gearbeitet, innerhalb des vorgegebenen begrenzten Raums die Illusion einer größeren Welt zu schaffen, und sie haben den Malern ihre Tricks abgeschaut. Kaum hatten die Maler der Renaissance die Perspektive entdeckt – oder besser: wiederentdeckt – und konnten mit Hilfe von Linien, die sich in einem, zwei oder drei imaginären Punkten schneiden, die Fläche eines Bildes räumlich erscheinen lassen, da wurden auch Gärten so angelegt, daß sie eine Perspektive erzeugten; normalerweise parallele Linien strebten nun einem gemeinsamen Schnittpunkt zu, klare geometrische Figuren wurden in Blickrichtung verkürzt. So entstand das Spiel des Architekten. Die zur Erzeugung der Raumillusion erfundene Konvergenz der Linien wurde zur Konvergenz der Flächen gesteigert; Renaissance-Architektur enthält Linien und Flächen, die statt parallel im leichten Winkel angeordnet sind, um die Tiefe (oder auch die Kürze) eines Raums zu übertreiben und die Erwartung des Betrachters anzustacheln oder mutwillig zu enttäuschen.

Chinesische und japanische Maler haben eine andere Tradition, die Tiefe der gemalten Räume darzustellen und Vorder-, Mittel- und Hintergrund zu unterscheiden. Durch die Betonung von Details ziehen sie den Vordergrund näher heran und rücken zugleich den Hintergrund weiter weg, indem sie verkleinern, Kontraste verwischen und auf Details verzichten. Dieselben Mittel benutzen japanische Gärtner, wenn sie zum Beispiel das vordere Ufer eines Sees näher erscheinen lassen und das hintere Ufer in die Ferne rücken wollen.

Gärten können Geschichten erzählen. Manche sind so phantastisch und verwickelt, daß sie den Vergleich mit der Kunst eines Geschichtenerzählers herausfordern. Sir Henry Hoare läßt den Park von Stourhead Vergils Äneis erzählen, Disneyland ist ein Gespinst aus Piraten- und Gespenstergeschichten und amerikanischen Heldensagen. Jeder trägt aus seinen Kindertagen die Erinnerung an Märchen, an Erlebnisse in Geheimgärten, verzauberten Waldlichtungen und versteckten Hochsitzen in sich; auch als Erwachsene bewahren wir Bilder, mit denen sich eine Geschichte verknüpft.

Mancher Garten, besonders in Japan, läßt sich als philosophisches Werk begreifen: der Garten als System zur Erkenntnis der Welt. Philosophengärten begnügen sich mit wenigen und einfachen Elementen; schon die kleinste Nuance in der Anordnung bekommt eine übergroße Bedeutung. Der Zen-Garten Ryoanji in Kyoto besteht aus fünfzehn Steinen in einem Rechteck aus geharktem Sand mit Bäumen und einer Mauer; ein Teich, umstanden von Bäumen, auf der Erde nur Moos: das ist der Garten des Saihoji-Tempels.

Wer einen Garten entwirft, kann mit all diesen Regeln spielen. Ein Garten kann, wie ein Bild oder ein Gedicht, von allem handeln, was der Mensch interessant oder anrührend empfindet. Verschiedene Spiele können nebeneinander Platz finden, Bedeutungen können sich überlagern. Doch nie sollte vergessen werden, was Sir Edwin Lutyens, der zusammen mit Gertrude Jekyll zahlreiche wunderbare Gärten gestaltete, als seine Maxime betrachtete: jeder Garten braucht eine klare, zentrale Idee.

RÄUME GESTALTEN

Die Anlage eines Gartens wird leicht mit Gärtnerei verwechselt. Doch einen Garten anlegen heißt in erster Linie, einen Raum gestalten. Die einzelnen Elemente und der freie Raum zwischen ihnen ergänzen sich; durch ihre bloße Existenz wirken sie aufeinander ein: sie sind Yin oder Yang. Ein Element, sei es ein Bauwerk, ein Baum, ein Busch, eine Vogeltränke, kann allein im Raum stehen und von allen Seiten sichtbar sein; aber als Hecke, Rabatte oder Blumenteppich oder als Filigran der Baumkrone wird es zur Begrenzung des Raums. Über den leeren Raum zwischen den Dingen haben Philosophen aller Zeiten nachgesonnen und gefunden, er sei, genaugenommen, nichts. Für den Planer jedoch ist er ein augenfälliges Etwas, sehr zum Ärger der Philosophen. Er wird geformt durch Wände, Böden und Decken; er kann ausfransen und sich langsam auflösen, um eine Ecke und aus dem Blickfeld verschwinden, in malerischer Zweideutigkeit.

In dieser Hinsicht unterscheidet sich die Gartenbaukunst nur von der Architektur. Ihr natürlicher Ausgangspunkt ist ein Grundriß, auf dem vertikale Elemente errichtet werden können, um Räume zu erzeugen und zu ordnen. Wo es nötig ist, schützt ein Dach, aus Ziegeln oder aus Blättern. Öffnungen schaffen Verbindung zu anderen Räumen, die Wanderung durch Räume läßt sich komponieren wie eine Sequenz von Tönen.

Die Erde formen

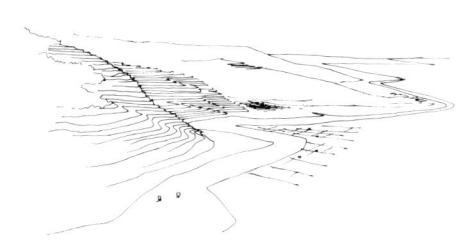

Natürlich gibt es Unterschiede beim Entwerfen von Häusern und Gärten. Der wichtigste ist, daß die Grundfläche von Häusern eben ist und fast immer horizontal, selten ein wenig geneigt; der Boden, auf dem ein Garten entstehen soll, ist hingegen nur selten eben. Wer einen Garten entwirft, muß sich als erstes mit der Beschaffenheit des Grundstücks vertraut machen und entscheiden, ob und wie seine Oberfläche zu verändern ist, um Bauwerken, Gewässern und Pflanzen einen Standort zu schaffen.

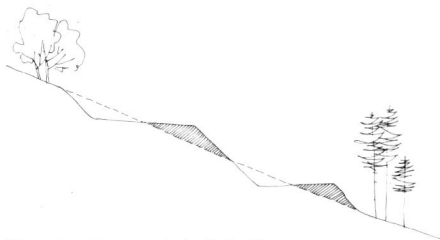

Die Wellen eines Hangs lassen sich zu einer schrägen Ebene glätten oder in Form einer Treppe terrassieren. Terrassen sind unabdingbar, wenn für Wasser horizontale Flächen gebraucht werden, wie beim Reisanbau in den Gebirgen Asiens.

Am leichtesten baut man eine Terrasse, indem man in den Hang hineinschneidet und die dabei anfallende Erde so aufschüttet, daß die durch den Schnitt gewonnene Horizontale verbreitert wird. Der aufgeschüttete Boden ist nicht sehr stabil; man muß sehr vorsichtig sein, wenn man ihn belasten will, beispielsweise mit einen Swimmingpool. Ist der Hang zu steil und nicht genügend Platz vorhanden, um das anfallende Erdreich in einem stabilen Winkel aufzuschütten, dann müssen Stützmauern gebaut werden, um das Abrutschen der aufgeschütteten Erde zu verhindern. Je breiter die einzelne Terrasse werden soll, um so höher muß die Stützmauer werden; je steiler der Hang, desto schmaler werden die Terrassen.

Reisterrassen wurden traditionell in mühsamer Handarbeit angelegt. Die Stützmauern aus Lehm können nicht besonders hoch aufgeschichtet werden; deshalb wird die ursprüngliche Form des Hangs nur geringfügig verändert. Die Stützmauern folgen den Konturen der Hügel; wird der Hang steiler, rücken sie näher zusammen, wie Höhenlinien. Dagegen bieten die terrassierten Zitronenhaine in Amalfi mit ihren hochragenden Steinmauern einen höchst dramatischen Anblick. Planierraupen und Betonwände machen heute jede Veränderung der Landschaft möglich, leider auch die leichtfertige Zerstörung ihres Zaubers.

Die natürlichen Landformen lassen eine ganze Reihe von Terrassenanlagen zu. Man kann ein Flußtal durch quergezogene Mauern terrassieren und an jeder Mauer einen Wasserfall erzeugen. Oder man verwandelt einen Abhang in eine riesige Treppe. Ein konkaver Hang läßt sich durch Stufen zu einem Amphitheater gestalten. Sehr selten ergibt sich die Möglichkeit, einen alleinstehenden Hügel durch konzentrische Terrassen zu erschließen, wie beim Altar des Himmels in Beijing oder dem *Stupa* des Borobodurtempels auf Java. Man kann auch einen versunkenen Garten anlegen, indem man Terrassen in die Erdoberfläche hineinschneidet.

Swimmingpool am Hang mit Stützmauer

Aus Erde und Steinen kann ein ganz und gar künstlicher Terrassengarten entstehen, nach dem weltberühmten Vorbild der Hängenden Gärten von Babylon. Viel ist von ihnen heute nicht geblieben zwischen Schutt und den Gräben der Archäologen in den Ruinen von Babylon, doch der Augenzeuge Diodorus Siculus beschreibt, daß «Etage für Etage aufeinander aufbaute wie Ränge in einem Theater».

Gartentreppen sind nichts anderes als auf Schritthöhe gebrachte Terrassen. Oft bietet sich für eine großzügig geschwungene Treppe im Freien mehr Platz als innerhalb des Gebäudes. Die Barockgärten Italiens und Frankreichs zeigen das besonders schön. Eine Treppe im Garten kann die Geheimnisse der Unendlichkeit heraufbeschwören, sie kann sich recken nach einem Stück offenen Himmels, sie kann ins Erdinnere führen oder im Wasser verschwinden und verborgene Ruinen erahnen lassen, die sich wer weiß wie weit unter der Oberfläche erstrecken.

Der Weg folgt den Konturen des Hügels

Auf flachem Boden läßt sich eine Landschaft im Kleinen formen mit Dämmen, Böschungen und Erdhaufen als Bergen und mit Dellen als Tälern; auf einem gewellten Rasen denkt man an die weit geschwungene, sich bis zum Horizont erstreckende Prärie.

Den Boden bedecken

Das Grundstück für einen Garten läßt sich teilen in fast ebene Flächen und steile Abschnitte; in Stücke, die bepflanzt werden oder gepflastert, mit nur einem Material oder mit verschiedenen; Stücke, deren Erde nackt bleibt, und solche, die mit Pflanzen, Steinen oder Holz bedeckt werden. Doch bei aller Phantasie soll der gesunde Menschenverstand nicht außer acht bleiben. Auf einer absolut ebenen Fläche kann das Regenwasser nicht abfließen und wird möglicherweise Schaden anrichten; aus nackter Erde lassen sich keine steileren Böschungen bilden, als die Beschaffenheit der Erde erlaubt: das ist im Schnitt ein Meter Höhe auf zwei Meter Tiefe, wenn die Erde bei Regen nicht abgetragen und weggeschwemmt werden soll. Mit Stein und Holz kann man Oberflächen natürlich so steil anlegen, wie man will. Harte Oberflächen halten länger und lassen sich bei jedem Wetter gut betreten. Oberflächen aus Erde, Kies oder Rasen werden bei Nässe weich und glitschig; doch sie lassen das Wasser versickern, was für die Wurzeln von Bäumen und Sträuchern lebenswichtig sein kann. Man kann Steinplatten so in Sand verlegen, daß zwischen ihnen breite Fugen bleiben, die das Wasser durchlassen, und man doch eine trittfeste Oberfläche behält.

Zu den Belägen aus Stein zählen auch Ziegel. Es sind meist Quader von vierzehn mal achtundzwanzig Zentimeter Grundfläche und sechs Zentimeter Höhe. Es gibt aber auch flachere, breitere, längere; alte römische Ziegel messen fünfzehn mal dreißig Zentimeter. Ziegel können sehr hart sein (Klinker), scharfe Kanten haben oder auch leicht abgerundete Ecken. Ihre Farbe hängt von der Art des verwendeten Tons ab, es gibt weiße, gelbe, rote, braune und fast schwarze Ziegel.

Natursteine gibt es in einer unendlichen Palette von Formen und Farben, vor allem in blauen, roten, gelben und braunen Tönen. Ihre Form ist nicht so regelmäßig wie die der Ziegel, das Verlegen wird aufwendiger. Zu den Natursteinen gehören auch die ganz kleinen: Kies und Kiesel. Runder Flußkies wird im allgemeinen besonders geschätzt. Es knirscht so schön, wenn man darauf geht, und nach einem Regenguß ist er rasch abgetrocknet. Kies und Kiesel sind wasserdurchlässig, was den Baumwurzeln zugute kommt.

Gartentreppe

In anderen Ländern, vor allem in Frankreich, benutzt man auch gern gebrochenen Kies mit scharfen Kanten. Als Schicht liegt er kompakter, weil sich die einzelnen Steinchen miteinander verhaken. Sie bilden einen wunderbaren Untergrund zum Gehen; man kann das in den Tuilerien gut ausprobieren. Als billige Oberflächen bieten sich auch Beton und Asphalt an. Auch sie können schön aussehen; doch meistens werden sie kaschiert, indem man den Beton mit einem anderen Material bedeckt oder Kies in die Asphaltoberfläche einwalzt.

Nicht zuletzt gibt es Fliesen. Quadratisch, rechteckig oder in freier Form; sie werden aus gebranntem Ton hergestellt und in allen möglichen Farben glasiert, wundervoll wie die Farben der Blumen. Die Glasur kann matt sein oder glänzend, sie kann leuchten oder schimmern, als sei sie naß, und dabei erfrischende Kühle verbreiten an einem heißen Sommertag.

Auch Holzplanken und Blöcke können als Bodenbelag dienen. Holz fühlt sich wärmer an als Stein, besonders bei kühlem Wetter. Es eignet sich besser, darauf oder darüber zu sitzen, und hat den Vorteil des geringen Gewichts.

Erde ist eine Mischung aus Sand, Ton und organischen Bestandteilen. Sie kommt in allen möglichen Zusammensetzungen und Farbtönen vor. Sie kann

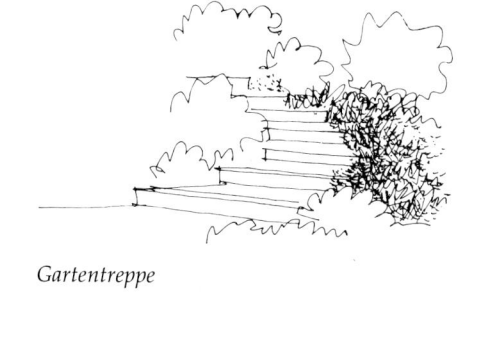

Befestigte Oberfläche zum Betreten (Death Valley)

Unbefestigte Oberfläche zum Betrachten (Saihoij)

Poren besitzen und nach dem Regen schnell wieder abtrocknen oder wasserundurchlässig sein, dann wird sie weich und glitschig. Boden ist sauer oder kalkig, arm oder fruchtbar. Gartenboden kann als nackte Erde vorkommen oder bewachsen mit Rasen, Bodendeckern, Wiesengräsern und Büschen. Manche Flächen laden dazu ein, sie zu betreten; die Kamille, zum Beispiel, entfaltet ihren vollen Duft erst dann, wenn man auf sie tritt. Andere Flächen eignen sich nur zum Betrachten und gehen kaputt, wenn man darauf herumläuft.

Boden, Klima und das Angebot der örtlichen Gärtnereien und Baumschulen entscheiden über die Bepflanzung des Bodens. Pflanzen werden zusammengestellt nach Farbe und Form der Blätter, nach Duft oder nach Blütenfarbe. Seit dem neunzehnten Jahrhundert ist die Blütenfarbe das wichtigste Gestaltungselement englischer Gärten. Chinesische und japanische Gärtner richten ihr Augenmerk zuerst auf die Steine, für die Gärtner des Islam steht das Spiel des Wassers im Mittelpunkt.

Der Eifer von Sammlern und Züchtern und die rasche Ausbreitung von Gärtnereien und Baumschulen haben ein Angebot von Farben gebracht, das fast mit der Palette synthetischer Textilfarben zu vergleichen ist. Besonders anspruchsvolle Gärtner haben, ähnlich wie Maler, raffinierte Farbtheorien entwickelt und bestimmt, welche Blumen nebeneinanderzustellen und in welcher Menge sie zu pflanzen sind, um fein abgestimmte Harmonien oder überraschende Kontraste zu erzielen.

Wie schon die Perser lange zuvor liebten auch die indischen Großmoguln wollene und seidene Teppiche in ihren Gärten. Oft ließen sie sogar das Muster des Gartens einknüpfen. Gartenfreunde unserer Zeit schrecken wohl eher vor dem Gedanken zurück, solche Kostbarkeiten Wind und Wetter auszusetzen. Für sie liefert die Industrie besondere Außenteppiche.

Wahrzeichen setzen

Es ist eine der urprünglichsten instinktiven Handlungen des Menschen, auf dem Erdboden ein Wahrzeichen zu setzen. Ein Teilstück der Welt, eben noch Fragment, erhält seinen eigenen Mittelpunkt, mit einer Geste, die noch prägnanter wirkt, wenn natürliche Orientierungspunkte fehlen. Die australischen Ureinwohner leben mit einem wundervollen Mythos: Einst wanderte eine Gruppe ihrer Vorfahren über das Land; sie führten einen großen Pfahl mit sich, den sie jeden Abend in den Boden pflanzten, damit er den Ort für ihr Lager bestimme. Eines Abends brach der Pfahl beim Einschlagen entzwei. Nun waren sie heimatlos; sie wurden traurig und müde, und eines Tages legten sie sich hin und starben.

Wahrzeichen verheißen ein Ziel, geben Hoffnung, versprechen einen Ort, an dem Menschen wohnen. Marcel Proust beschreibt den Kirchturm von Combray und beschwört seine Anziehungskraft, die er jedesmal von neuem spürte:

Und auf einem unserer ausgedehnten Spaziergänge von Combray aus gab es eine Stelle, wo die vorher enger werdende Straße sich plötzlich auf ein weites Plateau öffnete, das am Horizont von sturmzerfetzten Wäldern eingefaßt war, über die einzig die feine Spitze des Glockenturms von Saint Hilaire sich erhob, so schmal, so rosigzart,

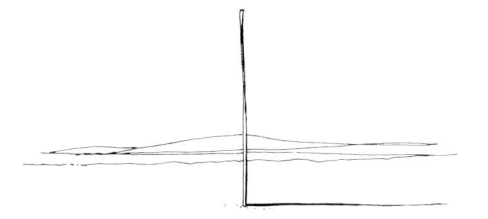

Das Wahrzeichen bestimmt einen Ort

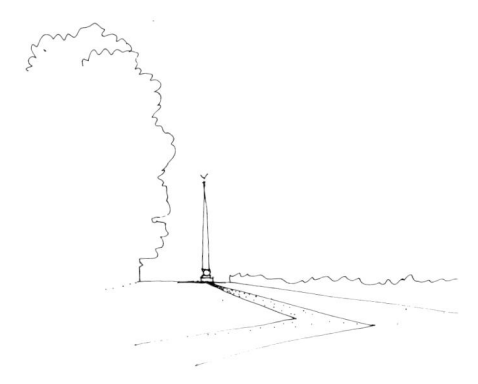

Man kann den Gartenentwurf mit der Wahl des Wahrzeichens beginnen

daß sie nur mit dem Fingernagel auf den Himmel eingeritzt schien in der Absicht, auf diese Landschaft, die aus nichts als Natur bestand, ein kleines Zeichen von Kunst, eine einzige Note menschlicher Anwesenheit zu setzen.[3]

Im Maßstab des Gartens kann das «kleine Zeichen von Kunst» eine Statue sein, ein Obelisk oder ein kleines Sommerhaus am Ende einer Lichtung, oder auch ein ferner Blickfang als Brennpunkt eines weiten Panoramas.

Ein Wahrzeichen muß nicht immer den Mittelpunkt bezeichnen, es kann auch die Grenze markieren. Die Römer weihten dem Gott Terminus bestimmte Statuen *(Termen)*, um die Grenzen ihrer Besitztümer zu schützen, und noch heute erfüllt die alleinstehende toskanische Zypresse die Aufgabe eines Grenzsteins. In den viereckigen Gärten des Islam sind die Mauerecken oft mit Wachtürmen gekrönt.

Man kann den Entwurf des Gartens mit der Wahl eines Wahrzeichens beginnen. Das kann ein Baum sein, ein Stein oder eine Ruine irgendwo auf dem Gelände; oder auch irgend etwas, das vom Garten aus gut sichtbar ist, wie ein entfernter Berggipfel. Oder ein geliebtes Andenken, das man von irgendwoher mitgebracht hat. Heute kann man auch einen schon erwachsenen Baum einpflanzen; man muß nicht mehr, wie in vergangenen Jahrhunderten, Jahre und Jahre warten, bis das Schlüsselelement der Komposition langsam in seine Bedeutung hineinwächst.

Grenzen ziehen

Wie wir uns an einem Ort fühlen und wie wir ihn begreifen, wird von den Mauern, die ihn umgeben, vielleicht am deutlichsten bestimmt. Bedenkt man, daß der Mensch aufrecht geht und sein Blick in die Weite von der Mauer aufgehalten wird, so überrascht das nicht. Häuserwände sind nach außen normalerweise undurchlässig, glatt und vertikal; nur über Arkaden und Kolonnaden verbinden sie sich mit der dritten Dimension. Ein Garten bietet größere Möglichkeiten, feste Mauern werden durch Hecken, Weinspaliere, Gebüsch und Baumgruppen abgelöst.

Gärten lassen sich mit senkrecht, waagerecht oder diagonal gefügten Bretterzäunen, mit Lattenzäunen oder mit Schindelwänden eingrenzen; oder mit Mauern aus Ziegeln, behauenen oder unbehauenen Natursteinen, roh oder verputzt, mit Kacheln, Plastik oder Metallplatten verkleidet. Benutzt man Spaliere oder Schilfmatten oder Latten, dann kann die Luft zirkulieren; das gestatten auch Kletterpflanzen auf Drahtgittern und Maschendraht. Den Blick begrenzen kann auch eine Geländestufe, eine Böschung, ein Wall, ein Steilhang oder auch ein Wasserfall. Auch Pflanzen allein können den Garten abgrenzen. Eine Hecke kann zur undurchdringlichen Mauer zusammenwachsen; locker gepflanzte Sträucher, Baumgruppen oder ein Waldrand, wo der Gartenraum sich nach und nach zwischen den Baumstämmen verliert, bilden eine weniger strenge Grenze.

Die Gartenmauer steht, im Gegensatz zur Hauswand, ganz im Freien. Sie ist Sonne und Regen ausgesetzt, verwittert schnell, manchmal nisten sich Pflanzen auf ihr ein; dann wird ihre Oberfläche zum Teil des Gartens. Den Gärten der mexikanischen und kalifornischen Missionen geben ihre Mauern aus abgestoßenen, schmutzigen Adobeziegeln, deren alte Putzschicht gemächlich abblättert, einen ganz eigenen Charakter. Anderswo gedeihen

Unbestimmter Raum

Einfriedung durch Mauern

Eckpfeiler rufen Raumwirkung hervor

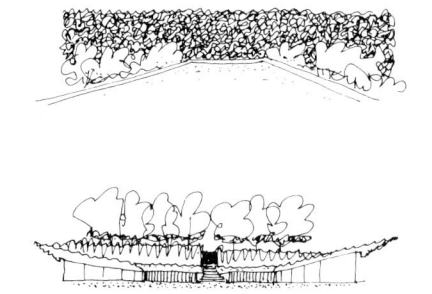

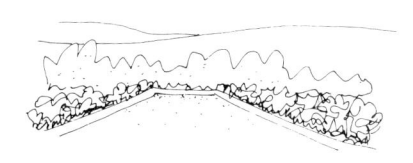

Grenzen ziehen mit Mauern, Hecken und Linien, an denen die Bepflanzung wechselt

41 · Am ZEICHENBRETT des PLANERS

Moose und Flechten auf feuchten Mauerflächen; man kann die Mauer Kriech- und Kletterpflanzen überlassen, gepflegtem Efeu beispielsweise, kräftigem Wein, Passionsblumen oder der üppig blühenden Bougainvillea.

Wilde Hecken haben eine ganz andere Oberfläche als geschnittene, mit veränderten Lichteffekten. Mit dem Schnitt lassen sich Bögen und Kanten erzeugen oder wilde Formen, die aussehen wie riesige, verwitterte Findlinge.

Man kann die Mauer auch wie ein Stück weißes Papier benutzen, auf dem Silhouetten und Schatten ihr Spiel treiben. In chinesischen Gärten wird gern eine Bambusgruppe so vor eine weiße, glatte Wand plaziert, daß ihr Schattenspiel unverwechselbar den Pinselstrich des Tuschezeichners imitiert.

Häuserwände müssen so hoch sein, daß das Dach auf ihnen ruhen kann. In Gärten können wir Mauern, die nichts zu tragen haben, so niedrig bauen, daß man über sie hinwegschauen kann. Dabei entstehen Räume, die unseren Blick einladen, unseren Schritt aber abwehren: das Meer hinter dem Deich; die dunstige Ferne hinter der Brüstung; ein Blumenparterre hinter der kurzgeschnittenen Buchsbaumhecke.

Den Zaun in einen Graben versenken: Der Aha als versteckte Grenze

Man kann einen Zaun völlig dem Blick entziehen, indem man ihn in einem Graben versenkt; so erhält man die Illusion, über eine grenzenlose Landschaft zu schauen. Dieser Kunstgriff machte im England des achtzehnten Jahrhunderts große Schule und hieß wegen des Überraschungseffekts «Aha». Man genoß die Illusion, daß Felder und Wiesen bis ans Haus reichten, vermied dabei aber Unannehmlichkeiten wie Schafe, die die Sträucher abknabbern, oder Kuhfladen auf dem Krocketrasen.

Natürliche Grenzlinien

Grenzen lassen sich mit Mitteln markieren, die kaum mehr sind als Zeichen auf dem Boden: ein Wechsel der Bodenbedeckung; Einfassungen, Rinnsteine; eine flache Terrasse; die Kante zwischen gemähter und ungemähter Wiese; der Rand einer bewässerten Fläche, an dem Grün zu Braun wechselt; sogar Übergänge von sonnigen zu schattigen Flächen, die sich durch einen Vegetationswechsel auszeichnen. Man benutzt diese Grenzlinien als Andeutung oder Warnung, um die Schritte des Besuchers zu leiten oder um Strukturen deutlich zu machen.

Künstliche Grenzlinien können Achsen erzeugen

Eine künstliche Einfassung, eine Steinmauer zum Beispiel, bildet eine dauerhafte und unverrückbare Grenze. Dagegen sind natürliche Linien eher unscharf, werden zu Zwischenbereichen, wie Strand oder Waldrand. Auf ihnen spielen sich natürliche Prozesse ab, deren Gleichgewicht wenig stabil ist und sich kurzfristig ändern kann. Natürliche Grenzlinien in Gärten haben die Tendenz, sich zu verlagern; sie können auch ganz verschwinden. Der Gegensatz zu Mauern und Bauwerken ist deutlich; Sir Henry Wotton hat das vor langer Zeit in seinen *Elements of Architecture* so formuliert:

Ich muß auf einen bestimmten Gegensatz zwischen Gebäuden und Gärten aufmerksam machen: Sosehr Gebäude regelmäßig gebaut sein sollen, so sollen Gärten unregelmäßig angelegt sein; höchstens dürfen sie einer sehr lockeren Regularität unterworfen werden.

Flächen einfrieden

Eine Mauer oder ein anderes lineares Element erzeugt in der Landschaft eine Achse, aus der man alles entwickeln kann, ähnlich wie um ein Wahrzeichen als

Mittelpunkt. Doch meist werden Mauern nur dazu benutzt, mehr oder weniger deutlich Abgrenzungen zu schaffen. In der chinesischen Malerei findet man jahrhundertelang *Drachenlinien;* das sind fingerförmige Räume oder Wolken, die Landschaften und Gegenstände durchdringen, sie durchlüften. Sie verschwinden hinter den Gegenständen und aus dem Gesichtskreis und erwecken dabei die Illusion, daß hinter der Bildfläche noch weitere Räume existierten. Gärten in China und Japan und auch Gärten im *Pittoresken Stil,* die malerischen Gärten des Abendlandes, besonders Englands, stecken voll mit derartigen unbestimmten Räumen, die sich um Grenzen und Mauern herumziehen und glauben machen, daß der Garten sich ins Unendliche fortsetzt.

Wenn Mauern so angelegt sind, daß sie eine Fläche eindeutig umschließen, dann entsteht daraus ein Raum; durch Klarheit des Schnitts, der Proportion und der Ausdehnung läßt er sich gestalten wie ein elegantes, klassizistisches Zimmer. Nur die Decke des *Gartenraums* ist schwer zu konstruieren, kann nur angedeutet werden. Es müssen aber nicht unbedingt Mauern sein, die einen Raum schaffen. Schon Eckpfeiler allein rufen eine Raumwirkung hervor. Der *char-chenar* der Gärten von Kaschmir, eine Anordnung von vier Bäumen im Quadrat, zeigt das sehr schön. Immer wieder hat man in ein Viereck von Bäumen ein Bauwerk hineingesehen. Dafür ist die *Primitive Hütte,* die berühmte Erfindung des Abbé Laugier, ein Beispiel. Sie spielt in der Architekturtheorie der Neuklassik eine wichtige Rolle. Man kann Bäume auch so verformen, daß ihre Wipfel spitzbogenartig zusammenstoßen und eine gotische *Primitive Hütte* entsteht, wie Viollet-le-Duc angemerkt hat.

Die einfach umgrenzte Fläche ist das Grundmuster aller Einfriedungen. Die Umfriedung teilt die Welt in ein Innen und ein Außen. Eine besondere Bedeutung erhält der Akt der Grenzziehung, mit dem der Innenraum von der Außenwelt abgetrennt und privilegiert wird. Zu den ersten Gärten seit Menschengedenken zählen die grünen Jagdreviere der assyrischen Könige, die sie von der umliegenden Wüste abteilten. Der Name, den sie ihnen gaben, floß über das Persische und Griechische in die deutsche Sprache ein: Paradies. Die Maler des Mittelalters stellten das biblische Paradies oft nur als einfaches Viereck (*hortus conclusus*) um die Figuren von Adam und Eva dar. Auch heute werden noch Gärten angelegt, die nichts weiter sind als ein Stück Land mit einer Mauer oder ein paar Bäumen drumherum. In der Beschränkung auf das Wesentliche entfalten sie ihre besondere Wirkung. Zu dieser Gruppe gehören die kleinen, von einer Lehmziegelmauer umgrenzten Pappelhaine, die wir in den Tälern des Himalaya fanden; die sorgsam bestellten Lichtungen, eingeschlossen vom Urwald Neuguineas, und auch der strenge, grasbewachsene Innenhof von Clare College in Cambridge. Von allen haben wir einen unauslöschlichen Eindruck mitgenommen.

Überraschenderweise gibt es nur wenige Möglichkeiten, mehrere umfriedete Flächen miteinander zu verbinden. Einer Umfriedung eine zweite zuzuordnen, geht zum Beispiel nur auf zweierlei Weise: hierarchisch, wenn die eine innerhalb der anderen liegt, oder gleichberechtigt, dann liegen beide nebeneinander. Eine dritte Fläche kann man so oder so zuordnen, innerhalb oder außerhalb der einen oder der anderen, und bekommt einen Garten aus drei Elementen. Vier oder fünf Elemente lassen die Zahl der möglichen Anordnungen schnell wachsen; doch bei allen Kombinationen entdeckt man schließlich, daß nicht mehr als drei Grundordnungen vorkommen. Die erste

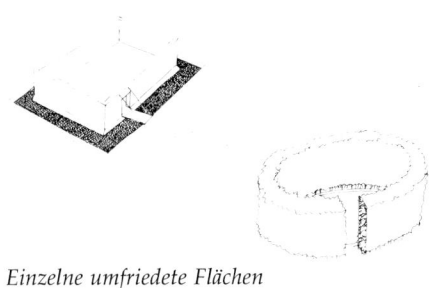

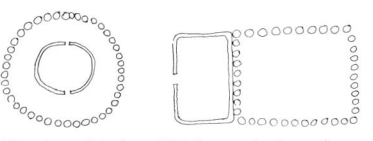

Einzelne umfriedete Flächen

Zwei umfriedete Flächen miteinander verbinden

Drei umfriedete Flächen miteinander verbinden

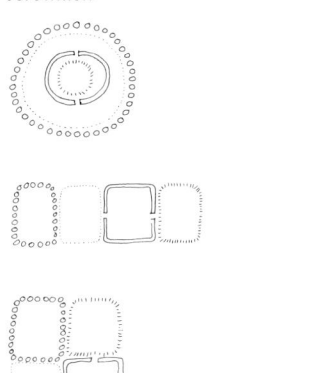

Einnisten, Aneinanderreihen, Gruppieren

heißt, eine Einfriedung in der nächsten einzunisten; die zweite besteht in der gerichteten Aneinanderreihung von Flächen wie auf einer Wäscheleine; übrig bleibt die richtungslose Gruppierung. Jedes dieser Grundmuster läßt sich in unendlichen geometrischen Varianten vollziehen. Die Aneinanderreihung kann auf Geraden, auf Kreisen oder auf freischwingenden Linien stattfinden. An jeder Biegung können sich die Winkel verändern, oder man kann sich auf rechte Winkel beschränken. Was entsteht, kann einer strengen Ordnung aus Symmetrie und Wiederholung folgen oder gar keine Ordnung besitzen.

Dächer aufsetzen

Während Wände und Böden der Räume im Haus von ihren Funktionen her bestimmt sind, bleiben die Decken von funktionalen Beschränkungen frei. Sie können deshalb viel von dem mythischen und symbolischen Gewicht aufnehmen, das auf einem Bauwerk lastet. Der gute Architekt investiert in die Gestaltung von Decken eine Menge Phantasie. Doch über Gartenräumen liegt meist das Dach des Himmels.

Natürlich gibt es Himmel und Himmel. Die tiefen, wolkenverhangenen Himmel Englands schaffen ein völlig anderes, festeres Dach als die weiten Himmel über der amerikanischen Prärie, an denen große weiße Kumuluswolken hängen. Vom Blau und Grau des Mittags bis zum Fuchsrot und Orange des Abendhimmels ändert sich die Farbe des Himmels von Sonnenaufgang bis Sonnenuntergang. Sind die Lichter der Großstadt weit genug entfernt, sieht man am Nachthimmel die Sterne leuchten. Wir erinnern uns an einen Garten in Australien, der plötzlich wie verzaubert dalag, wenn über den Eukalyptushainen das Kreuz des Südens aufging und die Nachtvögel ihren Gesang anstimmten.

Man kann sich für einen Teil des Gartens kleine, heimelige Dächer denken, Variationen des Schirms. Ein Einzelbaum mit dem Schatten seiner Krone wirkt wie ein riesiger Gartenschirm auf hohem Ständer. Bäume können in Gruppen gepflanzt werden als Obstgärten oder Boskette und bilden dann ein gerades Dach. Unregelmäßig gepflanzte Baumgruppen erlauben das Spiel mit der Höhe der Decke und der Tiefe der Schatten im Raum. Unterschiedlich hohe Bäume verschiedener Arten beschirmen uns in mehreren Etagen übereinander (niedrig, hoch, sehr hoch) und verändern die Art der Schatten (licht, dicht).

Manchmal besteht das Bedürfnis, sich draußen ein künstliches Dach zu bauen, aus Holz, aus Stoff, manchmal auch aus Stein. Um einen Punkt herumgebaut als Pavillon, einer Linie folgend als Laubengang oder Pergola oder eine Fläche überdachend als Markise oder festes Dach, dient es als Regenschutz oder als Filter für das Sonnenlicht; vielleicht soll es auch nur das Gefühl der Geborgenheit vertiefen.

Öffnungen schaffen

Interessant werden Wände, Mauern, Dächer und andere Begrenzungen durch die Art und Weise, wie ihre Geschlossenheit durchbrochen wird. Bauwerke bekommen Fenster, Türen, auch Arkaden. Im Lauf der Jahrhunderte wurden sie immer weiter verfeinert und verziert, kunstvoll gearbeitet und modelliert, umrahmt und bekrönt. Bei Gärten scheint der Akt, eine Mauer zu durchbrechen, einfacher, weniger emotionsgeladen; vielleicht mit Ausnahme von China, wo das Mondtor nur eine der traditionellen Gestaltungsmöglichkeiten für eine Maueröffnung ist. Der Kreis des Mondtors ist auch deshalb so beliebt, weil seine Form die Geschlossenheit der Mauer am wenigsten stört, zumal dann, wenn der Kreis nicht ganz bis zum Boden reicht und sich die Mauerkrone über dem Kreis ein wenig höher wölbt. Doch man kann das Thema auch anders variieren. Die Mauern um die Höfe balinesischer Tempel werden von *Gespaltenen Toren* unterbrochen. Zu beiden Seiten verdicken sich die Wände, werden höher gezogen, mit kunstvoller Holzschnitzerei verziert – und von oben nach unten brutal auseinandergeschlagen. Die dabei entstehenden, genau planparallelen Flächen machen die Verletzung der Grenze noch deutlicher.

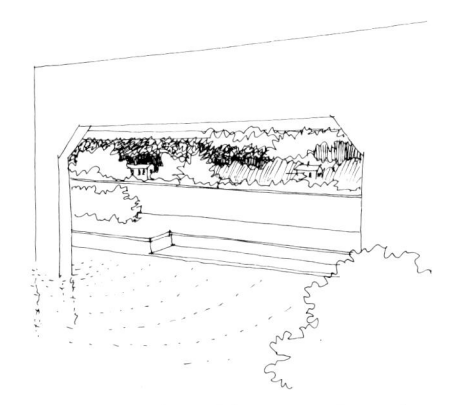

In der westlichen Tradition läßt man die Mauer fast verschwinden, wenn sich ein sehenswerter Ausblick über den Garten hinaus bietet. Man ersetzt sie durch die niedrige Brüstung einer Terrasse, die den Blick freigibt, oder durch eine offene Loggia, die den Ausblick umrahmt, oder verbindet beides. In Los Angeles kennen wir einen Garten mit einem schönen, wenn auch verwirrenden Blick auf einen kleinen Canyon. Eine Terrasse mit niedriger Brüstung und hohen Seitenwänden ist mit einem sehr breiten, unregelmäßigen Loggiabogen nach oben abgeschlossen; er gibt dem Blick einen Rahmen, der den Horizont nach hinten verlagert, und verleiht dem Garten zusätzliche Tiefe, ohne dabei die Aura der Abgeschiedenheit zu verletzen.

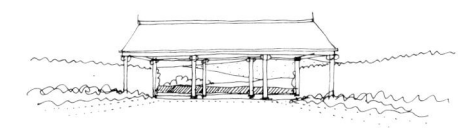

Landschaftsmaler haben ihre eigenen Kunstgriffe. Claude Lorrain stellte immer wieder Bäume als Rahmen in den Vordergrund, und die englischen Landschaftsgärtner des achtzehnten Jahrhunderts ahmten ihn darin nach. Später bemühten sich die Vertreter des *Pittoresken Stils* darum, die einzelnen Szenen deutlicher zu umschreiben und vignettengleich hervorzuheben, indem sie Steine, Blattwerk und Ruinenteile wie Bühnenbilder arrangierten.

Verbindungen herstellen

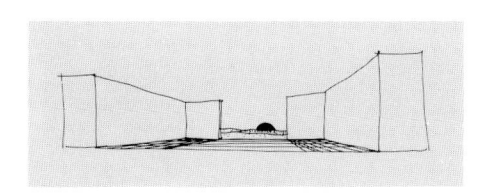

Von allen Kulturen, die wir kennen, bewahren die australischen Ureinwohner in ihrer Tradition die engste Verbindung zwischen Landschaft, Musik und mündlicher Überlieferung. Australien ist durchzogen von den unsichtbaren Spuren der mythischen Vorfahren; sie durchquerten das noch wüste Land und träumten auf ihren Pfaden Berge und Wasserstellen, Tiere und Menschen in die Wirklichkeit. Die Rhythmen der bis heute überlieferten Gesänge wiederholen Schritt für Schritt die Pfade der Traumzeit-Ahnen, ihr Text erzählt den Vorgang der Schöpfung. Die Lieder der Stämme sind Landkarten; in jeder kultischen Handlung wird die Welt neu erschaffen. Die Landschaft wird gesungen als Partitur und Text. Ähnlich entsteht in der von Menschenhand geschaffenen Miniaturwelt des Gartens mit jedem Weg eine Sequenz von Shan und Shui. Man kann sie zu Rhythmen ordnen und Geschichten erzählen lassen.

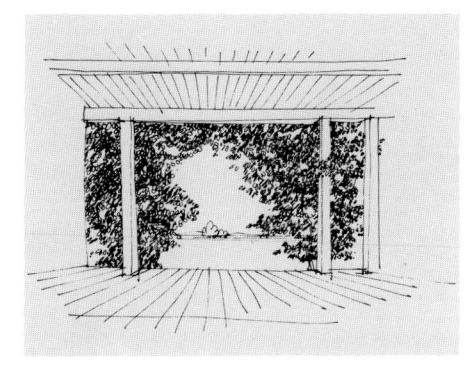

Die Wege des Islam sind schmal und gerade, und sie führen ins Paradies. Die Alleen von Versailles streben einem anderen Ziel zu: dem Schlafgemach des Sonnenkönigs. Das Gänsefußmuster der französischen Jagdgehege des siebzehnten und achtzehnten Jahrhunderts kündet vom ungestümen Fliehen des Hirsches. Die verschlungenen Pfade der englischen Parks folgen der gewundenen Spur des schlauen Fuchses. Die verschnörkelten Wege der

Brüstung und Loggiabogen umrahmen den Ausblick

Blick durch offenen Pavillon

Mauerflügel leiten den Blick

Rahmen aus Blattwerk zum Durchblicken

Verschnörkelte Rokokowege

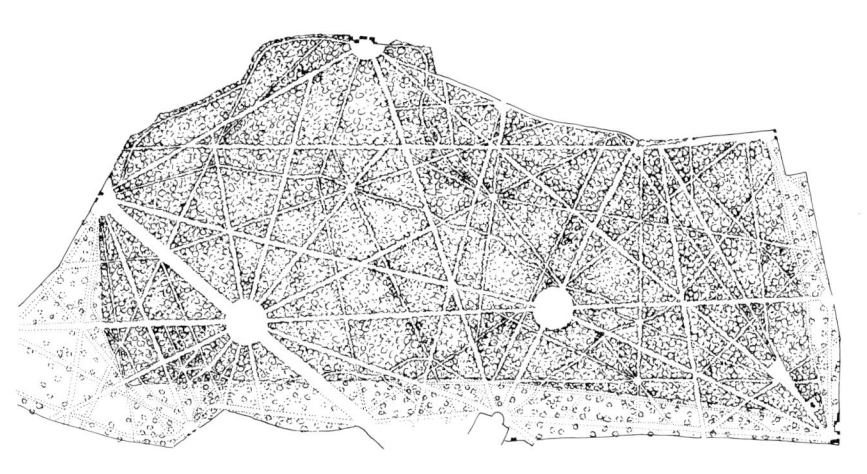

Gänsefußmuster im Bois de Boulogne

Rokokogärten spiegeln den Rhythmus höfischer Frivolität. Japanische Gärtner haben jahrhundertelang ihre Schrittsteine mit so kunstvoller Unregelmäßigkeit angelegt, daß jedes Aufsetzen des *geta*-beschuhten Fußes zu einer sorgfältig überlegten Handlung wird.

Der Gartenweg kann den Gang einer Handlung bestimmen, gewisse Momente und Ereignisse zu einer Geschichte verbinden. Die Geschichte kann aus einer einfachen Ereigniskette bestehen mit Anfang, Mitte und Schluß; sie kann ausgeschmückt werden mit Umwegen, Hindernissen und abenteuerlichen Verwicklungen. Auf Parallelwegen können Nebenhandlungen ablaufen, Abzweigungen auftreten, die in die Irre führen oder in Sackgassen mit Nebenschauplätzen enden wie in einem Kriminalroman. Jorge Luis Borges hat die Analogie in seiner Erzählung *Der Garten der Pfade, die sich verzweigen* benutzt. Darin verlegt er die Verzweigungen aus dem Raum in die Zeit, wo sie in alternativen Zukünften enden. Führt ein Weg zu seinem Anfang zurück, dann entsteht eine Ereignisschleife, die unendlich wiederholt werden mag wie Gedankengespinste von Samuel Beckett.

DAS EIGENE KLIMA SCHAFFEN

Der Architekt muß ein Haus so entwerfen, daß in den verschiedenen Räumen das richtige Klima herrscht. Für Gartenräume gilt das ebenso. Der Gärtner muß Wasser in die Räume seines Gartens bringen, um die Pflanzen am Leben zu erhalten, vielleicht auch, um Kühle zu schaffen. Aber er muß es auch abführen, damit die Wurzeln nicht ertrinken oder verrotten oder der Boden muffig wird oder weich und der Fuß darin versinkt. Er muß Sonne und Schatten sinnvoll einsetzen, die Luft erwärmen oder kühlen, mit Düften und mit Klang erfüllen.

Bewässerung und Drainage anlegen

Neben der Erfüllung seiner lebenswichtigen, praktischen Aufgaben bleibt dem Wasser noch Kraft für Spaß und Spiel: für glitzernde Oberflächen, schwebende Sprühregenwolken, sprudelnde Wasserfälle und stille Tiefe.

Ein Brunnen läßt sich in ein spiegelndes Wasserbecken verwandeln, wie wir es aus vielen persischen Gärten kennen. Die natürlich sprudelnde Quelle wird zum Springbrunnen, Quellen am Hang speisen Grotten und Kaskaden. Vielerorts sind Quellen in Quellhäusern gefaßt oder als Statuen von Göttern und Geistern personifiziert. Die hohen Windräder im regenarmen australischen Buschland, die das tiefe Grundwasser an die Oberfläche pumpen, sind wie Wahrzeichen über den lebensspendenden Wasserreservoirs. Dafür erhalten sie poetische Namen: *Broken Bucket Bore* (Brunnen zum zerbrochenen Krug) oder *Moonlight Tank* (Mondlichtsammler). In einem japanischen Garten darf die Wasserquelle unter keinen Umständen sichtbar sein, das bestimmt schon das Sakuteiki. Das Vorhandensein von Wasser im Miniaturgebirge wird nur dadurch angedeutet, daß hinter einem Stein ein kleiner Wasserfall hervorkommt.

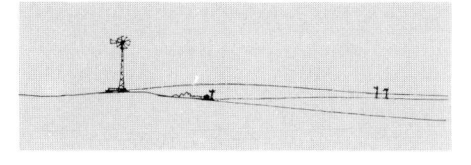

Windrad: Wahrzeichen des Wasserreservoirs

Wasser fließt aus unsichtbarer Quelle

Es macht Freude, aufs Wasser zu schauen: auf Teiche, Kanäle, Seen, Schwimmbecken und Bassins mit spiegelglatter Oberfläche oder bepflanzt mit Seerosen, Lotos, Hyazinthen, Iris, Gräsern und Schilf; oder auf Wasser in Bewegung, im freien Fall oder rieselnd über die Kacheln einer Wand. Steht es bewegungslos, dann wird die Oberfläche vollkommen glatt und kann hübsch mit rauhen oder gewellten Flächen kontrastieren. Nur wenige Böden sind so wasserundurchlässig, daß das Wasser darauf steht, ohne langsam zu versickern. Darum nimmt man Mauerwerk oder Beton, um ein wasserdichtes Bassin zu bauen. Heute benutzt man auch Plastikfolien und neuerdings wieder Lehm oder beides, wobei die Folie mit Lehm bedeckt wird, um sie zu kaschieren. Auf den Lehm kann man noch poröse Tonkügelchen aufpressen, wie sie für Hydrokultur und Katzenklos benutzt werden. Stehendes Wasser muß immer umgewälzt und mit Sauerstoff angereichert werden, damit es frisch bleibt und sich keine Algen bilden.

Für Wasser gelten bestimmte hydraulische Gesetze, die bei der Choreographie des Bewegungsablaufs zu beachten sind. Im Sakuteiki lautet der sorgfältig formulierte Ratschlag:

Erst legt man das Gefälle für den Wasserlauf fest. Bei einer Neigung von drei zu hundert strömt Wasser ruhig dahin und gibt ein murmelndes Geräusch von sich. Wenn man den Graben nicht schon beim Bau mit Wasser füllen kann, um sein Gefälle zu bestimmen, kann man statt dessen halbierte Bambusschäfte auslegen, durch die man Wasser laufen läßt... An die Stelle, an der man dem Wasserlauf eine andere Richtung geben will, legt man einen Stein. Das erweckt den Eindruck, die Ablenkung sei durch den Stein entstanden, den das Wasser umfließt, weil es ihn nicht abschleifen kann... Nach ein bis zwei Nächten beginnt das Wasser, schlecht zu riechen und Insekten hervorzubringen. Deshalb müssen ein ständiger Zulauf oder ein Umlauf dasein. Die Steine am Boden sind immer wieder zu säubern.

An einer Geländestufe kann das Wasser wie an einem natürlichen Wasserfall einfach herunterlaufen. Man kann es aber auch über eine schiefe Ebene ablaufen oder horizontal hinausschießen lassen. Ist der Wasserdruck groß genug, läßt sich jede Art von Springbrunnen betreiben, von der einfachen Fontäne, die hoch in die Luft schießt, über eine Vielzahl kleiner Wasserstrahlen bis zum feinsten Sprühnebel. Das Wasser kann tröpfeln, gurgeln, sprudeln, überschwappen; man kann es so hoch in die Luft spritzen, daß es der Wind davonträgt. Das Dreieck aus Betrachter, Sonne und Wasser läßt sich so konstruieren, daß die Sonnenstrahlen von den herabfallenden Wassertropfen glitzernd reflektiert werden oder daß ein mit dem Wind wandernder Regenbogen entsteht oder ein Wasserschleier, der im Gegenlicht hell aufleuchtet und vor einem Vorhang aus dunklem Laub vielleicht noch eine besondere Wirkung entfaltet. Schon die einfache Fontäne wird zum Mittelpunkt einer ganzen Gartenanlage. Wer pragmatischer veranlagt ist, verlegt Regnersysteme mit unterirdischen Zuleitungen oder stellt bewegliche Schläuche und Rasensprenger für die gelegentliche Bewässerung bereit.

Belichten und Beleuchten

Nie ist Sonnenlicht, das auf den Garten fällt, gleichförmig, ohne Kontraste, ebensowenig das Licht des Mondes und der Sterne. Stunde für Stunde, Minute für Minute ändert das Licht Richtung und Beschaffenheit; mal ist strahlendblauer Himmel, mal grauverhangene Wolkendecke. Grelles Mittagslicht verwandelt sich in den warmen Glanz der untergehenden Sonne. Selbst künstliches Licht läßt sich beleben: dicke Kerzen flackern in Schalen auf dem Rasen oder schwimmen auf dem Wasser. Aus einer Nische hinter dem Wasserfall kann das Licht einer Öllampe durch das stürzende Wasser schimmern. Ein Feuerwerk vergrößert die Dimension der ganzen Gartenanlage. Nur elektrisches Licht bleibt gleichmäßig und unbewegt.

Glitzernde Wasserkuppel

Um eine strahlende, lichtdurchflutete Atmosphäre im Garten zu erzeugen, sind reflektierende Flächen aus hellen Farben und der Verzicht auf jeglichen Abschluß gegen den Himmel nötig. Mit dunklen Böden, durch schattiges Laubwerk oder künstliche Überdachung vom Himmel getrennt, die ganze Anlage gegen die Sonne abgeschirmt, schafft man einen düsteren, ja finsteren Ort. Für den Liebhaber starker Kontraste gibt es den schattigen Wandelgang um einen sonnenüberfluteten Innenhof oder die strahlendhelle Lichtung mitten im dunklen Gehölz. Wer das Spiel mit feinen Nuancen, Abstufungen, Übergängen liebt, führt den Besucher erst in die Düsternis des Dickichts, der Grotte und dann Schritt für Schritt hinaus ins pralle Tageslicht.

Mit der Helligkeit des Lichts ändern sich auch die Farben im Garten. Bei mittlerem Licht tritt die Färbung der Blüten und Blätter am stärksten hervor. Bei weichem Mondlicht scheinen alle Farben wie weggewaschen. In einigen japanischen Gärten wurden eigens Aussichtsterrassen angelegt, von denen man das Mondlicht genießen kann, die vielen Silber- und Grautöne, Mondschatten auf weißem Sand, Kirschblüten gegen dunklen Himmel. Von der Intensität tropischer Sonne werden starke Farben verschluckt, bis sie Pastelltöne annehmen; scharlachrote Bougainvilleas erscheinen hellrosa.

Die Helligkeit glatter Flächen, wie Wände und Böden, hängt vom Einfallswinkel des Lichts ab. Am hellsten ist eine Fläche, wenn das Licht sie senkrecht trifft. Fällt es parallel zur Fläche, dann ist es am schwächsten und

Zarte Farbübergänge bei bewölktem Himmel

Harte, scharfe Konturen unter ägäischer Sonne

ändert sich fortwährend mit dem Lauf der Sonne. Strukturierte Flächen schlucken senkrecht auffallendes Licht; sie entfalten ihren Charakter am stärksten, wenn das Licht sie schräg trifft. Schatten, die vom Sonnenlicht eines bewölkten Himmels auf die rote Ziegelmauer eines englischen Gartens fallen, bewirken zarte Farbübergänge; Schatten, die eine ägäische Sonne auf weißgekalkte Mauern wirft, rufen harte, scharfe Kontraste hervor. Man muß täglich den Lauf der Sonne über dem Grundstück verfolgen und notieren, wie er sich zwischen Sommer- und Wintersonnenwende verändert. Dann erst kann man Bodenflächen und Wände so planen, daß aus der Tönung von Licht und Schatten, aus Struktur und Kontrast eine Harmonie entsteht, die sich im Laufe des Tages entfaltet wie eine Melodie, deren Leitmotiv im Wechsel der Jahreszeiten variiert.

Eine andere wunderbare Eigenschaft von Licht ist das phosphoreszierende Leuchten, das entsteht, wenn man über einen dunklen Grund gegen die Lichtquelle blickt. Nachts sind es der Mond und die Sterne und vielleicht das Flackern eines Feuers; auf der Bühne wird gern mit rückwärtig beleuchteten Gazen gearbeitet; Architekten benutzen farbige Glasfenster. Im Garten sind es Blätter und Blüten, die im Gegenlicht zu leuchten beginnen, Gras schimmert im Widerschein der tiefstehenden Morgensonne besonders schön, wenn es taubenetzt oder mit Rauhreif überzogen ist; Blätterbaldachine filtern das Licht im weiteren Verlauf des Tages.

Etwas anderes ist das Glänzen und Funkeln glatter Oberflächen. Besonders schön glänzt Wasser im Licht, aber auch Glas, glasierte Kacheln und Metall. Um diese Wirkung zu erzielen, muß der Einfallswinkel des Lichts auf die Oberfläche so berechnet werden, daß er gleich groß ist wie der Blickwinkel des Betrachters. Ist die Wasseroberfläche ruhig und glatt oder ist sie genügend weit entfernt und steht die Sonne schon tief (oder der Betrachter auf einem besonders hohen Punkt) und genau gegenüber, dann sieht das Wasser aus wie geschmolzenes Metall. An den wechselnden Flächen einer gekräuselten Wasseroberfläche brechen sich auch die Strahlen der hochstehenden Mittagssonne für Sekundenbruchteile und zaubern Funken und Blitze.

Wärmen und Kühlen

Schatten und Wasser sind die beiden Mittel des Gärtners, kühle Plätze einzurichten. Physikalisch gesehen, mindert Schatten die Strahlungswärme der Sonne, während die Verdunstung der Blätter, der Wasserbecken und, am besten, des Sprühregens der Springbrunnen der Luft Wärme entzieht. Eine schattige Oase wirkt auch dann kühl, wenn die Luft warm ist; Wasser kann die Luft kühlen, auch wenn die Sonne noch so sticht.

Um einen warmen Platz zu schaffen, muß der Gärtner nach Mitteln und Wegen suchen, wie er die Energie der Sonne einfängt. Eine geschützte Ecke mit Blick nach Osten ist auch in der frischen Morgenluft schön warm, ein stilles, nach Westen geöffnetes Plätzchen erwärmt sich in den goldenen Strahlen der Nachmittagssonne. Glaswände halten eine Menge Wärme zurück, wie von Gewächshäusern bekannt. Sie werden innen von der Strahlenenergie der Sonne erwärmt, das Glas mindert aber die Abstrahlung der Wärme nach außen. Das Prinzip wurde zuerst bei Orangerien angewandt, sonnigen Räumen, die empfindlichen Kübelpflanzen als Platz zum Überwintern dienen.

Doch der Versuch war nicht immer erfolgreich, weil es schwierig war, in Ziegelmauern große Fenster einzulassen. Die wunderschöne, weißverputzte Orangerie von William Chambers in Kew Gardens hat ihren Zweck nie richtig erfüllt. Erst die industrielle Revolution erschloß die technische Möglichkeit, große, leichte, metallgefaßte Glashäuser zu bauen, zum Beispiel das große Palmenhaus von Decimus Burton in Kew Gardens. Selbst im tiefsten nördlichen Winter kann man ein Klima wie im tropischen Urwald hervorzaubern, notfalls mit Hilfe der Heizung.

Wärmedämmendes Material wie Holz ist angenehm warm, wenn man es berührt. Wärmeleiter wie Metall entziehen der Haut Wärme und fühlen sich kalt an, es sei denn, sie liegen in der prallen Sonne; dann werden sie glühend heiß. Stein, Ziegel, auch Beton heizen sich langsam auf und speichern die Wärme relativ lange. Eine Ziegelmauer, die den ganzen Tag von der Sonne beschienen wurde, strahlt noch spät am Abend freundliche Wärme ab. Genauso speichert eine im Schatten stehende Mauer die Kühle der Nacht noch weit in den hellen Vormittag. Eine steinerne Grotte behält das ganze Jahr über eine überraschend gleichmäßige Temperatur, kühl im Sommer und warm im Winter. James Boswell erzählt die Geschichte einer Dame aus Lincolnshire, die Dr. Johnson zu einer von ihr angelegten Grotte führt und fragt, ob dies nicht ein hübsches kühles Plätzchen sei. «Ja, bestimmt», erwiderte Johnson, «doch eher für eine Kröte.»[4]

Ist eine Gegend kühl und windig, dann muß der Gärtner den Windschatten suchen, um sonnige und geschützte Plätze anzulegen. Wo es warm ist, die Luft aber feucht und klamm, dort sucht man schattige, offene, hochgelegene Plätze auf, um eine Brise frischer Luft zu genießen; dort baut man sich einen Pavillon, eine Terrasse, ein Sommerhäuschen, einen Adlerhorst.

Oft wird auch Schutz vor Regen unentbehrlich sein. Die englischen Parks des achtzehnten Jahrhunderts sind nicht nur zur Augenweide mit Tempelchen und Pavillons geschmückt, sondern auch, um den Lustwandlern vor plötzlichen Schauern Unterschlupf zu gewähren. Tropische Gärten wären unbenutzbar ohne Pavillons zum Schutz vor den unerbittlichen Monsunregen.

Schon allein die Vorstellung von Wärme oder Kühlung oder Schutz kann so wichtig werden wie die Wirklichkeit selbst. Schon das Plätschern des Springbrunnens an einem heißen Tag erweckt das Gefühl lindernder Kühle, beim Anblick eines Belvedere spürt man das laue Lüftchen auf dem Hügelkamm.

Düfte verbreiten

Die höchste Wonne des Gartens sind seine Düfte, seine Wohlgerüche. Der persische Dichter Hafiz lädt uns ein:

Auf der Lagerstatt aus Rosen
Wo zarte Düfte uns umkosen
Zu schlürfen sammetroten Wein:
In des Gartens frohem Frieden
unter schattigem Geäste
dort seid, Freunde, meine Gäste.

In seinem Essay *Idealgarten* schreibt Francis Bacon, daß es für jeden, der einen Garten anlegen will, unerläßlich ist, die Bedeutung der Düfte zu kennen:

Viel süßer als in der Hand schwebt der Odem der Blumen in der Luft, tönt wie Musik, die kommt und geht; für diese Wonne geht nichts über das Wissen, welche Blumen, welche Pflanzen der Luft die süßesten Düfte bescheren.

Dann ordnet er Bäume und Blumen nach der Intensität ihrer Düfte, bestimmt die Zeiten ihres höchsten Wohlgeruchs und teilt die Düfte in solche, deren Genuß sich im Vorübergehen erschließt, und solche, die ihren Duft erst entfalten, wenn man sie unter den Füßen zertritt.

Doch es sind nicht nur Blumen und Blätter, deren Düfte der Gärtner komponieren kann. Der Geruch feuchter Sommererde, der Duft frischen Heus, die Gerüche des nahen Bauernhofs durchdringen englische Parks. Wenn nach langer Trockenheit der erste Regenguß auf dem heißen, staubigen Boden seinen besonderen Geruch entfaltet, der sich mit dem scharfen Duft des Eukalyptus mischt, dann entwickeln australische Gärten ganz charakteristische Odeurs, wie aufdringliches Parfüm. Wir erinnern uns an einen griechischen Garten voller Ouzo- und Zwiebelduft, an einen türkischen, der nach Raki und Rosen roch. Weihrauch, Kokosöl, Tee und offenes Feuer bringen die Erinnerung an die Gerüche indischer Gärten zurück; es gibt balinesische Hofgärten, in denen sich eine solche Vielfalt verschiedener Geruchsebenen überlagert, daß man meint, hier sei ein talentierter, doch toll gewordener Schnapsbrenner am Werk: eine Brise salzige Meeresluft, etwas Schlamm vom Reisfeld, Nelkenzigaretten und Jasminblüten.

Mit Klang erfüllen

Aus allen Richtungen und vielen Quellen wird ein Garten mit Klang erfüllt; man kann ihn dämpfen oder verstärken. Der Wind in den Bäumen wirbelt unsere Gedanken auf. Thomas Hardy schrieb, fast jede Baumart habe ihre eigene Stimme. Im *Notizbuch* schreibt Somerset Maugham, daß «die ausgezackten Blätter der Casuarinas im Rauschen des Winds ein Geräusch wie von plaudernden Menschen entstehen lassen. Die Eingeborenen nennen sie *sprechende Bäume* und behaupten, wenn man sich um Mitternacht darunterstelle, höre man die Stimmen von Unbekannten, die Schöpfungsgeheimnisse verrieten.»[5]

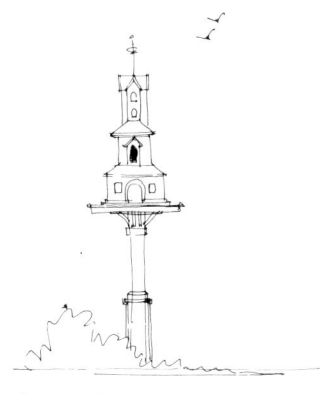

Wer den Gesang der Vögel liebt, kann sie mit Nest und Nahrung anlocken und Pflanzen wählen, in denen sie sich wohl fühlen. Wer sich für Vögel im Garten entscheidet, muß wissen, daß viele Arten äußert anspruchsvoll sind, wie Mieter in Luxuswohnungen. Manche Vögel möchten in einem Apartmenthaus leben, andere ziehen für ihre Familie die Einzelwohnung vor. Das Flugloch muß den richtigen Durchmesser, Räume die richtige Größe haben, alles muß sauber sein, und was dergleichen Ansprüche mehr sind. Nur der Baustil des Architekten scheint sie nicht sonderlich zu interessieren, aber das ist so ziemlich das einzige.

Ein beständiges Geräusch kommt vom Wasser: es plätschert im Springbrunnen, läuft, stürzt, tröpfelt, manchmal fällt es vom Himmel. Wie seine Bewegung, so läßt sich auch sein Klang gestalten, zum Beispiel in den gefaßten Wasserrutschen der Mogulgärten. Es hat sich sogar gezeigt, daß die gezackte Kupferkante eines kleinen Wehrs mit einer Zange so gestimmt werden kann, daß das Murmeln eines Bächleins zu hören ist; ein durchaus unschuldiger Trick in einer Welt, in der Leute, die nicht schlafen können, an ihrem Bett ein Gerät anbringen, das elektronisch das Rauschen der Brandung erzeugt.

LEBEN SCHENKEN

In seinem *Versuch über das Leben des Menschen* provoziert Alexander Pope seine Leser mit der Deutung, die Sünde, die zur Vertreibung aus dem Paradies geführt habe, sei der Hochmut, mit dem der Mensch sich über die Welt der Tiere erhebe und in Häusern und Städten wohne. Vor dem Sündenfall, so schreibt er,

...war kein Hochmut, war keine Kunst, den Hochmut zu verstärken.
Mensch ging mit Tier, gemeinsam ruhten sie im Schatten.

In einem Garten kann die Vorstellung von Eden als dem Ort, an dem Menschen, Pflanzen, Tiere, Vögel in Eintracht miteinander wohnen, wieder aufleben.

Bepflanzen

Sucht man Schatten, Abgeschiedenheit, gedämpftes Licht, dann wird man den Garten mit Bäumen bepflanzen. Andere Pflanzen wählt, wer die wechselnden Farben der Jahreszeiten festhalten und das wechselvolle Bild genießen will, wie das sommerliche Grün erst in den bunten Herbst übergeht, dann in den helldunklen Winter, bis dieser erneut den Pastelltönen des Frühjahrs weicht. Im Sonnengürtel der USA läßt sich im Juni die blaue Jakarandablüte bewundern, im Oktober der silbrige Flaum des Lavendel, im November die rote und purpurne Bougainvillea und das Gelb der Akazien im Februar. Ein Garten läßt sich nach Düften ausrichten: man pflanzt Rosen, Buchsbaum, Kiefern und alle möglichen Gewürze. In Gärten für Blinde wird die Nachbarschaft der verschiedenen Düfte mit besonderer Sorgfalt gewählt.

Eine der ergreifendsten Eigenschaften des Gartens ist die Verletzlichkeit seines grünen Gefüges. Wird er nicht gepflegt, werden die Zeichen der Vernachlässigung schnell zu sehen sein; eines Tages ist er verwildert oder vertrocknet. Andererseits wird die Fürsorge des Gärtners schnell belohnt, seine Arbeit schmiedet ein Band zwischen Ort und Mensch. Bäume und Sträucher müssen ausgelichtet und beschnitten werden, der Rasen gemäht, die Ränder gesäubert; Hecken sind zu trimmen, Boden zu düngen und Gartenerde zu wechseln. Blumenbeete warten auf die Saat, und Kübelpflanzen wollen bewegt werden im Wechsel der Jahreszeit. Im Park besteht die Kunst darin, alle Spuren menschlicher Eingriffe zu verwischen, damit der Besucher meint, hier habe die Natur ihr Meisterwerk vollbracht. In einem *formalen Garten*[6] soll dagegen die Hand des Menschen deutlich sichtbar sein. Die Beherrschung der Natur ist hier das Thema, nicht Komplizenschaft. Wir stehen vor dem makellos geschnittenen Rasen, vor der getrimmten, im Zierschnitt skulpturierten Hecke und dem perfekt ausgerichteten Blumenparterre.

Im Lauf der Zeit verändert der Garten seine Proportionen. Das bringt Probleme mit sich, kann aber auch ein Segen sein. Wir alle kennen sonnige Gärten, die im Lauf der Zeit immer schattiger, ja düster wurden. Bauwerke

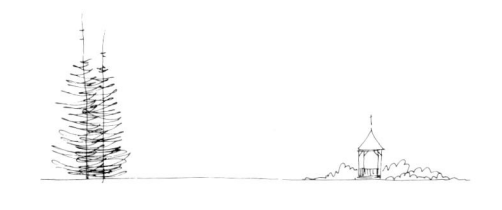

Im Lauf der Zeit verändert der Garten seine Proportionen

behalten im allgemeinen ihre ursprüngliche Größe und Form, auch wenn sie eine Patina bekommen oder langsam verfallen; Bäume sind anders. Der Baum in der linken Ecke steht so schön im Gleichgewicht mit dem Rasenstück und der kleinen Laube vor ein paar Sträuchern. Aber aufgepaßt! Die Laube behält ihre Größe, die Sträucher wachsen kaum, doch der Baum hat sich in den Kopf gesetzt, ein Urwaldriese zu werden. Das Gleichgewicht ist bald dahin.

Bevölkern

Durch die großen europäischen Parks stolzieren Pfauen, heilige Karpfen ziehen in japanischen Gartenteichen ihre Bahn, und die Mogulgärten in Kaschmir sind erfüllt vom Gesang des Bül-Bül, der indischen Nachtigall. In einigen besonders prächtigen Gärten gehörten auch Menschen zum Inventar. Kaiser Ch'ien Lung bevölkerte eine Insel im Yuan Ming Yuan Park mit fleißigen Bauern; englische Landedelleute des achtzehnten Jahrhunderts stellten für ihre malerischen Parks gelegentlich verwahrlost aussehende Eremiten ein, die in «Eremitagen» oder Grotten leben mußten. *Merlin's Cave* im Park der Königin Caroline in Richmond wurde eine Zeitlang von Stephen Duck bewohnt, der dort unzählige schlechte Reime schrieb. Eine viel hochgestochenere Idee, seinen «englischen» Park in Ermenonville zu bevölkern, hatte der Marquis René-Louis de Girardin. 1788 lud er den bereits in Ungnade gefallenen Rousseau ein, das Ende seiner Tage dort zu verbringen. Girardin ließ eine strohgedeckte Kate aus Bruchstein bauen und nannte sie *Maison du Philosophe*. Doch Rousseau starb vor der Fertigstellung der Hütte und auch, bevor es mit ihm so weit gekommen war, sich auf ein solches Angebot einlassen zu müssen.

Viel praktischer als lebende Gäste sind Statuen. Seit der Römerzeit sind sie fester Bestandteil europäischer Gärten. In chinesischen und japanischen Gärten findet man sie sehr selten, und aus islamischen Gärten sind Statuen aus religiösen Gründen verbannt. Disneyland wird von Hunderten lebensechter, sprechender Figuren bevölkert; Donald Duck verdrängt Stephen Duck.

Als Washington Irving 1829 Palast und Gärten der Alhambra besuchte, fand er ein verlassenes, trümmerübersätes Gelände. Also bevölkerte er es in seiner Phantasie. Er ließ Räuber, Bettler und Prinzen auferstehen, Alamar, Yussuf Abdul Hagig und Boabdil. Er erzählte alte Legenden und erfand neue: von Ibrahim Ebn Abu Ayub, dem Philosophen, der so gern ein paar Tänzerinnen um sich gehabt hätte und eines Tages mit einer Christin überirdischer Schönheit unter der Erde verschwand; von Prinz Ahmed al Kamel, der den Vögeln, die ihn in seinem einsamen Turm im Generalife Park besuchen kamen, von seiner Liebe erzählte; von einem Mohren aus Tanger und dem kupplerischen Barbier; von drei Schwestern und drei galanten Kavalieren; und von der Rose der Alhambra und ihrer wachsamen Tante. «Bei der Betrachtung dieses orientalischen Prachtwerks erinnert man sich ungewollt an alte arabische Märchen, und der phantasievolle Besucher glaubt die ihm winkende weiße Hand einer schönen, jungen Prinzessin zu sehen, oder er spürt gar den feurigen Blick des dunklen Auges, das durch das engmaschige Gitter des Fensters funkelt», schrieb Irving. «Hier ist das Reich der Schönheit, und bis gestern war es bewohnt.»[7]

Möblieren

Betritt man die Räume eines Hauses, dann ist man gespannt auf ihre Einrichtung, ihre Möblierung. Auch Gartenräume können mit schönen Dingen und praktischen Sachen ausgestattet sein.

Bizarre, vom Wasser ausgehöhlte Steine stehen auf Sockeln in chinesischen Gärten, japanische Gärten werden mit schönen Steinlaternen möbliert. Blumenrabatten und ein prächtiger, freistehender Einzelbaum sind eher typisch für europäische Gärten. Am Mittelmeer pflanzt man seit Jahrtausenden Pflanzen in Kübel und Töpfe, macht sie mobil und stellt sie nur zur Schau, wenn sie blühen.

Die meisten Gärten sind sehr einfach möbliert, etwas zum Sitzen und etwas zum Abstellen. In einigen bedeutenden Gärten sind die Möbel aus Stein gehauen, so der große Tisch im Park der Villa Lante, an dem Dutzende von Gästen speisen konnten. In einer Rinne in der Mitte der Tafel fließt Wasser und bringt sie damit in geistige Nachbarschaft zu den schlangenförmigen Wasserläufen in den Pavillons chinesischer und japanischer Gärten, in deren Strom Weinbecher trieben, während die gelehrten Gäste Gedichte verfaßten. Schön gearbeitete Bänke aus Stein oder Holz laden in vielen Gärten zur wenn auch harten Rast. Mit Kissen auf Stühlen und Sesseln wird die Versuchung größer, an seinem Lieblingsplatz zu faulenzen.

Weitergehende Bedürfnisse werden von Schwimmbecken, Saunen, Grillplätzen, Schaukeln, Hundezwingern, Taubenschlägen, Volieren, Mückenvernichtern und Wäscheleinen befriedigt. «Nichts wächst in unserem Garten», beklagt sich Polly Garter in *Unter dem Milchwald*, «nur Wäsche. Und Babies.»

Benennen

In der *Geschichte der Steine*, einer chinesischen Novelle aus dem achtzehnten Jahrhundert, erwähnt Jia Zheng, der Vater, einen neu angelegten Garten: «All diese Ausblicke und Pavillons, ja auch die Steine und Bäume und Blumen erscheinen unvollkommen ohne den Hauch Poesie, den allein das geschriebene Wort einer Szenerie verleihen kann.» Daraufhin begeben sich die Freunde in den Garten, schlagen für alle Dinge passende Namen vor und setzen sie in Verse. So wird der Garten vor den Augen des Lesers vollendet.

Der unangefochtene Meister dieses Spiels war Kaiser Ch'ien Lung. Sein *Yuan Ming Yuan* war nicht nur der größte und prächtigste Garten im ganzen Land, er war durch Benennung und Beschreibung in höchster Form vollendet. Heute sind die poetischen Namen, zusammen mit den beschreibenden Kalligraphien und Tuschezeichnungen, die einzigen Zeugen von diesem Garten (abgesehen von ein paar traurigen Ruinen); englische Soldaten haben ihn im neunzehnten Jahrhundert zerstört.

Natürlich hatten auch Engländer das Bedürfnis, Gärten zu benennen, meist nach klassischen Vorbildern. In Rousham Park gibt es ein *Tal der Venus* und ein *Praeneste*[8]. Um sicherzugehen, daß der Besucher auch weiß, was gemeint ist, sind sie mit Statuen von Apoll, Merkur und anderen übersät. In Stowe, einem der großartigsten Parks des achtzehnten Jahrhunders, gibt es *Elysische Felder*,

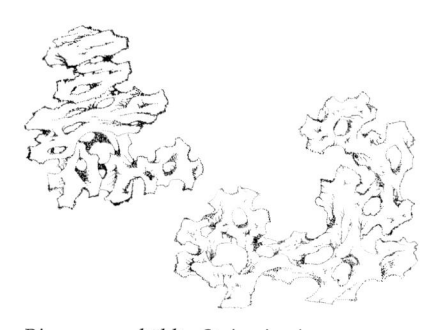

Bizarr ausgehöhlte Steine in einem chinesischen Garten

den *Styx* und ein griechisches Tal, das bewacht wird von einem ionischen Tempel mit Konkordia und Nike.

Die Engländer erfanden auch das komplizierte und faszinierende Spiel, bestimmte Landschaftsformen ästhetischen Katagorien zuzuordnen. Begonnen hat damit Edmund Burke, zumindest hat er die wichtigsten Spielregeln festgelegt. In seinem 1756 erschienenen Buch *Philosophische Untersuchung über den Ursprung unserer Ideen vom Erhabenen und Schönen* hat er versucht, Definitionen für das Schöne und das Erhabene zu liefern. Schönheit beruht nach Burke auf den Eigenschaften *Geschmeidigkeit, sanfte Glätte und Mannigfaltigkeit*; ihre beispielhafte Ausformung fand sie in den sanft gewellten Hügellandschaften eines Capability Brown.

Im Gegensatz zum Schönen steht das Erhabene, definiert als furchteinflößend, rauh, wild, zerklüftet, wie Berge, Schluchten und wilde Tiere. Der Londoner Architekt Sir William Chambers nahm den Faden auf und beschwor 1772 in der *Abhandlung über chinesische Gärten* seine Vision eines chinesischen Horrorgartens:

…düsteres, zerrissenes Gehölz, Bäume vom Blitz niedergeworfen, zum Teil verbrannt, verfallene Hütten, zusammenbrechende, vom Feuer geschwärzte Ruinen, eine Stätte des Elends, der Verkommenheit und Verlassenheit, und dazu wohl gar, den Schauder zu erhöhen, die Bewohnerschaft von Fledermäusen, Eulen und Geistern und sonstigem Raubgetier, ja wohl gar Galgen und Rad und was man von Scheußlichem und Schrecklichem an der Landstraße sehen mag.

Wildbäche stürzen tosend aus Schluchten, Schauer künstlichen Regens erschrecken den Besucher, plötzliche Böen, unerwartet aufflammende Feuer und sogar wiederholte Elektroschocks. Niemand ist je wieder so weit gegangen – bis Walt Disney auftrat.

Noch mysteriöser klingen uns Gartenbeschreibungen aus dem siebzehnten und achtzehnten Jahrhundert in den Ohren, deren Autoren an besonders schönen Aussichtspunkten *sharawadgi* gesehen hätten. Das Wort ist zweifellos die Verballhornung eines chinesischen Begriffs, aber selbst gute Kenner des Chinesischen wissen nicht, von welchem. Auf alle Fälle bezeichnet Sharawadgi ein besonderes Merkmal des chinesischen Gartens, ein witziges, wie zufällig erscheinendes Wirrwarr, einen in Wahrheit jedoch ausgeklügelten Entwurf aus Kurven und Gegenkurven.

Gegen Ende des achtzehnten Jahrhunderts brachten William Gilpin und Sir Uvedale Price den Begriff des Malerischen ins Spiel. In seinem 1794 verfaßten *Essay on the Picturesque*[9] wünschte sich Price, daß «die vortrefflichen und mannigfaltigen Werke der größten Maler aus jedem Zeitalter und aus jedem Lande, und derselben größten Lehrerin, der Natur, die großen Muster der Nachahmung werden möchten, statt der beschränkten mechanischen Praxis einiger Gärtner». Price bezog sich auf die romantische Landschaftsmalerei mit ihren Szenen aus dramatischer Wildnis und schroffen Kontrasten. Das Malerische neigt zum Erhabenen, doch ohne dessen einschüchternde Schrecknis und Grenzenlosigkeit, und es vermeidet ebenso die sanfte Glätte des Schönen. Zum Malerischen gehört das Unerwartete. Der Landschaftsgärtner Humphrey Repton war ein fruchtbarer Schöpfer malerischer Landschaftskompositionen. In seinem Stil wurden im neunzehnten und frühen zwanzigsten Jahrhundert unzählige Parks und Gärten angelegt.

Prächtiger Einzelbaum

Mobile Pflanzen in Kübeln und Töpfen

Die japanische Gartentradition hat ihre eigenen ästhetischen Kategorien. An erster Stelle steht eine thematische Typologie; sie teilt die Gärten ein in hügelig und flach; weitere Kategorien bezeichnen die Stufe der Ausarbeitung oder Vollendung: *shin* für kunstvolle Ausarbeitung und höchste Vollendung; *gyo* für ein Zwischenstadium und *so* für natürlich, einfach, rein. Analog zur englischen Unterscheidung schön, malerisch, erhaben gibt es einen weiteren Begriffskatalog: *shibui* weist auf unaffektierte, natürliche Schönheit, *wabi* meint ruhige Abgeschiedenheit in natürlicher Umgebung, und *sabi* deutet verwitterte, ländliche Einfachheit an.

Flaubert konnte nicht widerstehen, sich in *Bouvard et Pécuchet* über all dies lustig zu machen. Er ließ seine beiden Helden entdecken, daß es bei Gärten «eine unendlich große Zahl von Arten» gibt: melancholische und romantische mit Immortellen, Ruinen, Gräbern und einer Votivtafel für die heilige Jungfrau; erhabene und furchtgebietende mit überhängenden Felsen, zerschmetterten Bäumen, ausgebrannten Hütten; exotische mit peruanischen Fackeldisteln; erhabene mit einem Tempel der Philosophie; majestätische mit Obelisken und Triumphbögen; geheimnisvolle mit Moos und Grotten; träumerische mit Teich; und phantastische mit wildem Eber, Eremit, mehreren Grabmälern und einem Wasserscherz. Die Helden reagieren mit der ihnen eigenen Begeisterung, opfern ihr Spargelfeld und errichten darauf ein Etruskergrab aus schwarzem Gips, das «aussieht wie eine Hundehütte»; auf den Rasen wuchten sie einen Felsbrocken «in der Form einer Riesenkartoffel».

Wohnen

Auf chinesischen Landschaftsbildern erscheint häufig zwischen unwirtlichen Bergen und Nebelschwaden eine winzige Gestalt oder die einsame Hütte eines Eremiten als Verbindungsglied zum Leben der Menschen. Pavillons in chinesischen Gärten, mit ihrer Miniaturwelt aus Steinen und Wasser, laden, dem gleichen Gedanken folgend, nicht nur zum Verweilen ein, sie geben dem Aufenthalt eine besondere Bedeutung, eine gewisse Feierlichkeit.

Pavillons spielen auch für viele persische Gärten eine wichtige Rolle. In den königlichen Gärten von Isfahan sind uns zwei besonders kostbare Exemplare erhalten geblieben. Der Torpalast *Ali Qapu* mit den achtzehn schlanken Teakholzstützen seiner lichten Loggia wirkt wie ein riesiger Thron; von hier fällt der Blick auf das weite, offene Rechteck des Kaiserplatzes *Meidan-i-Shah*. Das zweite, der Gartenpalast *Tschehel-Sotun*, die «Halle der vierzig Säulen»[10] (zwanzig wirklichen und zwanzig als Spiegelbilder im Wasser), sitzt wie ein sybaritischer Nabelpunkt mitten in einer schattigen Oase.

In der Türkei entwickelt sich aus dem Pavillon der *Kiosk*. Dort wird geraucht, Kaffee getrunken, Musik gehört und das Treiben auf der Straße beobachtet. Im Gegensatz zu den im Landesinneren gelegenen Gärten der Perser und Mogulkaiser entstanden die meisten türkischen Gärten an den Ufern des Bosporus und am Goldenen Horn. So blickte man vom Kiosk aufs Meer und nicht in eine ummauerte Anlage.

Die Gärtner der Großmoguln übernahmen von den lokalen Hindus die Form des *baradari*, des auf Stützen ruhenden Baldachins oder offenen Pavillons.

Mohinder Singh Randhawa beschreibt sie in seinem Buch *Gardens through the Ages* so:

Baradari wurden von den Hindus für die Regenzeit entwickelt. Man sitzt im Baradari, genießt die frische Luft und schaut dem Regen und den dunklen Wolken zu. Auf Kangrabildern sieht man oft eine Prinzessin im Kreis ihrer Sklavinnen, wie sie den Flug der Reiher betrachten, schneeweiße Schwingen vor schieferblauen Wolken.

Das war den Engländern offensichtlich rätselhaft:

In der Kühle des gemäßigten Klimas, besonders in England, wo Regen alltäglich ist und Sonnenschein die Ausnahme, können sich die Menschen überhaupt nicht vorstellen, welch Vergnügen die ersten Schauer des Monsuns in den ausgedörrten Ebenen Nordindiens für jung und alt bedeuten, wenn sie auf die in der Junisonne verdorrten Pflanzen niederprasseln. Für sie sind diese indischen Bilder komisch, weil es für sie unvorstellbar ist, daß jemand so verrückt sein könnte, sich in Regen und Wolken zu verlieben; denn für sie sind sie nichts als schlechtes Wetter.

In Indien ist es genau umgekehrt. Jeder, der die Zeit der Monsunregen erlebt hat, wird das verstehen.

Die Inder lieben den Monsunregen und die Wolken. Sie sitzen in ihren Baradaris, betrachten den Regen und die Wolken und schlürfen eisgekühlten Mangosaft. Man braucht sich nicht zu wundern, daß die Großmoguln die Baradaris für ihre Gärten in der stickigen Ebene Indiens von den Hindus übernommen haben. Sie bemalen die steinernen Säulen mit Blumensträußen in Vasen, ihrem Lieblingsmotiv, und legten die Baradaris mit Kissen und dicken Teppichen aus.

Die Engländer entwickelten ihre eigene Version des Pavillons, abgestimmt auf ihr Klima, ihren Himmel und ihr Gemüt. Wir finden sie in Form von ungezählten klassischen Tempelchen in den Parks des achtzehnten Jahrhunderts, gewöhnlich an einem Hang oder neben einem See so gelegen, daß sich dem Blick ein schönes Panorama erschließt. Sie eignen sich besonders für lange, ruhige Sommernachmittage mit ihrem matten Licht, den länger werdenden Schatten, der langsam verschwimmenden Ferne. Der prächtigste seiner Art ist wahrscheinlich der palladianische Tempel von Sir John Vanbrugh, den er auf einer Hügelkuppe von Castle Howard gebaut hat. Sir Johns Biograph Kerry Downes beschreibt den Tempel als «einen Ort, um den Nachmittag mit einem guten Buch, einer Flasche Wein und ciceronischen Betrachtungen zu verbringen». Das liebenswerteste Exemplar seiner Art ist *Cowper's Seat*. Es steht nicht einmal in einem Park, sondern mitten auf den Feldern des Dörfchens Olney zum Gedenken an ein Plätzchen, das der Dichter besonders liebte.

Europäische Reisende haben die Kunst des Dasitzens, die im Orient in Baradaris und Kiosken gepflegt wird, oft geringschätzig betrachtet und den Einfluß des Klimas vergessen. Für sie waren Gärten Orte der Aktivität, in denen man sich bewegt, in denen es etwas zu entdecken gibt, zu Fuß oder zu Pferd.

Das Wichtigste an einem Garten, der entdeckt werden will, sind seine kleinen Geheimnisse. Nicht alles darf auf den ersten Blick sichtbar sein. Alexander Pope gab englischen Gartenarchitekten den Rat:

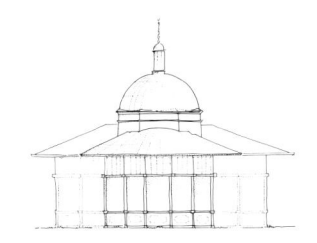

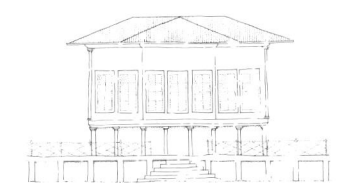

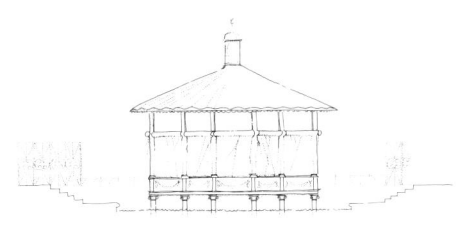

Türkische Kioske

Dem reich den Lorbeer, der gefällig mischt
Wechsel und Überraschung; und die Spur verwischt.

Später werden wir zwei englische Gärten aus dem achtzehnten Jahrhundert vorstellen, deren Architekten dem Rat Popes gefolgt sind: Rousham und Stourhead. Tempel und Follies sind zwischen Hügeln und in Wäldchen versteckt, durch sorgfältig verschlungene Pfade verbunden. Wir werden auch einige japanische Gärten betrachten, die zum Spazieren gedacht sind, weniger zur Betrachtung von einem Haus oder einem Boot aus.

Die extremste Form des Entdeckergartens ist das Labyrinth. Nach einem bestimmten Muster sind enge Pfade so miteinander verschlungen, daß eine große Wegstrecke auf kleinstem Raum verdichtet ist. Im Yuan Ming Yuan legten die Jesuiten für Kaiser Ch'ien Lung ein Labyrinth an, Le Nôtre schuf

Labyrinth

eins in Versailles; Heckenlabyrinthe finden sich auch in Hampton Court, in Somerleighton, Suffolk, und in Williamsburg, Virginia. Im Mittelalter schnitt man Labyrinthe in den Rasen vor der Kirche (daher kommt Shakespeares Vers *quaint mazes in the wanton green*), um eine Miniatur-Pilgerfahrt zu versinnbildlichen: den Zug ins irdische Gelobte Land oder auch den windigen geistigen Pfad des Gläubigen auf dem Weg zu den himmlischen Stätten.

Ein Pilgerweg in viel größerem Maßstab, doch ähnlich verdichtet, ist die große Tempelanlage Borobodur in Java. Aus einer Folge konzentrisch angelegter Terrassen bildet sie einen künstlichen Berg, der in einem *Stupa*[11] gipfelt. Der Pilger geht um jede Terrasse herum, dann steigt er zur nächsten auf; er wiederholt damit die Wanderung des jungen Siddharta auf der Suche nach dem Wesen des Buddha. Beim Durchwandeln der Gänge fällt der Blick des Pilgers auf Tafeln mit gemalten Szenen von Siddhartas Wanderschaft. Jede Terrasse bezeichnet einen höheren Grad der Erleuchtung. Zunächst erfährt der Pilger vom Elend des Daseins, symbolisiert durch das Rad des Lebens; dann, wie Siddharta das Gesetz der Erlösung predigt, wie er zum Buddha wird und nach der höchsten Erleuchtung strebt. Auf der obersten Terrasse gelangt der Pilger in die Sphäre zeitloser Versenkung: die höchste Wohnstatt des Geistes.

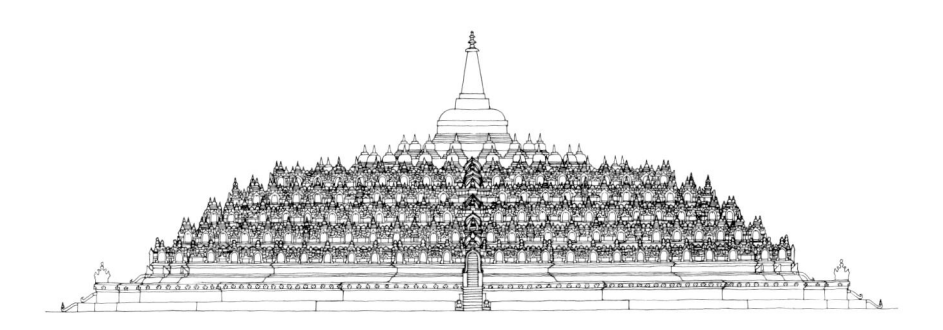

Borobodur, Java

59 · Am ZEICHENBRETT des PLANERS

3

ORTE der VERGANGENHEIT

Gärten sind rhetorische Landschaften. Sie sind aus den gleichen Elementen wie der Rest der Welt, aber sie sind auf besondere Art zusammengefügt, so wie die Wörter der Sprache zu einer Rede zusammengefügt sind: zu belehren, zu bewegen und zu erfreuen – so jedenfalls hat Cicero die Aufgaben des Redners definiert. Wir können Gärten zu uns sprechen lassen, sie beurteilen nach ihrem Inhalt und den Ausdrucksmitteln, mit denen sie ihre Wirkung entfalten, und wir können sie nach Form, Struktur und Aussage analysieren.

Auf unserem Planeten gibt es Millionen Gärten. Wir haben rund zwei Dutzend herrliche Gärten aus der Vergangenheit ausgewählt, um sie nach den Kriterien der ihnen eigenen Poetik gründlich zu untersuchen. Zusammen vermitteln sie ein umfassendes Bild der Möglichkeiten, einen Garten zu gestalten. Sie bilden ein Mosaik, dessen einzelne Steine herausgenommen und zu einem neuen, zum eigenen Garten zusammengesetzt werden können.

So reiche und komplexe Gebilde wie die großen Gärten lassen sich nicht schlüssig in eindeutige Kategorien pressen. Für jeden gibt es zahlreiche Kategorien, in die man ihn einordnen könnte: nach Klima, nach Geländeform, nach Größe, Schnitt, Bodenart oder auch nach so flüchtigen Qualitäten wie Stimmung oder Atmosphäre.

Wir haben uns entschlossen, vier Gruppen zu schaffen: *Szenenbilder; Sammlungen; Pilgerwege; Muster*. In allen vier Gruppen gibt es natürlich eine Vielfalt von Größen, Formen und Stimmungen, und alle Gärten streben entweder zur Symmetrie der Paradiesgärten oder zu der von Menschenhand verschönerten Asymmetrie der Natur, gelegentlich gar zu beiden.

Unsere vier Kategorien bezeichnen deshalb vor allem die Art, wie wir den Garten auffassen, auf welche Art wir uns daran erfreuen. Szenenbilder lassen sich vergleichen mit der Metapher in der Literatur. Es sind Orte, in denen die Beziehungen der Dinge zueinander so aufregend oder so klar hervortreten, daß sie uns im kleinen die große Welt erschließen. T.S. Eliot beschrieb einmal die Rolle des Stückeschreibers so: er ordnet eine bestimmte Wirklichkeit so, daß dem Zuschauer geholfen wird, die Ordnung der Wirklichkeit besser zu begreifen. Wer einen Garten als Anordnung von Szenenbildern entwirft, versucht das gleiche. Gelegentlich schafft die Natur selbst eine aufgeklärte Landschaft mit der unwiderstehlichen Schönheit eines Kunstwerks.

Versteht man ein *Szenenbild* als Metapher, so kann man die *Sammlung* als Metonym betrachten, als Begriffsvertauschung zwischen Fragment und Ganzem, als Relikt, das auf seine Herkunft verweist. Manchmal sammelt die Natur eine ganze Reihe von Wundern an einem einzigen Fleck, doch fast immer ist Sammeln ein Spiel der Menschen. Die riesige Sammlung Kaiser Hadrians in Tivoli sollte Erinnerungen an Ägypten, Spanien, Bithynien oder sonstige Teile des Reiches wachhalten. Ch'ien Lung frönte seiner Sammlerleidenschaft in noch viel größerem Stil. Er trug fast alles in seinem Garten zusammen, vom französischen Springbrunnen bis zum tibetanischen Lamakloster.

Als der Siegeszug der Naturwissenschaften begann und die Europäer Asien, Afrika, Amerika und Australien zu Kolonien machten, entstanden die großen botanischen Gärten mit Pflanzen aus allen Ecken der Welt. In der Massengesellschaft von heute findet die Leidenschaft von Leuten wie Walt Disney, dessen kalifornische Sammlung inzwischen für Florida, Tokio und Paris dreimal geklont wurde, und Sir Clough Williams-Ellis in Portmeirion an der Küste von Wales den Beifall eines begeisterten Publikums.

Manch großer Garten entfaltet seine Reize wie eine Erzählung oder ein Musikstück. Hindurchzugehen und die sorgsam angelegten Wunder zu bestaunen, kommt der Reise auf einem *Pilgerweg* gleich. Die Natur selbst schafft manchmal Plätze, zu denen Verehrer wallfahrten wie zu einem Heiligtum. Die Wallfahrt in einem Pilgergarten führt meist um einen See oder Teich, Eindruck folgt auf Eindruck. Man erlebt einen solchen Garten als Sequenz wie einen Film, nicht simultan wie ein Gemälde oder einen Garten, den wir als Szenengarten bezeichnen.

Für einen vierten Gartentyp haben wir den Begriff *Muster* gewählt. Er ist geometrisch geordnet, entweder symmetrisch um einen Mittelpunkt oder entlang einer Achse, seriell in einem regelmäßigen Rhythmus. Solche Gärten erinnern an Gedichte, wo Versmaß und Rhythmus das Klangmuster bestimmen.

Einen literarischen Text kann man auf seinen metaphorischen oder metonymen Gehalt, auf seine Erzählstruktur oder auch auf Versmaß und Rhythmus hin lesen. Jede Art des Lesens offenbart einen anderen Aspekt von Inhalt und Form des Textes. Mit Gärten ist es ähnlich. Sammlungen können zu Pilgerwegen zusammengestellt sein, symmetrische Muster können Inhalte haben, die sich lesen wie Metaphern. Unsere Einteilung zeigt nur den Weg, auf dem wir uns den Beispielen genähert haben und den wir als den interessantesten empfanden; sie ist weder objektiv noch exklusiv.

Von den meisten Gärten in diesem Buch haben wir sorgfältige axonometrische Zeichnungen angefertigt. Sie wirken beinahe wie Luftbilder; doch während bei der Photographie alle Objekte mit wachsender Entfernung von der Kamera immer kleiner abgebildet werden, bleiben sie in einer Axonometrie in den drei Grundrichtungen Breite (a), Tiefe (b) und Höhe (c) maßstabsgetreu, und nur die anderen Richtungen werden verzerrt, die Diagonalen (d), (e) und (f) zum Beispiel. Wenn es nötig schien, haben wir zusätzlich zur Gesamtansicht des Gartens noch Auszüge beigegeben, um die Struktur der Gewässer, der Bepflanzung und der Bebauung einzeln darzustellen.

Fast jeder alte Garten hat sich im Lauf der Zeit verändert. Wir hatten zu entscheiden, in welchem Stadium wir ihn beschreiben wollten. Wir wollten nicht zu schulmeisterlichen Gartenchronisten werden und haben jeweils die Phase gewählt, in der uns das Konzept des Gartens am klarsten erkennbar

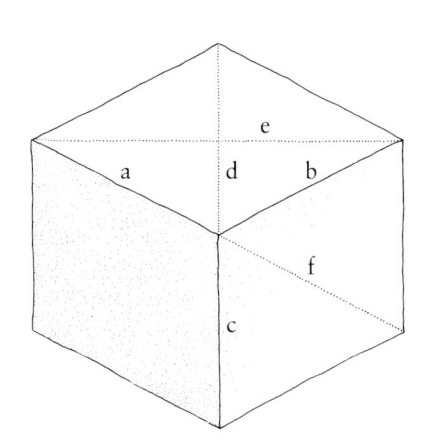

Axonometrie eines Würfels

schien. So zeigen wir auch manchmal ein früheres Stadium, wenn es uns wirkungsvoller und sinnvoller erscheint als das heutige.

Die folgenden Abschnitte sind das Herzstück des Buches. Sie sind eine Fundgrube für Bilder und Ideen, eine Enzyklopädie der Formen und Relationen, von denen die heutigen Vorstellungen vom Garten so stark geprägt sind. Baustile sind schnell vergänglich, weil sie aus der Mode kommen oder veränderten Bedürfnissen nicht mehr gerecht werden. Gärten, die viel kurzlebiger, viel vergänglicher erscheinen, stehen in Wahrheit der Ewigkeit näher. Ihre Elemente bleiben die gleichen, die Ideen dahinter verändern sich nicht; und unsere eigenen Gärten, so klein und bescheiden sie auch sein mögen, sind aus dem gleichen Stoff wie die großen klassischen Gartenanlagen.

SZENENBILDER

Es gibt Orte auf der Erde mit der außerordentlichen Kraft, als Metapher der Welt zu gelten. Die Kraft kommt häufig aus der Beschränkung, aus der Konzentration auf das Wesentliche. So ein Ort schlägt uns in seinen Bann, droht uns zu verschlingen. In der Natur kann die zufällige Gruppierung gewaltiger Monolithen diese Ausstrahlung besitzen; begabten Künstlern ist es hin und wieder gelungen, die gleiche geballte Kraft mit sehr viel kleineren Steinen einzufangen. Im Garten des Ryoanji-Tempels bei Kyoto liegt die ganze Welt vor unseren Füßen, gebannt in ein Viereck aus geharktem Sand und einer Handvoll bescheidener Steine. Capability Browns englische Landschaften sind aus kaum mehr Elementen zusammengefügt als aus welligen Wiesen, Einzelbäumen, Baumgruppen, Baumreihen, Wasser, Kühen und englischem Himmel, und bilden doch eine ganze Welt. Der Inselgarten der Isola Bella im Lago Maggiore lehrt uns, daß die metaphorische Kraft auch aus der komplexen Überlagerung verschiedener Bedeutungen entstehen kann. Schiff und Zauberinsel zugleich, erzeugt sie eine vielschichtige, unwiderstehliche und globale Vision, die unser ganzes Vorstellungsvermögen in Anspruch nimmt und nicht mehr losläßt. Die Insel Bali erscheint als Metapher von Gut und Böse, von Leben und Tod, versinnbildlicht im Lauf des Wassers vom Berg zum Meer, im Lauf der Sonne von Ost nach West. Wir fanden es sinnvoll, diese Orte *Szenenbilder* zu nennen. Manche Szenenbilder sind groß, andere klein, manche lassen sich auf einen Blick erfassen, andere muß man durchwandern. Aber allen ist gemeinsam, daß sie in der Lage sind, mit schlichter Klarheit oder vielschichtiger Fülle unser Erleben und später unsere Erinnerung mit der Kraft ihres Daseins zu erfüllen.

Uluru

Es gibt, über die ganze Welt verstreut, eine Reihe berühmter Szenenbilder der Natur mit Bergen, Felsen und Steinen. Zunächst glaubt man kaum, daß eine Anhäufung von Gestein, das ungeordnet, ja chaotisch in der Gegend herumsteht, sich zu einem Ort von besonderer Bedeutung verdichten könnte. Ist man da, merkt man schnell, was gemeint ist.

Monument Valley im nordöstlichen Arizona besteht aus einer Reihe von Zeugenbergen, deren Schichten an der Basis ockergelb sind und nach oben langsam in warmes Rot übergehen. Die Sockelhänge sind etwa fünfundvierzig Grad geneigt, während die oberen Wände fast senkrecht in den Himmel ragen.

Steinerner Wald, Yünnan, China: Enge Schluchten zwischen Kalkfelsen

Die breiteren Berge sind oben wie abgeschnitten. An ihnen erkennt man noch die Reste der Hochebene, aus der sie herausgeschnitten sind. In Jahrmillionen haben sich Wind und Wasser nach unten gefressen und nur diese letzten Zeugen übriggelassen. Aus der Ferne sehen sie einsam und verlassen aus. Doch steht man auf dem Talgrund, auf dem *Tsaybegui*, dem Land zwischen den Felsen, ist man als Zwerg von Riesen umgeben. Dann erst ist man angekommen. Sand und Steine, sonst nichts, nur hier und da eine stachlige Wüstenpflanze, eine gekrümmte Zeder am Fuß des Megalithen, kaum zu sehen. Der freie Raum selbst ist es, der die Kraft verströmt.

Monument Valley, Arizona: Zeugenberge

Ein weiteres Szenenbild aus monumentalen Felsen ist der Steinerne Wald im Südwesten der chinesischen Provinz Yunnan. Hier wachsen bizarre Kalkfelsen aus dem feuerroten Lehm eines früheren Meeresbodens, ihre Wände sind vom Regenwasser zerfurcht und zerschrunden; in den engen Schluchten zwischen den Blöcken wurden Bäumchen gepflanzt, darüber Brücken gewölbt, Pfade angelegt und Stufen geschlagen. Die Hand des Menschen ist nicht zu übersehen, doch hier wirkt sie angenehm.

Der Gigant unter all den gewaltigen Felsen steht allein. Zwischen roten Sandhügeln, stachligem Ginster und blaubuschiger Mulga steht er im Herzen der Großen Sandwüste Australiens, in der Mitte des Kontinents, Hunderte von Kilometern staubiger Piste entfernt von den Küstenstädten. *Uluru* heißt er bei den Ureinwohnern. Als die ersten verschwommenen Umrisse Australiens in Europa bekanntwurden, legte Jonathan Swift das Land Blefuscu, Königreich der Liliputaner, und das Houyhnhnm-Land in seine Umgebung. Die ersten australischen Siedler sahen in dem riesigen, unerforschten Land ein verlorenes Zauberreich, eine Art Antipoden-Atlantis oder auch das Reich eines australischen Prester John[12]. Als im neunzehnten Jahrhundert die Geographen kamen, fanden sie, in den Worten von Alan Moorehead, «nur gespenstische Leere».

Die Felswände des Uluru ragen mehr als dreihundert Meter in die Höhe. Seine Basis hat einen Umfang von rund acht Kilometern und ist geformt wie ein Rhombus. Die Wände sind steil, nackt und von einem verblüffend tiefen Terracottarot. Wenn die Sonne darauf fällt, erscheint seine Farbe aus der Ferne als zartes, blasses Magenta, im Schatten als tiefes Purpur. Die untergehende Sonne färbt die Westflanke feuerrot. Wind und Wetter haben Rinnen in die Flanken gekerbt; im wechselnden Licht spannen sie sich wie Muskeln und Sehnen unter der Haut. In der Hochfläche sind Löcher, die sich bei den seltenen Sommergewittern mit Regen füllen; dann stürzt sich das Wasser in gewaltigen, aber kurzlebigen Kaskaden die Hänge hinab und hinterläßt am

Fuß des Berges kleine, eukalyptusumstandene Teiche im Sand. Der ganze Berg ist, vor allem am Fuß und in der dem vorherrschenden Wind ausgesetzten Westwand, mit Höhlen durchsetzt. Sie wurden wie von Sandstrahlgebläsen aus der Felswand geschnitten. Die gleichen Sandstürme haben die umliegende Wüste fast eingeebnet. Nur im Westen konnte die Olga-Range, eine Gruppe bizarrer Felsdome, den Winden trotzen; und weit im Osten ist noch der Tafelberg Mount Connor zu erkennen. Dies und das Schweigen: das ist alles.

Die *Yankunitjatjara* und die *Pitjantjatjara* deuten den Uluru als Spur ihrer mythischen Vorfahren, ebenso wie alle anderen Gesichtszüge einer Landschaft,

Tsaybegui: Land zwischen den Felsen

die sie Jahrzehntausende vor dem Eindringen der Europäer friedlich bewohnt haben. Der Berg und die Wüste um ihn herum sind ein geheiligter Bezirk, den Borubodur aus den Felsen erschaffen hat, nicht durch Behauen, sondern, viel feinsinniger, indem er Geschichten über sie erzählte. Zunächst präsentiert sich der Uluru dem Besucher als ein Stück Natur. Erst wenn er die Geschichten gehört hat, erkennt er ihn als heilige Stätte, als phantasievolle Verkörperung der Vorstellungswelt einer sehr alten Kultur. Wer Augen hat zu sehen, für den ist der Uluru der Große Tempel eines südlichen Atlantis.

In den Felsen und Höhlen des sonnigen Nordrands erfährt man die Geschichte des unglücklichen Volkes *Mala*, das die *Wintalka*(Mulgasamen)-Männer beleidigte, indem es die Einladung zu einer Initiationszeremonie ausschlug. Die Medizinmänner der Wintalka erschufen *Kurrpanngu*, den Teufelsdingo, der die Mala in ihrem Lager am Uluru überraschte und in die Wüste trieb. Auf der Zeichnung sind die Schauplätze festgehalten, wo bestimmte Anordnungen von Steinen die traurige Geschichte erzählen.

1. *Taputji*, das Lager der Malafrauen, und ein Grabstock, der in einen Stein verwandelt wurde.
2. *Mala* auf der Flucht.
3. *Inintitjara*, der Platz, an dem die schlafenden Malamänner von Kurrpanngu überrascht wurden. Die Königsfischerfrau *Lunpa* wurde bei dem Versuch, die Männer zu warnen, in einen Hinkelstein verwandelt und blickt nun auf die Spuren, die Kurrpanngus Tatzen auf der Wand des Uluru hinterlassen haben.
4. Höhle der Malafrauen.
5. *Tjukutjapinya*, wo Kurrpanngu die tanzenden Malafrauen belauerte. Ihre Kleider, in Stein verwandelt, hängen noch in der Höhle.
   Im Schatten der Südwand trafen die *Kuniya*(Teppichschlangen)-Männer, die ebenfalls versprochen hatten, zur Feier der Wintalkamänner zu kommen, auf einige Salamanderfrauen und blieben bei ihnen im Mutitjulu-Loch. Von dieser Kränkung erbost, schickten die Wintalkamänner *Liru*(Giftschlangen)-Krieger aus, die Kuniya zu bestrafen.

65 · ORTE der VERGANGENHEIT

Uluru: Gestaltende Kräfte der Natur

Uluru steht allein über der Wüstenebene

Wind und Wetter haben Rinnen gekerbt

Feuchtgrüne Zone am Fuß des Berges

Vom Wind ausgeschnittene Höhlen in der Westwand

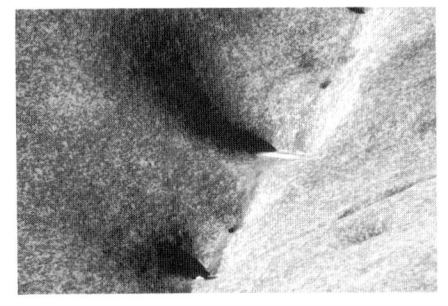

Reihe von Löchern, die sich bei Regen mit Wasser füllen

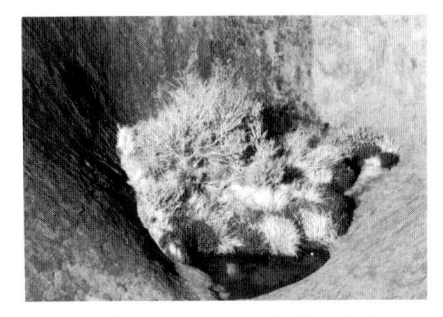

Eine Miniaturoase: Wasserloch nach dem Regen

Rinnen

Erosionsmuster

66 · ORTE der VERGANGENHEIT

Uluru im Herzen Australiens

Uluru: Topographie eines Zauberreichs

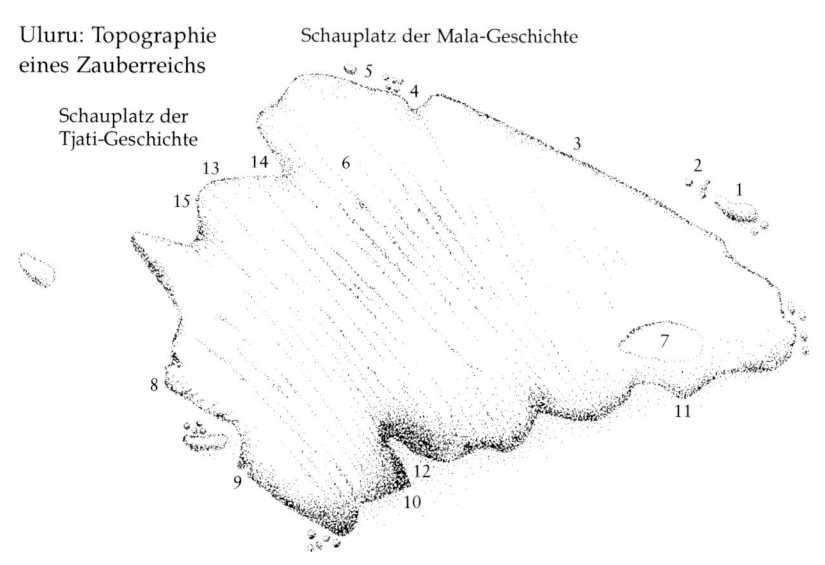

Schauplatz der Tjati-Geschichte

Schauplatz der Mala-Geschichte

Schauplatz der Kämpfe der Lirukrieger

Gipfelregion

Die Geschichte der Schlacht, zu der es dabei kam, ist in Klippen und Felsspalten festgehalten. Auf der Hochfläche des Uluru zeigen tiefe Furchen die Spuren der Kuniya; sie enden im Uluru-Felsenloch. Dort soll heute noch ein Kuniya leben, der den Lauf des lebenspendenden Wassers in das Land zu seinen Füßen kontrolliert. Unsere Zeichnung zeigt dazu folgende Schauplätze:

6. Die Spuren der *Kuniya*.
7. Das *Uluru-Felsenloch*, in dem ein Kuniya haust.
8. *Alyurungu*, wo die Speere der Lirukrieger ihre Spuren auf der Felswand hinterließen und wo noch die Körper zweier Krieger zu sehen sind.
9. *Mita Kampantja*, wo zwei Eidechsenmänner verbrannt wurden. Ihre Körper wurden zu Felsblöcken, und die Flechten darauf sind Rauch des Feuers.
10. *Kurumpa*, wo die Eidechsenmänner ein Emu geschlachtet haben. Die Fleischstücke sind als Sandsteinplatten erkennbar.
11. *Kalaiya Tjunta*, wo die Eidechsenmänner den Oberschenkel des Emus vergruben.
12. Das *Mutitjulu-Loch*, wo die Kuniya mit den Liru kämpften. Auf der Felswand kann man einen verwundeten Lirukrieger mit abgeschlagener Nase erkennen.

Am westlichen Ende des Uluru gibt es Spuren von Beutelmaulwürfen, die in einer Höhle Schutz suchten, und von *Tjati*, dem Kleinen Salamander, der verzweifelt nach seinem verlorenen Bumerang grub. Im einzelnen sieht man:

13. *Walaritja*, wo Tjati seinen Bumerang gegen die Wand des Uluru schleuderte und ganze Gruben aushob, um ihn wiederzufinden.
14. *Kantju*, die Höhle, in der Tjati aus Verzweiflung starb.
15. Die *Itjaritjari-Höhle*, das Heim der Beutelmaulwürfe.

Das alles geschah vor langer, langer Zeit: in der Traumzeit.

1872 erblickte der Forschungsreisende Ernest Giles den Uluru am Horizont. Doch er mußte mit seinen Pferden und Kamelen vorzeitig umkehren. Ein Jahr später erreichte William Christie Goss, ein anderer Forschungsreisender, den Berg, vermaß ihn und gab ihm einen passend erscheinenden europäischen Namen, Ayers Rock, nach Ayers, dem Gouverneur der englischen Kolonie

Großer Felsen über der Sandwüste:
Uluru. Am Horizont die Olga-Range

Menschen besteigen den Uluru

Südaustralien. Heute gibt es von Alice Springs aus eine Straße, und die Fahrt zum Uluru ist unkompliziert. Man kann die Westflanke hinaufsteigen, die Spuren der Kuniya überqueren und auf der Hochfläche den frischen Wind genießen. In diesem Moment versteht man D.H. Lawrence, der in seinem Buch *Känguruh* schrieb, daß der australische Busch «ehrfürchtig zu warten scheint. Er wartet auf etwas, mit einer schrecklichen, zeit- und alterslosen Wachsamkeit, wartet auf ein Ende, das nicht in Sicht ist, im Blickfeld die Myriaden weißer Eindringlinge.»

Ryoanji

Es scheint ein Urbedürfnis von Künstlern zu sein, zu reduzieren, zu verkleinern, zu löschen, mehr und mehr durch weniger und weniger auszudrücken. Der japanische Trockenlandschaftsgarten, in dem Sand die Rolle von Wasser spielt und ein paar Steine riesige Gebirge vorstellen, ist vielleicht die radikalste Ideallandschaft: ein Garten für den Kopf. Im fünfzehnten Jahrhundert schrieb der Zenpriester Tessen Soki: «Die Kunst der Reduktion besteht darin, die Entfernung von dreißigtausend Meilen auf die Länge eines Fußes zu verkürzen.» Von ihm könnte der berühmteste aller Trockengärten stammen, der Steingarten Ryoanji in einem Kloster bei Kyoto.

Der Garten ist nicht größer als ein Tennisplatz. Weißer Quarzsand, sorgfältig geharkt, bedeckt eine Fläche von 337 Quadratmetern. Im Süden und Westen begrenzt ihn eine niedrige Mauer, dahinter schimmert das üppige Grün eines Waldes. Nord- und Ostseite werden fast ganz von einer überdachten Veranda eingenommen, von der aus man den Garten betrachten kann.

Auf dem Sand befinden sich fünfzehn zu fünf Gruppen kombinierte Steine. Wo immer man steht, nie sind mehr als vierzehn Steine auf einen Blick zu sehen. Die harmonische Ordnung der Steine schlägt jeden Besucher in ihren Bann. Die fünfzehn Steine können als malerische Komposition gesehen werden; oder als Tigermutter, die mit ihren Jungen einen Fluß überquert; als Seestück, mit dem Sand als Ozean und den Steinen als Inseln; oder als Diagramm kosmischer Fixpunkte. In strenger Zenmanier dagegen sieht man nichts anderes als Steine. Teiji Itoh nennt Ryoanji in seinem Buch *Der japanische Garten* den «Idealgarten, den lebendigen Plan des perfekten Gartens».

Versucht man die Wirkung der fünfzehn Steine mit Hilfe unserer Zeichnung zu erfassen, so ist das natürlich nicht dasselbe, als befände man sich an Ort und Stelle. Doch schon die Zeichnung vermittelt etwas von der Faszination des Ortes. Die Steine sind so perfekt, so ausgewogen gruppiert, und das Gleichgewicht zwischen den Steingruppen ist so harmonisch, daß sich dem versunkenen Betrachter ein Gefühl ganz entspannter Konzentration überträgt. Warum das so ist, wissen wir nicht. Uns Ungläubige überzeugt keine der kosmologischen Interpretationen; und doch läßt sich das Vorhandensein einer Kraft, die das bewußte Verstehen unterläuft, nicht leugnen.

Die Steine, die wir heute so bewundern, werden erst zweihundert Jahre nach der Anlage des Gartens zum erstenmal erwähnt. Masao Hayakawa, ein weiterer Kenner japanischer Gartenkunst, vermutet, daß vorher eine Gruppe herrlichster Kirschbäume die Hauptattraktion des Gartens bildete. Einer davon soll selbst dem berüchtigten Diktator Hideyoshi einen Besuch wert gewesen sein; ein letztes Relikt des Baums ist in einer Ecke des Gartens noch zu sehen.

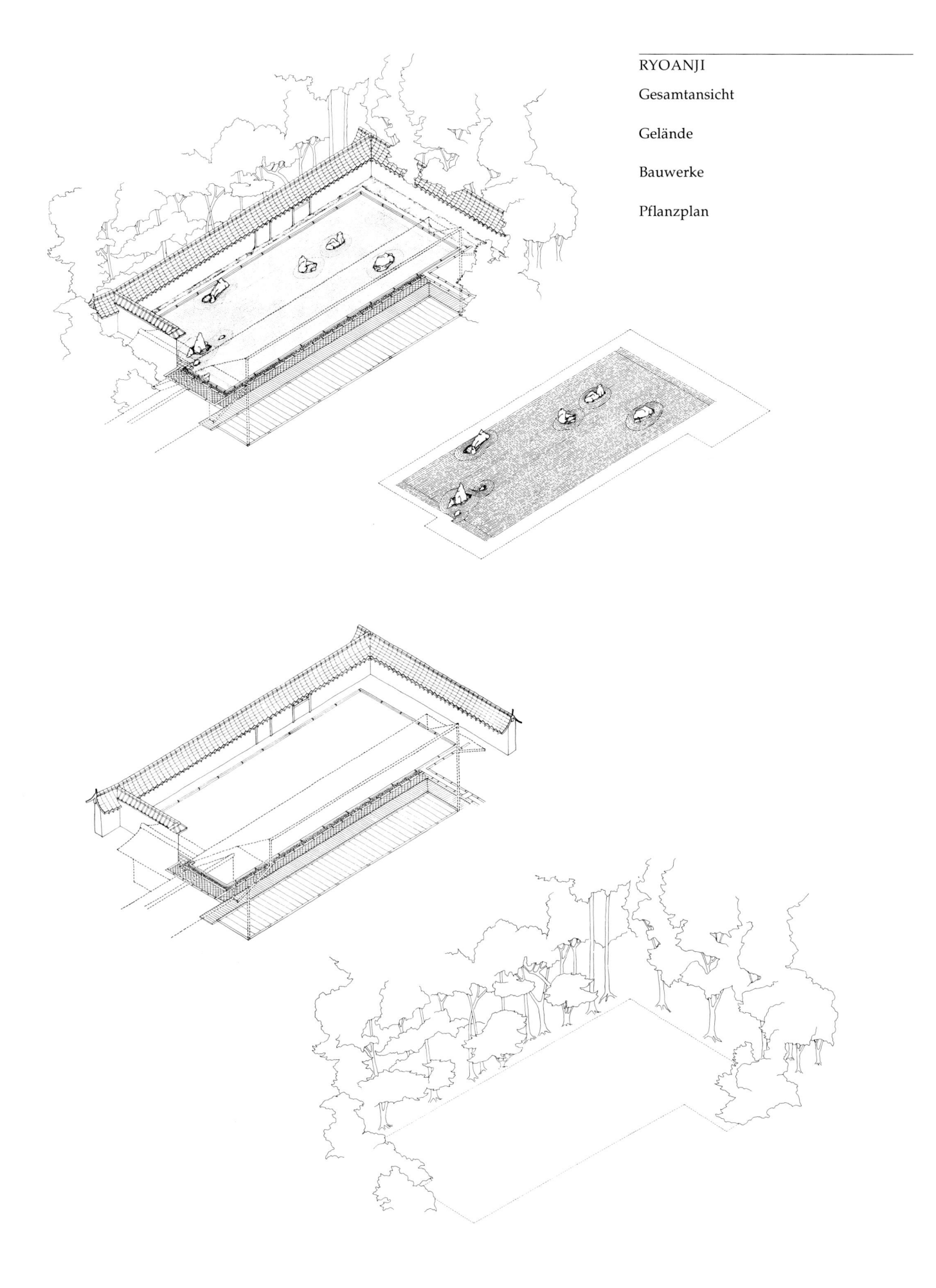

RYOANJI

Gesamtansicht

Gelände

Bauwerke

Pflanzplan

70 · ORTE der VERGANGENHEIT

Das Szenenbild von Ryoanji wurde, so scheint es, durch Reduktion veredelt, die Metapher wurde feiner gefaßt, wurde reiner, stiller.

Ryoanji ist ein Musterbeispiel der Miniaturisierung. Hier ist das ganze Universum auf einige Quadratmeter geschrumpft. Alles, was nicht unmittelbar mit der zentralen Idee des Gartens zu tun hat, ist vereinfacht, zurückgenommen, unterdrückt, ausgelöscht. Ryoanji wird ohne Zweifel von einer zentralen Idee beherrscht, auch wenn sie sich unserer Begrifflichkeit entzieht. Heute, am Ende des zwanzigsten Jahrhunderts, müssen wir vielleicht noch viel drastischer verkleinern, um unsere Welt in den Raum zu bringen, den wir zur Verfügung haben. Ryoanji ist der beste Beweis dafür, daß aus rigoroser, erbarmungsloser Reduktion nicht notwendigerweise eine reduzierte, verkümmerte Wirklichkeit entsteht, sondern, gereinigt und befreit, ein Bild von der Größe des Universums.

Die Parks von Capability Brown

Wüstenvölkern erscheint das Paradies als kühle Oase mit Obstbäumen und fließenden Bächen; Jäger erträumen sich wildreiche Wälder. Aus den Psalmen spricht die Sehnsucht der Hirtenvölker nach grünen Wiesen, stillen Wassern und einem fürsorglichen Schäfer. Den Hirtentraum hat der englische Architekt und Landschaftsgärtner Capability Brown viele Male Wirklichkeit werden lassen.

Im England der zweiten Hälfte des achtzehnten Jahrhunderts ließ sich der Adel von ihm seine Ländereien gestalten. Capability Brown nutzte, was er vorfand: welliges Hügelland mit grasigen Hängen, Baumgruppen, Rinder, Schafe, Hirsche, stille Gewässer, Nebel, Wolken. Stets griff er das vorgegebene Muster der einzelnen Elemente auf, sah darin die *Capability* einer Landschaft, ihr Entwicklungspotential, und ging dann daran, die Natur zu veredeln, sie seiner Vorstellung von «natürlicher» Schönheit näherzubringen. Er vertraute dabei, wie es dem Zeitgefühl entsprach, auf die allen Dingen innewohnende Vollkommenheit, die es mit Hilfe von ordnendem Zutun und behutsamen Änderungen zu fördern galt.

Brown war ein Praktiker, der sich nicht lange mit theoretischen Analysen aufhielt. Das übernahmen zwei Zeitgenossen, die mit ihren Definitionen von Schönheit die Ziele Browns erklärten. Der Philosoph Edmund Burke bestimmte in *Philosophische Untersuchung über den Ursprung unserer Ideen vom Erhabenen und Schönen*, daß Schönheit auf Kleinheit, Glattheit, Geschmeidigkeit, Regelmäßigkeit, sanften Übergängen, Zartheit und Harmonie beruhe, und verglich sie mit dem Gefühl, «als gleite man in einem leichten Wagen dahin, eilig gezogen auf einem sanftglatten Rasen mit leichten Steigungen und Neigungen». Das, so Burke, käme der Vorstellung von Schönheit näher als alles andere.

Der Maler William Hogarth schlägt in seiner *Analysis of Beauty* die Anwendung einer ondulierenden «Schönheitslinie» vor, einer sanft geschwungene Kurve, die nichts mit der engen, zweidimensionalen Schlängelei des Rokoko gemein hat. Hogarth erkannte sie in der Schönheit des menschlichen Körpers – und in den Möbeln von Chippendale. Wir finden sie überall in Browns Entwürfen.

Schönheitslinien in Capability Browns
Entwurf für den Landschaftsgarten
Bowood, Wiltshire

Schönheitslinien in Capability Browns
Entwurf für den Landschaftsgarten
Petworth, Surrey

72 · ORTE der VERGANGENHEIT

Die «Schönheitslinie» in William Hogarths *Analysis of Beauty*

Die typische Brownsche Anlage besteht aus einem ausgedehnten Park mit einem großen Landhaus. Großzügige Rasenflächen umgeben das Haus und reichen oft bis an seine Mauern. Nicht selten ging der erste Akt der Veredlung mit der Zerstörung der älteren, nahe am Haus gelegenen formalen Gärten einher. Das fand keineswegs immer Zustimmung. Payne Knight beklagte später des «Veredlers verwüstende Hand», der das Haus hinterließ

Inmitten des rasierten Grüns, das es umfließt
wie Wellen eines ewig grünen Stroms.

Zum Park gehörten Rinder und Schafe. Um den Rasen vor den Tieren zu schützen, ohne dabei die optische Verbindung zwischen Vordergrund und Tiefe zu zerstören, benutzte Brown gern den *Aha*, den versenkten Zaun. Er wurde für Browns Stil so charakteristisch, daß er ihm später sogar falscherweise als Erfindung zugeschrieben wurde.

In der Regel schwingt der Rasen bergab zu den Ufern eines breiten Flusses oder Sees. Das Wasser beherrscht den Mittelgrund, ganz gleich, ob man aus dem Haus auf den Park oder vom Park auf das Haus blickt. Ob die Anlage eines Gewässers möglich war, hing von Geländeform und natürlichem Gewässernetz ab; seine Gestaltung war bestimmt durch Browns Vorstellungen von natürlicher Schönheit.

Sein erstes Prinzip lautete, daß die Wasserfläche eine stattliche Größe besitzen mußte, um im Maßstab zu Haus und Gelände zu passen. Das ließ sich nur selten ohne Staudamm verwirklichen. Da jeder künstliche Eingriff dem Blick entzogen werden mußte, wurden die Dämme getarnt; Kanäle hatten wie Flüsse ganz natürlich in die Ferne zu entschwinden, man versteckte ihr Ende zwischen Hügeln oder setzte Pflanzen so, daß sie es verdeckten. Dämme tarnte man als Scheinbrücken. Die Ufer hatten sich nach der ondulierenden Schönheitslinie zu richten; von Büschen und Bäumen wurden sie weitgehend freigehalten.

In Bowood, Wiltshire, staute Brown das Wasser unterhalb einer Flußgabel auf und erzielte damit eine Y-förmige Wasserfläche. Den Damm versteckte er

73 · ORTE der VERGANGENHEIT

Verhältnis von Pflanzmuster und
Bauwerk zum Gelände bei Brown

Baumreihe schwingt sich über Hügelkuppe

Baumhäufel

Einzelbäume tüpfeln einen Hang

Komposition aus Häufel und Gürtel

Tiere bevölkern die Hügel und erzeugen beim Fressen an den Bäumen eine gerade Unterfläche

Ein dorischer Tempel vor der Waldkulisse spiegelt sich im See: Bowood

Sanderson Millers künstliche Ruine belebt den Baumgürtel: Wimpole bei Cambridge

hinter einer Baumreihe, die, vom Haus aus gesehen, die Wasserfläche wie ein Vorhang nach hinten abschließt. Auf der anderen Seite wird der Wanderer, der den See umrundet, vom Blick auf einen Wasserfall inmitten von Bäumen überrascht. Vor die Baumreihe ist ein dorischer Tempel gesetzt und zieht vom Haus und seinen Rasenflächen alle Blicke auf sich. Sein strahlendes Weiß spiegelt sich im ruhigen Wasser und leuchtet im Abendlicht.

Bei dem See in Petworth, Sussex, nutzte Brown eine Capability ganz anderer Art. Er staute das Wasser in einer flachen Mulde des sanft sich wellenden Wiesengrundes. Am Ufer stehen kaum Bäume, die Schönheitslinie liegt als scharfe Grenze zwischen Gras und Wasser. Der Blick erfaßt das Auf und Ab der Hügel am Horizont und fällt auf geschickt plazierte Baumgruppen und Gürtel, zwischen denen das Wasser aufblitzt und den weiten Himmel reflektiert.

Jenseits des Rasens im Vordergrund und des Wassers in der Mitte suchte Brown nach Wegen, dem Hintergrund aus sanften Hügeln mit Wiesen und einzelnen Baumgruppen den Anschein zu geben, als erstrecke er sich bis in unendliche Ferne. Er hatte nicht die heutigen Möglichkeiten, große Erdbewegungen zu veranlassen, um seinen Szenenbildern die gewünschten «leichten Neigungen und Steigungen» zu verschaffen, auch wenn er manchen Graben auffüllen ließ. Statt dessen verstand er es meisterhaft, Konturen mit Hilfe von Bäumen zu verändern. Wollte er eine Steigung betonen, bepflanzte er den Hügelkamm mit Bäumen; unerwünschte Senken füllte er mit Bäumen und Büschen und benutzte sie außerdem, um unansehnliche Teile der natürlichen Szenerie zu kaschieren. In Petworth ist das besonders schön zu sehen. Das Muster seiner Bäume umhüllt die Hügel wie ein Kleid, das der Figur schmeichelt.

Browns Anordnung von Bäumen ging als *Gürten, Häufeln und Tüpfeln*[13] in die Literatur ein. Gürtel sind geschwungene Bänder aus Bäumen auf den Konturen der Landschaft. Gehäufelt heißen Baumgruppen, die sehr eng und fast kreisförmig gepflanzt sind und sich deutlich von den Wiesen abgrenzen. Getüpfelt werden Rasen und Wiesen mit Einzelbäumen oder kleinsten Baumgruppen. Der englische Satiriker Thomas Love Peacock mokierte sich über die damalige Gartenkunst und läßt Sir Patrick O'Prism, Hauptfigur des 1816 erschienenen Romans *Headlong Hall* und Liebhaber des Malerischen Stils, zu einem Anhänger Browns ziemlich unfreundliche Bemerkungen machen:

Mit eurer Manie, alles zu planieren, und auszurichten, und zu beschneiden, und zu stutzen, und zu häufeln, und zu schleifen, und zu mähen, und zu rasieren, zerstört ihr das wunderschöne Durcheinander natürlicher Üppigkeit mit seinen harmonischen Übergängen von Licht und Schatten, dem Ineinanderverschmelzen der Formen, wie man an dem Stein dahinten sehen kann. Ich habe noch nie einen dieser, wie ihr es nennt, veredelten Orte gesehen, die nichts anderes sind als riesige Bowling-Greens[14]*, Bögen von grünem Papier, über die jede Menge runder Häufchen verteilt sind wie Tintenkleckse, sinnlos aus einer Feder verspritzt, hier und dort ein einzelnes Tier, das den Eindruck macht, als hätte es sich verlaufen, ohne daß mir dabei die Heide von Hounslow in den Sinn gekommen wäre, dünn gesprenkelt mit Büschen und Wegelagerern.*

Nicht nur Bäume, auch Tiere bevölkern die Hügel. In Petworth, Longleat und vielen anderen Brownschen Parks, die erhalten geblieben sind, kann man auch

Petworth: Tillington Church in the Distance,
von J.M.W. Turner

heute noch Rinder und Hochwild im Gänsemarsch zwischen den Tüpfeln der Bäume und Schafe beobachten. Sie geben dem Szenenbild einen Maßstab, der Betrachter kann die Größe der Bäume und die Tiefe des Ausblicks besser einschätzen. Außerdem halten Kühe und Schafe das Gras kurz und die Unterseite der Bäume sauber.

Brown begrenzte seine Parks im allgemeinen mit Baumgürteln, die sich als geschwungene Bänder um die Szenenbilder ziehen. Hier und dort sind die Randlinien unterbrochen von Baumhäufeln, die den Eindruck der Natürlichkeit verstärken sollen. Auf den Plänen von Bowood und Wimpole bei Cambridge kann man seine Methode deutlich erkennen. Wo es sinnvoll war, wurde der Gürtel unterbrochen, um durch die Bresche den Blick auf die Umgebung in den Park zu holen. War ein Baumgürtel allein ohne Aussagekraft, dann erhielt er als belebendes Bildelement ein Bauwerk, wie den Tempel in Bowood oder die von Sanderson Miller gebaute Ruine eines gotischen Turms in Wimpole.

Die türmenden Wolken des englischen Himmels schließen das Szenenbild nach oben ab. Sie werfen ihre Schatten auf die Hügel und werden gleichsam zum Spiegelbild der Landschaft.

Brown hat Dutzende bedeutender Parks angelegt; der großartigste von allen ist Blenheim in Oxfordshire. Die Zeichnungen zeigen Blenheim vor und nach Browns Veränderungen. In Blenheim begegnete Brown einem Ort, dessen Proportionen für sein Auge unerträglich sein mußten. Die gewaltige Steinmasse des berühmten, von Sir John Vanbrugh erbauten Schlosses harmonierte nicht im geringsten mit dem bescheidenen Flüßchen Glyme vor seinen Mauern. Eine enorme Achse griff von der Vorderfront des Schlosses über den Fluß hinaus und wurde von einer riesigen Steinbrücke – ebenfalls von Vanbrugh – und einer erhöhten Straße betont. Brown änderte das Gewässersystem des Glymetals, indem er südlich vom Schloß und außerhalb des Blickfelds einen Staudamm mit Wasserfall erbaute. Auf der Talsohle entstand ein herrlicher breiter See, in dem sich nun die Ovale der Brückenbögen auf schönste Weise spiegelten. Der Hintergrund jenseits des Sees wurde in eine harmonische Komposition aus Baumgruppen, Gürteln und dunstiger Ferne verwandelt, mit weißen Schafen, die friedlich unter den Bäumen grasten.

Brücke und See in Blenheim

Blenheim

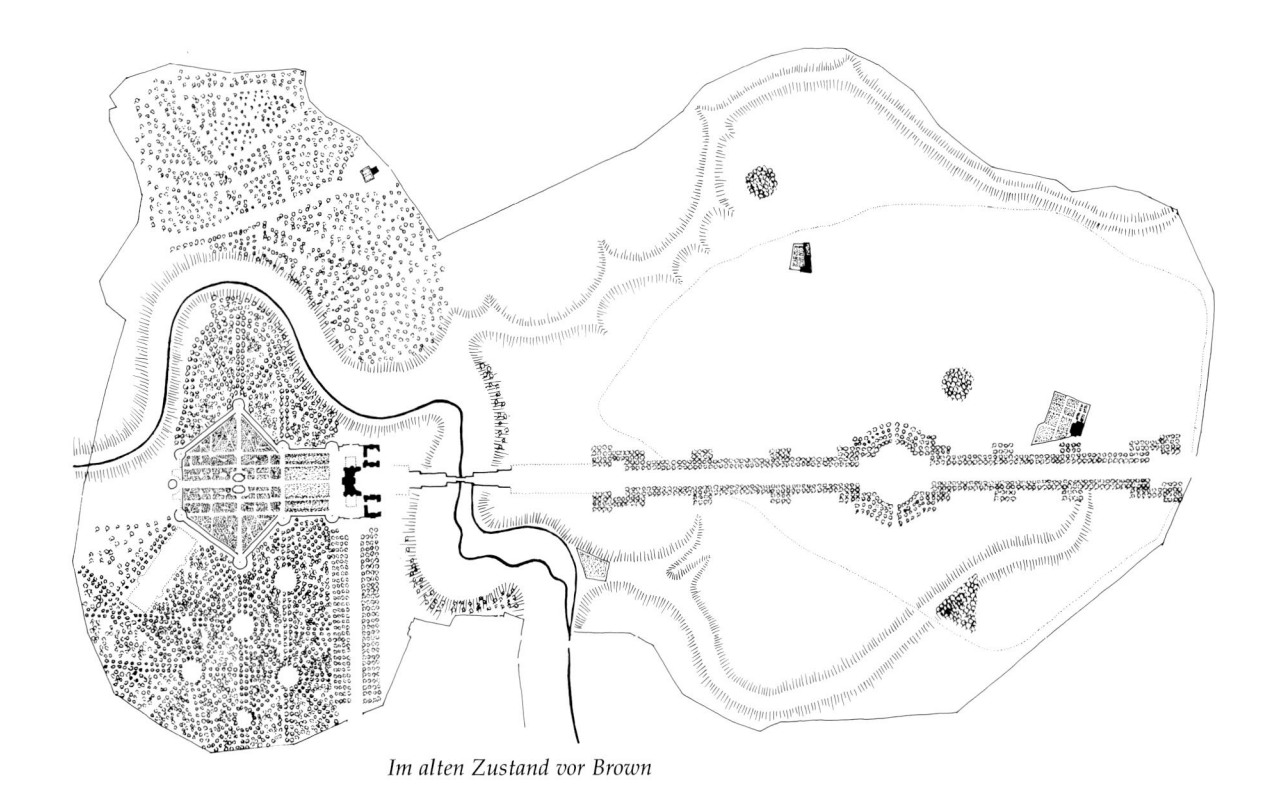

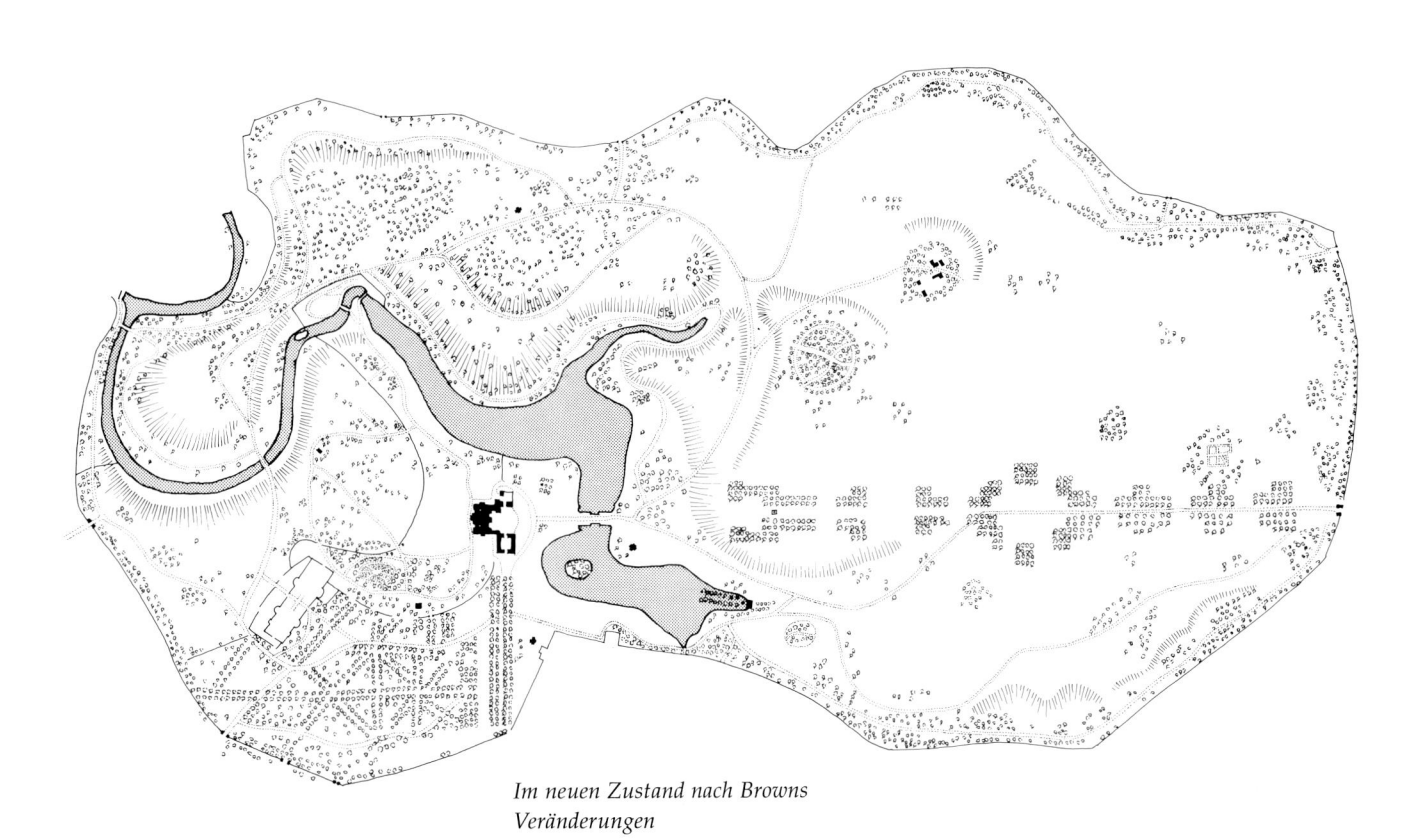

Im alten Zustand vor Brown

Im neuen Zustand nach Browns Veränderungen

Browns ideale Landschaften sind nicht so atemberaubend verdichtet wie Ryoanji, auch weniger streng; doch sie zeigen die gleiche Beschränkung auf das Wesentliche, die Klarheit der Bezüge, das Ausmerzen von Schönheitsfehlern und den Wunsch nach Vollkommenheit. Brown hat viel gemeinsam mit seinem Zeitgenossen Sir Joshua Reynolds, der die kleinen Makel im Antlitz der von ihm porträtierten Personen im Sinne eines klassischen Schönheitsideals korrigierte. Was Brown suchte, war nicht die ans Unheimliche grenzende Perfektion des Parks von Arnheim mit seiner geisterhaft unwirklichen Gepflegtheit, sondern ihm ging es darum, die kleinen Mängel der Natur zu tilgen, damit sich die ihr innewohnende Schönheit voll entfalten konnte. Seine Anordnung von Bäumen auf dem sanft gewellten, grasbewachsenen Boden der grünen und heiteren Landschaft Englands vermittelt uns den Geist dieser Landschaft, wie er im achtzehnten Jahrhundert unter dem Einfluß von Burke verstanden wurde. Insofern sind seine Bäume ein Pendant zu den Steinen auf dem Rechteck aus geharktem Sand in Ryoanji, dem Inbegriff der zenbuddhistischen Auffassung von *shan shui*.

Isola Bella

Jahrhundertelang waren sich Dichter und Reisende darin einig, daß die Seenlandschaft Oberitaliens zu den schönsten Regionen der Welt zählt. Im Lago Maggiore, mitten im Herzen dieser zauberhaften Landschaft, liegen zwei Inseln, die schon im sechzehnten Jahrhundert, als sie nicht mehr als zwei nackte, aus dem Wasser ragende Granitfelsen waren, zum Besitz der Grafen Borromeo gehörten. In der Renaissance ließen sie die Isola Madre, die größere der beiden, bepflanzen. Nach und nach verwandelte sie sich in eine Sammlung exotischer Pflanzen von unerhörter Vielfalt, besonders begünstigt vom milden Klima der Seen. 1632 wandte Carlo Borromeo III. seine Aufmerksamkeit der kleineren Insel gegenüber der Stadt Stresa zu und baute auf dem Felsen einen kleinen Lustpavillon. Sein Sohn Vitaliano vollendete die Anlage, ließ Felsen abtragen und Erde vom Festland antransportieren. Er machte aus der Insel ein Märchenland, halb Insel, halb Zauberblumenboot, und nannte sie nach seiner Mutter Isola Isabella, woraus der Volksmund schon bald Isola Bella machte.

Baumeister, Architekten und Bildhauer arbeiteten von 1630 bis 1670, um die Insel neu zu gestalten. Castelli und Angelo Crivelli legten Terrassen an. Carlo Fontana und eine Gruppe Mailänder Architekten errichteten darauf eine Villa und Gartenpavillons. Eher zurückhaltend sind die Wasserspiele von Mora aus Rom. Vismara gestaltete mit ungezügelter Verve die ornamentalen Skulpturen. Die Villa am Ende der Insel ist groß, als Bauwerk aber ohne große Bedeutung. Es ist schwer, zwischen ihr und dem Garten eine Verbindung zu erkennen, es sei denn über einen geschickt angelegten Hof, der am Ende des langen, nach Süden gerichteten Flügels den Winkel zwischen der Gebäudeachse und der Achse des Gartens auffängt.

Auf zehn künstlich angelegten Terrassen erheben sich die Hängenden Gärten, seit Nebukadnezar eine Zauberformel der Gartenkunst. Die unterste Stützmauer wird von Arkaden getragen, deren Fundamente bis ins Meer reichen. Alle höheren Terrassen sind von Balustraden eingefaßt und mit Obelisken, Vasen, Statuen und weißen Pfauen bevölkert. Den hinteren Abschluß bildet jeweils die Stützmauer der nächsten Terrasse. Rosen, Jasmin und Kamelien wetteifern mit Orangen- und Zitronenspalieren und mildern die harten Konturen. Nach oben zu werden die Pflanzen spärlicher, die Marmorstatuen zahlreicher, und schließlich wird der Aufstieg von einem kolossal gräßlichen Wassertheater gekrönt. Von der Marmorbrüstung der obersten Terrasse blickt man über den See auf die dunstverhangenen Berge. Die Balustrade ist mit Statuen geschmückt, ummauerte Belvederes laden zur Fernsicht ein wie Schiffsbrücken auf hoher See. Fast an jeder Stelle der Insel fühlt man sich wie auf einem Zauberschiff, dessen Decks und Takelage sich auf wundersame Weise in Blätter und Blumen verwandelt haben. Alles wirkt auf starke und aufregende Weise künstlich, nicht immer schön, niemals real.

Die Zauberinsel im Märchensee entfaltet den Reiz ihrer Metaphern in genau umgekehrter Weise wie Ryoanji oder ein Park Capability Browns; diese greifen zurück auf das innere Wesen der Dinge – das Universum in fünfzehn nackten Steinen oder in einigen Bäumen mit Wolken. Die blumengeschmückte Märchengaleone, dieses phantasiebeladene Fährschiff ist ein Preislied auf die Kunst des Schichtens, des Überlagerns von Bild auf Bild auf ein paar Felsen, die aus dem Wasser des Lago Maggiore ragen. Daraus entstand ein ganz und gar unwirkliches Gartengebilde, überladen mit einem Mischmasch wahnsinniger Skulpturen – ein steinernes Schiff voller Phantasien, zu toplastig, als daß es von irgend jemand anderem gesegelt werden könnte als von Peter Pan und seiner Mannschaft. Auf den Flügeln des Wunderbaren schwingt es sich in Höhen, aus denen kein Irdischer es niederzuholen vermag.

Marmorstatuen auf den oberen Terrassen

Denn unbändige, verschwenderische Phantasie hat ihre eigenen Gesetze. Man denke an König Ludwig II. und sein Schloß Neuschwanstein oder an die wagnerianische Grotte in Linderhof. In Kalifornien denkt man an das Madonna Inn in San Luis Obispo, eine gigantische Pralinenschachtel aus rosa Samt und Steinen, oder an Simon Rodias Watts Towers bei Los Angeles mit einer Ornamentik aus sichtbaren Moniereisen und zerbrochenem Geschirr. All diese Werke sind Lobgesänge auf die Macht eines von unerschöpflicher Energie genährten Eigensinns. An allen haben wir, ebenso wie ihre Schöpfer, enormes Vergnügen. Sie sind einmalig und echt, man kann sie nicht imitieren. Die puristischen Werke, wie Ryoanji, sind anfälliger für Betrug nach Art von «Des Kaisers neue Kleider». Reduktion läßt sich leicht als Schutzbehauptung für einen Vandalismus mißbrauchen, der mit Kunst nichts mehr zu tun hat. Bei Türmen aus alten Scherben oder einem Märchenboot vertut man sich nicht so leicht. Das wichtigste ist und bleibt, daß die Dinge zueinander passen: ist die Landschaft selbst schon phantastisch und unnatürlich perfekt, verlangt sie nach einer Schöpfung der Phantasie, dann mutig voran!

ISOLA BELLA

Gesamtansicht

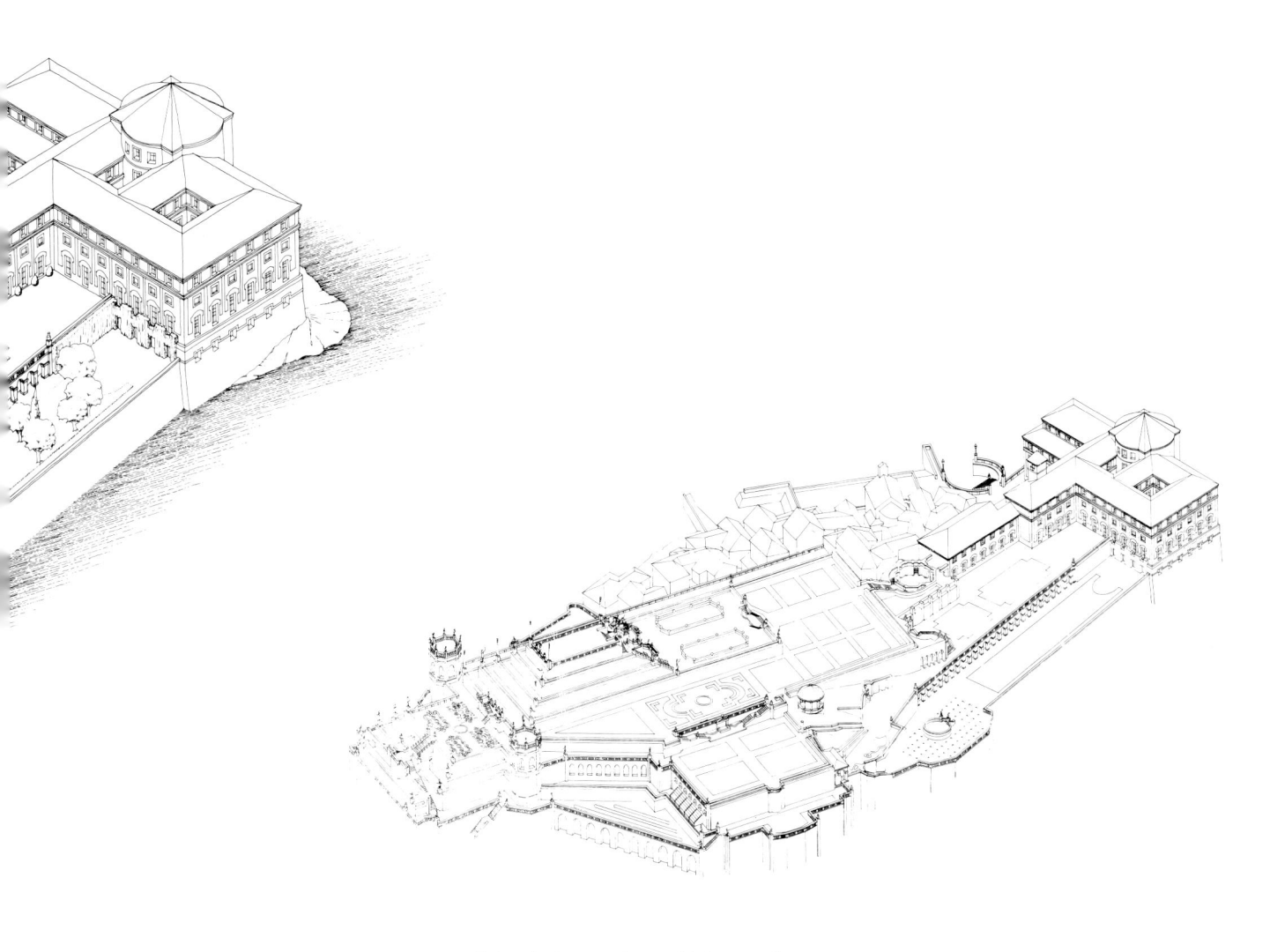

Gelände, Bauwerke und Wasseranlagen

Pflanzplan

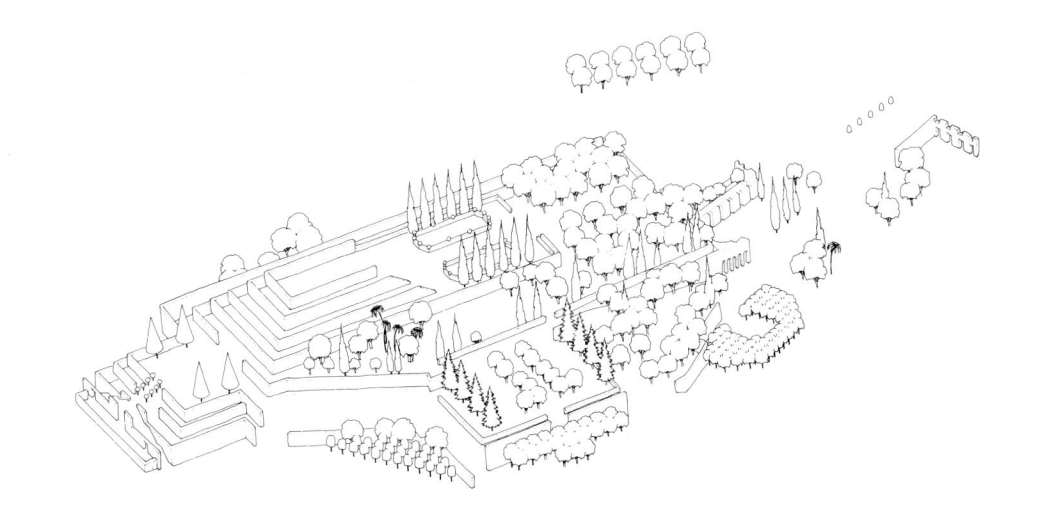

81 · ORTE der VERGANGENHEIT

Bali

Es gibt auf der Erde einige kleine, streng geordnete und in sich geschlossene Welten; sie bilden die Bühne für Leben und Rituale einzigartiger Kulturen. Dazu gehört Bali, die indonesische Insel mit ihrer ganz eigenen und tief mystischen Ausprägung des Hinduismus.

Statt uns vom Jumbo-Jet direkt in Balis moderne Hauptstadt Denpasar absetzen zu lassen, beginnen wir die Reise nach Bali auf traditionelle Art in Java. Wir starten in Surabaya, der riesigen, heruntergekommenen Hafenstadt an der Nordküste Javas, in der Bert Brechts Ballade vom kaltherzigen Johnny spielt, der nicht einmal die Pfeife aus dem Maul nahm, als er schnöde sein Mädchen am Kai zurückließ. Am städtischen Zoo (mit den bösen Komododrachen) nehmen wir den Bus und fahren durch Kaffeeplantagen die Küste entlang nach Osten, bis zu dem verschlafenen Örtchen Banuwangi. Von dort geht eine Fähre nach Gilimanuk über den schmalen Sund, über den einst javanische Fürsten nach Bali vordrangen. Von Gilimanuk fährt der Bus weiter nach Osten, jetzt an der Südküste Balis entlang, bis Denpasar.

Der Westen Balis bietet kaum mehr als eine sumpfige Ebene mit Mangroven, Krokodilen und Malariamücken. Doch die Landschaft verändert sich, je weiter man gegen den Lauf der Äquatorsonne nach Osten vordringt. Erst kommt eine Kette steiler Vulkankegel in Sicht; sie läuft von Westen nach Osten und bildet eine Art Rückgrat der Insel. Der östlichste und höchste Kegel ist der aktive Vulkan *Gunung Agung* mit seinem über dreitausend Meter hohen Kratergipfel. In steilen Schluchten durchschneiden Flüsse die Südhänge der Vulkane und stürzen ins Meer. Die fingerähnlichen Hänge zwischen den Schluchten, kunstvoll terrassiert, schimmern im blassen Grün junger Reispflanzen. Schluchten und unberührte Hänge sind mit dunklem Dschungelgrün bedeckt. Straßen und Wege schmiegen sich west-östlich in die regelmäßigen Wellen der Berghänge und bilden mit den steilen Wegen parallel zu den Schluchten eine Art Spinnennetz. Zwischen den Reisfeldern sitzen kleine Dörfer auf den Berghängen; auf den flacheren Hängen und in der Ebene liegen die größeren Marktflecken und Verwaltungszentren: Tabanan, Denpasar, Gianyar, Klungkung und Amlapura. Aus der Mitte der Südküste ragt die Halbinsel Bukit wie der Bug eines Schiffes weit ins Meer hinaus und zerschneidet die Brandung. Die ganze Küste ist gesäumt mit friedvollen, von Bananenstauden und Kokospalmen umrahmten Sandstränden.

Balis Vulkane sind aktiv. Alles gemahnt hier an die Kräfte aus dem Inneren der Erde: Rauchfähnchen über den Kratern, Strände aus schwarzschimmerndem Lavasand, Statuen aus weichem Tuff und von Asche und Lava schon fast verschüttete Heiligenschreine, die noch immer besucht werden. Die Vulkane sind Schöpfer und Zerstörer zugleich. Sie formten die Berge, sie liefern das Wasser und den fruchtbaren Boden als unabdingbare Voraussetzung für die Reiskultur. Doch wie schnell begraben sie Häuser und Felder unter Schichten von Schutt und Asche!

Es gibt Orte von stiller, unschuldiger, sonnendurchfluteter Schönheit. Man kann frühmorgens durch die stillen Reisfelder wandern, wenn von den Terrassen der Frühnebel aufsteigt, im Hintergrund das sanfte Blau der fernen Berge. Es gibt aber auch finstere, verwunschene Plätze. In Goa Gajah zwängt sich ein glupschäugiger, zähnefletschender Dämon aus dem lebendigen

Glupschäugiger Dämon zwängt sich aus dem Felsen: Goa Gajah

Topographie von Bali

Gunung Agung als magisches Kräftefeld

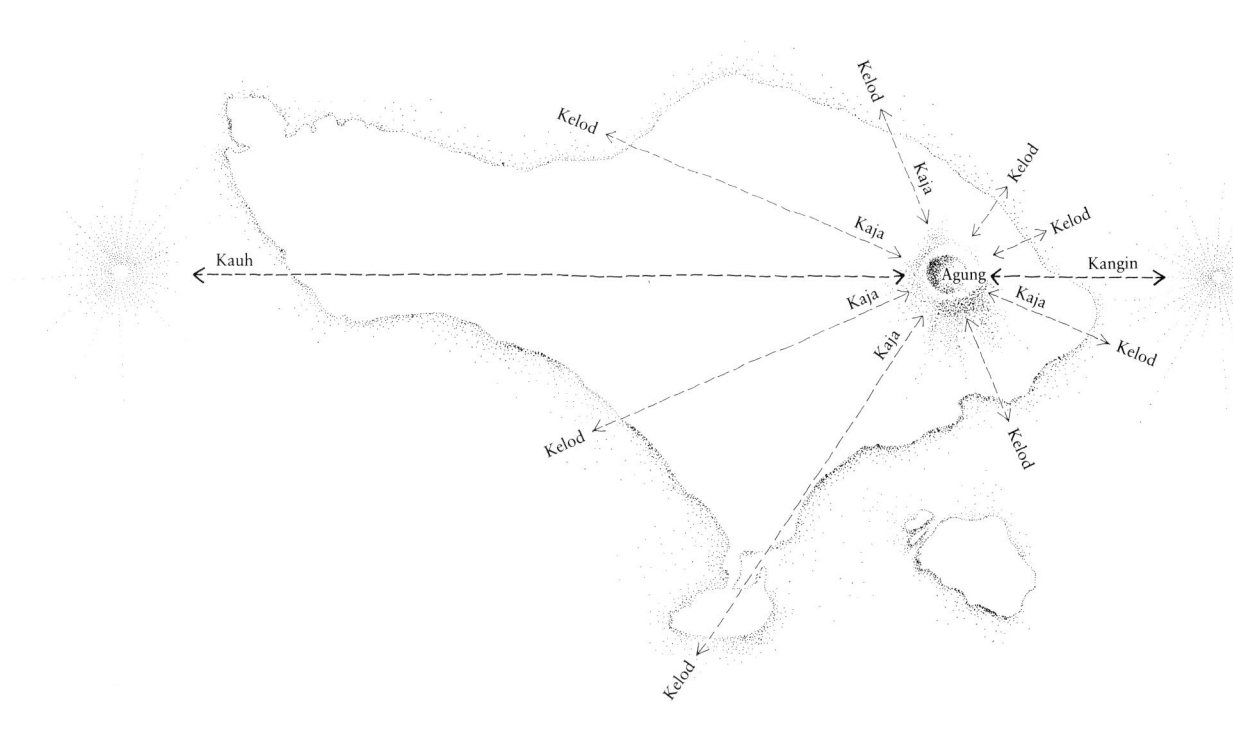

83 · ORTE der VERGANGENHEIT

Felsgestein, seine Kiefer klaffen weit und geben den Eingang zu einer Höhle frei. Bei Kusamba steht der Fledermaushöhlentempel Pura Goa Lawah. Selbst am hellichten Nachmittag piepst und schwirrt ein dichter Schwarm Fledermäuse durch die Luft; schicksalsergebene Mönche und räudige Hunde sitzen trostlos und besudelt auf dem kotbedeckten Boden. Es gibt Haine und Höfe, in denen bösartige Affenhorden nur darauf lauern, den Besucher mit großem Gekreisch von hinten anzufallen. In einem Kratersee hoch im Gebirge liegt eine Insel und darauf ein ungastliches Dorf, vor dem die in der heißen Tropensonne auf Podesten zum Trocknen ausgelegten Toten den Wanderer begrüßen.

Kommt man im Morgengrauen in ein balinesisches Dorf, sieht man oft Kinder, die Entenscharen auf die Reisfelder treiben. Am Ziel angelangt, pflanzen sie einen langen Bambusstab mit Federbusch auf einen Damm und stellen einen Futterkasten daneben. Für diesen Tag ist der Bambusstab Wahrzeichen und Zentrum der Entenwelt; sie halten sich in seiner Nähe auf, bis ihn ein Kind am Abend aus der Erde zieht und die Enten heimtreibt.

Bambusstab: Zentrum der Entenwelt

Der Vulkankegel des aktiven Gunung Agung im Osten der Insel hat für das Leben der Balinesen eine ähnliche Bedeutung. Von überall sichtbar, solange er nicht von Wolken verhangen ist, verstehen sie ihn als Quell des Lebens, als kosmische Achse und Wohnsitz der Götter. Nach balinesischer Religion steht der Gunung Agung im Zentrum eines magischen Kräftefeldes aus zwei widerstreitenden Strömen. Der erste heißt *kaja* und enthält die Kräfte des Lebens und der Fruchtbarkeit; er strömt von den Bergen hinab auf die Ebene. Die Kräfte der Gefahr, der Krankheiten und des Todes vereinigen sich zu *kelod*, der in den Tiefen des Meeres entsteht und bergauf drängt. Beide Ströme schneidet horizontal die vom Aufgang der lebensspendenden Sonne, *kangin*, nach Sonnenuntergang, *kauh*, verlaufende Achse. Kaja und Kangin sind heilig; Kauh und Kelod bezeichnen die Tiefe, die Orte der Krankheiten und des Sterbens. Der natürliche Zyklus von Tag und Nacht, Werden und Vergehen, Leben und Tod wird verstanden als Spiel der Kräfte von Kaja und Kelod, als Wechselspiel von Nachgeben und Widerstehen.

Gunung Agung: von überall sichtbarer Vulkankegel

Berg, Meer und Sonne erzeugen ein Kräftefeld, zwischen dessen Polen sich alles Leben ordnet wie Eisenspäne im Magnetfeld. Hochgelegene Orte und der Oberlauf der Flüsse sind rein und sicher vor bösen, dämonischen Kräften, vor Verfall und Tod. Hier bringt man auf erhöhten Altären den himmlischen Mächten der Fruchtbarkeit und des Lebens Dankopfer dar. Die Kopfenden der Betten sind auf den Gunung Agung oder nach Sonnenaufgang gerichtet; wer sich beim Handelsgeschäft einen Vorteil sichern will, versucht, hangaufwärts über dem Partner zu stehen. Unrein und gefährlich sind Straßenkreuzungen und Friedhöfe, deshalb werden dort Opfer für die Mächte der Unterwelt auf den Boden gestellt.

Das kultivierbare Land zwischen Berg und Meer ist in ein ausgeklügeltes Muster absteigender Terrassensysteme eingeteilt. Alle Terrassen, die von einem gemeinsamen Zulauf bewässert werden, bilden einen *subak*. Ein Subak umfaßt meist einen ganzen Hang oder ein Tal, er ist eine Wasser- und Feldgemeinschaft, eine Kooperative der Landbesitzer. Über dem Subak staut ein Wehr das Wasser eines der vom Berg kommenden Flüsse, das dann auf die Terrassen verteilt wird. Jede Terrasse ist von einem Erdwall begrenzt. Durch kleine Auslässe fließt das Wasser von Terrasse zu Terrasse, von Kaja nach

Kelod. Erde, Wasser und Sonne kommen zusammen und lassen den Reis wachsen, reifen und vergehen.

Ein balinesisches Gehöft beherbergt in seinen Lehm-, gelegentlich auch Ziegelmauern mehrere Generationen. Die Mauer umschließt einen Hof, ihr Eingangstor muß in die günstige Richtung weisen. Ein großer Teil des täglichen Lebens spielt sich im Hof ab. Dort stehen kleine Pavillons, oft ohne Seitenwände, und bieten sich als Lagerraum, Schlafraum und Schutzdach vor tropischen Regengüssen an. Bäume sorgen für Schatten. Die Lage der Pavillons auf dem Hof richtet sich nach ihrer Nutzung und, natürlich, nach Kaja und Kelod. Von den der aufgehenden Sonne zugewandten Ecken ist die höchstgelegene dem Ahnenschrein vorbehalten.

Die vielen Tempel dienen den Gottheiten als Wohnstätten; deshalb sind sie ganz ähnlich gebaut wie Gehöfte. Gewöhnlich besteht ein Tempel aus drei aneinandergereihten rechteckigen, ziegelummauerten Höfen, die wie Reisterrassen übereinander an einem Hang liegen, vom Profanen zum Heiligen aufsteigend. Die Tore zu den Tempelhöfen sind kunstvoll zu hohen Türmen geformt und mit dekorativem Schnitzwerk reich verziert; sie werden von knopfäugigen Dämonen mit herausgestreckter Zunge und entblößten Fangzähnen bewacht. Bei einem Typus der Tore ist die Öffnung von einem hohen, turmartigen Aufbau überwölbt, der andere Typus, das *Gespaltene Tor*, ist wie von einem Schwert in der Mitte gespalten, die beiden Teile sind auseinandergerückt; selten gab es eine dramatischere Form, eine Grenze kraftvoll zu durchbrechen. Innerhalb der Tempelhöfe finden sich Pavillons als Lagerräume, als Bühne für Darbietungen und als Behausung und Thron für die verschiedenen Götter.

Um dem religiösen Richtungssystem zu genügen, wird die Anordnung der Tempelgebäude oft auf subtile Weise variiert. Aufeinanderfolgende Tore werden ein wenig gegeneinander versetzt, um das Einströmen böser Kräfte auf geradem Weg zu verhindern. Die Pavillons und Götterthrone sind asymmetrisch angeordnet; ihre Reihe bildet meist einen rechten Winkel, mit dem sie der bergauf (im südlichen Bali: nördlichen) und der gen Sonnenaufgang gelegenen Mauer des inneren Tempelhofs folgen. Der wichtigste Pavillon, oft der Lotosthron Shivas, steht dann in der Nordostecke. Wie der Architekt einer Moschee das Problem zu lösen hat, die Moschee nach Mekka auszurichten und gleichzeitig ein Tor zur Straße zu schaffen, muß der balinesische Tempelarchitekt den Grundriß oft so gestalten, daß er den Besucher zunächst durch ein Straßentor einläßt, dann aber sofort seine Schritte in Richtung auf den Gunung Agung lenkt.

Das Dorf ist eine Anlage aus Wohn- und Tempelhöfen, die von einem klaren Wegesystem zusammengehalten werden, ebenso wie das Bewässerungssystem die Terrassenfelder des Subak zusammenhält. Von Nord nach Süd, auf der Achse Berg–Meer, verläuft die Hauptstraße. Die zweitwichtigste Straße erstreckt sich Ost–West, unter dem Bogen des Sonnenlaufs. Ihr Schnittpunkt ist das Zentrum, der Marktplatz, oft gekennzeichnet und beschattet von einem uralten, riesigen Banyanbaum. Es gibt drei Haupttempel. Am oberen Ende der Hauptstraße steht der *pura puseh*, geweiht den himmlischen Schöpfermächten. Der *pura desa* oder auch *pura balé agung* liegt im Zentrum; er ist Versammlungshalle und Raum für zeremonielle Bankette. Das untere, meerzugewandte Ende der Hauptstraße schließlich ist dem *pura dalem*

Subak in Bukit Batu: ein Banyanbaum markiert die Quelle, deren Wasser auf die Terrassen geleitet wird

Gefaßte Quelle als Heiligtum

Tempelanlage Pura Kehen in Bangli

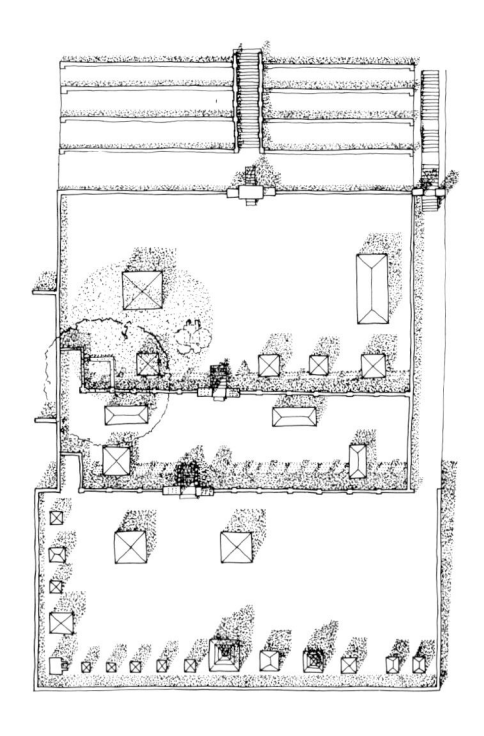

Grenzdurchbrüche: Mauern
und Tore in Bali

Einfaches Tor in Lehmmauer (Ubud)

Tor mit turmartigem Aufbau (Pura Kehen, Bangli)

Gespaltenes Tor (Gelgel)

Reich verziertes Tempeltor im Norden von Bali

Knopfäugiger Dämon als Tempelwächter

Gehöft in Bali: Unterteilt in neun Bereiche

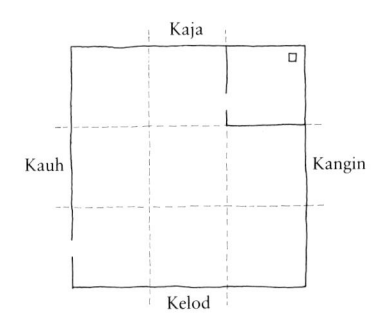

Grundschema

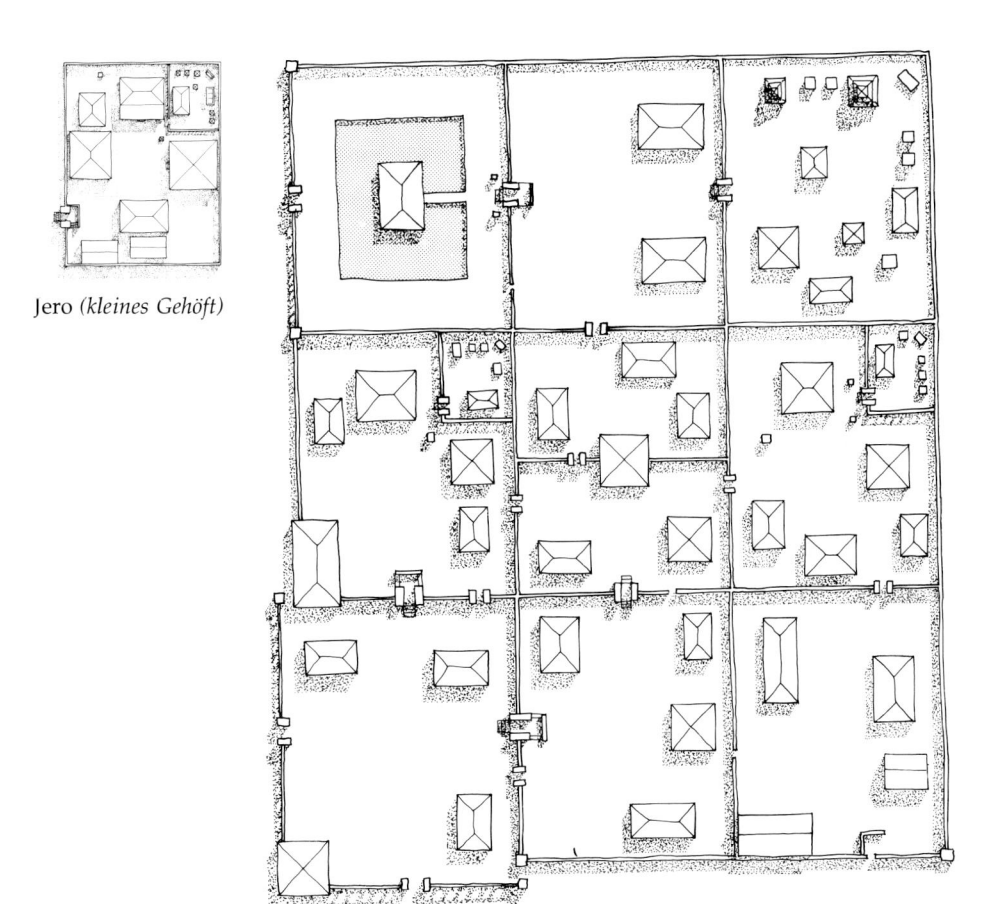

Kaja
Kauh
Kangin
Kelod

Jero (kleines Gehöft)

Puri (großes Gehöft)

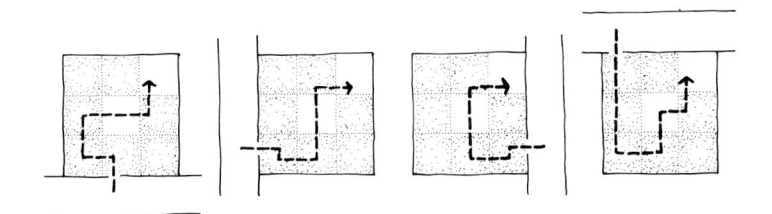

Vier Möglichkeiten, ein Gehöft zur Straße auszurichten, und die sich daraus ergebende innere Orientierung

87 · ORTE der VERGANGENHEIT

vorbehalten, den Mächten von Tod und Verderben. Dort liegt auch der Friedhof. Die Tore in den Mauern der Wohnhöfe öffnen sich auf die beiden Hauptstraßen, manchmal auch noch auf ein untergeordnetes System von Nebenstraßen. Straßen, Tempel und der Banyanbaum sind Achsen, Pole und Zentrum eines Koordinatensystems, das im Kleinen die Koordinaten von Sonnenlauf, Bergmassiv und Meer wiederholt.

Die Dorfstraßen sind auch Bühne für rituelle Prozessionen. An religiösen Feiertagen – davon gibt es unendlich viele – werden Opfergaben zubereitet und unter den Klängen eines Gamelanorchesters in einer fröhlichen, lautstarken Prozession durch geschmückte Straßen zum Tempel gebracht. Bei einer Totenfeier lodern riesige Feuer auf einem Platz neben dem Pura dalem. Die grellbunt bemalten, kunstvoll verzierten Totentürme, in denen die Gebeine der Toten ruhen, werden von einer lauten, fröhlichen Menge – man darf den Toten den Abschied nicht schwer machen – mit großer Geschwindigkeit in Schleifen und im Zickzack den Berg hinuntergeschafft; denn die Seelen der noch unverbrannten Toten können gefährlich sein, und es ist besser, ihnen die Orientierung zu nehmen.

Auf der zum Meer hin abfallenden Ebene des südlichen Bali liegen Dörfer und Reisfelder eng beieinander. Über ihnen thronen die heiligen Berge, zu ihren Füßen liegt das gefürchtete Meer. Die vertikale Raumteilung findet ihre Entsprechung in der balinesischen Kosmologie. Danach ist Bali ein Fels auf dem Rücken einer Riesenschildkröte, die im Meer schwimmt. Über ihr und

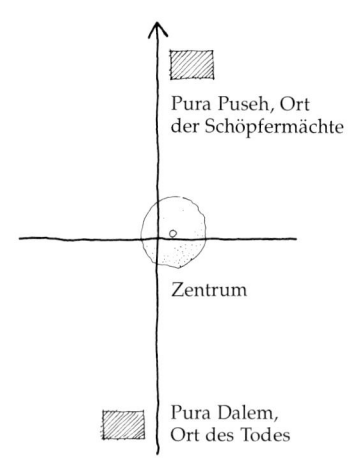

Diagramm

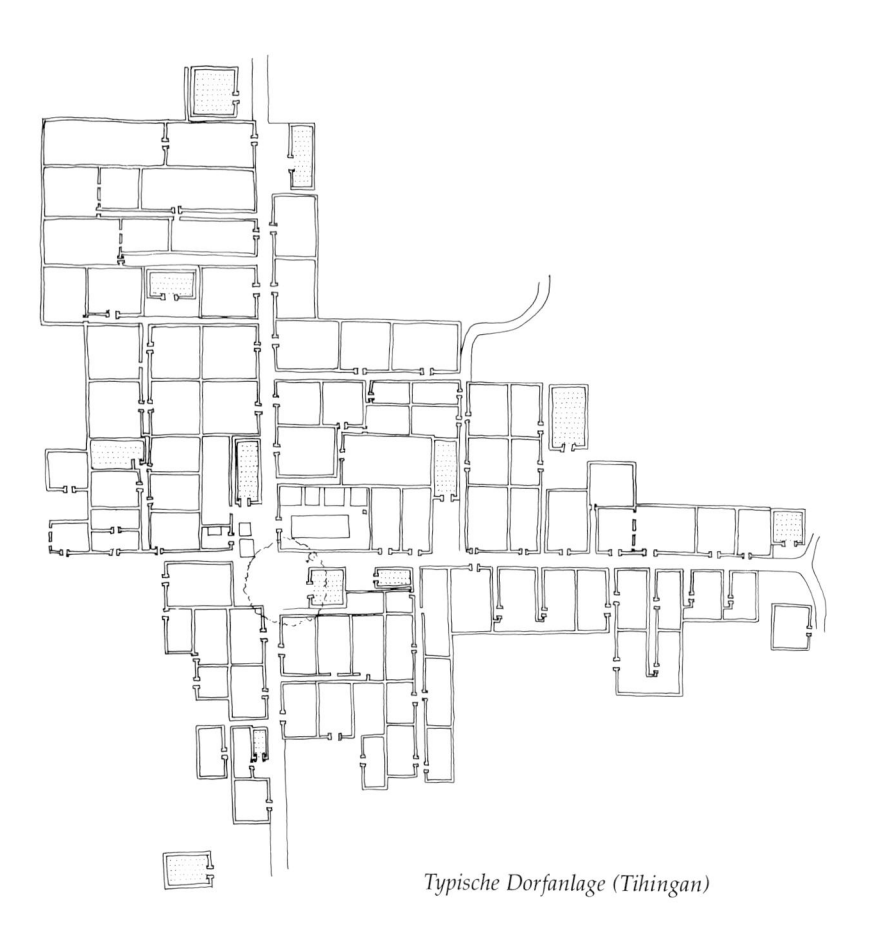

Typische Dorfanlage (Tihingan)

Marktplatz im Schatten des Banyanbaums

Rituelle Prozessionen durch ein
balinesisches Dorf

Prozession bei einem Tempelfest    *Totenturm*

Abschiedsprozession einer Totenverbrennung    *Totenverbrennung*

Vertikale Raumteilung

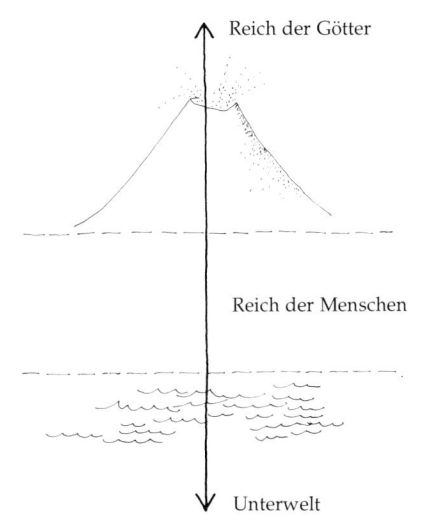

Reich der Götter

Reich der Menschen

Unterwelt

Kosmologie in Bali, Schema

Versammlungshalle

89 · ORTE der VERGANGENHEIT

Tempelanlage des Großen
Muttertempels Pura Besakih

Meerestempel beschützt die
Küste in Tanah Lot

Großer Muttertempel Pura
Besakih hoch am Hang des
Gunung Agung, kosmisches
Zentrum von Bali

über Bali liegt Shivas Reich. Die Hierarchie wird von den Shiva-Thronen der Tempel aufgegriffen, die auf einem Schildkrötensockel ruhen und den Gott erwarten. Das Thema wiederholt sich in verschiedener Ausgestaltung in den Pavillons in Gehöften und Tempeln: ein Sockel erhebt sie über die Gefahren der Tiefe, darauf ruht das Stockwerk menschlicher Aktivität, das spitze Dach versinnbildlicht die Berge.

Ein besonderer Pavillontyp ist der *meru*; man findet ihn in allen wichtigen Tempeln. Sein Name ist vom heiligen Weltberg Meru der Hindutradition (dem Göttersitz und Mittelpunkt des Universums) abgeleitet. Es ist ein hoher, schlanker, vieldächriger Pagodenturm; die Zahl der Dächer gibt Auskunft über die Ranghöhe der Gottheit, der er geweiht ist. Im fast überirdisch schönen Seetempel Ulu Danu steht jeder Meru auf seiner eigenen kleinen ummauerten Insel: ein Miniatur-Gunung-Agung auf einem Miniatur-Bali.

Seetempel Ulu Danu: Miniatur auf einer Miniatur

Orientierungsachsen, die einander in einem Zentrum schneiden, die Umfriedung mit einem dämonenbewachten Tor und die Ansiedlung der Menschen zwischen Unterwelt und Himmelssphäre: die drei Leitmotive kehren in ganz großem Maßstab noch einmal wieder. Sie spiegeln sich in dem breitangelegten System von Tempeln, das über die ganze Insel ausgebreitet ist. Es beginnt am Strand des Meeres, den man als Grenze zwischen Siedlungsgebiet und gefährlicher Außenwelt begreift. Der Strand ist der Ort, an dem Reinigungszeremonien abgehalten werden; hier erhalten die Mächte der Unterwelt ihre Sühneopfer. In Serangan, Ulu Watu und Tanah Lot wird die Küste von spektakulär gelegenen Meerestempeln geschützt. Im Herzen der Insel gibt es eine Tempelhierarchie, in der sich die Hierarchie der Kultgruppen widerspiegelt: Familientempel, Dorftempel, Distrikttempel und schließlich der Große Muttertempel Pura Besakih. Er liegt auf halber Höhe am Hang des Gunung Agung. Seine Treppen, Terrassen und dunklen, schwarzgedeckten Merus verschwinden in Wolkennebel, sie schweben über der Menschenwelt und streben himmelwärts.

Kunst und Natur, in Bali ist eines das Bild des anderen, wie in einem Spiegelsaal. Grundmotive werden aus der natürlichen Landschaft geschöpft, mit Sinn beladen und in der Form von Häusern, Tempeln und ganzen Dörfern wiederholt. Solcherart weisen sie den Weg zum Verständnis der ganzen, auf den Berg zentrierten, umgrenzten Welt und regeln das Leben in ihr. Uns, die wir nicht in einer traditionsgebundenen, abgeschirmten Gesellschaft auf einer wunderschönen tropischen Insel leben, ist der Zugang zur allumfassenden Einheitlichkeit einer Landschaft, die uns Klarheit und Geborgenheit schenkt, verwehrt. Doch können wir alle unsere Möglichkeiten, und seien sie noch so gering, auf einen Ort konzentrieren, und sei er noch so klein, um ein Stück Erde als unseren Traum einer geordneten Welt gestalten: als Garten.

SAMMLUNGEN

Wenn wir Monument Valley in Arizona mit Death Valley in Kalifornien vergleichen, können wir das eine als Metapher der Natur betrachten, das andere als Metonym, das an die Phantasie appelliert. Im Monument Valley formt sich aus der Vielgestaltigkeit ein prägnantes Bild, im Death Valley sehen wir eine erstaunliche Sammlung geologischer Launen der Natur, die ihre Form dem Wirken von Wind und Wasser, Hitze und Kälte, Bergsturz, Erdbeben und

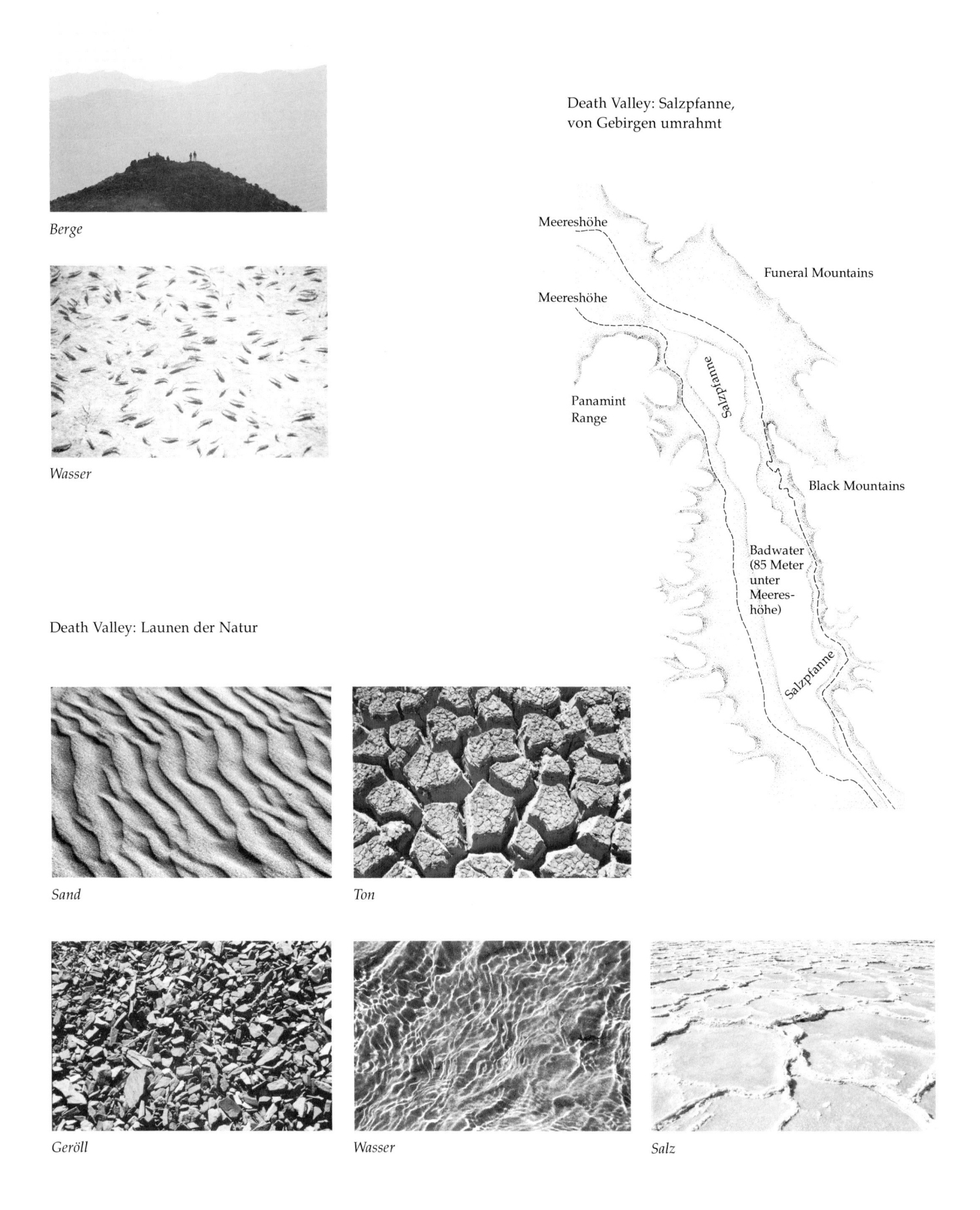

Death Valley

Berge

Wasser

Death Valley: Launen der Natur

Sand

Ton

Geröll

Wasser

Salz

Death Valley: Salzpfanne, von Gebirgen umrahmt

Meereshöhe

Meereshöhe

Funeral Mountains

Panamint Range

Salzpfanne

Black Mountains

Badwater (85 Meter unter Meereshöhe)

Salzpfanne

92 · ORTE der VERGANGENHEIT

Vulkanausbruch verdanken. Der menschliche Sammeltrieb kennt keine Grenzen, er reicht von den Schokoladenbildern der Kinder über Briefmarken, Bierfilze, altenglisches Silber, Kakteen oder Fuchsien bis zu den Gärten der Kaiser und Könige, die Erinnerungsstücke aus den entferntesten Provinzen ihrer Riesenreiche dort versammelten.

Die besondere Bedeutung, die einer Sammlung von Dingen innewohnt, erwächst nicht zuletzt aus der räumlichen Anordnung der einzelnen Stücke: Ähnlichkeiten werden betont, Verbindungen herausgehoben, Gegensätze verstärkt. Das Vielerlei einer Sammlung kann zu einem verwirrenden Alptraum werden, wie in den Wunderkammern der Renaissancefürsten, im überquellenden Pitt-Rivers-Museum in Oxford oder in der verspiegelten Enge der Häuser von Sir John Soane in London. Carl von Linné hat versucht, mit der Fülle der Pflanzensammlung in seinem Garten durch systematische Klassifikation fertig zu werden. In den Gärten der großen Herrscher, denken wir an Hadrian, Ch'ien Lung oder die chinesische Regentin Cixi am Ende des vorigen Jahrhunderts, diente die Anhäufung vieler Schätze und Andenken an einem einzigen Ort auch als Hinweis auf die große Ausdehnung der kaiserlichen Macht. Doch von allen Gartensammlungen, die wir besichtigen wollen, stehen uns die autobiographischen am nächsten: als Zeugnis und Erinnerung eines einzigen Lebens.

Death Valley: Das Tal des Todes

Death Valley in Kalifornien unterscheidet sich geologisch kaum von anderen Trockentälern in Nevada, Arizona, Kalifornien oder Utah; es kam zu traurigem Ruhm und zu seinem Namen, als eine der 1849 nach Westen aufgebrochenen Siedlergruppen eine Abkürzung durch das Tal versuchte und mit seinen Planwagen im Sand steckenblieb. Wirklich zu Tode gekommen ist damals niemand. Man beschrieb es nur als einen schauerlich verlassenen Ort.

Seinen magischen Mittelpunkt hat Death Valley in *Badwater*, ähnlich wie Australien im Uluru und Bali im Gunung Agung. Badwater ist der Nabel des Wilden Westens, mit 85 Meter unter dem Meeresspiegel der tiefste und mit gemessenen 57 Grad Celsius der heißeste Flecken der USA. Umrahmt ist er von einer acht Kilometer breiten und rund sechzig Kilometer langen Salzpfanne, deren Rand etwa auf Meereshöhe liegt; sie ist eingepfercht zwischen der *Panamint Range* im Westen, den *Black Mountains* im Osten und den *Funeral Mountains* im Norden. Die Luft ist klar, das Licht intensiv. In der Morgensonne leuchten die schneebedeckten Gipfel der Panamint Range, während der Talboden noch im Schatten liegt; abends erglühen sie purpurot in einem herrlichen Kontrast zu den orangenen Hängen der gegenüberliegenden Talseite. Der Zugang zu diesem Anti-Paradies ist entsprechend schwierig: ins Innere der klimatischen Hölle führen nur wenige steile Gebirgspässe.

Rings um die Salzpfanne gibt es viele Orte mit Namen, die Death Valley in unserer Vorstellung nicht nur als dieses desolate Stück Erde erscheinen lassen, sondern als eine ganze Sammlung von Orten und Geschichten. Da gibt es Geisterstädte und verlassene Bergwerke: *Ballarat*, das seinen Namen von dem berühmten australischen Goldvorkommen erhielt; Chloride City; Greenwater; Panamint City; Rhyolite; Skidoo. Leadfield war Schauplatz eines berühmten Schwindels: ein Geschäftemacher spickte einige Schürfproben mit Blei und lockte Investoren mit Bildern, auf denen Schiffe den normalerweise trockenen

Pflanzen

93 · ORTE der VERGANGENHEIT

Amargosa River hinaufdampften, um Bleierz zu laden. Auch hält sich die Erinnerung an schillernde Persönlichkeiten wie Death Valley Scotty, Peter Aguereberry, Seldom Seen Slim. Ein einsames Grab trägt die Inschrift: «Hier ruht Shorty Harris, ein hartleibiger Esel von Prospektor». Himmel und Erde werden beschworen in Zabriskie Point und Dante's View, Feuer und Wasser in Furnace Creek und Stovepipe Wells. Nicht zu vergessen Furcht und Schrecken, festgehalten in Dry Bone Canyon, Funeral Mountains und Devil's Golf Course.[15]

Death Valley wirkt auf unsere Phantasie ganz anders als Monument Valley, Steinerner Wald oder Uluru: es fehlt das Gefühl, wirklich an einem Ort angekommen zu sein, nichts erscheint sofort richtig und stimmig. Erst im Kopf des Betrachters werden die verschiedenen Szenenbilder zu einer Einheit montiert wie ein Film. Sergej Eisenstein schrieb zu diesem Thema: «Das Bild einer Szene, einer Sequenz, eines ganzen Werkes existiert nicht als etwas, das fertig ist oder endgültig. Es muß erst entstehen, muß sich angesichts der Empfindungen des Zuschauers entfalten.» Er fügt hinzu:

«Das Geheimnis der Montage besteht darin, daß sie Gefühle und Verstand des Zuschauers in den schöpferischen Prozeß mit einbezieht... Es ist tatsächlich so, daß jeder Zuschauer sich sein eigenes Bild erschafft; wie es aussieht, hängt von seiner Persönlichkeit, seinen Eigenheiten und seinen Erfahrungen ab, von den Wundern, die in seiner Phantasie entstehen, vom Hin und Her seiner Assoziationen. Sein Charakter, seine Gewohnheiten und seine soziale Bindung prägen das eigentliche Bild.»[16]

So geschieht es, daß aus den Bildern von Öde, Sand und Steinen, aus dem Duft der Frühlingsblumen und Creosotebüsche, aus der Hitze, die von der Salzfläche aufsteigt, und dem Wind, der über die Gipfel weht, daß aus Geisterstädten und Gräbern und verfallenen Stollen und nicht zuletzt aus den Namen, die zu ihnen gehören und im Gedächtnis haftengeblieben sind, sich jeder von uns sein flimmerndes Abenteuer montiert, nach dem gleichen Rezept.

Die Sammlungen dreier Reiche

Das römische Reich Hadrians umfaßte so ziemlich die ganze ihm bekannte Welt. Er war der Mann, ein solches Reich zu regieren; dazu gehörte auch, selbst in die entlegensten Winkel zu reisen. Seine Person hat Historiker und Biographen immer wieder fasziniert, sie bescheinigen ihm überragende Intelligenz und enzyklopädisches Wissen, gepaart mit rührender Anhänglichkeit an seinen Geliebten Antinous, den ihm der Tod so früh entrissen hatte. Er baute die riesige Villa Adriana in Tivoli bei Rom, die Marguerite Yourcenar «Verzeichnis seiner Erinnerungen» nennt. Tivoli liegt in einer heute trockenen, heißen, eher reizlosen Senke an den Ausläufern der Sabinerberge. Die Stelle ist so gewählt, daß die nur wenige Kilometer entfernte Stadt Rom den Blicken verborgen bleibt. Der Grundriß der Anlage ist aus strengen geometrischen Formen zusammengesetzt, vornehmlich aus Kreisen und Quadraten, und wirkte seinerzeit sicher revolutionär; doch Hadrian waren die einzelnen Bilder vertraut; denn es war eine Sammlung all der Orte, die er durch Reisen und Lektüre kennen- und liebengelernt hatte – so jedenfalls schreibt ein Jahrhundert später sein Biograph Spartianus: «Nie gab es vor ihm einen Herrscher, der in so kurzer Zeit so viele Länder besucht hat.»

Villa Adriana in Tivoli bei Rom

1. Kanopus
2. Teatro Marittimo
3. Stoa Poikile
4. Piazza d'oro
5. Stadion
6. Bäder
7. Akademie

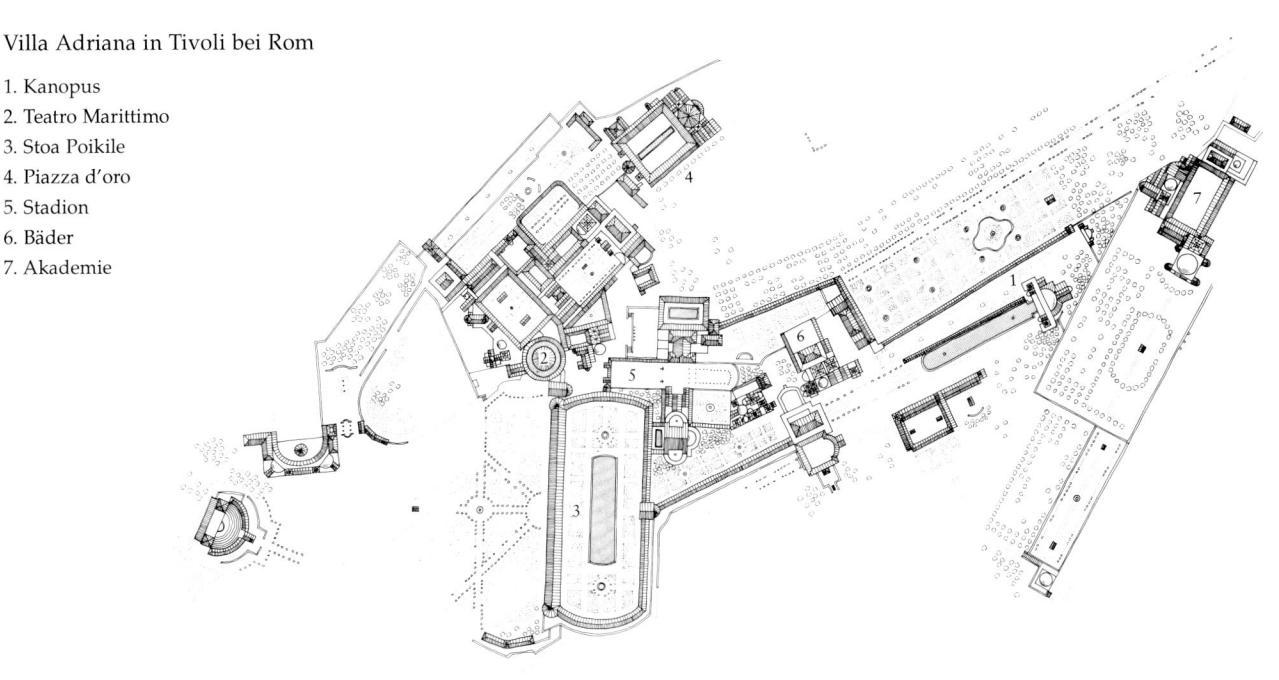

Als er nicht mehr reiste, umgab er sich mit Erinnerungen und ließ die berühmtesten seiner Lieblingsorte in der Sommerresidenz nachbilden: das thessalische Tempe-Tal; ein Stück des Kanals, der die ägyptische Stadt Kanopus mit dem Nil verband; das Lykeion, das Prytaneion und die Akademie von Athen, Odeion und Apollotempel; die Stoa Poikile; wahrscheinlich wurde nach Platons Dialogen auch Atlantis angelegt und schließlich die Unterwelt durch eine unterirdische, von einem Bild des Cerberus bewachte Galerie versöhnt[17].

Heute liegt der größte Teil der Anlage in Trümmern. In letzter Zeit wurden einige Teile restauriert, aber es ist nach wie vor schwer, die weit entfernten Orte genau zu identifizieren, die ehemals in der Villa nachgebildet wurden. Am eindeutigsten erkennt man den Kanopuskanal, denn er trägt die Inschrift *Delicioe Canopi*. Es ist ein langgestrecktes, wassergefülltes Becken, das am Berghang im Halbrund einer Grotte endet. Der Kanal ist eine Erinnerung an Ägypten, wo Hadrian und Antinous eine erregende Trauerprozession beobachteten, bei der die Boote auf dem schwarzen, nächtlichen Wasser dahinglitten, hell erleuchtet vom Schein festlicher Laternen. In Tivoli sind Achitektur und Skulptur im klassischen römischen Stil gehalten; es wird kein Versuch gemacht, ägyptische Baukunst zu imitieren. Wasser, Boote, Lichter und das unterweltliche Ende des Beckens genügten Hadrian, um die ägyptischen Erinnerungen und die Ahnung vom Tod – Antinous' und seines eigenen – heraufzubeschwören.

Kanopus

Besonders eindrucksvoll ist das sogenannte *Teatro Marittimo*. Es handelt sich nicht um ein Theater, sondern um eine rings von einer Mauer umschlossene kleine Villa auf einer künstlichen Insel, mit vier Apsen, die, jede mit einem anderen Grundriß, auf einen Innenhof mit Springbrunnen ausgerichtet sind. Die Insel ist von einem runden Kanal umgeben, den wiederum ein ringförmiger Portikus aus innerem Säulenkranz, äußerer Ringmauer und gewölbter Decke umschließt. Jedem, der dort steht, bietet sich zwischen den Säulen hindurch ein voller Blick über das Wasser auf die Inselvilla; gleichzeitig entrückt das Wasser dem Auge des Betrachters die Insel um eine gehörige – eingebildete – Entfernung. Auch heute noch, obwohl alles in Ruinen liegt, bleibt sie die wahre Zauberinsel, der magische Ort von Tivoli.

Teatro Marittimo

95 · ORTE der VERGANGENHEIT

Auf einem anderen Platz ist die Athener Stoa Poikile mit den berühmten Wandmalereien der griechischen Sagenwelt wiedererstanden, und zwar als langer, gedeckter, genau ost-westlich ausgerichteter Wandelgang; wahlweise kann man im Sonnenschein oder im Schatten spazieren und seinen Gedanken nachhängen wie in einem mittelalterlichen Kreuzgang.

Schwer wieder aufzufinden ist das thessalische Tempe-Tal. Gaston Boissier, ein französischer Gelehrter aus dem neunzehnten Jahrhundert, vermutete es in einer kleinen Senke zwischen der Villa und den Tuffterrassen, auf denen die Stadt Tivoli steht. Aber eigentlich erinnert dort in der Senke nichts an den Olymp oder an Pelion oder Ossa oder an die berühmten dichten Wälder. «Die Großartigkeit ist verschwunden, doch die Anmut ist geblieben», schrieb der wackere Boissier.

Die Villa Adriana wurde zu einer Zeit gebaut, als es niemandem in den Sinn gekommen wäre, eine so riesige Anlage nach einem festgelegten Grundriß zu planen. Mit der Stoa Poikile wird die Achse für ein rechtwinkliges Koordinatensystem in ihrer unmittelbaren Umgebung geschaffen; die runde Inselanlage erscheint wie ein Gelenk für ein weiteres Raster der Anlagen im Westen, das sich mit einem dritten überschneidet, dessen Wahrzeichen der Kanopus ist. Innerhalb der Raster liegen Nischen und Apsen in den schönsten barocken Kurven. Nach Ansicht seiner Biographen bewahrt dieses «Verzeichnis» ganz offensichtlich genaue und lebendige Erinnerungen an weit entfernte Orte. Doch genauso offensichtlich ist, daß die Erinnerungen in eine neue Form gegossen wurden, lebendig und treffend. Obwohl die Marmorverkleidung im Lauf der Jahrhunderte restlos verschwunden ist, vermittelt das übriggebliebene Gerippe aus Ziegeln und Steinen dem Besucher noch immer die visionäre Kraft des ersten großen Sammlers.

Sechzehnhundert Jahre später herrschte der chinesische Kaiser Ch'ien Lung über ein ähnlich großes Reich wie Hadrian. Und obwohl seine Reisen in die entlegensten Provinzen vielleicht gewichtigere Gründe hatten, sammelte er, wie Hadrian, Erinnerungen und Andenken an berühmte Orte und schuf daraus eine Reihe unglaublich phantasievoller, üppiger, farbenreicher Gärten bei Beijing und in Chengde in der Provinz Jehol nahe der mandschurischen Grenze, die heute Hebei heißt. Der berühmteste all dieser Gärten war *Yuan Ming Yuan*, der *Garten der Gärten* oder der *Vollkommene Garten*, wie sein Name in vielen Büchern und wissenschaftlichen Arbeiten übersetzt wurde. Yuan Ming Yuan gibt es nicht mehr. Englische und französische Soldaten haben ihn auf Befehl im zweiten Opiumkrieg 1860 vollständig zerstört, um Cixi, die herrschende Kaiserinwitwe, für ihre «abscheuliche Dopppelzüngigkeit» zu bestrafen.

Der für westliche Besucher berühmteste Teil der Anlage bestand aus einer Reihe von steinernen Pavillons mit Wasserspielen und Statuen, die der französische Jesuitenpater Michel Benoît entworfen hatte, als er am Hofe Ch'ien Lungs weilte. Die Pavillons enthielten eine barocke Hydraulik, die Wasser hochpumpen und versprühen konnte, damals in Frankreich der letzte Schrei. In China, wo der sinnvolle Umgang mit Wasser darin bestand, es herabströmen oder stillstehen zu lassen, ganz wie in der Natur, war die Faszination enorm. Es heißt, daß es im chinesischen Teil des Gartens einen kleinen Berg mit Wasserfall gegeben habe, der trocken geblieben sei, bis der Kaiser sich näherte; dann hätten unsichtbare Kulis das Wasser mit einer

Yuan Ming Yuan,
Grundriß des Gartens

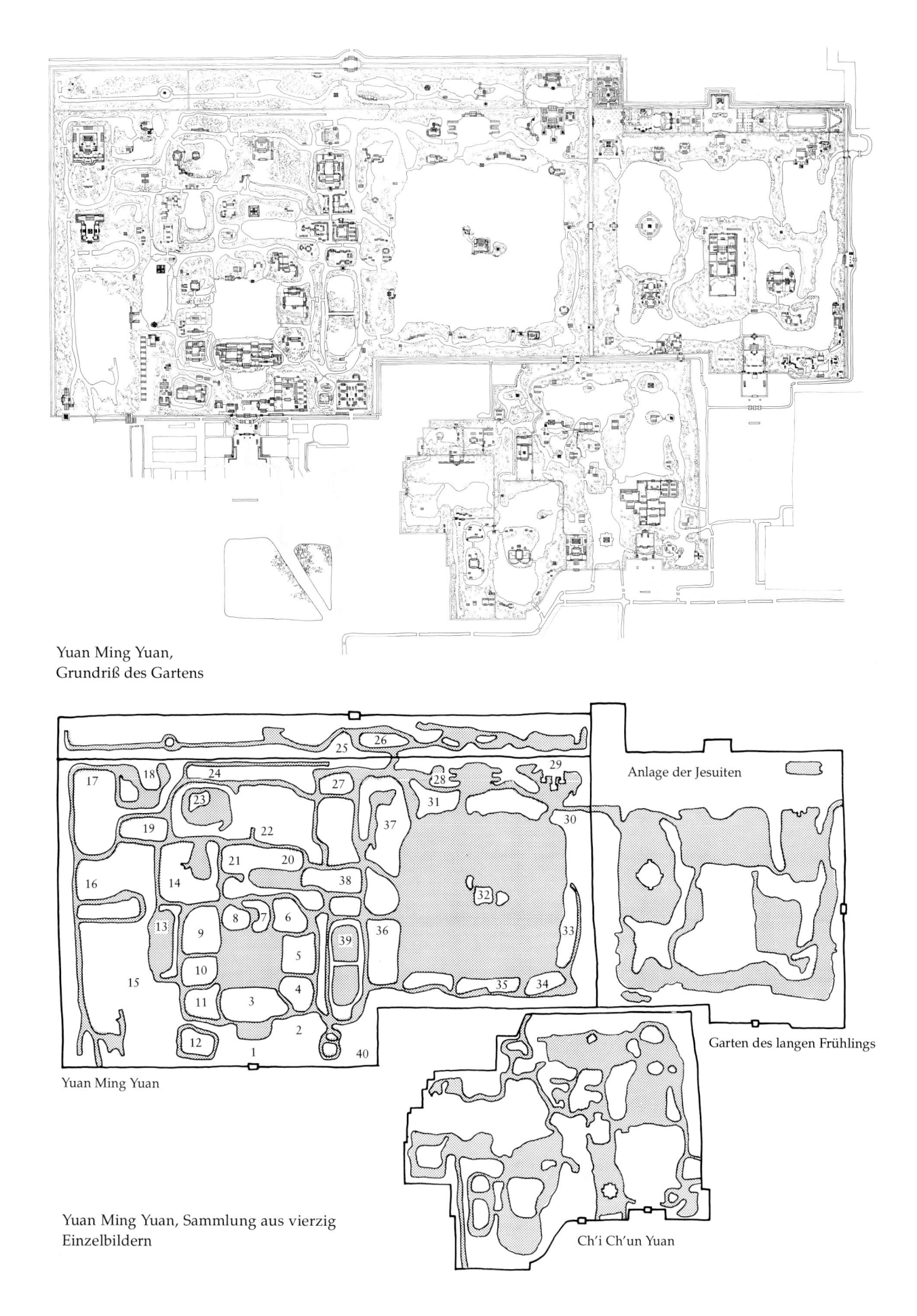

Anlage der Jesuiten

Yuan Ming Yuan

Garten des langen Frühlings

Yuan Ming Yuan, Sammlung aus vierzig
Einzelbildern

Ch'i Ch'un Yuan

97 · ORTE der VERGANGENHEIT

Eimerkette auf den Gipfel des Berges geschafft, von wo es sich dann, zu des Kaisers Entzücken, plätschernd und sprühend als Wasserfall ergoß.

Den Betrachter im zwanzigsten Jahrhundert, der mit allen möglichen Wasserspielen vertraut ist, setzt eher die vollkommene Harmonie in Erstaunen, mit der «Meer» und «Gebirge», Seen, bewohnbare Inseln, Dämme, sogar kleine Gebirgstäler zu einem ganzen Reich bemerkenswerter, erkennbarer Orte zusammengefügt sind, zu einer Sammlung erstaunlicher Einzelbilder in Gartenform.

Schon Ch'ien Lungs Vater hatte siebenundzwanzig Lieblingsplätze in seinem Garten gestalten lassen. Ch'ien Lung fügte dreizehn weitere hinzu. Zwei Maler wurden beauftragt, alle vierzig Szenenbilder festzuhalten; der Minister für öffentliche Arbeiten steuerte kalligraphische Beschreibungen bei. Das alles gefiel dem Kaiser so gut, daß er von allen Bildern samt Beschreibung und Gedicht Holzschnitte anfertigen ließ und sie in zwei Bildbänden veröffentlichte.

Die Anregungen für die einzelnen Szenenbilder stammten aus allen Teilen des Reiches; denn der Kaiser hatte kurz nach seinem Regierungsantritt die südlichen Teile des Reiches besucht und bei seiner Rückkehr nicht nur Pflanzen und Steine im Gepäck, sondern auch Skizzen der schönsten Gärten, die er unterwegs gesehen hatte. Sie wurden von seinen Architekten getreulich kopiert. So hat ihn der Westsee von Hangzhou, dieses «vom Himmel gefallene Juwel»,[18] in seiner verschleierten, stillen Schönheit (die heute leider von der nahegelegenen Industrie getrübt wird) wohl besonders berührt.[19] Ch'ien Lung gab jedem Ort einen Namen. Zusammen mit der Anordnung von Bergen und Wasser verstärkte der Name die Macht des Gartens, sich des Besuchers und seiner Phantasie zu bemächtigen. Wir führen hier alle Namen und Orte auf, um den Leser Reichtum und Metaphorik der Bilder genießen zu lassen.

1. *Halle der rechten Größe und des strahlenden Leuchtens*: die Hauptaudienzhalle.
2. *Halle des sorgfältigen Regierens und des freundlichen Umgangs mit den Beamten*: die zweite Audienzhalle.
3. *Klare Ruhe über neun Kontinenten*: auch die neun Inseln genannt. Sie beherbergten die Gemächer des Kaisers und der Kaiserin.
4. *Eingravierter Mond in offenen Wolken*: der Name der Terrasse der Pfingstrosen.
5. *Gemälde nach der Natur*: ein zweistöckiges Gebäude hinter einem lotosbewachsenen Teich.
6. *Bibliothek der smaragdenen Wu T'ung Bäume*: genannt nach einem in Nordchina seltenen Baum, der als einziger für das Landen des sagenhaften Phönix als geeignet galt.
7. *Barmherzige Wolken, die alles beschützen*: Turm auf einer bogenförmigen Insel.
8. *Himmlisches Licht von oben und unten*: so genannt, weil der Hauptpavillon auf Pfeilern über dem Wasser ruhte, so daß das Licht, das von oben schien, von unten reflektiert wurde.
9. *Frühlingsherberge der Aprikosenblüten*: vor dem höchsten Hügel des Gartens gelegen und über eine Steinbrücke mit einem Bauerndorf verbunden.
10. *Still und Weit*: rechteckiger Weiher mit einer Balustrade; über eine Brücke erreichte man den Pavillon *Heiterer Wind und Sichelmond*.
11. *Begreife die Vergangenheit, sie enthält die Gegenwart* hieß die letzte der neun Inseln.

Bild 7: Barmherzige Wolken, die alles beschützen

Bild 13: An zehntausend Orten Frieden und Harmonie

12. Die *Herberge der Unsterblichen zum langen Frühling* lag genau westlich der großen Audienzhalle.
13. *An zehntausend Orten Frieden und Harmonie* war ein Gebäude in der Form einer Swastika.
14. *Die Frühlingsfarben von Wu Ling* in einem Weiler namens *Pfirsichblütendorf* bezog sich auf Wu Ling, ein paradiesisches Fleckchen in der Provinz Hunan, berühmt für sein mildes Klima; zum Weiler gehörten eine Reihe von Gebäuden, genannt *Pavillon der Muße, Halle der makellosen Jade, Einsame Arkade* und *Halle, in der man dichtet*.
15. *Hohe Berge, lange Wasser* war eine Häuserreihe mit einem Pavillon in der Mitte, von dem aus der Kaiser Darbietungen auf einem großen Paradeplatz beobachten konnte.
16. *Der Wohnort des Mondes, der Erde und der Wolken* war ein buddhistischer Tempel; die Wolken sollen von den bronzenen Weihrauchgefäßen aufgestiegen sein.
17. *Weite Barmherzigkeit und ewige Segnungen*: eine Szene *im Palast des Friedens und Beistands*, dem Ahnenschrein Ch'ien Lungs.
18. Die *Bibliothek der gesammelten Düfte* befand sich in nächster Nähe.
19. *Topasdach wie die Sonne am Himmel* hieß ein buddhistischer Tempel auf einer anderen Insel.
20. *Sanft, zufrieden, friedvoll und ruhig* war der Name einer Insel mit einem Haus in Form des Schriftzeichens «Feld».
21. *Spiegelungen auf dem Wasser und duftende Orchidee* hießen einige Pavillons und überdachte Terrassen unter knorrigen Kiefern.
22. *Wasser, Bäume und eine helle Laute* hieß ein Bauwerk auf der größten Insel in diesem Teil des Gartens; den Ton der Laute erzeugte ein mechanisch angetriebener Propeller an der Decke.
23. Der *Glückliche Ort der fallenden Bäche* war einem Fluß in Hunan nachempfunden, über dem sich der berühmte *Lotosgipfel* erhebt.
24. *Ernte, so reichlich wie die Wolken* hieß eine Insel mit vielen emsigen Bauern und einem bemalten Pavillon, von dem aus der Kaiser die Feldarbeit beobachtete und seine Muße genoß.

Bild 29: Die erhöhte Region des quadratischen Krugs

Bild 32: Die Paradiesinseln mit der grün emaillierten Terrasse

25. *Sprung der Fische und Flug der Wasservögel* war ein Palast, dessen Geschirr mit den vier Schriftzeichen «Fische», «Springen», «Vögel», «Fliegen» dekoriert war.
26. Das *Dorf der fernen nördlichen Berge*, ein Motiv aus einem berühmten Gedicht von Wang Ch'u, lag direkt hinter dem Tor.
27. *Die anmutigen Farben der westlichen Gipfel* war der Name der nächsten Insel. Später hat man die Anlage um einen knapp einen Kilometer breiten und langen künstlichen See bereichert, der *See des Glücks* genannt wurde.
An seinen Ufern entstanden dreizehn weitere Szenenbilder.
28. Die *Bibliothek der vier Freuden*, nach den vier Jahreszeiten benannt, ließ Ch'ien Lung nach einem berühmten Garten in Haining neu gestalten und nannte ihn *Garten der friedlichen Wellen*. Zwischen diesem Landschaftsbild und dem nächsten lag ein Wasserarm mit Kopien von Szenen vom *Westsee* in Hangzhou, darunter *Sonnenuntergang bei der Lei Feng Pagode* und *Friedlicher See und Herbstmond*.
29. *Die erhöhte Region des quadratischen Kruges* war als Motiv nicht so hausbacken, wie es klingt: sie hieß so nach einem berühmten Berg und befand sich in der Nähe der *Drei Feenland Seen*. Von dort wurden Hausboote, groß wie Häuser, um den See gerudert bis zu dem Szenenbild *Der Mond spiegelt sich in drei Teichen*, die einem Garten in Hangzhou nachgebildet war.
30. *Bade den Körper und reinige das Gemüt* war ein Badeplatz.
31. *Glatter See und Herbstmond* war einem alten Deich am Westsee von Hangzhou nachgebildet.
32. Die *Paradiesinseln mit der grün emaillierten Terrasse* waren nach einem T'ang Gemälde des berühmten Li Ssu Hsun gestaltet und lagen mitten im *See des Glücks*.
33. Das *Landhaus, das die Schönheit der Berge birgt* war eine Bibliothek am Seeufer.
34. *Es gibt eine weitere Himmelsgrotte* hieß eine Schleuse neben dem *Dorf der reinen Schönheit*.

Bild 34: Es gibt eine weitere Himmelsgrotte

Bild 38: Der Stein verbleibt in dem fließenden Wasser

Bild 39: Der Hof von Hefe, Wind und Lotos

35. *Der doppelte Spiegel und der Klang der Zither*, inspiriert von einem Gedicht von Li Ch'ing Lien, war ein quadratischer Pavillon in der Mitte einer steinernen Brücke, unterhalb des handbetriebenen Wasserfalls.
36. *Weiter, leerer, klarer Spiegel* hieß das Westufer am *See des Glücks*.
37. *Die Vorhalle des großen Edelmanns* besaß einen Teich voller Seerosen direkt vor dem Fenster beim Sofa des Kaisers.
38. *Der Stein verbleibt in dem fließenden Wasser* hieß eine Landschaft, die auch den *Garten des vollkommenen Glücks* barg, dazu ein Dorf, in dem als Händler verkleidete Eunuchen dem Kaiser und seinen Damen dörfliches Leben vorspielten. An der Dorfstraße stand ein Theater, die *Bühne der zarten Stimme*, in dem manchmal der Kaiser selbst auftrat.

39. *Der Hof von Hefe, Wind und Lotos* hatte sein Vorbild ebenfalls in Hangzhou. Am Originalort wurde Wein gekeltert; in der Kopie des Kaisers wurde er in großen Mengen getrunken.
40. *Die Tiefe des himmlischen Gewölbes*, das letzte Bild, war die Palastschule der jungen Prinzen.

Für westliche Augen mögen diese Szenenbilder auf den ersten Blick paradox erscheinen: man erkennt winzige Gebäude, dicht am Seeufer zusammengedrängt, überragt von Gipfeln und Graten – dabei weiß man, daß das Gelände, auf dem sich der Garten ursprünglich befand, fast eben ist. Die Gebirge können daher nicht mehr gewesen sein als ein paar künstlich aufgetürmte Felsen, deren Trümmer noch heute in dem zerstörten Garten herumliegen. Um den Garten richtig zu begreifen, muß man sich vorstellen, aus dem Inneren eines Gebäudes hinauszublicken auf die Hügelchen und Felsen des Gartens vor dem Hintergrund der wirklichen *Duftenden Hügel*. Die Illusion, man blicke auf eine weitläufige Landschaft, eben jene, die der Maler dargestellt hat, wurde so durch die kulissenartige Anordnung der Gartenelemente und mit Hilfe kleiner perspektivischer Kunstgriffe hergestellt.

So waren die wunderbaren Orte, die Ch'ien Lung in seiner Jugend gesehen hatte, in seinem Garten neu erstanden; der verlorene Garten wird wiedergeboren in vierzig gemalten Bildern und in vierzig Namen, eine beschriftete Sammlung aus Erinnerungen, ein schwacher, doch unüberhörbarer Widerhall vergangener Größe.

Hadrians und Ch'ien Lung Sammlungen waren das Privatvergnügen zweier mächtiger Männer. Sie hatten keinerlei Ehrgeiz, ihre Erinnerungen und Anspielungen einem breiteren Publikum zugänglich zu machen. Im zwanzigsten Jahrhundert sind mehrere Sammlungen entstanden gerade mit dem Ziel, von vielen und ganz unterschiedlichen Menschen verstanden und genossen zu werden. Da ist zum Beispiel Portmeirion an der Westküste von Wales: eine Sammlung von alten Häusern verschiedener Epochen, in einem Park zusammengestellt und in verblüffenden Farben gestrichen von Sir Clough Williams-Ellis, der sein ganzes Leben dieser Sammlung gewidmet und sein Vergnügen mit entzückten Feriengästen geteilt hat. Es gibt eine ganze Reihe historischer Dörfer in Europa und Nordamerika. Doch die größte Sammlung von Orten, die einzige zeitgenössische Zusammenstellung von Erinnerungen, deren Größenordnung sich mit Hadrians und Ch'ien Lungs Gärten vergleichen läßt, ist das *Magic Kingdom* zwischen den Orangenplantagen von Anaheim in Kalifornien, das Zauberreich des großen, volkstümlichen Walter Elias Disney, eine Sammlung von Träumen, die zunächst für die Augen der Kinogänger auf Zelluloid geträumt worden waren.

Anaheim liegt in einem besonders nichtssagenden Teil der weiten Ebene von Los Angeles. Vielleicht wählte Disney den Ort aus ähnlichen Gründen wie Hadrian bei Tivoli die Senke ohne Blick auf Rom. An einem platten Ort ohne Eigenschaften, an einer Stelle, die durch den größten Parkplatz der Welt noch belangloser geworden ist, liegt also Disneys Zauberland. Das fast runde Gelände wird von einem Damm begrenzt, auf dem eine Eisenbahn fährt. Der Zug, wie alle anderen Verkehrsmittel, ist eine der größten Attraktionen von Disneyland: eine geglückte Weiterentwicklung von Klein Walts Spielzeugeisenbahn. Er hilft dem Besucher, sich das Gelände zu erschließen, es in Besitz zu nehmen. Die Technik gibt seiner Aktivität ein Gerüst. Sie spielt

Disneyland, Anaheim

1. Eingang
2. Main Street
3. Adventureland
4. Frontierland
5. Fantasyland
6. Tomorrowland

hier eine ähnliche Rolle wie Golfregeln, die den Spieler in ein Ritual einbinden, mit dessen Hilfe er sich einen Streifen grünen Landes erobern kann.

Man betritt Disneyland durch ein Tor im Eisenbahndamm. Mickeymouse grinst als Blumenbild vom Damm herab und lockt den Besucher, einzutreten. Überall wachsen Blumen, Sträucher und Bäume. Sie spielen für die Phantasie der Besucher eine wichtige Rolle, weil sie, trotz der Nähe zu Hollywood, echt sind (und nicht aus Pappmaché). Mit ihrer Natürlichkeit schlagen sie eine Brücke der Glaubwürdigkeit zwischen exotischen Szenenbildern und verkitschten Trips zu unseren eigenen Erinnerungen und Phantasien.

Hinter dem Tor liegt ein Platz; hier beginnt die *Main Street* und führt, quer durch die kreisförmige Anlage, bis zum Platz vor *Schneewittchens Schloß*. Main Street ist die leicht verkleinerte Version der legendären Main Street, der Hauptstraße einer amerikanischen Kleinstadt zu Beginn des Jahrhunderts. Dem Amerikaner von heute ist sie immer noch vertraut; sie bildet, wie Henry James es nannte, einen «greifbaren, vorstellbaren, *besuchbaren* Teil seiner Vergangenheit», zu dem die Entfernung noch nicht zu groß geworden ist und deren Geheimnisse noch nicht verschwommen sind. Die Verkleinerung der Fassaden von Main Street verschafft dem Besucher das Gefühl, ein wenig größer und ein wenig bedeutender zu sein als im gewöhnlichen Leben.

Main Street ist auch nicht zu lang. Schon nach wenigen Häusern wird sie von einer blumengeschmückten Querstraße mit allen möglichen Shows gekreuzt. Noch ein Häuserblock, und man steht auf der *Central Plaza*. Der Platz schimmert im silbrigen Grün von Olivenbäumen, in denen nachts kleine Lämpchen funkeln. An beiden Ecken stehen Kneipen mit neonverschnörkelter Schrift, Knusperhäuschen duften nach Pfefferkuchen.

Gleich hinter der nächsten linken Ecke, inmitten tropischer Pflanzen, liegt der Eingang zu *Adventureland*. An einer kurzen Straße reihen sich einige wohltuend verkommene Beispiele tropischer Lebensart, die eher aus Timbuktu, aus der Karibik, Beverly Hills oder New Orleans stammen könnten. Auf der anderen Seite der kurzen Straße wächst üppiger Dschungel, ein Teil echt, der andere lebensechtes Plastik mit dem größten künstlichen Banyanbaum der Welt; er läßt sich leicht erklettern, um die Wohnung der Schweizer Familie Robinson Crusoe zu besichtigen.

Hinter dem Dschungel fließt ein zurechtgestutzter Mississippi mit New Orleans, wo man in den Genuß einer Ausstellung von den Missetaten der *Karibikpiraten* kommt. Auf dem Fluß schaufelt der Dampfer «Mark Twain» durch die Fluten und umkreist die letzten Reste des Wilden Westens. Der größere Teil davon befindet sich auf *Tom Sawyer's Island*, mit richtigen Pflanzen und beweglichen Plastiktieren. Sie garantieren den planmäßigen Ablauf von Elchkämpfen und Indianermassakern an den Ufern des Mississippi und ermöglichen ihre endlose Wiederholung.

So weitläufig Adventureland auch ist, in seiner Form als Tortenstück berührt es die Central Plaza nur mit der Spitze. Dort gehen wir im Uhrzeigersinn weiter um die Plaza. Schon nach wenigen Schritten finden wir den Eingang ins *Frontierland* mit Palisaden und einem Tanzsalon von Anno dazumal. In einem mexikanischen Bilderbuchdorf, das auf mysteriöse Weise an das Ufer des Mississippi geraten ist, werden Tacos verkauft. (Hier ist wirklich der Mississippi gemeint: Walt Disney stammte aus Missouri.) Der staubige Dorfplatz wird von einer Pergola mit einer wunderschönen Bougainvillea verschönt. Daneben poltert ein Grubenzug durch die amerikanische Wüste, einer Bergwerkskatastrophe entgegen.

Zurück zur Plaza. Ein Stückchen weiter führt eine Brücke über einen hübschen Burggraben, mit echten Steinen und lebenden Fischen und Schwänen. Der Weg führt durch Schneewittchens Schloß geradewegs nach *Fantasyland* zu einem Platz mit Fahrten für Kleinkinder und einem Karussell. Hinter einem winzigen Miniaturdorf stehen Kakteenhügel im Kindermaßstab. Am Dschungelrand liegt ein Piratenschiff, und links daneben führt ein malerischer Bergpfad zu einem Schweizer Chalet; von dort bringt uns die Bergbahn durch das *Matterhorn* direkt ins Land der Zukunft, *Tomorrowland*.

Auf dem Weg vom Matterhorn ins Zukunftsland bewegt sich die Bahn auf einer Art unwirklicher, verrückter Weltachse; sie schwingt sich über einen wunderschönen klaren See, in dem wir die neuntgrößte Unterseebootflotte der Welt beobachten können. Im Zukunftsland hat uns die Erde wieder; wir befinden uns inmitten der stromlinienförmigen High-Tech-Welt der fünfziger Jahre. Die Bahn zieht große Menschenmassen an, doch ihr Ziel ist weniger überzeugend als die übrige Anlage; nicht zuletzt deswegen, weil den Designern offensichtlich unklar war, wie die Welt der Zukunft wirklich aussehen würde. Wachsen Bougainvilleas auf Venus und Mars? So stehen nur ein paar unschöne Machwerke herum, die aussehen wie die vergänglichen Reste des Reklameschilds eines Fünfziger-Jahre-Motels, das ein Baum sein wollte.

Wir lassen das Matterhorn hinter uns und sind mit einigen Schritten zurück auf der Central Plaza und an der Main Street. Der Weg zum Tor ist kurz, der

Main Street: «...greifbarer, vorstellbarer, besuchbarer Teil der Vergangenheit»

Heimweg lang. Unter den gesammelten Eindrücken war wohl für jeden Besucher etwas Passendes dabei. Die einzelnen Stücke stehen so eng beieinander und sind so geschickt mit dichtem, echtem Laubwerk verknüpft, daß jeder Besucher, welchen Weg er auch nimmt, diesen letztlich nach einer festgelegten Choreographie durchläuft.

Die besondere Faszination all dieser Sammlungen geht aus ihrer Bindung an eine starke Persönlichkeit hervor, einen fernöstlichen Despoten, einen aufgeklärten römischen Kaiser mit seinem Freund oder ein Genie aus dem Mittelwesten, das durch Hollywood berühmt wurde. Sie lassen uns auch daran denken, daß in Sammlergärten, selbst in unseren bescheidenen eigenen, die Stücke unter ganz bestimmten Gesichtspunkten ausgewählt worden sind: die Hundsrosen sind da, weil ihr Duft von englischen Landhausgärten träumen läßt, in denen man sich wohl gefühlt hat; die Palmen, weil sie auf einem bestimmten Bild von Raoul Dufy vorkommen oder an einem Lieblingsstrand in den Tropen oder im Hotel Plaza mit seinem guten Lunch; und nicht zuletzt: es gibt so viele Arten, daß man ein Leben lang sammeln kann, wenn man denn im richtigen Klima lebt. Doch in erster Linie zeigen diese Sammlungen, daß Erinnerungen etwas Aufregendes sind, daß es ein großes Erlebnis ist, Orte, die man gesehen, und Geschichten, die man liebgewonnen hat, wiedererstehen zu lassen; auch wenn sie dabei verändert werden, angepaßt an unsere Mittel, an die heutige Technik und an den Platz, den wir haben, vielleicht sogar etikettiert, damit uns keine Anspielung entgeht. «Viel zu phantasielos, diese Deutlichkeit kommt kurz vorm Kitsch», würden Architekten der zweiten Hälfte unseres Jahrhunderts sagen. Die Beispiele geben ihnen unrecht. Erinnerungen sind der Stoff, aus dem Sammlungen und auch Gärten geboren werden, und ihre Kraft liegt gerade darin, daß wir sie so wörtlich, so liebevoll genau nehmen, wie wir können.

Der Sommerpalast

Dort, wo die englisch-französischen Invasionstruppen im Opiumkrieg 1860 den Garten Yuan Ming Yuan zerstört, seine Schätze geplündert und alles niedergebrannt hatten, was sie nicht mitnehmen konnten, liegt heute ein stilles, trauriges Feld mit Lotosblumen und hier und da einem Schutthügel. Aber das war noch nicht genug. Die Soldaten verschonten selbst die Gärten nicht, die Ch'ien Lung in den Duftenden Bergen und am Jadebrunnenberg, einige Kilometer westlich vom Yuan Ming Yuan, angelegt hatte. Schließlich fiel ihnen noch der Park der klaren Wellen (Yi He Yuan) zum Opfer, den Ch'ien Lung nicht weit von der Westgrenze des Yuan Ming Yuan entfernt am Kun-Ming-See für seine Mutter gebaut hatte, zu Ehren ihres sechzigsten Geburtstags. In den achtziger Jahren ließ Kaiserinwitwe Cixi den Garten als Sommerpalast wieder aufbauen; er wurde wiederum zerstört, diesmal von zaristischen Truppen im Bunde mit Engländern, Franzosen und Amerikanern, und 1902 wiederum aufgebaut. Heute steht er, weitgehend zu alter Pracht restauriert, als Erinnerung an den großen Ch'ien Lung und seine Leidenschaft, und ist zum Lieblingsausflugsziel für die Bevölkerung von Beijing geworden. Überall spürt man noch das Fluidum der extravaganten, intriganten Kaiserinwitwe.

Der Garten ist in deutliche Abschnitte unterteilt, die sorgsam miteinander verknüpft sind. Wenn man auf dem Plan die Abfolge begleitet, wie wir sie uns

Sommerpalast, Lageplan

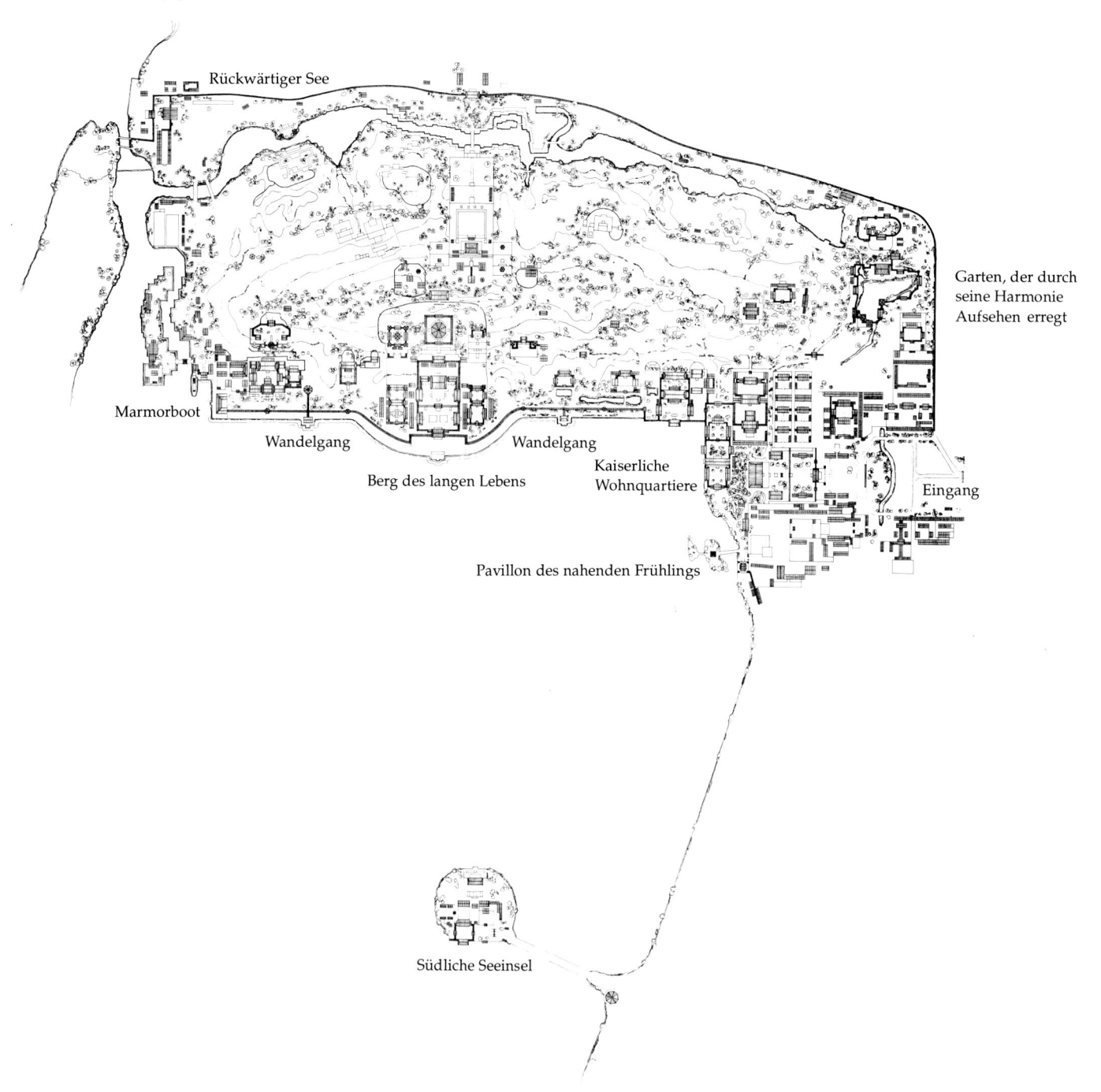

Rückwärtiger See

Garten, der durch
seine Harmonie
Aufsehen erregt

Marmorboot

Wandelgang Wandelgang Kaiserliche
Berg des langen Lebens Wohnquartiere Eingang

Pavillon des nahenden Frühlings

Südliche Seeinsel

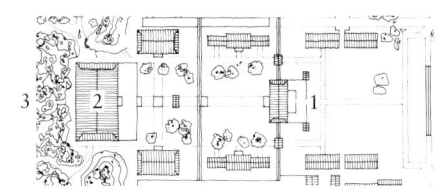

Eingangskomplex

1. Osttor
2. Halle des guten Willens und des langen Lebens
3. Steingarten

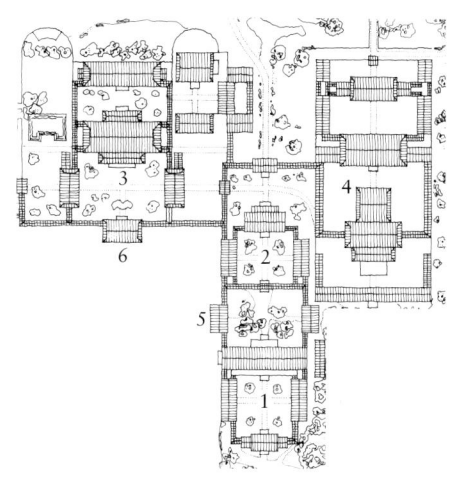

Zweiter Abschnitt

1. Halle der Jadewellen
2. Pavillon des rechten Jätens
3. Palast der Freude und des langen Lebens
4. Gartenpalast der Tugend und Harmonie
5. Pavillon des schönen Sonnenuntergangs
6. Halle der Verbindung zwischen Holz und Wasser

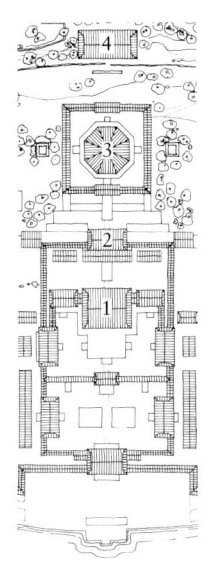

Vierter Abschnitt: Pavillons und Höfe am Berg des langen Lebens

1. Halle der geordneten Wolken
2. Halle der ruhmreichen Tugend
3. Buddha-im-Weihrauch-Pagode
4. Meer-der-vollkommenen-Weisheit-Tempel

vorstellen, sollte man besonders auf ihre Beziehungen zueinander und zur Sonne achten.

Den ersten Abschnitt bildet der Eingangskomplex im Osten. Hinter dem *pailou*, dem Bogengang des Osttors (Dong Gong Men), betritt der Besucher drei rechteckige Höfe, die in strenger symmetrischer Folge auf einer Ost-West-Achse liegen; sie endet mit der herrlichen *Halle des guten Willens und des langen Lebens*, in der die Kaiserinwitwe auf dem Neundrachenthron saß. Die Hofgebäude waren für Audienzen bestimmt; ausländische Gesandte durften ohne besondere Erlaubnis nicht weiter in Palast und Garten vordringen. Hinter der Halle liegt ein Steingarten, der die Audienzsäle vom eigentlichen kaiserlichen Haushalt trennt. Solange man durch die Tore und Höfe schreitet, ist der Blick auf allen Seiten von Mauern begrenzt; doch kaum hat man den Steingarten im Rücken, steht man plötzlich am Ufer eines weiten Sees. Der Blick schweift frei nach Norden, Westen und Süden. Auf einer kleinen Insel, die dem nahen Ufer mit einer Brücke verbunden ist, erkennt man den *Pavillon des nahenden Frühlings*. Er ist von Weiden gesäumt, und wenn im Februar oder März das Eis des Sees zu schmelzen beginnt, entfalten Pfirsich- und Aprikosenblüten ihre Pracht.

Der zweite Abschnitt beginnt nördlich der Halle des Guten Willens und des Langen Lebens. Hier liegen Innenhöfe mit den Wohnquartieren der kaiserlichen Familie, traditionell in chinesischer Art entlang einer Nord-Süd-Achse aufgereiht. Die wichtigsten Gebäude sind die *Halle der Jadewellen*, wo Kaiser Guang Xu, der bedauernswerte Sohn der Kaiserinwitwe, nach der mißglückten Wuxu-Reform auf Geheiß seiner Mutter von 1898 bis zu seinem Tod 1908 gefangengehalten wurde; dann der *Pavillon des rechten Jätens* mit den Schlafräumen der Kaiserinwitwe; der *Palast der Freude und des langen Lebens* besteht aus Wohngebäuden mit magnolienbestandenen Höfen; schließlich der *Gartenpalast der Tugend und Harmonie* mit dem prächtigen, goldlackierten Thron und einem dreistöckigen Theater mit allen erdenklichen technischen Raffinessen, darunter einem Uhrwerk als Vogel in einem vergoldeten Käfig. In diesen Gemächern wurde die Kaiserinwitwe von Hunderten von Eunuchen umsorgt und bedient, speiste an einer Tafel mit hundert verschiedenen Gedecken und kleidete sich aus einer Garderobe, die dreitausend Truhen füllte. Kehrt man dieser Pracht den Rücken, dann stößt man am Seeufer auf die beiden bescheidenen Bauwerke *Pavillon des schönen Sonnenuntergangs* mit einem erhöhten, luftigen Ausblick nach Westen und auf die nach Süden gerichtete *Halle der Verbindung zwischen Holz und Wasser*, einer Schiffslände.

Den dritten Abschnitt bildet der Kun-Ming-See. Er ist, von Nord nach Süd, einen guten Kilometer lang und einen knappen Kilometer breit. Ch'ien Lung ließ ihn dreiteilen: durch den langen Westdeich, der von Nordwest nach Südost quer durch den See läuft, und einen zweiten, kürzeren Deich, der den westlichen Seeteil nochmals in zwei Hälften teilt. Jeder Teil erhielt seine Insel, in Verwirklichung des taoistischen Mythos von *Peng lai*, *Fang zhang* und *Ying zhou*, den drei Inseln der Unsterblichen in den östlichen Seen. Die südliche Insel ist über die lange, elegante Siebzehnbogenbrücke mit dem Ostufer des Sees verbunden. Auf der Brücke stehen der *Pavillon der acht Himmelsrichtungen* und die *Halle der Langmut und Bescheidenheit*.

107 · ORTE der VERGANGENHEIT

Zurück zum Nordufer. In seiner Mitte beginnt der vierte Abschnitt, der *Berg des langen Lebens*, ein ost- westlich gerichteter, gut fünfzig Meter hoher und fünfhundert Meter langer Hügel mit einer recht steilen, dicht mit Kiefern und Zypressen bewachsenen Südflanke. Das Sonnenlicht läßt die scharfen Konturen der ineinander verschachtelten Formen roter, gelber, grüner und blauer Bauwerke vor dem Hintergrund der dunklen Nadelbäume besonders deutlich werden: plötzlich versteht man das berühmte Aperçu des Malers Zheng Ji: «Gebäude sind der Landschaft Augen und Brauen.»

Der *Berg des langen Lebens* ist in der Mitte mit einem Komplex aus Höfen, Pavillons, Mauern und Treppen bebaut. Der Besucher erreicht zunächst die *Halle der geordneten Wolken*, benannt nach dem Gedicht von Guo Fu aus der Jin-Dynastie:

Feen am Himmel
ordnen Wolken
Stufen aus Gold und Silber.

Dann durchschreitet er die *Halle der ruhmreichen Tugend* und gelangt zu zwei symmetrischen Treppen, die zur vierstöckigen *Buddha-im-Weihrauch-Pagode* hinaufführen. Von hier blickt er über gelbglasierte Ziegeldächer weit nach Süden und Westen, auf den See, auf die Duftenden Berge und den Jadebrunnenberg; nach Nordosten geht der Blick zum Yuan Ming Yuan und nach Nordwesten auf Beijing mit seinen Palästen und Seen, die ein schiffbarer Kanal mit dem Kun-Ming-See verbindet. Durch einen Steingarten gelangt man zum Anfang der Nord-Süd-Achse, die auf den See hinausführt. Dort liegt noch ein Tempel: das *Meer der vollkommenen Weisheit* mit Buddhafiguren als Außenkacheln.

Am Fuß des Berges des langen Lebens, parallel zum Nordufer des Sees, verläuft ein langer hölzerner Wandelgang. Er macht, wie das Ufer, einen Bogen um die Halle der geordneten Wolken, im übrigen zieht er sich geradlinig von den kaiserlichen Wohnräumen im Osten bis zum berühmten *Marmorboot* im Westen. Das Boot ist wieder eine dieser Extravaganzen der Kaiserinwitwe, um so verrufener, als die Mittel dafür angeblich zum Bau von Schiffen für die Marine gedacht waren. Der gedeckte Wandelgang verbindet nicht nur mehrere Pavillons, die zwischen Hügel und Ufer stehen, er ist auch eine Bildersammlung von wahrhaft kaiserlichem Ausmaß. Vierzehntausend gemalte Einzelbilder zieren die Balken: berühmte Landschaften, Vögel, Blumen und Szenenbilder aus der Literatur; als sei dies nicht genug, wird die umliegende Natur zwischen den Holzpfosten wie von Rahmen eingefangen und in zweimal 273 lebende Landschaftsbilder verwandelt. Zypressen und Kiefern zu beiden Seiten des Gangs filtern das Licht, und im Frühling schimmern pastellfarbene Blüten vor den dunklen Nadelbäumen. Nach Norden entstehen Szenenbilder mit Pavillons und schattigen Mauern, nach Süden, zwischen den Zweigen im Vordergrund, glitzert das Wasser des Sees vor Inseln, Dämmen und fernen Hügeln.

Es gibt noch einen fünften, einen verborgenen Abschnitt, eine wahre Überraschung. Der schattige Nordhang des Langlebensberges ist übersät mit Ruinen. Es sind Reste von Gebäuden, die nie wieder aufgebaut wurden. Vom Nordhang blickt man auf einen langen, engen Wasserlauf hinunter, auf den *Rückwärtigen See*. Diese Wildnis an der Nordgrenze des Sommerpalasts birgt an ihrem Ostende den *Garten, der durch seine Harmonie Aufsehen erregt* – ein Garten im Garten. Er ist angelegt um einen mit Pavillons geschmückten Teich

Lineare Muster am Ufer des Kun-Ming-Sees

Westdeich, Brücke und Aussicht auf die «entliehene» Landschaft des gegenüberliegenden Ufers

Jadebrunnenpagode

voller Lotos und Seerosen; auf einer weißen Steinbrücke künden Schriftzeichen, die von Ch'ien Lung eigenhändig angebracht sein sollen, vom Disput zweier Philosophen über die Frage, ob Fische Glück empfinden können.

Und es gibt noch einen Teil des Sommerpalasts. Einerseits gehört er überhaupt nicht dazu, andererseits spielt er in der Gesamtanlage die wichtigste Rolle: die Berge im Westen, die, weit außerhalb der eigentlichen Anlage, den Blick begrenzen. Der Kunstgriff ist einfach, die Wirkung raffiniert: Von allen Pavillons und Promenaden am nördlichen und östlichen Ufer fängt sich der Blick über den Kun-Ming-See stets am Westdeich oder an der Siebzehnbogenbrücke. Doch diese sind nicht eigentlich feste Grenzen; die Siebzehnbogenbrücke erlaubt Durchblicke auf das Wasser dahinter, und auch die Linie des Deichs wird von mehreren hübschen, hochbogigen Brücken unterbrochen. Mit diesem Kunstgriff werden die gegenüberliegenden Ufer versteckt und die Illusion erzeugt, der See dehne sich unendlich weit nach Süden und Westen aus – vielleicht bis an den Fuß des Jadebrunnenbergs, der sich in verwaschenem Blaugrau gegen den dämmerigen Himmel abhebt, im Hintergrund das hellere Grau der Duftenden Berge. Die schlanke, dreißig Meter hohe *Jadebrunnenpagode* auf dem Rücken des Jadebrunnenbergs lockt das Auge in die Ferne, wie Prousts Kirchturm von Combray, und kratzt – «ein kleines Zeichen von Kunst» – wie ein Fingernagel zart an den Wolken. So erstreckt sich der Garten doch über den See hinweg, über die Duftenden Berge geradewegs in den Glast der untergehenden Sonne.

Die Vielgestaltigkeit des Sommerpalasts übersteigt beinahe das menschliche Vorstellungsvermögen. Dabei ist die Anlage eigentlich nichts anderes als die phantasievolle Variation einiger weniger Leitmotive. Der Grundriß ist wie der eines Chahar bagh auf zwei gekreuzten Achsen aufgebaut: die Nord-Süd-Achse läuft von der Halle der geordneten Wolken durch die Mitte des Sees und trennt dabei den Westdeich von der südlichen Seeinsel. Der Wandelgang markiert die Ost-West-Achse. Parallel zu ihr liegen streng gegliedert die Höfe und Häuser: von der Halle des guten Willens und des langen Lebens im Osten über die kaiserlichen Wohnquartiere bis zum Marmorboot im Westen, das seinerseits nach Süden zeigt und damit die Nord-Süd-Achse wiederholt. Die hohe Vertikale der Pagode des Buddha im Weihrauch markiert, leicht verschoben, das Achsenkreuz. Doch die konfuzianische Strenge, die in diesem Raster waltet, wird überall durchströmt vom freischwingenden Atem der Natur: unregelmäßig bleibt das Ufer des Kun-Ming-Sees, düster und schroff die Kontur des Langlebensbergs; Nebelschleier und Blattwerk mildern allzu scharfe Kontraste.

Wo die Linien der Natur und des Rasters aufeinandertreffen, stehen Hallen und Pavillons. Alle tragen bedeutungsschwere Namen, seien es Namen der klassischen Tugenden wie Langmut, Demut, Reinheit, Langlebigkeit, Glück, Bildung, Rechtschaffenheit, wie wir sie auch bei Tempeln in englischen Gärten des achtzehnten Jahrhunderts finden; oder auch Namen für die Schönheit der Natur wie Lotosduft, Rosa Wolke, Jadewellen, Goldenes Wasser, Fern und klar, Gesegnete Landschaft, Schöner Sonnenuntergang; oder Namen, die die Freuden das Daseins beschreiben: Betrachten des Mondes, durch eine Bildrolle schweifen, dem Gesang des Pirols lauschen, Frühlingswillkommen, Freude der Harmonie. Oft ist der Name der Halle oder des Pavillons auf einer Holztafel festgehalten, die über dem Eingangstor hängt. Die beiden Pfosten oder Säulen

Horizontale Achse: Hölzerner Wandelgang

Vertikale Achse: Buddha-im-Weihrauch-Pagode

Die Freuden des Daseins genießen: das Marmorboot

des Tors tragen Tafeln, *lian* (Couplet) genannt, mit einem zweizeiligen Gedicht, wobei jede Zeile gleichviele Schriftzeichen haben muß: architektonische und literarische Symmetrie.

Es ist die Beschwörung einer großen Persönlichkeit in ihrer historischen Zeit, die einer derartig riesigen, vielgestaltigen Sammlung ihren unsichtbaren Mittelpunkt verleiht. Jeden Morgen zieht die Sonne ihre Bahn, tänzeln ihre Strahlen im *Park der klaren Wellen* um die abwesende alte, hinterlistige Freudensammlerin; die Sonne erhebt sich über ihrer entfernten Hauptstadt, die man vom Berg des langen Lebens aus gerade noch erkennen kann, sie scheint ihr über die glitzernden Wellen des Kun-Ming-Sees ins Gesicht, verschwindet hinter der Jadebrunnenpagode und malt der alten Dame auf dem Marmorboot einen Sonnenuntergang.

Katsurarikyu: Ein kaiserlicher Palast

Für Bruno Taut war der Katsurapalast wie eine Offenbarung, eine erregende Bestätigung seines Strebens nach der einfachen, nüchternen und reinen Form, die ihm als einem Architekten der Moderne so sehr am Herzen lag. Bruno Taut ist es zu verdanken, daß der viel zu lange in Vergessenheit geratene Garten wieder die Augen der Welt auf sich zog. Kaum ein Fleck auf der Erde ist seitdem mehr bewundert worden.

Katsurarikyu hat eine besondere Eigenschaft: als vieldeutiges Kunstwerk bestätigt und erfüllt er ganz unterschiedliche Erwartungen. Bruno Taut fand hier seine Vision der klaren Form verwirklicht, Naomi Kawa versteht ihn als Manifest des populären, beinahe kitschigen Zeitgeschmacks. Kenzo Tange, der bekannte japanische Architekt, sah in Katsurarikyu das spannungsreiche Aufeinandertreffen der Antagonisten *yayoi* und *jomon*, der beiden mystischen Vorfahren des japanischen Volkes, die in Anlehnung an das chinesische *yin* und *yang* zum Prinzip des Weiblichen und des Männlichen geworden sind. Das nachgebende, umhüllende, weiche ist *yayoi*, das aggressive, machistische *jomon*. Kenzo Tanges Buch über Katsura enthält ein Kapitel von Walter Gropius, der dort im Fernen Osten die Ideen des Bauhauses und der architektonischen Moderne bestätigt fand. Akira Naito sieht die Anlage als faszinierendes Abbild der gespannten und empfindlichen Beziehungen zwischen dem Kaiserhaus im Niedergang und den Tokugawa-Shogunen in der ersten Blüte ihrer Macht.

Alle Beschreibungen sind richtig; es ist gerade das Kennzeichen eines großen Kunstwerks, daß es widersprüchliche Auslegungen zuläßt. Unsere Zeichnungen sollen dem Leser Gebäude und Garten als Orte zum Spazierengehen und Genießen nahebringen; gleichzeitig soll ihre Einordnung unter das Stichwort Sammlungen dazu anregen, den Ort als Geflecht von Bezügen und Erinnerungen zu erkennen, zwar karger und sparsamer angelegt als bei Hadrian und Ch'ien Lung, aber nicht weniger kaiserlich. Das Gebäude selbst, das jahrhundertelang für seine Einfachheit gepriesen wurde, ist aus nicht weniger als dreißigtausend Einzelteilen zusammengesetzt.

Die erste Anlage wurde von Prinz Toshihito errichtet. Er war der 1579 geborene sechste Sohn des damaligen Kaisers. Von Hideyoshi, einem Mitglied des Shogunats, adoptiert, galt der Prinz (aus unglaublich vielschichtigen Gründen, die sich wie das Libretto einer Schreckensoper lesen) als wichtiges

Bindeglied zwischen den wirklichen Herrschern des Landes, den Shogunen, und der kaiserlichen Familie. So erhielt er 1618 genügend Mittel, um ein kleines Teehaus zwischen Melonenfeldern am Stadtrand von Kyoto in einen kaiserlichen Palast zu verwandeln. Das zugehörige Land war groß genug, um dort seine Erinnerungen an viele ferne Orte zu versammeln.

Die meisten Gebäude der Anlage, wie sie heute ist, stammen aus der Zeit nach 1640. Sie wurden von Toshihitos Sohn Noritada erbaut. Kürzlich wurden sie restauriert und in ihrer alten Form wiederhergestellt. Die Gartenanlage unterliegt einem schnelleren Rhythmus: die kleinen Kiefern wachsen zu riesengroßen Bäumen heran und verändern den Gesamtcharakter der Anlage mit Naturgewalt; wenn sie ihr Alter erreicht haben und absterben, werden sie wieder durch junge Bäumchen ersetzt.

Über alle Veränderungen hinweg ist die Ausstrahlung von Katsura immer so stark geblieben, daß man darin die Handschrift eines genialen Meisters seines Fachs zu erkennen glaubte, vielleicht des großen Architekten Kobori Enshu. Heute schreibt man den Entwurf dem Prinzen selbst zu, der ihn mit schmalem Budget, unendlicher Hingabe und der Hilfe einer Handvoll einfacher, aber intelligenter und begeisterungsfähiger Zimmerleute und Gärtner in die Tat umsetzte. Allerdings ist der Baustil von Enshu und seiner Vision von Kombination und Kollision beeinflußt. Das Ergebnis ist eine Art verfeinerter Rustikostil, eine Mischung aus Almhütte und höfischer Eleganz. Alles ist entspannter und vielfältiger als zum Beispiel in Ryoanji, ist lebendiger und volkstümlicher als dessen strenge Steinkomposition. Andererseits wirkt Katsura weniger sinnenfroh, weniger oberflächlich und aufwendig als Nikko, jenes prächtig-protzige Denkmal, das sich die neuen Tokugawa-Shogune zur gleichen Zeit und teilweise von den gleichen Leuten errichten ließen. Dort sind die Formen so kurvig-floral und verschlungen, wie die von Katsura gerade, klar und auf ihre besondere Art einfach sind.

Am schönsten erlebt man den Garten bei einem Rundgang um den Teich in der Mitte. Wenn sich der Besucher im Uhrzeigersinn durch die feste Abfolge der Szenenbilder bewegt, erschließt sich ihm die Komposition des Gartens in der vierten Dimension, erfährt er Entwicklung und Ausdehnung der Anlage in der Zeit: in Rhythmen, schnell und langsam, regelmäßig und unregelmäßig, mit Pausen, Synkopen, Ritardandi und Diminuendi. Ein Szenenbild nach dem anderen erheischt Aufmerksamkeit, manchmal ganz nah, manchmal als langer Blick über das Wasser. Die Bildfolge wird jedoch nicht zur Erzählung, wie wir das später bei manchen Gärten sehen werden, die wir Pilgerwege genannt haben. In Katsura bestimmt der Wandel von Stimmungen den Reiz der verschiedenen Bilder.

Katsura hat zwei Eingänge. Der erste führt durch eine gerade Allee, durch ein Tor und dahinter im rechten Winkel geradlinig auf den Palast zu. Kurz vor dem Haus öffnet sich der Blick auf eine lange, schmale Halbinsel mit der berühmten Kiefer an ihrer Spitze. (Vor dreißig Jahren mußte wieder einmal ein alter, schöner Baum durch einen jungen ersetzt werden.) Dann nach links und wieder nach rechts, und man steht vor dem Eingang zum Palast. Das war der Weg für den Kaiser. Der Weg für alle anderen schneidet die Ecke mit dem ersten Tor ab und läuft diagonal auf ein anderes Tor in Palastnähe zu. Von dort erreicht man nach einigen malerischen Kurven den gleichen Palasteingang wie der Kaiser. Die wichtigsten Wohnpavillons des Palasts liegen, zu einer

Katsura: Streben nach der einfachen Form

Nikko: Prächtig-protzendes Denkmal

KATSURAPALAST

Gesamtansicht

Gelände und Gewässer

Bauwerke und Wege

Pflanzplan

1. Eingangstor
2. Kiefer
3. Ahornhügel
4. Sotetsu-Berg
5. Rustikale Hütte
6. Schlucht des Oi-Flusses
7. Steinlaterne
8. Amanohashidate
9. Shokin-tei
10. Tal der Glühwürmchen
11. Grüner-Berg-Insel
12. Shoka-tei
13. Orin-do
14. Shoi-ken
15. Rasenfläche

Diagonale stufenweise versetzt, hoch über dem Hauptrasen, dem sie jeweils eine Ecke zukehren; nie ist im Westen etwas Vergleichbares gebaut worden.

Unser Weg durch den Garten beginnt am Palasteingang. Wir gehen zunächst nach rechts bis zur Kiefer am Ende der Halbinsel, dann zurück und nach rechts zum *Ahornhügel*. Dort wenden wir uns wiederum nach rechts und kommen auf eine lange Achse, die bis ans Wasser reicht und dort einen ungestörten Blick auf das elegante und geräumige Teehaus *Shokin-tei* am gegenüberliegenden Ufer freigibt. Wir folgen einem Nebenweg, der sich durch ein dichtes Gehölz mit zahlreichen Steingruppen windet; nach dem *Sotetsu-Berg* erreichen wir eine rustikale Hütte mit einem Rastplatz im Freien. Ein Weg, der so sorgfältig komponiert ist wie ein Musikstück, braucht auch seine Pausen.

Der Weg führt jetzt durch eine Komposition – en miniature – der tiefen Schlucht des Flusses Oi, dann nähert er sich dem Wasser und erreicht das Ufer an einer kleinen geschützten Bucht; vor ihr liegen eine winzige Halbinsel und eine Reihe kleiner, mit Steinbrücken verbundener Inselchen, so daß die Bucht fast vollständig vom See abgetrennt erscheint. Das Szenenbild heißt *Amanohashidate* (Himmelsbrücke) nach einer ähnlich gelegenen Landzunge in der Bucht von Miyazu nördlich von Kyoto, wo einst eine berühmte Seeschlacht stattgefunden hat. Nach Amanohashidate öffnet sich ein freier Blick auf den Pavillon Shokin-tei; doch bevor wir ihn erreichen, begegnen uns noch mehr Wunder. Das erste ist eine aus sorgsam ausgewählten Steinen gebildete Landzunge. Sie stellt eine Steinküste dar. Am Ende steht eine niedrige Steinlaterne, deren Licht in der Nacht auf eine der Steinbrücken von Amanohashidate fällt und ihr Spiegelbild auf das dunkle Wasser zaubert.

Steinlaterne und Brücke von Amanohashidate

Shokin-tei, der Pavillon der Kiefernzither, ist das schönste Schmuckstück des Gartens. Er liegt versteckt im Schatten hoher Bäume wie ein altes Bauernhaus, als gewollter Gegensatz zur sonnendurchfluteten Offenheit des Palastes. In dem berühmten Buch *Erzählungen des Prinzen Genji* aus dem elften Jahrhundert wird eine Mondnacht beschrieben, in der sich der Klang der Zithern aufs wunderbarste mit dem Rauschen der Kiefern vereinigt; Kenzo Tange glaubt, daß Shokin-tei von dieser Passage inspiriert ist.

Der Pavillon ist ziemlich groß; er erscheint noch viel größer, als er ist, weil die Ecke, die dem Wanderer als erste vor Augen kommt, von einem winzigen Teehaus gebildet wird; sein Grundriß, ohne eine kleine Ausbuchtung mitzurechnen, mißt gerade zwei mal zweieinhalb Meter. Die Tür hat nur halbe Höhe, und der Besucher muß sich, um ins Innere zu gelangen, auf allen vieren durchzwängen. Vor dem Pavillon liegen drei große Steine im Wasser; der Gast der Teezeremonie hat das überraschende Vergnügen, seine Hände unter fließendem Wasser zu reinigen, statt sie in das normalerweise dafür vorgesehene Becken zu tauchen.

Die größten – noch im Originalzustand erhaltenen – Räume des Shokin-tei bilden ein L-förmiges Ensemble. Durch offene Säulenwände blickt man hinaus auf das *Gesicht des Lichts*, wo dicke Bäume schon zeitig die Dämmerung vorwegnehmen, während die Strahlen der Abendsonne die Steinbrücke von Amanohashidate im schönsten Kontrast noch lange erglühen lassen. Im Inneren des Pavillons wird das Auge von einer Nische gefesselt, die mit großen weißen und blauen Quadraten dekoriert ist. Zwischen den weichen Erdfarben, die Haus und Garten beherrschen, entwickeln diese Farben eine überraschende Kraft, ähnlich wie Neonlicht im zwanzigsten Jahrhundert. Nirgendwo sonst spürt man dieses Aufeinanderprallen von Stimmungen, das den Charakter von Katsura prägt, so heftig wie hier.

Nach der Besichtigung von Shokin-tei verliert der Weg um das Wasser ein wenig an Spannung, bleibt aber abwechslungsreich. Das *Tal der Glühwürmchen* führt zu einer Brücke auf die Insel *Grüner Berg*. Sie ist über insgesamt drei Brücken mit dem Festland verbunden; auf ihrem Rücken steht ein dichtes Sicheltannenwäldchen. Der nur fünf Meter hohe, doch steile Aufstieg gibt dem Wanderer das Gefühl, auf einem anstrengenden Kreuzweg einen Berg zu erklimmen. Oben erreicht er das *Shoka-tei*, eine Berghütte über dem Wald, wie man sie auf einem Gebirgspaß erwartet; aber kaum ein Paß hält den Blick auf ein Panorama bereit, das sich mit der filigranen Szenerie des Katsurarikyu messen kann.

Der Weg bergab führt zum *Orin-do*, einem Familiendenkmal in jenem traditionellen chinesisch-buddhistischen Stil, den ein Chronist einmal als «makellose Nachlässigkeit» beschrieb. Dann gelangt man über eine erdbedeckte Brücke auf einen geraden, von Pflaumenbäumen gesäumten Weg am Rand des Hauptrasens. Links davon liegt eine quadratisch geformte Bucht mit Bootsanlegestellen. Um sie herum führt ein Weg zum *Shoi-ken*, dem Pavillon der lachenden Gedanken, wahrscheinlich in Anspielung auf einige Zeilen des chinesischen Dichters Li Tai-po:

Wenn sie mich fragen ob es gut ist,
Das Leben in den blauen Bergen
Lache ich und sage nicht
Daß mein Herz dort Ruhe findet –
Pfirsichblüten und der breite Fluß
ziehen in die Ferne.
Es gibt noch ein anderes Universum,
ohne Menschen.[20]

Der heitere Pavillon war das private Arbeitszimmer des Fürsten Noritada, sein Refugium vor höfischen Intrigen. Von hier blickte er über die Felder des Dorfes unterhalb von Katsura in die vermutlich weniger komplizierte bäuerliche Welt.

Mit der Rückkehr zum Palast über die Rasenfläche ist der Rundweg vollendet. Es lohnt, auch die Form des Gewässers genauer zu untersuchen: es ist größer als das, was wir normalerweise als Teich bezeichnen, erreicht aber auch nicht die Größe der künstlichen Seen in öffentlichen Parks. Vor allem gibt es keine weiten Wasserflächen, wie wir sie vom Yuan Ming Yuan kennen. Vom Ufer aus betrachtet, hat jede kleine Wasserfläche ihre eigene Form, unterscheidet sich deutlich von der nächsten. Nach jeder Biegung des Wegs bietet das Wasser einen neuen Anblick, jedesmal ändert sich die Entfernung zum gegenüberliegenden Ufer, jedesmal ist dort etwas anderes zu bewundern.

So wird auch Katsura zur Sammlung. Die Choreographie der Szenen dieser großen und vollendet ausgeführten Anlage ist es, die als Modell für unsere bescheideneren Ansätze auf kleinem Areal dienen kann. Steine, Blumen, Schattenplätze, Teepavillons erhalten ihre Bedeutung nicht nur als Gegenstände der Sammlung, sondern auch durch ihren Platz in der zeitlichen Ordnung. Der Weg durch einen Garten, so klein er auch sein mag, soll immer eine Komposition aus Raum und Zeit sein.

Katsura bringt, mehr als jeder andere Garten, den wir hier vorstellen, den frappierenden Gegensatz zwischen Pracht und Alltäglichem, zwischen Außerordentlichem und Normalem auf die Bühne: grelles Blau und Erdfarben; Shokin-tei und nackte Felsen; Hofleben und Bauernalltag; Palast und Melonenfeld. Die Geschichte der Gärten in der westlichen Welt bietet wenig Beispiele für den Wunsch, für das besonders in unserer Zeit typische Verlangen, Praktisches mit Luxus, Schlichtes mit Glamour aufeinanderprallen zu lassen, Bluejeans mit falschen Brillanten zu tragen. In Villandry im Loiretal gibt es einen Garten mit kunstvoll angelegten geometrischen Parterres, auf denen Gemüse wächst; hier wird das Bedürfnis befriedigt, Augen und Magen gleichermaßen etwas Gutes anzutun. Katsura und der aus der gleichen Epoche stammende Garten *Shugakuin* auf der anderen Seite von Kyoto erzielen ihre stupende Wirkung, indem sie die Flüchtigkeit des Augenblicks, das Vorbeihuschen des Alltäglichen mit dem feinsinnig ausgetüftelten Rhythmus der Träume verweben.

Sissinghurst

Francis Bacon gilt als Sammler und Ordner praktischen Wissens und als scharfzüngiger Gegner von Scholastik und Alchemie: «Mehr Worte zu machen, den einen gelingt es immer; mehr Gold zu machen, den anderen nie.» Heute haben seine Attacken an Aktualität verloren, man streitet über andere Dinge. Unvergänglich jedoch bleiben die Heiterkeit seines Stils und die Beweglichkeit seiner Gedanken; noch immer rufen sie unser Entzücken hervor. Einer von Bacons schönsten Essays, 1625 veröffentlicht, handelt von Gärten.

Für Bacon war ein Garten ganz ausdrücklich eine Rekonstruktion des biblischen Paradieses. Gartenkunst war ein Ausdruck von Hochkultur. Sein Essay beginnt so:

GOTT, der Allmächtige, schuf zunächst einen Garten. Einen Garten anlegen wurde so zur reinsten der menschlichen Freuden. Es ist die größte Erquickung für die Seele des Menschen; ohne Garten bleiben Häuser und Paläste nur grobschlächtige Werke: man wird immer beobachten, daß jedes neue Zeitalter auf dem Weg zur Hochkultur zuerst Prachtbauten errichtet, bevor sich die Gartenkunst entwickelt: als sei Gartenkunst die höhere Stufe der Vollkommenheit.

«Die schönsten Dinge der Jahreszeit» in Sissinghurst

Bacons erste Regel der Gartenkunst lautet, man solle einen Garten schaffen, in dem Monat für Monat die schönsten Dinge der Jahreszeit zu sehen sind. Um das zu erreichen, muß der Gärtner wissen, welche Blumen in welchem Monat blühen und welche Bäume wann ihre Blätter sprießen lassen. Bacon liefert gleich eine Liste: «Im März, Veilchen, besonders die blauen, die die ersten sind; gelbe Narzissen; Maßliebchen; blühende Mandelbäume, Pfirsiche, Kornelkirschen; und die schottische Zaunrose.» Die Liste geht weiter bis zum Jahresende. Dann weist er darauf hin, daß diese Auswahl für das Londoner Klima gedacht sei, doch solle sie so verstanden werden, daß sich jeder an seinem Ort den *ver perpetuum*, den ewigen Frühling, erschaffen kann.

Bacon war nicht der erste, der sich einen Garten erträumte, dessen ewiger Frühling in unendlicher Folge Blumen und Früchte hervorbringt. Im siebten Gesang der Odyssee erzählt Homer, wie Odysseus die Gärten von Alkinoos, dem König der Phäaken, besuchte und von ihren Köstlichkeiten schwärmte:

116 · ORTE der VERGANGENHEIT

Außer dem Hofe liegt ein Garten, nahe der Pforte,
Eine Huf ins Gevierte, mit ringsumzogener Mauer.
Allda streben die Bäume mit laubichtem Wipfel gen Himmel,
Voll balsamischer Birnen, Granaten und grüner Oliven,
Oder voll süßer Feigen und rötlichgesprenkelter Äpfel.
Diese tragen beständig und mangeln des lieblichen Obstes
Weder im Sommer noch Winter; vom linden Weste gefächelt,
Blühen die Knospen dort, hier zeitigen schwellende Früchte.
Birnen reifen auf Birnen, auf Äpfel röten sich Äpfel,
Trauben auf Trauben erdunkeln, und Feigen schrumpfen auf Feigen.
Allda prangt auch ein Feld, von edlen Reben beschattet.[21]

Für Homer waren die immerwährenden Gaben ein Geschenk der Götter; Bacon hingegen baut auf Können und Phantasie der Menschen. Der selbstbewußte Renaissancemensch soll selbst die Kontrolle über die Natur ausüben und sie seinem Vergnügen dienstbar machen.

Der Gärtner muß die Pflanzen nicht nur nach ihrer Blütezeit ordnen können, sondern auch nach der Art ihres Dufts, sagt Bacon:

Der Blumenodem ist viel süßer in der Luft, in der er kommt und geht, aufschwellend wie Musik, als in der Hand; deswegen ist nichts besser, dies Vergügen zu bereiten, als zu wissen, welche Blume, welche Pflanze die Luft am besten mit ihrem Duft erfüllt.

Dann klassifiziert er Blumen und Bäume nach der Intensität ihres Dufts, nach der Zeit, in der er am stärksten ist, und unterscheidet, ob sich der Duft «im Vorübergehn» wahrnehmen läßt oder erst beim «Zertreten der Pflanze» entfaltet.

Sissinghurst: der Backsteinturm

Blick vom Turm

In Sissinghurst in Kent, inmitten der Kreidehügel Südostenglands, erhebt sich ein roter Backsteinturm aus Bacons Tagen. Rund um dieses Relikt aus der Zeit Elizabeths I. legte das bekannte Literatenpaar Harold Nicolson und Vita Sackville-West zwischen 1930 und 1970 einen großartigen Garten an. Bacons Ideal wurde triumphale Wirklichkeit: eine Orgie aus Farben und Düften über das ganze Jahr, das Ergebnis unendlichen Wissens von den Geheimnissen der Natur. Als Nicolson und Sackville-West den Ort übernahmen, schlummerte seine Brownsche Capability im verborgenen. Sissinghurst war eine verfallende Ruine; die Reste dessen, was einst ein großartiges Tudorschloß gewesen war, dienten als Scheunen und Ställe. Das Grundstück ist fast eben, im groben ein Rechteck mit ost-westlicher Hauptachse. An der Nordostecke fanden sie den L-förmigen, abflußlosen Rest des Schloßgrabens, an der Südostecke mehrere Reihen Nußbäume. Von der alten Anlage waren noch vier Ziegelgebäude erhalten: ein Schloßflügel entlang der Westgrenze, heute *The Library*, der hohe Turm davor, dann das sogenannte *South Cottage* und das *Pfarrhaus*. Außerdem waren überall auf dem Grundstück Reste alter Ziegelmauern erhalten. So lag Sissinghurst eingebettet in die fruchtbaren, mit Bäumen gesprenkelten Hügel von Kent.

Es heißt, Harold Nicolson habe vor allem die Grundstruktur des Gartens aus Mauern und Einfassungen geschaffen, und Vita Sackville-West habe die entstehenden Räume gärtnerisch gestaltet. Vielleicht waren die Rollen nicht ganz so streng geschieden. Doch eins ist gewiß: der Charme und die Faszination von Sissinghurst besteht nicht zuletzt darin, daß hier nicht ein einziger Schöpfer am Werk war, sondern zwei starke, unterschiedliche

SISSINGHURST

Gesamtansicht

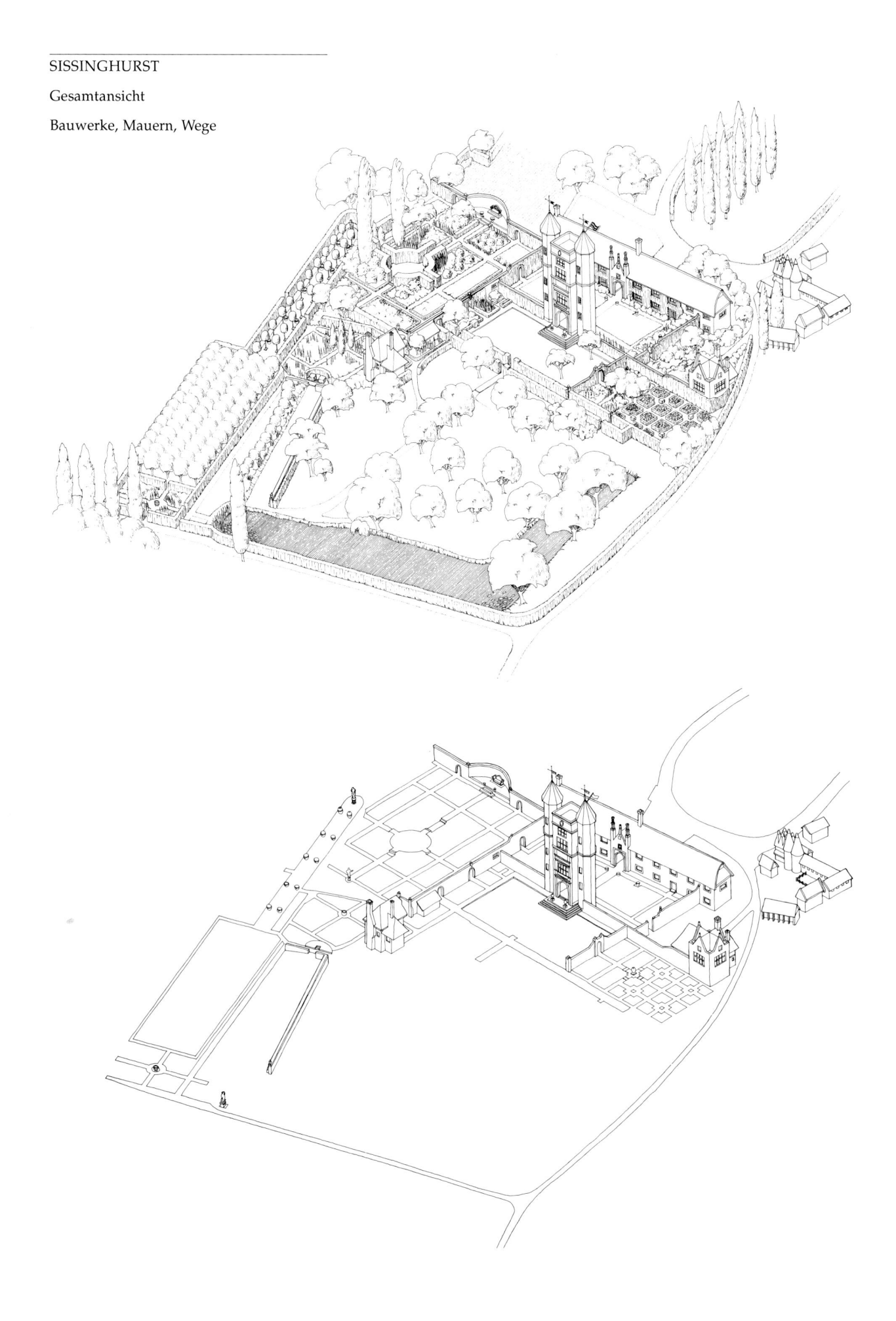

Bauwerke, Mauern, Wege

Pflanzplan

Die Kompartimente des Gartens

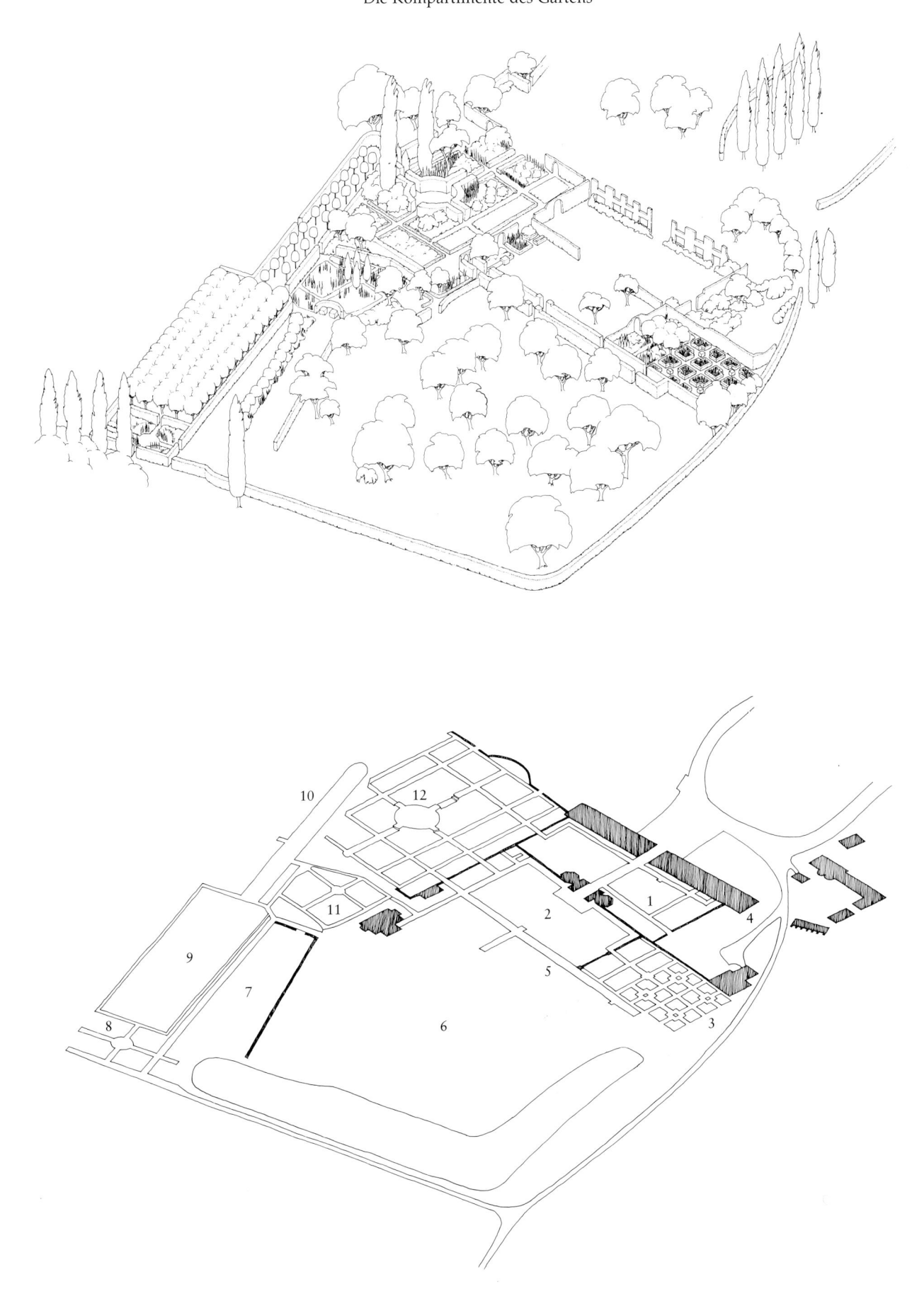

119 · ORTE der VERGANGENHEIT

Persönlichkeiten, die eine lange und fruchtbare, wenn auch nicht unkomplizierte Partnerschaft eingegangen waren.

Nicolson teilte den Grund in ein strenges Muster aus umschlossenen Räumen und langen Schneisen. Wo es möglich war, nahm er die alten Tudormauern auf und ergänzte sie durch neue Mauern und lange, beschnittene Hecken. Am schönsten erschließt sich die Anlage bei einem Blick vom Turm. Aus der Vogelperspektive glaubt man, ein altes Schloß ohne Dach vor sich zu haben; die Kompartimente sind wie Zimmer ohne Decke, die Öffnungen zwischen ihnen und zur umliegenden Landschaft werden behandelt wie Türen und Fenster; Alleen, die Mauern und Hecken durchschneiden, gleichen Korridorfluchten. Ab und zu erscheint ein Innenraum überdacht. Das Ganze ist ein Verwobensein von Innen und Außen, von Garten und Gebäude, eins fließt durch das andere, ungeschieden, untrennbar.

Zwei Hauptachsen bilden das ordnende Koordinatenkreuz. Die erste verläuft ziemlich genau von West nach Ost; sie beginnt mit dem Bogengang des Turms, kreuzt den Rasen, durchschneidet eine doppelte Eibenhecke, durchläuft einen Obstgarten und endet an einer Dionysos-Statue am Südende des Schloßgrabens. Die Querschneise beginnt an einer Statue am Nordrand, kreuzt die West-Ost-Achse in der Mitte des Rasens und endet an einer Statue im Süden. Mehrere Kompartimente wiederholen das Kreuzmuster im kleineren Maßstab.

Jedes Kompartiment ist ein kleiner Garten für sich. Wie das Kapitel eines Romans hat jedes seine eigene Form, seinen besonderen Charakter, seinen Namen. Wenn wir von der Library aus den Garten im Uhrzeigersinn begehen, begegnen uns der Reihe nach:

1. Der *Vorderhof*, ein großzügiger trapezförmiger Raum zwischen Library und Turm.
2. Der *Turmrasen*, ein strenges Rasenrechteck, von Mauern und Blumenrabatten, im Osten von der langen Eibenhecke begrenzt. Im Westen steht wie ein Ausrufungszeichen die Vertikale des Turms.
3. Der *Weiße Garten* nördlich des Turmrasens, ein vierfaches Quadrat voller weißer Blumen.
4. *Delos*, ein schattiges Plätzchen in der Nordwestecke gleich hinter dem Pfarrhaus.
5. Der *Eibengang* ist gleichzeitig die östliche Begrenzung des Turmrasens; zwei parallele, hohe, scharf beschnittene Eibenhecken, zwischen ihnen ein schmaler, gepflasterter Weg, durchschneiden den Garten von Nord nach Süd.
6. Die größte Abteilung, der *Obstgarten*, liegt hinter dem Eibengang: eine Obstwiese mit hohem Gras, erfüllt vom Gesang der Vögel und dem Summen der Insekten. Ihre östliche und nördliche Begrenzung bildet der L-förmige Schloßgraben; in seinem Knick steht ein kleiner Aussichtspavillon und versucht, die Dominanz des diagonal gegenübergelegenen South Cottage auszubalancieren, das die Südwestecke des Obstgartens beherrscht. Die westöstliche Wegschneise setzt sich vom Durchbruch der Eibenhecke bis zur Dionysosstatue in der Südostecke des Obstgartens fort und teilt ihn in zwei ungleiche Teile.
7. An der Dionysosstatue beginnt in westlicher Richtung der *Grabenweg*. Er führt an einer Ziegelmauer entlang, auf der Südseite säumen ihn Blumen und Sträucher.

8. Der *Kräutergarten* liegt in der Südostecke der Anlage.
9. Der *Nußhain* besteht aus geraden Reihen alter Nußbäume; sie beginnen am Kräutergarten und verlaufen nach Westen.
10. Der *Limonengang*, ein Weg zwischen zwei Limonenspalieren, verlängert, etwas schmaler, den Nußhain nach Westen.
11. Der *Bauerngarten* liegt zwischen Limonengang und South Cottage.
12. Der *Rosengarten* mit dem beschnittenen Eibenrondell in der Mitte bildet die Südwestecke des Gartens. Mit dem Rückweg zu Turmrasen und Vorderhof endet der Rundgang.

Die verschachtelten Formen des mehrstufigen Achsensystems geben dem Garten einen komplizierten Grundriß; doch von überall kann man sich an der hohen Vertikale des Turms orientieren.

Wie eine Bildersammlung in den Sälen eines Museums füllen Vita Sackville-Wests Blumen und Pflanzen die einzelnen Kompartimente. Sie war eine begeisterte Sammlerin und eine Gärtnerin von außerordentlichem Einfallsreichtum; im Laufe der Zeit wuchs ihre Pflanzensammlung zu einer der bedeutendsten in ganz England heran. Wie jeder gute Museumsleiter katalogisierte und kommentierte sie ihre Bestände. Im Londoner *Observer* schrieb sie von 1947 bis 1961 jeden Sonntag eine Kolumne, außerdem publizierte sie vier Gartenbücher[22]. Mittlerweile ist Sissinghurst in die Hände des National Trust übergegangen und zu einem beliebten Ausflugsziel geworden.

Wie es Bacon vorgeschwebt hatte, ist Sissinghurst als «Garten für jede Jahreszeit» eingerichtet. Vita Sackville-West beschreibt, wie sie vorgegangen ist:

Wir waren uns von Anfang an einig, daß der Garten mit all seinen verschiedenen Räumen und Unterabteilungen als Jahreszeitengarten geplant werden müßte; denn seine Fläche ist groß genug, um uns einen Frühlingsgarten für März bis Mitte Mai, einen Frühsommergarten für Mai bis Juli, einen Spätsommergarten für Juli und August und einen Herbstgarten für September und Oktober leisten zu können. Der Winter mußte für sich selbst sorgen, mit ein paar winterblühenden Sträuchern und frühen Zwiebelgewächsen.

Das ließ sich in Südengland mit seinen zwar ausgeprägten, aber niemals extremen Jahreszeiten leicht verwirklichen. Es ist sicher kein Zufall, daß es in der Gartenkunst Englands und Japans viele Parallelen gibt. Die Insellage und das gemäßigte Klima Japans hatten dort schon viel früher zu gleichen Ideen geführt: in einem Werk aus dem elften Jahrhundert wird berichtet, wie Fürst Genji für vier Hofdamen vier Gärten anlegen ließ: die Dame Murasaki bekam den Frühlingsgarten, den Sommergarten die «Dame aus dem Dorf der rieselnden Blüten», den Herbstgarten erhielt Akikonomu, der Garten des Winters mit Kiefern und Chrysanthemen war für Akashi bestimmt. Sorgfältig werden die Pflanzen für jeden Garten aufgezählt.

Der Jahreszeitenplan für Sissinghurst sieht folgendermaßen aus: Im Frühling stehen Limonengang und Obstwiese in voller Blüte, an den Nußbäumen hängen Kätzchen; Teppiche von Frühlingsblumen unterstreichen die Atmosphäre. Im Frühsommer und Spätsommer entfaltet sich die Blütenpracht im Rosengarten, weißen Garten und Bauerngarten, während Limonengang, Obst- und Nußbäume sich in ihre grünen Blätter hüllen. Bunte Herbstblätter begleiten und überdecken den Grabenweg.

Doch nicht nur der Rhythmus der Jahreszeiten bestimmt die Verteilung der Pflanzen; eine wichtige Rolle spielen auch die Farben. Am strengsten ist die Farbgebung im weißen Garten durchgehalten; hier kommen nur weiße oder fast weiße Blüten vor. Die Wirkung sollte «kühl, fast wie von Rauhreif überzogen» sein. Vita Sackville-West beschreibt genau, wie sie vorgegangen ist:

Der Boden ist mit verschiedenen Beifußarten bedeckt, unter ihnen die alte, duftende Stabwurz, das silbrige Kreuzkraut, die graue Lavendelpflanze Santolina und der kriechende weiße Speik. Dutzende weißer Königslilien, die aus Samen gezogen sind, ragen über sie hinweg. Es gibt weißen Rittersporn, die weiße Steppenkerze, weißen Fingerhut in einem schattigen Eckchen an der Nordseite einer Mauer, den weißen Schaum von Schleierkraut, Sträucher der großblütigen Hortensie, weiße Zistrosen, weiße Strauchpäonien, den chinesischen Schmetterlingsstrauch, weiße Glockenblumen und die weiße Ballonblume, eine chinesische Glockenblume. Dann steht da eine Gruppe arabischer Riesensilberdisteln, fast drei Meter hohes reines Silber. Zwei kleine Kreuzdorn und eine graue, weidenblättrige Birne beschützen die Statue einer Vestalin aus Blei. Den Mittelweg begleitet ein Spalier aus weißen Kletterrosen, die sich an alten Mandelbäumen emporranken. Später kommen noch weiße japanische Anemonen und weiße Dahlien dazu.

Als sie den weißen Garten pflanzte, hoffte Vita Sackville-West, daß «im nächsten Sommer die große geisterhafte Schleiereule im Zwielicht über den bleichen Garten streicht – den bleichen Garten, den ich jetzt unter den ersten fallenden Schneeflocken anpflanze».

Ihren Bauerngarten mit seinen warmen Farbtönen beschrieb sie als «ein Durcheinander von allen möglichen Blumen, doch ausgewählt nach Farben, wie sie der Sonnenuntergang malt».

Delos wird von den dunklen Tönen der Farben Grün, Braun und Grau beherrscht; der Obstgarten im Frühling von pastellfarbenem Weiß und Rosa. An der Nordseite des Vorderhofs bestimmen blaue und purpurrote Blumen das Farbbild.

Alle Pflanzmuster sind zwanglos, romantisch, ganz im Gegensatz zur architektonisch strengen Gliederung der Kompartimente selbst. Muster, Form und Farbe sind nach malerischen Gesichtspunkten sorgfältig ausgedacht. Nach Sackville-West kann die Wirkung von Stofflichkeit und Festigkeit erst entstehen, wenn ab und zu eine geballte Masse die eher luftigen Reihen der kleineren Blumen aufbricht. Wechsel zwischen Farbe und Dichte, Dekorativem und Formalem, Frivolität und Ernsthaftigkeit seien notwendig. Sie verabscheute Spärlichkeit, Dürftigkeit und lichte Bepflanzung; deshalb verläßt einen nirgendwo das Gefühl von Luxus, Opulenz, Hülle und Fülle. Nicht nur quellen die Beete über von Blättern und Blüten: auch an den Mauern hängen Blumentöpfe, Kletterpflanzen ranken sich über die Mauerkrone, und jeder Blick ins nächste Kompartiment offenbart neue Üppigkeit.

Aber nicht nur Farben, Formen und Muster sind zu einem Mosaik vereinigt, auch die Düfte sind wohlbedacht. Manche Pflanzen verwöhnen uns am frühen Morgen mit ihrem Duft, andere in der Mittagshitze oder erst am Abend. Die blumenbeflanzten Kompartimente entfalten ihren Duft «im Vorübergehn»; und auch an die Pflanzen ist gedacht, die erst beim «Zertreten» ihren Duft entfalten; Obstwiese und Kräutergarten geben die Möglichkeit dazu. Auch die Düfte folgen, wie die Farben, dem Wechsel der Jahreszeiten.

Der weiße Garten

Pfad durch die sonnige Obstwiese

Schattiger, gepflasterter Weg im Eibengang

Von Kompartiment zu Kompartiment wechselt die Art der Wege. Gefühl, Rhythmus und Klang der Schritte ändern sich immer wieder. Da sind der federnde, perfekt gemähte Rasen, der Pfad durch das Gras der nur gelegentlich gemähten Obstwiese oder gepflasterte Wege und Pfade in ständig variierenden Mustern aus Steinplatten und Ziegeln.

Auch für Wärme und Kälte gibt es spezifische Orte. Morgens findet man sonnige Ecken im Nordwesten des weißen Gartens und des Turmrasens. Der Eibengang hat, wie Hadrians Poikile, eine schattige und eine sonnige Seite: sonnig auf der Obstwiesenseite am Morgen, auf der Turmrasenseite am Nachmittag, und mittags in der Mitte. Delos ist immer kühl und schattig. Schatten findet man im Aussichtspavillon am Schloßgraben, in der Mitte des weißen Gartens unter einer dichten Baumgruppe, und im Rosengarten gibt es einen geschützten Platz, an dem man die Nachmittagssonne genießen kann. Wer sich nach einem frischen Lüftchen sehnt, kann auf den Turm steigen.

Sissinghurst tritt uns mit einer strengen Struktur aus Mauern und Kompartimenten entgegen, innerhalb derer sich die Verwandlungen der lebenden Sammlung vollziehen. Im täglichen Zyklus wärmt die Sonne morgens manch eine Ecke, die später wieder im Schatten versinkt, liegt der Morgentau auf der Wiese, durchbricht das Summen und Schwirren der Insekten die Stille des Mittags, schwängern Blumen die Abendluft mit ihrem Duft. Im Zyklus der Jahreszeiten nimmt Farbe von den einzelnen Kompartimenten Besitz: der weiße Garten hat seine wunderbarsten Momente im Sommer, die pralle Fülle des Herbstlichts läßt den Grabenweg erglühen, auf das winterliche Interregnum folgen die Pastellfarben des Frühlings von Nußhain, Limonengarten und Obstwiese.

Die Anwesenheit geschäftiger Gärtner zeigt deutlich, daß eine Pflanzensammlung keine abgeschlossene Sache ist. Vita Sackville-West experimentierte und reorganisierte jahrzehntelang, beschnitt Bäume und Hecken, lichtete aus, pflanzte neu und pflanzte um. Ihr Werk wird weitergeführt. Das Schicksal der Bauten von Sissinghurst und die Spuren von Vita Sackville-West und Harold Nicolson binden uns ein in den Zyklus der Geschichte: die Verwandlung des Tudorschlosses in ein Gehöft, später in ein glänzendes Zentrum literarischen und politischen Lebens, in das Thema einer Zeitungskolumne und schließlich in eine Touristenattraktion. Jeder Besuch in Sissinghurst wird zu einem neuen Erlebnis: kommt man zurück, ist alles wieder verändert und voller Überraschung.

Botanische Gärten

Die Geburt des botanischen Gartens – die ersten entstanden im sechzehnten Jahrhundert in Padua (1545), Pisa (1547), Leyden (1577), Leipzig (1580), Montpellier, Heidelberg und im siebzehnten Jahrhundert in Paris, Uppsala und Oxford – ist aufs engste verknüpft mit der Entdeckung Amerikas und mit dem Entstehen der ersten Kolonialreiche. Am Rande der Eroberungszüge stießen Forscher und Sammler auf die verschiedensten Pflanzen, nahmen sie mit und fügten sie in den botanischen Gärten zu Bildern der weiten Welt wieder zusammen.

John Prest erklärt in dem Buch *Der Garten Eden*[23] seine These, daß bei diesen Sammlungen ein mittelalterlicher Gedankengang mitspielte, der uns heute vielleicht sonderbar erscheint:

Der Wert eines botanischen Gartens lag darin, daß er zum Erkennen Gottes führt. Da jede Pflanze Gottes Schöpfung ist, und Gott in jedem Ding, das er geschaffen hat, ein wenig von sich selbst offenbart, würde eine vollständige Sammlung aller Dinge, die Gott geschaffen hat, Gott zur Gänze offenbar werden lassen.

Die Gründer der ersten botanischen Gärten sammelten also nicht nur zu ihrem Vergnügen, sondern auch im Streben nach Wissen im Sinne von Gotteserkenntnis; mit diesem Wissen wollten sie die Herrschaft über die Natur, die mit dem Sündenfall verlorengegangen war, wiedererlangen. Sie glaubten, den Garten Eden zurückerobern zu können, wenn sie seine in alle Winde verstreuten Stücke sorgfältig einsammelten und zusammensetzten.

In den ersten botanischen Gärten stehen die Pflanzen auf einer schematisierten Weltkarte. Der von einer Mauer geschützte Garten ist rechteckig oder quadratisch – in Padua ist das Quadrat in einen Kreis eingeschrieben – und in die überlieferten vier Abteilungen untergliedert, wie die Gärten Persiens und des frühen Mittelalters. Von einem zentralen Brunnen gehen vier Wege aus. Sie stellen die vier Flüsse dar, die aus dem Paradies fließen, die vier entstandenen Abteilungen repräsentieren die Kontinente Europa, Asien, Afrika und Amerika. Australien und die Antarktis waren noch nicht entdeckt; vor der Entdeckung Amerikas hatte man sich die Viertel ziemlich vage als die vier Enden der Welt vorgestellt.

Innerhalb jeder Abteilung wurden die Pflanzen systematisch geordnet. So bildeten sie eine lebende Enzyklopädie, die als wissenschaftliches Nachschlagewerk zu verwenden war. Auf den Beeten der Abteilungen hatte jede Pflanzenfamilie für ihre Mitglieder einen angestammten Platz.

Der 1632 entstandene botanische Garten von Oxford hat sein ursprüngliches System im wesentlichen bis heute erhalten. Er ist etwas größer als ein Hektar: ein Quadrat mit einer Seitenlänge von rund 115 Meter, das im Norden an die High Street, im Osten an den Cherwell River grenzt. Auf drei Seiten steht noch die vier Meter hohe Mauer, nur an der High Street mußte sie der Old Botany

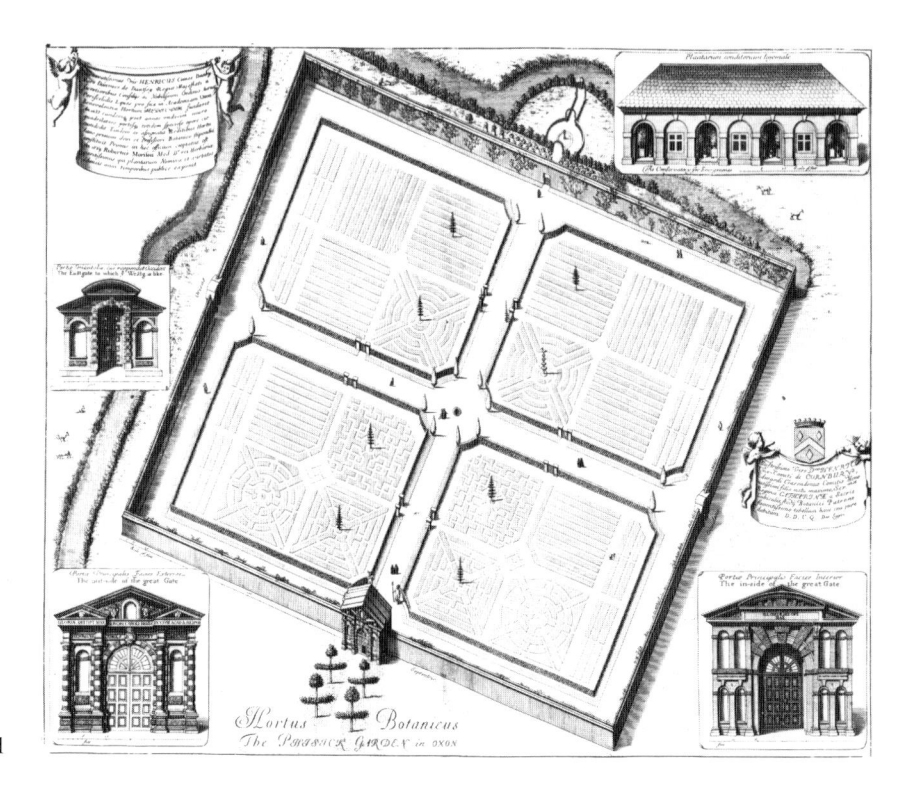

Botanischer Garten Oxford

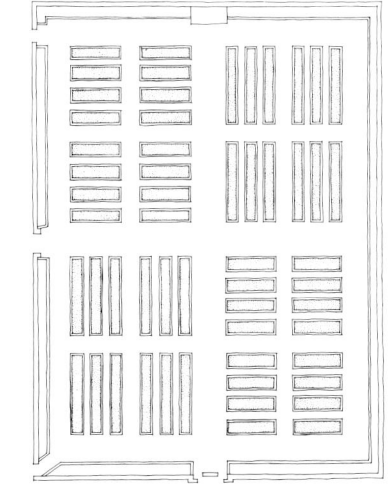

Schematisierte Weltkarte: Die ersten
botanischen Gärten

Leyden

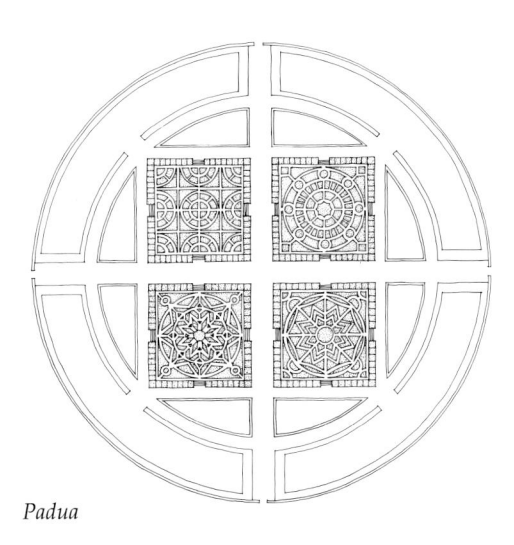

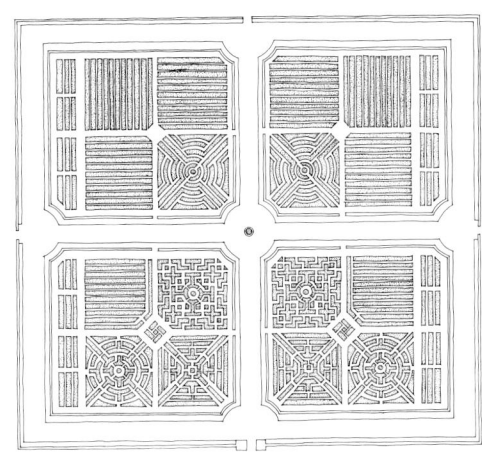

Padua

Oxford

Uppsala

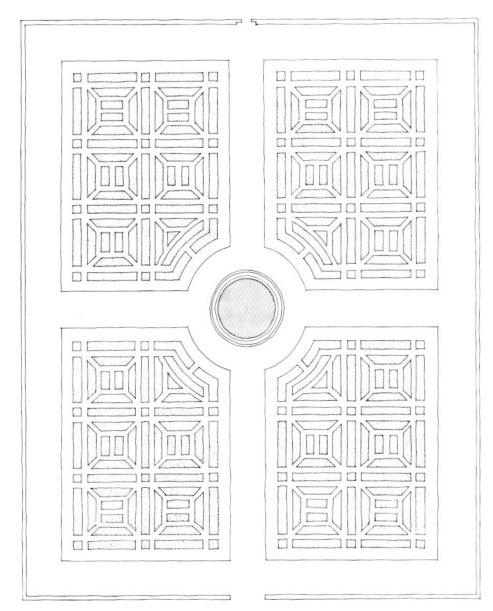

Paris

School weichen; der Eingang zum Garten erhielt ein elegantes klassizistisches Portal von Inigo Jones.

Von einem von hohen Bäumen beschatteten Brunnen in der Mitte gehen vier breite Kieswege aus. Die vier quadratischen Abteilungen sind in lange rechteckige Beete eingeteilt, auf denen Kräuter und Sträucher in Familiengruppen zusammengestellt sind; Bäume und höhere Sträucher stehen auf Rasen. Kletterpflanzen bedecken die Mauern. Es gibt nur wenige, eher pragmatische Konzessionen der Systematik an den Genius des Ortes. Der Führer der Royal Horticultural Society bemerkt dazu lapidar: «Die Mauern bieten eine Reihe von Möglichkeiten für dreihundert verschiedene Kletterpflanzen, wobei die nach Südwesten zeigende Mauer der Old Botany School für die zarteren Pflanzen reserviert ist. Farne, Lilien und Efeu sind an Nordgrenzen gebunden, und neue Bäume werden dort gepflanzt, wo zwischen älteren Exemplaren gerade Platz ist.»

Frühling im Botanischen Garten in Oxford

Der botanische Garten von Oxford spricht eher den Intellekt an als die Sinne, er will weniger genossen als studiert werden. Die meiste Zeit des Jahres strahlt er den stillen Charme einer Gelehrtenbibliothek aus. Nur im Mai und Juni füllt er sich urplötzlich mit Blüten und jungen Entlein, als sei auf dem Collegerasen ein Frühlingsfest im Gange.

Im achtzehnten Jahrhundert waren andere Ideen im Schwange. Die Royal Botanical Gardens in Kew wurden als «natürlicher» englischer Landschaftsgarten mit sanft gewellten Wiesen, malerischen Baumgruppen und mäandernden Bächen angelegt und nicht als begrenzte, umfriedete, viergeteilte Welt. Das neue Weltbild der freien, selbstbewußten, vorwärtsdrängenden modernen Wissenschaft brach sich Bahn und verdrängte die Relikte mittelalterlicher Theologie. In Kew tauchten nach und nach Bauwerke als Sinnbilder des weltumfassenden Empire auf: die *Pagode* von Sir William Chambers steht für den Fernen Osten, das *Palmenhaus* von Decimus Burton für die Tropen, für die Antipoden schließlich das *Australian House*. Von Kew aus dirigierte der große Botaniker Joseph Banks, 1772 von George III. zum Direktor der Gärten ernannt, ein riesiges Unternehmen. Er ließ forschen, sammeln, klassifizieren und züchten, nicht nur mit dem Ziel, das Wissen zu mehren, sondern auch, um den praktischen Bedürfnissen des Empire zu dienen. Auf ihn geht der Anbau von Tee in Indien zurück, und er betrieb die Anpflanzung von Brotfruchtbäumen auf den karibischen Inseln.

Küste bei Sydney

Als junger Mann hatte Banks 1769 an der berühmten Fahrt der *Endeavour* unter Sir William Cook teilgenommen, um von Tahiti aus den Durchlauf der Venus vor der Sonne zu beobachten. Als Assistent begleitete ihn Daniel Solander, ein Schüler von Linné, und als Zeichner Sydney Parkinson. Von Tahiti steuerte die Endeavour nach Neuseeland und von dort nach Südwesten in Richtung auf das riesige, unerforschte *Neuholland*. Am 29. April 1770 um drei Uhr nachmittags setzten Cook und seine Begleiter als erste Europäer den Fuß auf den australischen Kontinent. Ihr Landeplatz in der Nähe des jetzigen Flughafens von Sydney wird noch immer Botany Bay genannt. Banks und Solander sahen die merkwürdigsten Tiere und brachten dem staunenden englischen Publikum von anderen Ende der Welt eine reiche Auswahl exotischer Pflanzen mit.

Südliche Vegetation

Ein reger Tauschverkehr begann. Der Südkontinent schickte Blumen nach London, und London revanchierte sich, nach schicklicher Bedenkzeit, mit einer

Auswahl von 736 handverlesenen Straßenräubern, Taschendieben, Viehdieben, Hehlern, Schwindlern und Fälschern. Denn als Folge der raschen Urbanisierung waren die englischen Gefängnisse gesteckt voll. Selbst die als Notaufnahmelager dienenden verpesteten, verrotteten Schaluppen am Themseufer waren hoffnungslos überfüllt. Massenhinrichtungen erschienen unpraktisch und blieben auf Kapitalverbrecher beschränkt, und die amerikanischen Kolonien waren 1776, sechs Jahre nach der Entdeckung Australiens, als Abladeplatz ausgefallen. So bot sich Botany Bay am Ende der Welt als geeignete Stelle für ein Gulag an. Am 13. Mai 1787 wurden die Segel der Ersten Flotte gesetzt, und mit Gouverneur Arthur Phillip an der Spitze reisten Verbrecher und Soldaten nach Australien.

Doch an Bord befanden sich nicht nur Sträflinge und ihre Bewacher. Unter Sir Joseph Banks' persönlicher Aufsicht hatte Gouverneur Phillip Samen und Pflanzen aus Großbritannien eingeladen. Die Reise ging rund um die Welt und dauerte 252 Tage. Phillip hatte Instruktion, in Rio de Janeiro Kaffee, Kakao, Baumwolle, Bananen, Orangen, Zitronen, Guavas, Tamarinden, Feigenkaktus, Kirschmyrte und Ipecacuanha zu laden. Am Kap der Guten Hoffnung kamen noch Feigen und Bambus, Spanisches Rohr, Zuckerrohr, Weinstöcke, Quitten, Äpfel, Birnen, Erdbeeren, Eichen, Myrte, Reis, Weizen, Gerste und Mais dazu. Mit der Landung der Flotte in einer großen, geschützten Bucht nördlich von Botany Bay, dort, wo heute Sydney liegt, begann die botanische Kolonisation.

Am 1. Juli 1788 legte Phillip den Grundstein für eine Regierungsfarm in Farm Cove, östlich vom heutigen Sydney Cove, und ließ vier Hektar Weizen ansäen. Ein Gedenkstein erinnert heute an den Ort, wo «Agrikultur und Gartenbau eines Kontinents begann».

In der Stadtplanung für Sydney hatte Phillip um das Regierungsgebäude ein großes Gartenareal vorgesehen. Das Gelände wurde von seinem Nachfolger William Bligh, dem berüchtigten Kapitän der Bounty, noch erweitert. 1810 ließ Gouverneur Lachlan Macquarie um das ganze Gelände einschließlich der Felder von Farm Cove eine Mauer ziehen und 1816 eine Straße durch das Gelände bauen. Sie endet an einer Klippe am Strand, die heute *Mrs. Macquerie's Chair* genannt wird. Das war der Anfang des botanischen Gartens von Sidney; er liegt an der Stelle, wo einst der erste Weizen ausgesät wurde, und neben dem Hafen, an dem die lange Heimreise nach London beginnt. Die Anlage entwickelte sich zu einem der großen botanischen Gärten der südlichen Halbkugel, zusammen mit den gleichaltrigen Anlagen in Rio de Janeiro, Pamplemousses auf Mauritius, Bogor auf Java, Hobart auf Tasmanien und Melbourne.

Der Garten besteht zunächst aus erstaunlich grünen, kurzgeschorenen Rasenflächen, die zum strahlend blauen Wasser des Hafenbeckens hinabführen (als sei es einer der silbrigen Seen Capability Browns). Enorme Feigenbäume schützen den Garten vor der sengenden Sonne: Port Jackson Feigen, die möglicherweise schon immer dort gestanden haben, Moreton Bay Feigen aus den Regenwäldern Nordaustraliens und Banyanbäume von den Südseeinseln. Aus vorkolonialen Zeiten haben ein paar Rieseneukalyptus überlebt, und die Straße zu Mrs. Macquarie's Chair wird von steinalten Sumpfmahagonibäumen gesäumt. Hohe Kiefern aus Norfolk Island, einer anderen Sträflingsinsel im Südpazifik, bilden den vertikalen Gegenpol zu den ausladenden Feigenbäumen. Dazwischen stehen Drachenbäume von den Kanarischen

Botanischer Garten Sydney: Lageplan

Das Ende der Reise zu den Antipoden

128 · ORTE der VERGANGENHEIT

Inseln mit ihren bizarren Formen und aufgeplusterte australische Flaschenbäume. Es gibt auch alle möglichen englischen Laubbäume, aber sie weigern sich, im Herbst ihre Blätter zu verfärben. Den leuchtendsten Farbfleck bilden die flammendroten Blüten auf den unbelaubten Zweigen der Flamboyants aus den tropischen Regenwäldern des Nordens. Einträchtig teilen sich einheimische und europäische Pflanzen die Blumenbeete.

Hatten die Gründer der ersten botanischen Gärten auf einem Grundrißschema der bekannten Welt die Einzelstücke aus Gottes Schöpfungswerkstatt arrangiert und hatte man in Kew die Ergebnisse großer wissenschaftlicher Unternehmungen in einem eleganten Park versammelt, so überlappen sich in den Gärten von Sydney die Wunder der einheimischen Vegetation mit Erinnerungen an die verlorene grüne Heimat am anderen Ende der Welt. In den Mauern dieses ruhigen, schattigen Ortes rücken die Antipoden aneinander; die Spannweite der Welt schrumpft auf die Zeit eines Sonntagsspaziergangs, und die furchtbare Entfernung, die frühe Kolonisten vor Heimweh krank werden ließ, verliert ihren Schrecken.

Heute nährt eine Pflanzensammlung keine Hoffnung mehr auf die Rückgewinnung des Paradieses, keinen Stolz mehr auf ein Weltreich; große Entfernungen schlagen in der Welt der Satellitenverbindungen und Jumbojets nicht mehr aufs Gemüt. Aber Pflanzen haben die Macht behalten, unsere Phantasie zu beflügeln. Man denke an die Südseepalme, die uns, vor dem Londoner Winter geschützt, im Palmenhaus von Kew anlächelt, oder an die rührende englische Gartenstaude unter dem ausladenden Blätterdach eines Banyanbaums, das sie vor Sydneys brennender Sommersonne beschirmt. Eine Blüte kann verlorengeglaubte Erinnerungen wecken, und ein Duft trägt die Phantasie über die Meere.

PILGERWEGE

Szenenbild und Sammlungsstück sind wie Substantive in der Sprache: Worte, die für eine Sache stehen. Sie sind Metaphern und Metonyme. Auch der Begriff *Pilgerweg* ist ein Substantiv, doch er fordert zu einer Handlung auf: Menschen *gehen* auf eine Wallfahrt, gehen auf die Suche. Dabei nehmen sie unterwegs Opfer in Kauf, Unbequemlichkeit, Not, sogar Gefahren. Auf einem Pilgerweg hat jedes Ziel seinen Preis, und er wird gern gezahlt. Unsere Sagen und Märchen sind voller Pilgergeschichten, in denen einer auszieht, um die Hindernisse zu überwinden, die den Weg zum Ziel verlegen: der Ritter auf der Suche nach dem heiligen Gral, Herakles' Prüfungen auf dem Weg zur Unsterblichkeit; junge Helden auf der Jagd nach einem Preis, den sie schließlich erlangen, sei es ihre männliche Reife oder die Hand der Prinzessin.

Soweit bekannt, lauern heute weder Drachen noch andere schreckliche Gefahren in den Gärten. Doch man kann jeden Garten so anlegen und gestalten, daß der Weg hindurch zu einem abwechslungsreichen und aufregenden Erlebnis wird; ohne es zu merken, wird der Wanderer auf ein bestimmtes Ziel gelenkt. Seine Ankunft wird mit einer Ruhebank oder einer plätschernden Quelle belohnt, so wie der Leser einer guten Geschichte vom Autor zum Höhepunkt geführt und dann zum Ende weitergeleitet wird.

Pilgergärten sind ebensowenig eine eindeutige Kategorie wie Gärten als Szenenbilder oder als Sammlungen. In der Praxis sind alle Gärten

Mischformen; mit größter Wahrscheinlichkeit führt ein Pilgerweg durch eine Folge von Szenenbildern, und am Wegesrand offenbaren sich Szenen wie aus einer Sammlung. So bildet Katsurarikyu, das wir als Sammlung von Stimmungen und Anspielungen vorgestellt haben, zugleich auch einen sorgsam angelegten Pilgerweg um einen Teich herum.

Zwischen Pilgergarten und Erzählung gibt es viele Parallelen, auch wenn Raum und Zeit vertauscht sind. Eine Geschichte entwickelt sich in der Zeit, der Autor muß das Kunststück vollbringen, den Raum für die Handlung erzählerisch zu umschreiben. Ein Pilgergarten besetzt zunächst den Raum, der Architekt muß den Ablauf der Zeit herstellen, indem er der Bewegung durch den Raum einen Rhythmus gibt. Der Pilgerweg mag an einem anderen Ort enden als dem, an dem er beginnt; oder er kann den Pilger an den Anfang zurückführen, so wie die junge Leseratte die Gewißheit hat, am Ende ihres Märchens wieder heil zu Kaffee und Kuchen zurückzukehren, und wenn noch so viele Drachen am Wege gelauert haben.

Amarnath

Die zahllosen Schreine und Tempel des Gottes Shiva sind immer nach dem gleichen Muster gebaut. Im hinduistischen Glauben ist der heilige Berg Meru das Zentrum des Kosmos. Deshalb erhält der höchste Berggott Shiva als sein Heiligtum eine dunkle Höhle in einem massiven Steinaufbau als abstrahiertem Bergmassiv. Darin steht aufrecht der *Lingam*, das Symbol Shivas, der erigierte Phallus. Der Gläubige ersteigt den Berg bis zur Höhle, tritt ein und legt seine Opfergaben neben den Lingam.

Nach diesem Muster ist der Riesentempel Larajonggrang in Prambanan auf Java gebaut, ebenso der Minitempel Pandrethan bei Srinagar in Kaschmir. Larajonggrang steht als Steinbau mit vier gleichen Seiten auf einer erhöhten Plattform; vier Treppen führen hinauf, jede endet in einer dunklen Kammer. Eine der Kammern führt in das zentrale Heiligtum, eine andere enthält ein Abbild von Shiva, eine das von Ganesh und eine das von Durga. Dasselbe Muster finden wir am anderen Ende der Hinduwelt: Fünf Kilometer außerhalb Srinagars steht Pandrethan, auf einer Grundfläche von fünf mal fünf Meter, mit seinem gestuften Sockel im Wasser. Von allen vier Seiten führen je vier Stufen zur einzigen, zentralen Kammer. Dort steht der steinerne Lingam inmitten von Opferblumen; auf ihn tropft Wasser als weiteres Symbol für Lebenskraft und Fruchtbarkeit.

Im Himalaya östlich von Pandrethan in viertausend Meter Höhe liegt zwischen Gletschern die riesige natürliche Höhle *Amarnath*. Sie birgt ein besonderes Geheimnis: einen anderthalb Meter hohen Lingam aus Eis. In den Sommermonaten tropft Wasser darauf und gefriert. Nach der Sage nimmt der Lingam mit den Phasen des Mondes zu und ab und ist am größten am *Sravana Purnima*, dem Tag des Augustvollmonds.

Geheimnisse gebären Legenden. Es heißt, daß Shiva selbst in der Höhle lebt, in Gesellschaft zweier Tauben. Auch Vishnu soll auf dem Rücken einer tausendköpfigen Schlange aus dem benachbarten See Sheshnag dorthin aufgestiegen sein. Die symbolische Kraft der Höhle gilt so viel, daß die Asche der ermordeten Indira Ghandi hier verstreut wurde. Und jedes Jahr steigen zum Sravana-Purnima-Tag Zehntausende von Pilgern von Kaschmir aus zur Höhle hinauf.

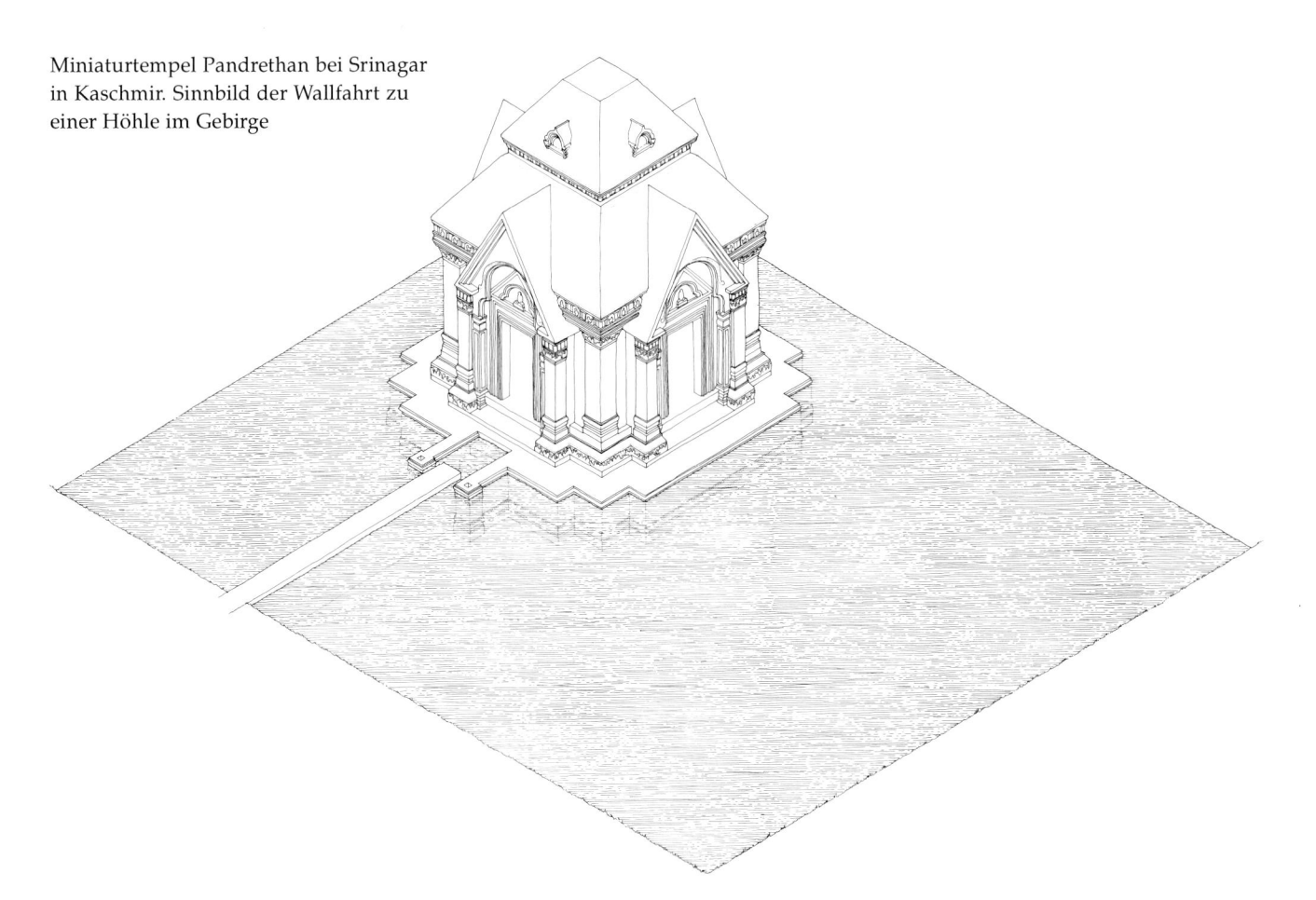

Miniaturtempel Pandrethan bei Srinagar in Kaschmir. Sinnbild der Wallfahrt zu einer Höhle im Gebirge

Sie kommen aus allen Ecken des Subkontinents, Alte und Junge aller Kasten. Unter ihnen sind nackte, mit Asche eingeriebene Asketen, die *Sadhus*, und feiste Geschäftsleute aus Bombay mit Aktentaschen unterm Arm, Soldaten in Uniform, junge Frauen im Sari mit Babies im Arm, herrische Greisinnen aus den Slums, ganze Familien mit kompletter Campingausrüstung, Scharen rucksack- und kamerabewaffneter Touristen. Der Weg führt durch Dörfer, die von Moslems bewohnt werden. Dort ist das Verständnis für Eisidole wahrscheinlich nicht besonders groß, doch man vermietet den Ungläubigen Pferde für den steilen Weg.

Bevor in Kaschmir moderne Straßen gebaut wurden, starteten die Pilger von Srinagar zu Fuß. Heute beginnt der klassische Pilgerweg am Erholungsort Pahalgam inmitten der Bergwiesen des oberen Liddertals, östlich von Srinagar. Eine zweite, noch schnellere Route geht von der Ortschaft Baltal im Sindtal aus, weiter im Norden. Baltal liegt am Fuß des Zojilapasses, über den die Straße nach Ladakh führt. Im Amravatital, wenige Kilometer vor der Höhle Amarnath, stoßen beide Wege zusammen.

Die Baltalroute führt aus den Kiefernwäldern des Sindtals steil bergauf bis über die Baumgrenze in die Granit- und Schieferberge Kuth Pathar und Nagin Pathar zum Brarimargpaß. Dann folgen ein steiler Abstieg ins Sanghamtal und ein ebenso steiler Aufstieg über den nächsten Paß, um im Amravatital auf den Weg von Pahalgam zu treffen.

Wer schnell und gut zu Fuß ist, kann die Baltalroute in einem Tag hin und zurück bewältigen. Die meisten Pilger benutzen aber den längeren Weg von Pahalgam aus und sind zwei bis drei Tage unterwegs. Man kann in riesigen, überfüllten Camps übernachten; Panditen lesen aus dem Sanskrittext

Etappen auf dem Pilgerweg nach Amarnath

Abstieg ins Sanghamtal

Rast am Pilgerweg

Amravatital

Der schwarze Schlund der Höhle

Zeltstadt am Fuß des Berges

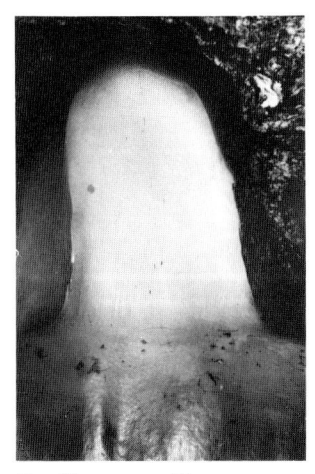

Der Lingam aus Eis

Amarkatha die Geschichte der Wallfahrt vor. Hinter dem Dorf Chandawari beginnt an der Flanke des Pissu Ghati ein steiler Aufstieg bis zu einer Schulter, auf der dann der Weg in großer Höhe oberhalb des Tals bis zum Sheshnagsee führt, aus dem Vishnu auf seiner Schlange emporstieg. Über den Mahagunaspaß und die Panchtarni-Hochfläche erreicht man die blumenreichen Täler im Quellgebiet des Sind. Hier vereinigt sich der Weg mit der Baltalroute. Gemeinsam geht es im immer enger werdenden Tal des Amravati flußaufwärts, bis sich das Tal plötzlich zu einem Kessel weitet. Schon aus der Ferne erblickt man inmitten heller Gipsfelsen auf fast viertausend Meter Höhe den schwarzen Schlund der Höhle. Unter ihr breitet sich ein großes, von gletschergeschmückten Fünftausendern umstandenes Amphitheater aus, in das der Wasserfall der Amravatiquelle stürzt.

Bei der klassischen Wallfahrt muß der Pilger das Amphitheater am Abend vor der Vollmondnacht erreichen, um am nächsten Morgen bei Sonnenaufgang zur Höhle hinaufzusteigen. Aus der belebten Zeltstadt am Fuß des Berges ziehen dann die Pilger in langer Reihe den gewundenen Pfad hinauf zur Höhle, treten in das Heiligtum Shivas ein, singen Gebete und legen ihre Gaben an den Lingam, der langsam zu schmelzen beginnt.

Glücklich und erfüllt von der erfolgreichen Wallfahrt, die Stirn mit einem roten Punkt aus Sandelholzpaste markiert, begibt sich der Pilger auf den schnellen Abstieg. Man hat Entbehrungen erlitten, aber man hat den Gott erblickt.

Amarnath ist wild und schön, aber das sind auch andere Orte im Himalaya. Einzigartig wird es erst durch menschliches Handeln: die alljährliche Pilgerfahrt, mit der eine Legende immer wieder erneuert wird. Jedes Jahr taucht der Ort aus undurchdringlichem Schnee hervor, wird in wenigen Tagen von Tausenden besucht und sinkt wieder zurück in Kälte und Schweigen. In seinem Buch *An Area of Darkness*[24] erkennt V.S. Naipaul den Flüssen, Seen und Bergen um Amarnath nur eine bedingte Wirklichkeit zu:

Man konnte sich niemals mit ihnen anfreunden; nie sah man die ganze Wahrheit, viel zu kurz nur lüfteten sie ihren Schleier. Man mochte sie im Vorübergehn ein wenig stören: ein losgetretener Stein, der in den Fluß poltert; aufgewirbelter Staub, schmutziger Schnee am Wegrand. Doch kaum hatte der letzte Pilger ihnen eilig den Rücken gekehrt, rückten sie wieder in unerreichbare Ferne. Millionen hatten den Weg beschritten, doch blieb von ihnen kaum ein Kratzer zurück auf der nackten Haut der Berge. Jedes Jahr kam der Schnee und verwischte alle Spuren; jedes Jahr wuchs der Lingam aus Eis in der Höhle. Das Mysterium war immer wieder neu.

Lamayuru

Von Kaschmir aus führt, vorbei an den Wegen nach Amarnath, eine Paßstraße über den Zojilapaß ins obere Industal, in eine hochgelegene, harte, gefährliche Landschaft namens Ladakh. Hier durchläuft der Indus, aus Tibet kommend, ein Hochtal zwischen 3500 und 5000 Meter, bevor er sich in die indische Ebene ergießt.

Im Hochsommer beherrschen drei Farben die Gebirgslandschaft Ladakhs. Das helle Grün der Felder und Weiden bedeckt den flachen, bewässerten Talboden. Hier grasen Kühe, Yaks und Schafe, verstreut liegen Dörfer und kleine Weiler. Gegen das Grün des Talbodens kontrastieren die braunen Berghänge aus Granitgeröll und nacktem Fels; leblos und reglos liegen sie still im gleißenden

Licht der Sonne. Und über den hohen, scharfen Graten und Gipfeln breitet sich der tiefblaue, wolkenlose Sommerhimmel. Himmel und Erde erscheinen wie zwei parallele Flächen von reiner, vollkommener Farbigkeit, eingeschlossen dazwischen die abweisenden Berge.

Durch das Land verlief jahrhundertelang die wichtigste Karawanenstraße von Tibet nach Indien, die gleichzeitig, als Verbindung von Yarkand nach Bombay, auch eine Nebenlinie der Seidenstraße war. Wegen dieser wichtigen strategischen Lage war Ladakh immer wieder Ziel von Raubzügen und Überfällen aus Kaschmir und Jammu oder aus Tibet. In den hochgelegenen Tälern leben die Menschen daher im Schutz von Trutzburgen, die ein feines Spinnennetz von Wegen miteinander verbindet. Es gibt alte Königspaläste in Shey, Ley, Stok, Basgo und Tingmo-sgang und zitadellengleiche buddhistische Klöster aus dem

Bewässerter Talboden in Ladakh: Chendey

Dorf in Ladakh: Zulidok

Trutzburg auf den Felsen: Chendey

Ein Palast beherrscht den Talschluß: Trakhtok

fünfzehnten Jahrhundert und später. Einige unbefestigte Klöster stammen aus früheren, friedlicheren Tagen. Wie die Akropolis einer griechischen Stadt steht eine solche Burg dort, wo sie die Umgebung beherrscht und leicht zu verteidigen ist. An ihrem Fuß liegen die Dörfer und Felder.

Die Königspaläste und die meisten Klöster, wie Mulbek, Rizong, Lamayuru, Spituk und Phiyang stehen auf hohen Felsen im Tal oder auf Vorsprüngen der Bergwände. Andere, zum Beispiel Hemis und Trakhtok, beherrschen den Talschluß oder kleben, wie der kleine Schlupfwinkel von Shergol, an den nackten Felswänden wie Schwalbennester.

Ihre dicken Wände aus Lehm und Bruchsteinen, strahlend weiß getüncht, heben sich im Sonnenlicht blendend ab gegen blauen Himmel und braune Felswände. Schon aus vielen Kilometern Entfernung erkennt sie der Pilger leicht: die dunkelfarbig umrandeten Fenster starren ihn an wie maskarageschminkte Augen. Vergoldete Knäufe zieren die Dachspitzen; Gebetsfahnen und Zotteln aus Yakhaar flattern im Wind.

Jede Zitadelle ist um einen Innenhof gebaut. Von hölzernen Galerien umgeben, entsteht im Schutz der Gebäude ein sonniger, windgeschützter Platz, auf dem Packesel mit Lasten ankommen oder neu beladen werden, Feuerholz geschichtet wird und schwatzende Mönche in warmen Ecken stehen. Aus den Fenstern der Seitengebäude hat man einen weiten Blick auf die Dörfer und Felder im Tal. Im tiefen Winter finden in den Höfen Mysterienspiele mit Maskentänzen statt.

Wo auch immer der Wanderer seinen Fuß hinsetzt auf den schmalen, holprigen Wegen, die Paläste, Burgen und Klöster miteinander verbinden, oder auf den verschlungenen Gassen der Dörfer, sein Schritt wird begleitet vom stillen, doch augenfälligen Chor der endlos sich wiederholenden Mantras: *Om Mani Padme Hum* (O du Kleinod im Lotos – du Buddha im Herzen der Menschen). In den Klosterhöfen sitzen Mönche und drehen geduldig ihre Gebetsmühlen. Gebetsmühlen stehen auch am Wegesrand, an strategisch wichtigen Plätzen, und warten darauf, daß der Vorübergehende sie schnell einmal dreht. Auf hohen Stangen flattern Gebetsfahnen, andere hängen an Leinen und sind wie zarte Spinnweben zwischen Spitzen und Klippen aufgehängt.

Nähert man sich einer Ortschaft, wird man als erstes von einer Reihe *Tschörten* begrüßt. Tschörten sind kleine, weißgetünchte Reliquienschreine in Gestalt von *Stupas* mit individueller Bedeutung. Der Religionsgeschichtler Guiseppe Tucci beschreibt sie als Bauwerke, «die dafür bestimmt sind, die letzte Wesenheit des

Wie ein Schwalbennest an nackter Felswand: Shergol

Geschützter Innenhof: Chendey

Gebetsfahnen bannen Gefahren

Ausblick aus schützenden Klostermauern

Buddha und jedes anderen erschaffenen Wesens, das kraft seiner Askese den Körper Buddhas erreicht hat, zu symbolisieren». Am Rand des Weges zu einem armen Dorf erwarten den Wanderer vielleicht nur einige wenige Tschörten; es gibt aber auch tschörtengesäumte lange Prachtstraßen, die zu einem wichtigen Ort führen. Oft werden die Reihen der Tschörten von kilometerlangen Mani-Mauern aus Zehntausenden von flachen, glatten Steinen begleitet. Alle sind mit einem Mantra beschrieben und wurden über Jahrhunderte von Pilgern übereinandergeschichtet. So wird die Annäherung an einen Ort zu einem ständig von Gebeten begleiteten Pilgerweg von Tschörten zu Tschörten.

Besonders ergreifend ist der Weg zum großartigen Kloster Lamayuru. In einem engen Tal zwischen steilen Felswänden trifft man nach einer Biegung auf das erste Zeichen menschlicher Anwesenheit, auf einen einsamen Tschörten. Doch ist er nur der erste in einer Reihe von Hunderten, die den weiteren Weg säumen und mit einer langen Mani-Mauer verbunden sind. Allmählich öffnet sich das Tal, es gibt Platz für Felder, auf deren Ertrag das spärliche Leben der Siedlung beruht. Ab und zu trifft man jetzt einen Reisenden mit Yaks oder Eseln, sieht Leute bei der Feldarbeit. Doch die wenigen, flüchtigen Zeichen menschlicher Existenz verschwinden fast vor dem ewigen Choral der Mantras auf Zehntausenden von Mani-Steinen.

Auf einem Berg, der sich in weiter Ferne unvermittelt aus dem Tal erhebt, zeigt sich jetzt das Kloster. Darunter, auf den Hängen verstreut, liegen einige Dörfer. Der Anstieg zum Kloster führt durch die von Gebetsmühlen gesäumten Dorfstraßen. Endlich betritt man den geschützten Klosterhof. Er ist von Hallen umgeben, in denen mit Yakbutter gespeiste Lämpchen brennen. In ihrem Flackern erkennt man auf *Tangkas* gemalte Bilder von Göttern und Dämonen,

Annäherung an Lamayuru

Weg durchs Tal

Mani-Mauer

Choral der Mantras auf Mani-Steinen

Dorfstraße

Rückblick vom Kloster auf den Weg

daneben Mandalas, Gold- und Silberschätze und zur größten Überraschung mehrere Polaroidfotos des Dalai Lama. Anders als Amarnath gehört die Landschaft von Lamayuru nicht den Göttern. So karg sie auch ist, hier leben Menschen. Die Spuren des Wanderers werden nicht jedes Jahr wieder vom Schnee getilgt; die langen Linien der Mani-Mauern werden den Weg, den er genommen hat, auch in Zukunft nachzeichnen. Sein Ziel ist nicht ein Wunder der Natur, sondern eine Schöpfung von Menschenhand; den Weg dahin begleitet der Rhythmus der Tschörten. Viele tausend Manisteine in den Mauern, jeder einzelne ein Geschenk der Dankbarkeit für eine gesunde Ankunft, erzählen von all den Pilgern, die an ihnen vorbeigezogen sind.

Rousham

Die englische Landschaft ist in ein heiteres, sanftes Grün getaucht; sie ist, im Sinn von Burke, schön, aber nicht so erhaben wie der Himalaya. Auch hatten die adligen Gärtner des achtzehnten Jahrhunderts recht wenig gemeinsam mit tibetanischen Lamaisten oder Verehrern von Shiva. Doch auch sie schufen Pilgerwege, denen man zu Fuß oder zu Pferd, von einer Anspielung zur nächsten, folgen kann. Ihre Stationen wecken die Empfindungen des klassisch gebildeten Menschen, der mit den Landschaftstheorien von Alexander Pope und Horace Walpole wohl vertraut ist.

Walpoles große Gartentheorie *On Modern Gardening*[25] liest sich wie eine vergnügliche Abenteuergeschichte mit mutigen Helden, ihren großen Taten und verblüffenden Entdeckungen. Keiner kommt darin besser weg als William Kent, Architekt, Maler und Gartenkünstler zugleich. «In diesem Augenblick betrat Kent die Bühne», schreibt Walpole. «Er war Maler genug, den Charme einer Landschaft zu spüren, er war kühn und willensstark genug, etwas Neues zu wagen und anderen zu diktieren; er trug das Genie in sich, den großen Wurf zu wagen, wo andere halbherzige Versuche machten. Er sprang über den Zaun und sah, daß die ganze Natur ein Garten war.»

Der Park von *Rousham House* am Cherwell River, nicht weit von Oxford, rechtfertigt Walpoles Begeisterung. Er nannte ihn das fesselndste Opus, das Kent je geschaffen habe. Von allen englischen Gartenanlagen des achtzehnten Jahrhunderts gehört Rousham zu den am besten erhaltenen; im Lauf der Zeit ist es zu einer strahlend schönen, stillen Vollkommenheit gereift. Wir wollen uns, von Walpole und Pope geleitet, auf den Pilgerweg durch Rousham begeben.

Der Park erstreckt sich am Ufer des Cherwell, dort, wo der kleine Fluß im rechten Winkel von Süd nach Ost abbiegt. Über den Fluß blickt man auf ein weites Tal mit flachen Feldern und langen Hecken bis zu den fernen Hügeln von Cotswold, die das Tal begrenzen. Am diesseitigen Ufer liegt ein schmaler Streifen flachen Talbodens, an dem die von Rousham nach Norden und Osten abfallenden Hänge enden. An der Biegung des Flusses stoßen die Hänge im Winkel aneinander und bilden eine absteigende Mulde, die ursprünglich eine Kette übereinandergestaffelter Fischteiche barg. Rousham House, gebaut im frühen siebzehnten Jahrhundert, steht am Ende einer weiten, freien Fläche über dem Flußhang. Die den Cherwell überspannende Heyford Bridge aus dem dreizehnten Jahrhundert bildet die Nordwestecke des Parks, das Dorf Rousham die Ostgrenze.

Wie viele alte Gärten ist auch Rousham ein Palimpsest, eine mehrfach geänderte Anlage aus übereinanderprojizierten Ideen, getilgten Plänen und ausgeführten Entwürfen, wie eine immer wieder neu beschriftete Fläche. Im Osten des Hauses liegen alte formale Gärten als Andenken an die Zeit vor Kents Wirken: eine sonnige, von einer Mauer umgebene Anlage mit Taubenhaus und Rosenbüschen, einem Friedhof aus dem Mittelalter und einem rechteckigen Küchengarten. Um das Jahr 1720 hatte Charles Bridgeman einen umfassenden Entwurf für den späteren Park angefertigt. Alexander Pope kannte und bewunderte das Rousham aus dieser Zeit; manchmal wird auch gesagt, er habe an Bridgemans Entwurf mitgearbeitet. Um 1730 begann Kent. Er änderte Bridgemans Schema grundlegend und fand für vieles eine radikal neue Lösung. Seine Wege und Teiche gibt es heute noch, und was er vor 250 Jahren anpflanzen ließ, zeigt sich heute in großer Pracht.

Horace Walpole zählte Bridgemans Entwurf zu den eher halbherzigen Versuchen; doch schon Bridgeman lenkte Auge und Phantasie auf ferne Horizonte, so wie Le Nôtre ein Jahrhundert vor ihm im Entwurf für Vaux-le-Vicomte. Mit dem quer durch den Auwald geschlagenen großen rechteckigen Rasenplatz des *Bowling Green* vor dem Haus öffnete Bridgeman den Blick nach Norden bis zu den Hügeln jenseits des Cherwelltals. Der Rasenplatz, eingefaßt von Kieswegen und voller Gänseblümchen im Frühling, ist erhalten. Im Osten und Westen geht er in grasbewachsene Böschungen über, und am Nordrand steht in der Symmetrieachse die flechtenüberzogene Skulptur eines Löwen, der ein Pferd anfällt (von P. Scheemaker aus dem Jahr 1740). Hinter der Skulptur fällt ein grasbewachsener Hang erst steil, dann flacher werdend, an beiden Seiten von üppigem Immergrün gerahmt, zum Flusse ab.

Für die bewaldeten Hänge nordwestlich von Haus und Flußknie hatte Bridgeman ein System gerader Wege entworfen; sie durchschnitten den Wald und verbanden Wahrzeichen und Ruheplätze miteinander. Auch die Fischteiche in der Mulde zwischen Nord- und Osthang ordnete er entlang

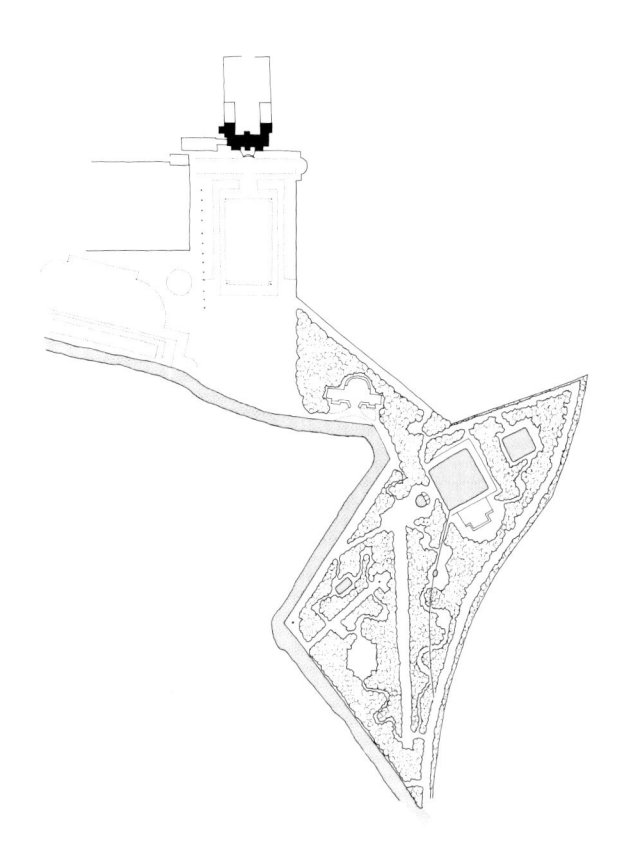

Charles Bridgemans Entwurf für
Rousham, um 1720

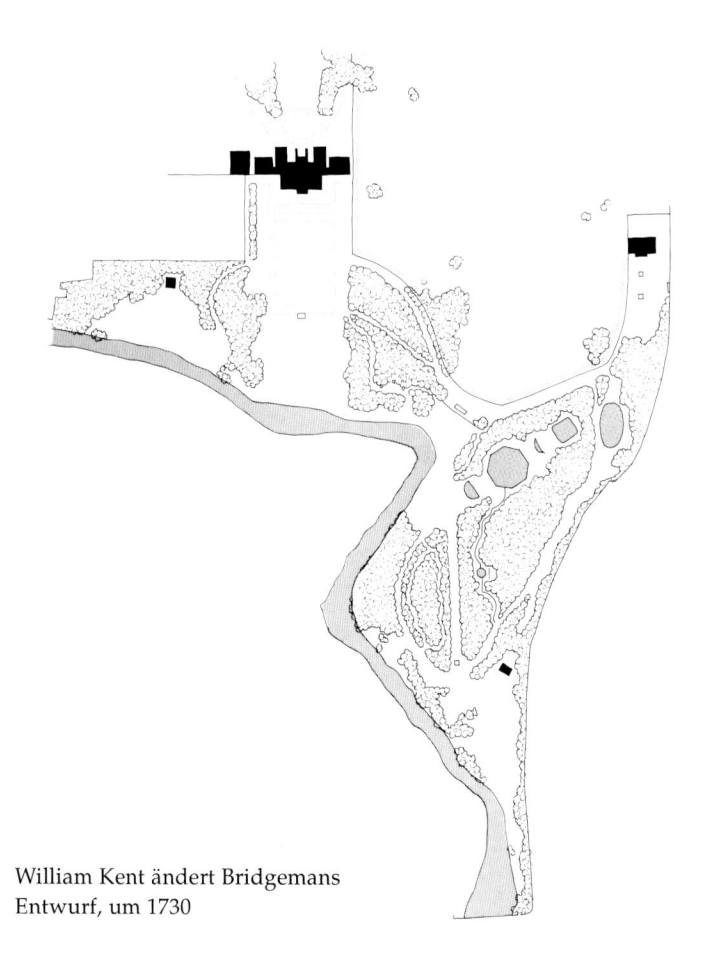

William Kent ändert Bridgemans
Entwurf, um 1730

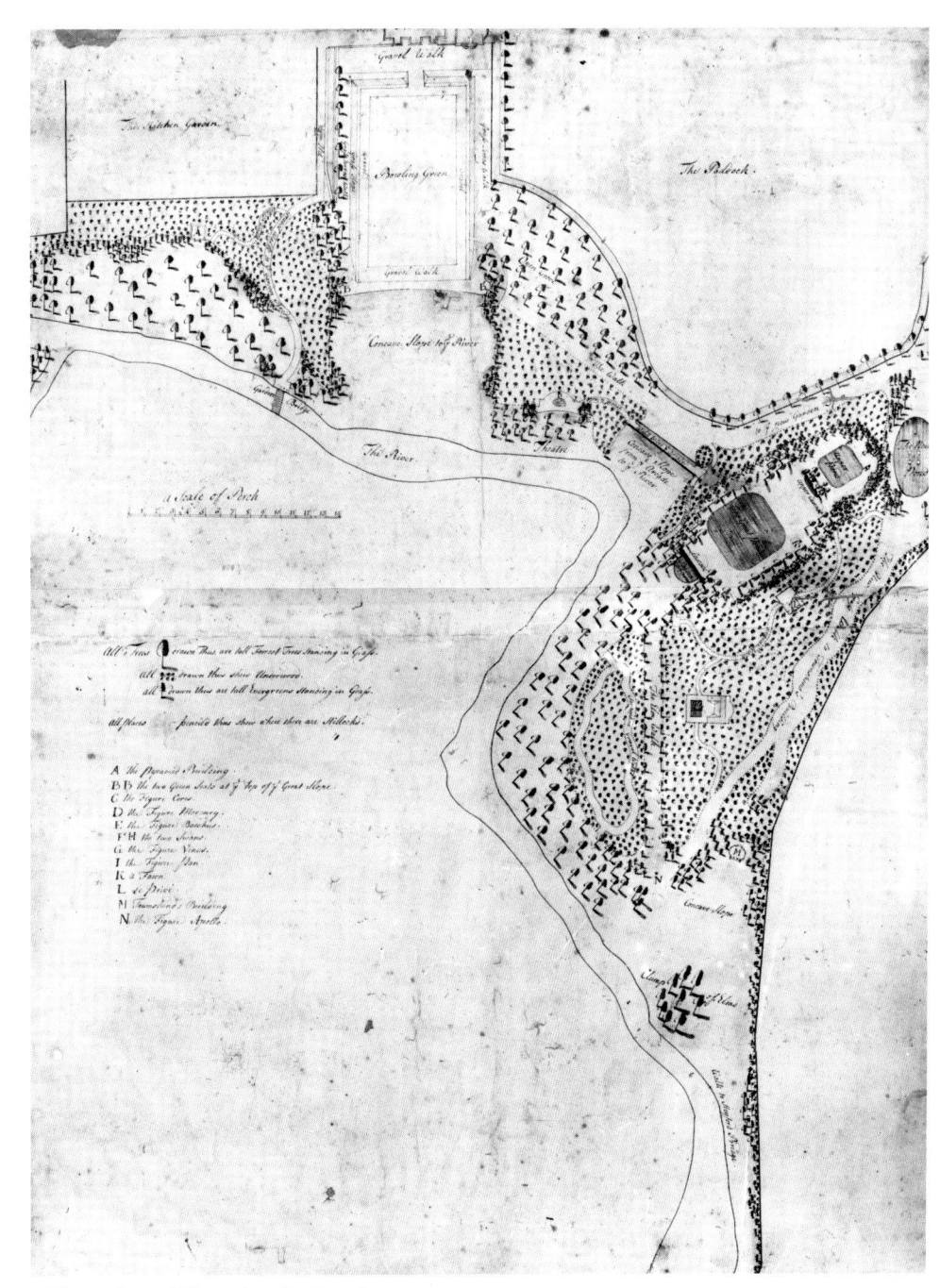

William Kents Pflanzplan für Rousham

ROUSHAM

Gesamtansicht

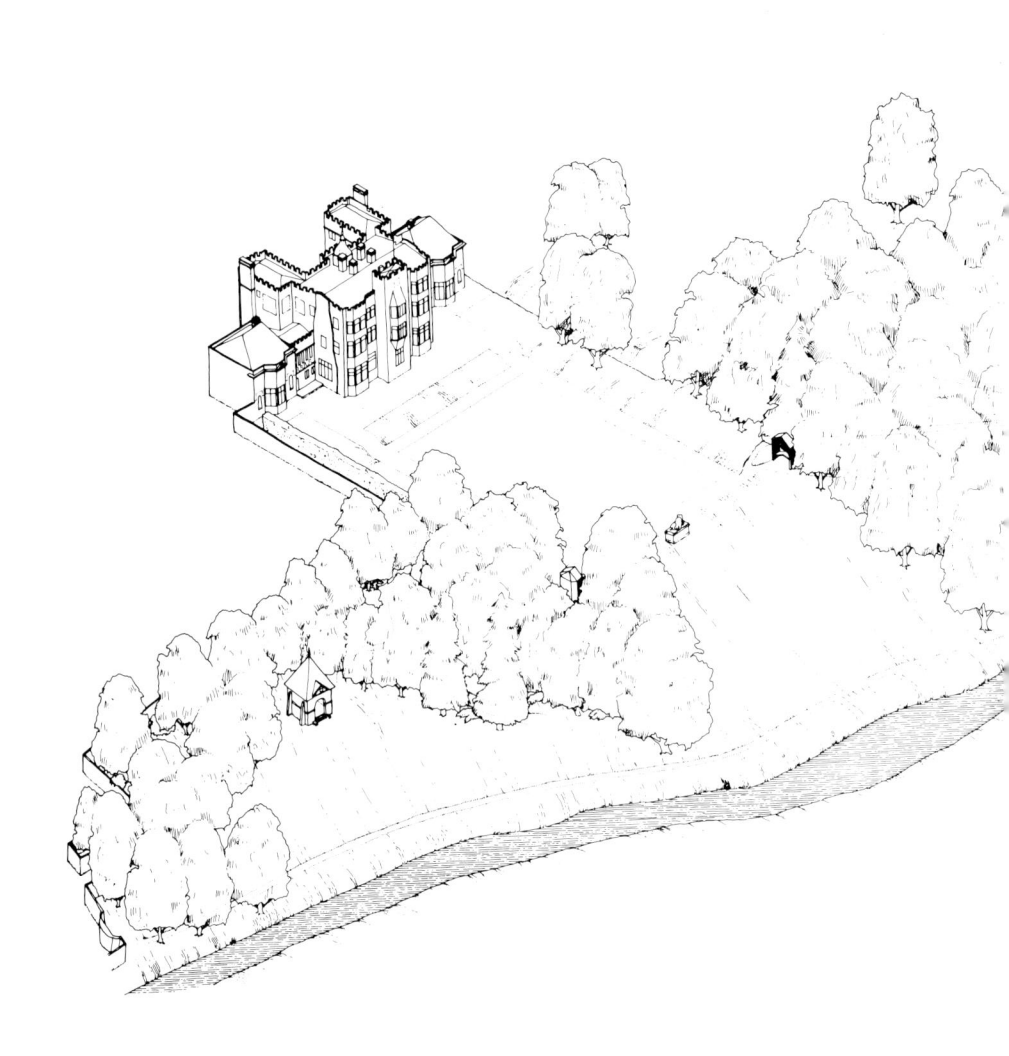

140 · ORTE der VERGANGENHEIT

141 · ORTE der VERGANGENHEIT

ROUSHAM

Gewässer, Gelände und Bauwerke

Pflanzplan

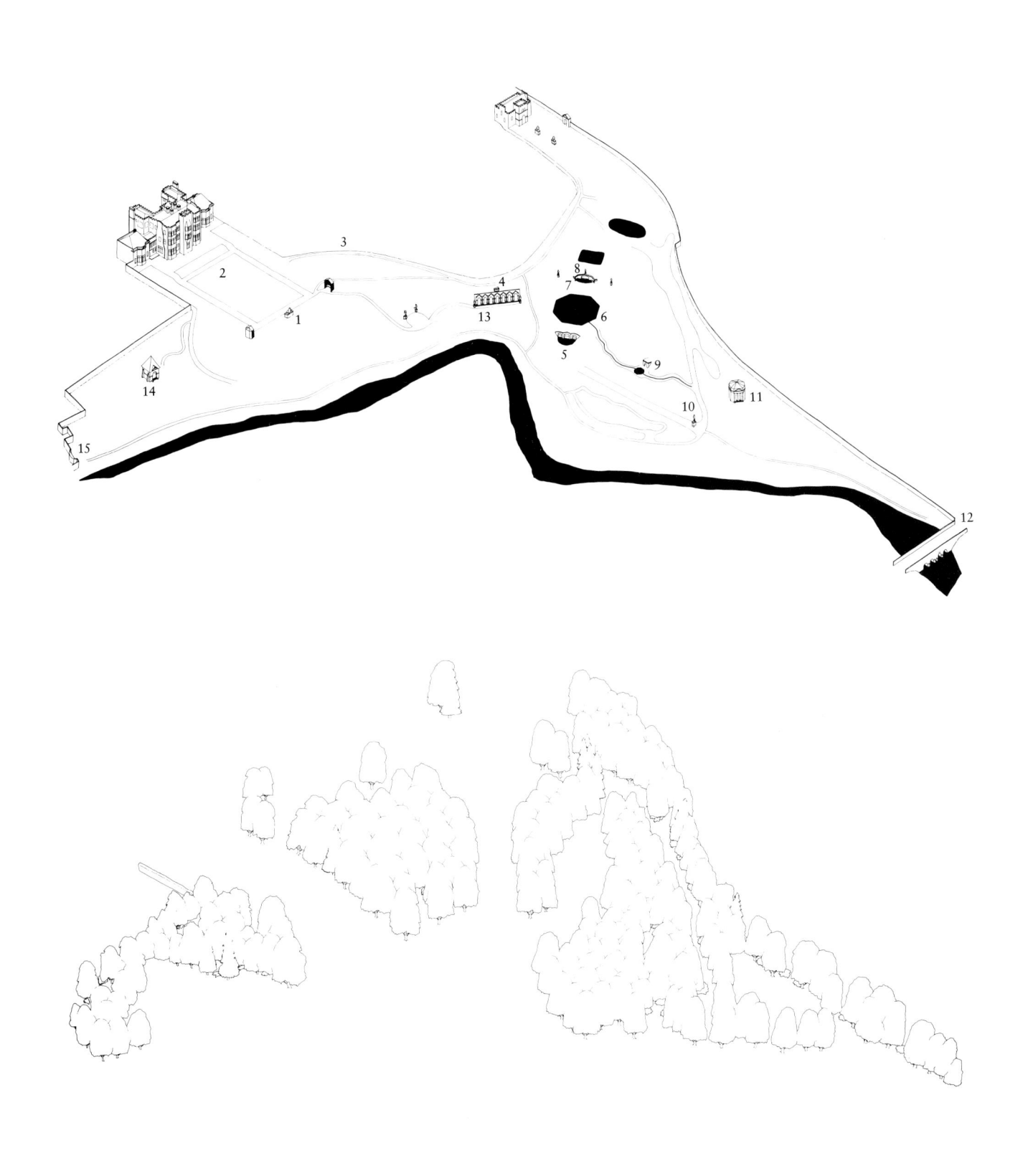

142 · ORTE der VERGANGENHEIT

einer Achse. Im Kontrast zu den Geraden legte er ein zweites Wegesystem aus engen, rokokohaft verschlungenen Pfaden darunter.

Kent übernahm von Bridgeman das Bowling Green, die Kette der Teiche und die Ulmenallee, die vom untersten Teich Richtung *Heyford Bridge* verläuft. Alle anderen Wege wurden neu angelegt und führen den Besucher in einer sorgfältig abgestimmten Folge neu komponierter Szenen von Überraschung zu Überraschung. Der Park wird zur Verwirklichung von Popes Anregung aus den *Moral Essays*:

Sein Ziel erreicht, wer überrascht, entdeckt,
Wohltuend wechselt und den Schnitt versteckt.

1. Skulptur eines Löwen von P. Scheemaker
2. Bowling-Green
3. Aha-Graben und Pferdekoppel
4. Sterbender Gladiator auf der Praeneste-Terrasse
5. Unterer Wasserfall im Venustal
6. Oktogonaler Fischteich
7. Oberer Wasserfall im Venustal
8. Venusstatue
9. Das Kalte Bad
10. Apollostatue am Ende der Ulmenallee
11. Echotempel
12. Heyford Bridge
13. Arkade unter der Praeneste-Terrasse
14. Pyramid House
15. Classical Seat

Wir machen den Rundgang, wie er von Kent geplant war, und beginnen am Bowling Green an einer Blickachse, die sich vom Haus über Scheemakers Skulptur hoch über das Tal schwingt, dabei wortwörtlich über den Zaun springt und erst zwischen fernen Hügeln wieder den Boden berührt. Genau dort setzte Kent eine künstliche Ruine als Blickfang vor den Himmel. Sie ist nichts weiter als eine zur malerischen Silhouette stilisierte flache Arkadenmauer, aber sie fängt ein großes Stück der natürlichen Landschaft ein und macht sie zum Bestandteil der Gesamtkomposition. An beiden Seiten gibt dichter Baumbestand dem Blickfeld eine scharfe Begrenzung. Eng ans dunkle Laub gedrängt stehen zwei weiße, zarte, filigrane Lauben links und rechts am Ende des Bowling Green. Im Frühling besticht die farbliche Harmonie zwischen dem Grün des Rasens und der Bäume, dem Weiß der Gänseblümchen und der Lauben und der Sequenz verwitterten Gesteins entlang der Achse, von der Hausmauer über den Löwen bis zur künstlichen Ruine.

Hier begegnen wir dem Grundmotiv, das nun vielfältig wiederholt und variiert wird. Zu ihm gehören zunächst eine Blickachse, die das Auge über verborgene Hänge im Vordergrund zu einem fernen Ziel leitet, dann ein beziehungsreiches Bild an ihrem Ende, und zur Verstärkung der Achse symmetrisch plazierte Blickfänge auf beiden Seiten, aufgestellt vor parallelen Wänden aus dichtem Grün.

Vom Westrand des Bowling Green zieht sich ein bewaldeter Abhang bis hinunter zum Fluß. Im Westen und Südwesten schließt sich eine Pferdekoppel an das Bowling Green an. Sie ist von Haus und Rasen durch einen Aha-Graben getrennt. Auf Kents Plan von 1837/38 ist ein gerader, von der Nordwestecke des Bowling Green ausgehender Weg durch den Wald unterhalb der Koppel eingezeichnet; zwischen Weg und Pferdekoppel sollte ein lichter Hain entstehen. Zwischen den Bäumen im Gegenlicht hätte er nachmittags über den Aha hinweg die Sicht auf die Pferde in der Koppel ermöglicht. Wieder einmal hat Kent den Blick nach außen über eine kaschierte Begrenzung hinweg zu einem Teil der Anlage gemacht. Walpole überliefert uns Kents Beobachtung, daß die schlanken Stämme locker stehender Bäume den Hintergrund heranholen und im trügerischen Nebeneinander die Perspektive im gleichen Atemzug erweitern und verändern. Heute ist aus dem Hain ein dichter Wald geworden, der Weg führt jetzt direkt an der Böschung des Aha entlang, und der ursprüngliche Effekt ist verloren. Nur im frühen Frühjahr wird der Besucher entschädigt, wenn auf den Böschungen des Aha ein dichter Narzissenteppich blüht.

1. Skulptur von P. Scheemaker in der Blickachse des Bowling-Green

2. Lauben säumen das Ende des Bowling-Green

3. Aha und Pferdekoppel

4. Sterbender Gladiator auf der Praeneste-Terrasse

5. Unterer Wasserfall im Venustal

6. Oktogonaler Fischteich im Venustal

7. Oberer Wasserfall im Venustal

8. Venusstatue

Die erste entschiedene Aufforderung zum Verweilen erreicht den Besucher an der *Praeneste-Terrasse*. Unvermittelt gibt eine Lichtung den Blick nach Nordosten über das Cherwelltal und rückwärts nach Südwesten auf die Pferdekoppel frei. Der kleine flache Platz ist die erste Variation des Blickachsenmotivs, das am viel größeren Bowling Green angeklungen ist. Hier steht die bleigegossene Statue des *Sterbenden Gladiators* im Mittelpunkt. Symmetrisch aufgestellte steinerne Grenzfiguren drängen den Wald zurück. Im Frühling ist der Boden vom fröhlichen Gelb der dicht an dicht gesetzten Narzissen überflutet. Terrasse und Blick über das Tal werden von einer Balustrade gehalten; ein bepflanzter Streifen hindert den Besucher, ihr zu nahe zu treten. Damit wird ihm ganz gezielt die Sicht auf den Abhang darunter verwehrt, und wir werden noch erfahren, warum. Zunächst blickt er nur auf das Flußknie und stromabwärts und stromaufwärts auf den Fluß.

Auf dem Weg zum Sterbenden Gladiator sind alle wichtigen Bestandteile des Parks von Bäumen verdeckt; der Blick zurück über Aha und Koppel läßt Rousham House eher als Gutshaus erscheinen. Die weitere Führung des Weges ist eine von Kents folgenreichsten Änderungen. Hatte Bridgeman den Pilger auf dem oberen Weg weitergeleitet und ihn die Teiche von oben betrachten lassen, so schickt ihn Kent auf einen steilen Abstieg durch den Wald zum unteren Ende der kleinen Mulde, dem Ausgang des *Venustals*. Walpole nennt es voller Begeisterung «so elegant und antik, als hätte Kaiser Justinian die malerischste Einsamkeit gewählt zum edlen Lorbeer seines philosophischen Ruhestands».

Der unterste Teich ist ein Halbrund; er wird von einem Wasserfall gespeist, der in einem grob gemauerten, von Bogen getragenen Quellenhaus seinen Ursprung hat. Darüber folgt das Oktogon eines Fischteichs, dann kommt ein Grashang und dahinter wieder ein Wasserfall. Er ist von einem gemauerten Bogen überwölbt und wird von einer leicht übergewichtigen Venus gekrönt, die in Richtung der Achse blickt und dabei die Rolle übernimmt, die der Pilger schon zweimal gespielt hat. Vor einer Kulisse aus Zweigen und Blättern schaut sie auf das Wasser, assistiert von Schwänen und schnuckligen Cupidos zur Rechten und zur Linken, während Pan und ein Faun sich im Unterholz ducken. Der fehlende Jagdhund wird durch eine Tafel mit Knittelversen ersetzt, die einen außergewöhnlich scharfsinnigen Otterhund namens Ringwood preisen. Das Venustal ist hoffnungslos sentimental und gleichzeitig von unwiderstehlichem Zauber.

Hier findet sich Walpoles Beobachtung bestätigt: «Perspektive, Licht und Schatten sind Kents wichtigste Ausdrucksmittel.» Der optischen Verkürzung wegen sind die Teiche vom Talausgang nicht zu sehen, sondern nur mehrere, scheinbar aufeinandergestellte Steinmauern, ein Trompe-l'œil einer mehrstufigen Kaskade. Im Gegenlicht eines Sommernachmittags leuchtet das Gras der Hänge vor der dunkleren Blätterkulisse in irisierendem Grün; das Wasser glitzert, und den Wanderer umfängt das Chiaroscuro heller Grashänge und dunkler Höhlungen.

Ein Gehölz nördlich des Venustals verbirgt Straße und Mauer an der Westgrenze des Parks, «verschleiert Häßlichkeit mit einem Vorhang aus Grün», um mit Walpole zu sprechen. Vom Venustal durchs Gehölz führen verschiedene Wege. Jeder hat seinen eigenen Charakter, und alle gehen sie auf Bridgeman zurück. Ganz oben begann an einem Teich, den es heute nicht mehr

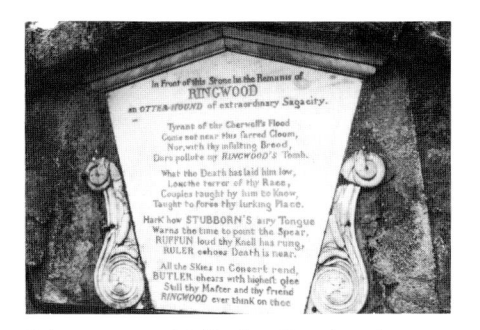

Erinnerungstafel für den Otterhund

gibt, ein grasbewachsener Weg an der Grundstücksgrenze entlang. In der Mitte, am oktogonalen Teich, beginnt ein gewundener Kiesweg, darunter, am Talausgang, die schnurgerade Ulmenallee und außerdem ein geschwungener Kiesweg auf dem flachen Uferstück neben dem Fluß.

Neben dem mittleren Weg schlängelt sich das Bächlein, das den Oktogonteich speist. Seine sanften Linien erinnern an Hogarths Schönheitsideal, die *Line of Beauty*. Wichtiger noch als seine Schönheit ist seine Funktion: es soll den Wanderer bachaufwärts locken, auf eine Entdeckungsreise in den Wald. Dort stößt er bald auf das schattige Herz des Gartens: das *Kalte Bad*, ein stilles, von Bäumen umstandenes achteckiges Becken, daneben ein geducktes Steinhaus. Nur wenige Sonnenstrahlen durchdringen das dichte Blätterdach, bringen das trübe Wasser zum Schimmern und zeichnen wirre Schattenmuster auf die toten Blätter am Boden.

9. Das Kalte Bad

Doch auch die Sonne kann den Pilger aus dem Venustal locken. Sie wird verkörpert von einer kolossalen *Apollostatue* am Ende der *Ulmenallee*. Aus der grünen Kulisse strebt ihre Silhouette dem Himmel entgegen. Man sieht den Apoll von hinten und fragt sich, wohin er wohl blicken mag.

Er blickt auf eine leicht gegen den Fluß abfallende, dreieckige Lichtung zwischen Waldrändern im Süden und Westen und dem Fluß im Nordosten. Hier hat der Wanderer zum ersten Mal Gelegenheit, bis zum Wasser vorzudringen, obwohl doch Rousham eigentlich ein typischer Uferpark ist. An dieser Stelle wird Kents Absicht ganz klar, und Walpole fand wieder einmal die richtigen Worte dafür: «...den Zauber des schönsten Ortes zu verstärken, indem man den Besucher nur Schritt für Schritt zu ihm hinführt.»

10. Ulmenallee zur Apollostatue

Über dem Hang der Lichtung, an der Spitze des Dreiecks, steht William Townsends kleiner, eleganter *Echotempel* am Waldrand. Er führt ein neues Motiv ein: den geschützten Rastplatz mit Blick über den Fluß auf ein sorgfältig gerahmtes Landschaftsbild. Die Heyford Bridge hinter der Nordwestecke der Lichtung begrenzt es auf der linken Seite.

Der Rückweg von der Brücke führt abwechselnd durch Wald und über Lichtungen, die sich zum Fluß öffnen. Kents Pflanzplan zeigt, wie sorgfältig und abwechslungsreich er die Pflanzen für die zu durchschreitenden Waldstücke gewählt hat, von «hohen Waldbäumen» über «Niederholz» bis zu «hohen, immergrünen Bäumen». Der Charakter seiner Planung hat sich bis heute erhalten. Die Lichtungen geben immer wieder die Sicht auf den Fluß frei, jetzt im flachen Winkel; ab und zu stören Baumgruppen den Ausblick, ganz im Gegensatz zum Blick von oben.

11. Echotempel

Man merkt bald, daß der Rückweg am Fluß auch hügelaufwärts schöne Aussichten bietet. Sie ergänzen nicht nur den ersten, von oben gewonnenen Eindruck; der Wanderer gewinnt auch ein neues Verhältnis zu Licht und Himmel und ist immer wieder überrascht, schon bekannte Punkte aus anderer Perspektive wiederzusehen.

Zunächst geht der Weg durch Ulmengruppen; rückwärts über die Lichtung fällt das Auge auf den Echotempel. Dann machen Fluß und Weg eine Biegung nach rechts und erreichen den Ausgang des Venustals. Vorwärts schaut man im schiefen Winkel auf eine *siebenbogige Arkade*; kommt man näher, entpuppt sie sich als Unterbau der Praenesteterrasse. Ein steiler Grashang führt direkt

12. Uferweg am Cherwell bei der Heyford Bridge

hinauf, die Wege indes schwingen sich zu beiden Seiten unter Bäumen und zwischen riesigen Urnen aufwärts. Kent wollte, daß man die Arkaden möglichst in Perspektive sieht und nicht direkt von vorn. Hinter jeder Arkade liegt ein halbrunder Alkoven mit geschwungenen Bänken nach Entwürfen von Kent, von denen aus man das bogengerahmte Panorama des Cherwelltals genießt.

Im Vergleich der beiden Gartenpläne zeigt sich, welcher Geniestreich Kent mit Praeneste gelungen ist: in einer schwierigen, beengten Lage schafft er zwei getrennte Ruhepole mit herrlichen Ausblicken, reserviert eine malerische Überraschung für den Rückweg, um auch ihn aufregend zu machen, und lenkt den Besucher dabei zugleich von Süden nach Osten. «Geh dort ans Werk, wo's schwierig ist, schlag zu, wo sich die Chance bietet.» (Aus Popes *Epistle to Lord Burlington*).

Bridgeman hatte östlich des Punktes, an den Kent die Praenestearkaden gesetzt hat, ein Amphitheater gebaut, das auch auf Kents Plan verzeichnet ist. Heute sind davon nur noch Spuren zu erkennen, ein Halbrund am Boden und leere Sockel im Unterholz.

Der Weiterweg nach Osten führt zum Fuß von Bridgemans Grashang unter dem Bowling Green. Von unten gesehen, ragt die Silhouette von Scheemakers Löwen hoch in den Himmel. Diese Schneise bezieht Rousham auch in die umgebende Landschaft ein: nähert man sich von Norden, dann erkennt man schon von weitem am Horizont die symmetrische Fassade von Rousham House hinter dem Fluß, rechts und links gerahmt von bewaldeten Hängen.

Neben dem Grashang ist die Böschung bis zum Fluß hinunter so dicht mit immergrünen Bäumen und Sträuchern bewachsen, daß der Weg sich regelrecht hindurchquälen muß. Hat der Wanderer die Enge bezwungen, hält Kent noch eine letzte Überraschung für ihn bereit. Wieder betritt er eine zum Fluß geöffnete dreieckige Lichtung, das Gegenstück zum Nordwestende des Parks, und findet auf ihr einen bizarren Steinpavillon mit Pyramidendach: das *Pyramid House*. Die freie Lichtung sollte nach Kents Plan locker mit Bäumen bepflanzt werden, um dem Pilger, der sich unter dem Pyramidendach ausruht, das Panorama aus Tal und Hügeln näher ins Blickfeld zu rücken.

In der Ostecke des Dreiecks steht verborgen unter Bäumen noch eine morsche, bemooste Bank, der *Classical Seat*. Hier wird der Schritt umgelenkt, zurück über die Lichtung und durch das Immergrün des Osthangs zum Ausgangspunkt des Pilgerwegs am Bowling Green. Die Variationen sind durchgespielt, das Leitmotiv erklingt erneut; Gegensätzliches ist miteinander versöhnt, die Symmetrie ist vollendet, der Ausflug vorbei.

Die sequentielle Komposition von Rousham belohnt den Wanderer um so mehr, je intensiver er sich umschaut. Wie in einem Musikstück werden Formen eingeführt, abgewandelt und variiert, kombiniert und kontrapunktiert. Sie sollen Assoziationen und Erinnerungen heraufbeschwören, bis sie schließlich zu etwas Neuem verschmelzen. Und nochmals Pope: «Aus Stück und Stück, wie Ruf und Echo, wird ein Ganzes.»

13. Siebenbogige Arkade unter der Praeneste-Terrasse

14. Panoramablick aus dem Pyramid House

15. Classical Seat: Ende des Pilgerwegs

Stourhead

Stourhead liegt in der Nähe von Salisbury in Wiltshire, ein guterhaltener englischer Landschaftsgarten aus dem achtzehnten Jahrhundert. Wie Rousham ist Stourhead als Rundgang von Bild zu Bild angelegt, jedoch in viel größerem Maßstab. Die riesige, umfriedete Anlage gestattet lange, innere Blickachsen. Hier war es nicht nötig, die Landschaft der Umgebung für die Panoramen auszuborgen, um Großartigkeit vorzutäuschen.

Der Unterschied liegt in den verschiedenartigen Capabilities des natürlichen Geländes begründet. Rousham Park erstreckt sich auf den Hängen eines Flußtals; Stourhead finden wir, von Hügeln umgeben, in einer Senke. 1754 wurde der südwestliche Ausgang der Senke mit einem Damm verbaut; es entstand ein fast dreieckiger See, vierhundert Meter an der längsten Seite und rund acht Hektar groß. Der Park liegt auf den Hängen rund um den See, zwischen Ufer und Hügelkuppen.

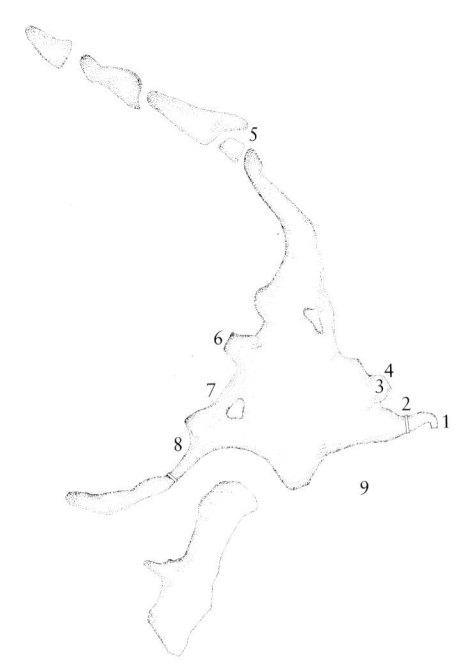

Obwohl sich Stourhead in mehr als zwei Jahrhunderten fast ständig weiterentwickelt hat, ist der Originalentwurf seines Schöpfers Henry Colt Hoare, einem Bankier und Musenfreund, klar zu erkennen. Er hatte das Gelände 1741 von seiner Mutter geerbt. Mit all seinen Anspielungen und literarischen Motiven ist Stourhead das nahezu vollkommene Beispiel eines Themengartens – ein poetischer Garten des achtzehnten Jahrhunderts mit Vergil und Claude Lorrain als Animateuren, zweihundert Jahre vor Walt Disney, Mickeymouse und Donald Duck.

Wir nähern uns dem Park von Osten, auf der Hauptstraße des malerischen englischen Bauerndorfs Stourhead. Die Straße gewährt den Übergang in ein Zauberreich: eben noch in der realen Welt verankert, entschwebt sie Schritt für Schritt ins Reich der Phantasie, ins Land hinter den Spiegeln,

Stourhead: Neun Stationen am Pilgerweg

Dorthin, wo sich um Kinderträume
Geheim Erinnerung wand,
Wie um den welken Pilgerstrauß,
Gepflückt im fernen Land.[26]

Die Gartenszenen sollen in der vorgegebenen Reihenfolge besichtigt werden. Wir umrunden den See entgegen dem Uhrzeigersinn, beginnen am Ostufer und kehren über Westufer und Südufer zurück. Die neun wichtigsten Stationen des Weges sind:

1. Das mittelalterliche *Bristolkreuz* von 1373. Es stand ursprünglich auf der High Street von Bristol; 1765 ließ es Hoare nach Stourhead bringen und in der Nähe des Eingangs aufstellen.
2. Die rasengedeckte fünfbogige *Steinbrücke* über einen Ausläufer des Sees.
3. Die Urne, die an der *Paradiesquelle* steht.
4. Der winzige dorische *Floratempel*.
5. Ein langer Abstecher führt vom Hauptweg zu einer Gruppe von Bauwerken mit der inzwischen einsam zwischen weidenden Schafen stehenden *Sankt-Peter-Pumpe* aus dem Mittelalter, einem *Konvent* genannten malerischen Landhäuschen und dem dreieckigen *König-Alfred-Turm* aus roten Ziegeln; er soll an jener Stelle stehen, an der Alfred im Jahr 878 die legendäre Schlacht gegen die Dänen geschlagen hat.

148 · ORTE der VERGANGENHEIT

6. Die *Grotte* mit zwei sehr schönen Statuen von Cheere.
7. Das *Watch Cottage* aus dem Jahr 1806, ein Bauernhaus mit romantischer Veranda in Ufernähe und doch mitten im Wald.
8. Das *Pantheon* nach einem Entwurf des angesehenen Architekten Henry Flitcroft von 1754. Es ist eine Miniaturausgabe, wenn auch keine wirklich maßstabsgerechte Verkleinerung des Originals in Rom.
9. Der *Apollotempel* in einer kleinen Lichtung auf der Kuppe eines steilen, bewaldeten Hügels, 1765 von Flitcroft erbaut. Er ist eine Rekonstruktion des zerstörten runden Venustempels in Baalbek; als Vorlage dienten die wunderbaren Kupferstiche in Robert Woods Buch *The Ruins of Baalbec*, das 1757 in London erschienen war.

Aus den einzelnen Elementen und den mit ihnen verbundenen Anspielungen ist eine ganze Geschichte gesponnen. Sie ruft nach mehr als Interpretation, eigentlich nach Exegese; denn es handelt sich nicht einfach darum, Hoares Absichten nachzuspüren oder seine Vorbilder aufzudecken; daran haben sich schon andere Gartenhistoriker versucht. Für uns geht Stourhead in seiner tieferen Bedeutung über das hinaus, was sein Schöpfer selbst vorhatte. Das Verführerische der Anlage besteht darin, daß sie anregt, sich in der Kunst der Auslegung zu versuchen.

Als Schlüsseltext dient Vergils *Äneis*. Im Gegensatz zu heute war sie zu Hoares Zeit noch fester Bestandteil der Allgemeinbildung. Es ist die Geschichte des großen Troers Äneas, der mit seinen Mannen der Zerstörung Trojas entkam, kreuz und quer übers Mittelmeer irrte, bis er die tyrrhenische Küste Italiens erreichte und, so heißt es, Rom gründete. Auf dem Weg dorthin hatte er eine Reihe von Abenteuern zu bestehen: Nach der tragischen Liebesgeschichte mit Königin Dido von Karthago wurde er auf die Insel Delos verschlagen und empfing dort zweideutige Orakel; durch die Cumaeische Grotte am Averner See gelangte er sogar für kurze Zeit in die Unterwelt.

Beim Betreten des Gartens am Bristolkreuz öffnet sich dem Besucher das Panorama einer arkadischen Ideallandschaft: Äneas ist nicht weit. Das Landschaftsbild scheint einem Gemälde von Claude Lorrain nachempfunden; schon Pope hatte in seinem *Epistle on Taste* geschrieben, alle Gartenkunst sei Landschaftsmalerei. Uferwiesen und die fünfbogige Steinbrücke bilden den Vordergrund; der See selbst beherrscht den Mittelgrund, und im Hintergrund zieht das Pantheon vor einer Baumkulisse alle Blicke auf sich. Besonders im Morgenlicht erstrahlt seine Fassade vor der Front dunkler Blätter und spiegelt sich rein und klar im stillen Wasser des Sees. Claude Lorrain hat sechs Episoden der Äneis gemalt, und es ist ziemlich sicher, daß *Küstenlandschaft zu Delos mit Äneas* hier als Vorlage gedient hat.

In Vergils Text finden wir die Stelle am Anfang des sechsten Gesangs. Äneas und seine Leute hatten Dido ihrem tödlichen Schicksal überlassen, waren aus Karthago geflohen und hatten Delos erreicht. Vergil berichtet:[27]

Aber Äneas, der Fromme, besucht des waltenden Phoebus
Burg auf der Höh' und die Riesenkluft, der grausen Sibylle
Einsam verborgenen Sitz. Ihr hauchte der Seher von Delos
Ahnenden Geist und Verstand in das Herz und enthüllt ihr die Zukunft.

Bristolkreuz

Blick vom Bristolkreuz

STOURHEAD

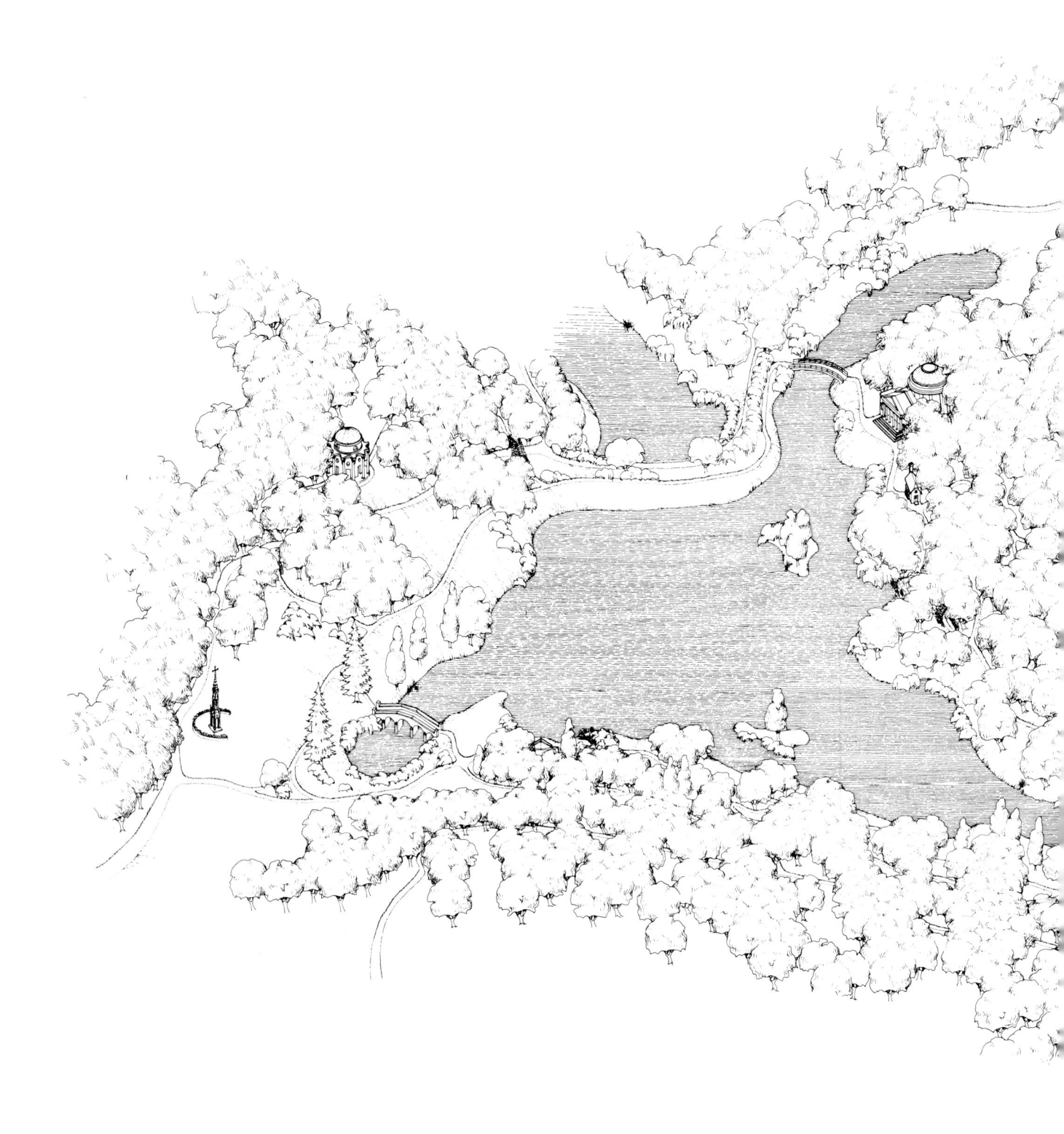

Gesamtansicht

Gelände

Gewässer und Bauwerke

Pflanzplan

151 · ORTE der VERGANGENHEIT

Apollotempel auf der Hügelkuppe

Venustempel in Baalbek. Kupferstich
von Robert Wood

Claude Lorrain, *Küstenlandschaft zu Delos mit Äneas*.

«Ihr hauchte der Seher von Delos Ahnenden Geist und Verstand in das Herz und enthüllt ihr die Zukunft.»

Jetzt betreten wir Claude Lorrains Szenerie: links über uns steht der Apollotempel auf dem Hügel, und weit vor uns liegt als Grotte die Kluft. Äneas fand dort die Sibylle und bewog sie dazu, die Prophezeiung zu sprechen:

Du, der du endlich bestanden hast die großen Gefahren des Meeres,
Schwerere harren zu Lande noch dein! In Laviniums Reiche
Kommen die Dardaner zwar, wirf diese Sorge vom Herzen,
Aber sie würden's verwünschen einmal. Krieg, schreckliche Kriege
Seh' ich voraus und wallen vom vielen Blute den Thybris.

Äneas stellte noch eine weitere Frage:

Eines nur fleh' ich – da hier, wie man sagt, des avernischen Königs
Pforte sich zeigt und der nächtliche Sumpf von des Acherons Mündung –
Mög' es mir glücken, dem Mund und dem Blicke des Vaters zu nahen.

Er sprach dabei vom Avernus, der griechischen Unterwelt, in der Orpheus nach seiner Eurydike suchte. Vergil fährt fort:

Also fleht' Äneas zu ihr und berührte den heiligen Altar.
Nunmehr begann die Prophetin: «Du Sproß aus göttlichem Blute,
Troer, du Sohn des Anchises, zwar leicht ist der Weg zum Avernus,
Tag und Nacht steht offen das Tor in das Dunkel der Tiefe,
Aber zu wenden den Schritt und zur Oberwelt zu entrinnen,
Hier erst beginnt alle Not!»...

Beim Weiterweg um den See stoßen wir plötzlich erschauernd über der Pforte zum Floratempel auf Vergils schaurige Worte *facilis descensus Averno*, ...leicht steigt man ab zum Avernus. Doch mutig gehen wir weiter durch den Wald und kreuzen ein enges, sumpfiges, von Bäumen gesäumtes Tal. Sybille hatte gewarnt:

Floratempel: «...leicht ist der Weg zum Avernus»

... An schattigem Baume
Birgt sich im Dunkeln ein Zweig, die Gerte von Gold und die Blätter,
Heilig ist und geweiht er der Göttin der Tiefe. Und Wälder

153 · ORTE der VERGANGENHEIT

Hüllen ihn ein, und die Nacht der finsteren Täler umringt ihn;
Aber keiner vermag in die Tiefe der Erde zu wandeln,
Bis er vom Baume gepflückt den Schößling mit goldenem Laube.

Äneas hat den goldenen Schößling gefunden und wir mit ihm. Dann stehen wir plötzlich vor der schauerlichen Öffnung der Grottenkluft:

Dort war ein tiefes Geklüft mit furchtbar gähnendem Schlunde,
Schroff und geschirmt von dem Dunkel des Sees und den düsteren Hainen.
Nie noch hatte ein Vogel vermocht, ohne Strafe zu nehmen
Über die Kluft seinen Flug...

Wir wagen uns in die Finsternis. In der Grotte sind die eisigen Quellen des Flusses Stour, die den See speisen. Hier werden die Vergilschen Allegorien zum erstenmal überlagert, dramatisch beleuchtete andere Figuren treten auf.

Die erste ist eine lagernde Nymphe; durch ein Oberlicht in der Höhlendecke fällt ein Lichtkegel auf sie, ein weiterer Lichtstrahl dringt durch den schmalen Spalt in der gegenüberliegenden Felswand, durch den die Nymphe über den See in die Morgensonne blinzelt. Das gedämpfte, aber gebündelte Licht in der Grotte ist gerade stark genug, ein Gefühl für die Dimension der Grotte zu vermitteln und das fließende Wasser mit einem sanften Schimmer zu überziehen. Die Öffnung in der Ostwand umrahmt den Blick hinaus auf den See wie ein finsteres Maul mit zerklüfteten Zähnen, besonders in der Morgensonne, wenn im Gegenlicht leichte Nebel aus dem Wasser steigen. Gleich stoßen wir auch auf Popes Nachdichtung eines Renaissancegedichts:

Als Nymphe hüte ich die heil'gen Quellen
Der Grotte; schlaf' beim Murmeln ihrer Wellen.
Tritt leise, raube nicht den Schlummer mir!
In Stille trink, in Stille bade hier.

Überhaupt erinnert die Ausstattung der Grotte an die berühmte, vielbesungene Grotte in Popes Garten in Twickenham. Hören wir dazu Pope selbst:

Halte dort an, wo in dunkler Höhlennacht
Der Themse Flut spiegelt die volle Pracht.
Wo Tropfen von steiniger Decke fallen,
Der Bach funkelt, zerteilt von spitzen Kristallen,
Ungeschliffene Steine keinen Glanz versprühn
Und verborgene Metalle in Unschuld glühn.
Komm herbei und betrachte die große Natur![28]

Aus der Nymphenkammer erhascht man einen Blick auf die von mehreren rundbogenähnlichen Durchbrüchen gerahmte Statue eines Flußgotts. Der Weg zu ihm führt erst durch einen niedrigen, dunklen Tunnel, dann ins grelle Sonnenlicht und am Ende in die Grotte des Gottes. Kopf und Schultern des Gottes sind von oben hell beleuchtet und heben sich deutlich gegen den düsteren Hintergrund ab. Im Halbdunkel zu seinen Füßen sickert Wasser aus einer umgestürzten Urne. Auch hier eine Zeile von Vergil. Aber auch Plinius' Beschreibung der Clitumnusquelle mit dem Tempel, in dem die Statue des Flußgotts Clitumnus steht, kommt dem Betrachter in den Sinn.

Die Statuen verkörpern den Genius loci, verleihen ihm eine Stimme und lassen ihn sprechen. Das war überhaupt ein beliebter Kunstgriff in der Dichtung des achtzehnten Jahrhunderts: im Gedicht *Windsor Forest* beschwor Pope *Father Thames* (Vater Themse) und lehnte sich damit ausdrücklich an Vergils *Pater Thybris* (Vater Tiber) an.

Äneas betrat die Unterwelt und fand seinen Vater Anchises; der vervollständigte das Orakel von Delos und prophezeite Äneas den Weiterweg und die Gründung Roms. Äneas kehrte durch das elfenbeinerne Tor des Schlafs zurück in die sonnige Welt. Auch wir entsteigen der Grotte und machen uns auf den Weg zum Pantheon.

Die Vergilsche Szenenfolge wird noch einmal überlagert von einer Reihe mittelalterlicher Bauwerke und Denkmäler. Englands Vergangenheit wird lebendig, vor allem der legendäre König Alfred. Im selbstbewußten, expansionistischen England des achtzehnten Jahrhunderts schien es nur natürlich, Alfred bei der Gründung des Britischen Empire eine ähnliche Rolle zuzuschreiben wie Äneas bei der Gründung des Römischen Imperiums. Heute besteht ihre Übereinstimmung nicht zuletzt darin, daß beide Imperien inzwischen von der politischen Landkarte ins Geschichtsbuch verbannt wurden. Einer klassischen römischen Sage werden altenglische Akzente aufgesetzt, wie sie Vergils Text auch in der englischen Übersetzung von Chaucer erhält.

Römisches Imperium: das Pantheon

In den Geschichten aus Tausendundeiner Nacht beginnt Scheherazade am Schluß wieder mit der ersten Geschichte, und indem sie zu erzählen beginnt, kehrt sie zurück in die erste Nacht, in der die Erzählung begann. Uns schwindelt ein wenig in dem erzählerischen Kreisel, der sich ewig dreht. Ähnlich ist es mit Stourhead. Am Bristolkreuz, Symbol für Ankunft und Abfahrt, das es schon war, als es noch in der High Street der alten Stadt Bristol stand, schließt sich der Kreis, der Weg endet, um gleich wieder von neuem zu beginnen, Menschen und Reiche werden geboren und sterben.

Immer wieder beschreiben Schriftsteller den Fortgang einer Handlung in der Zeit als Bewegung durch den Raum. Lawrence Sterne führt seine Leser über mehrere hundert Seiten durch eine verknäuelte, verschnörkelte Geschichte, bis er zum Kernpunkt vorstößt: dem Augenblick der Geburt des *Tristram Shandy*; und Jorge Luis Borges verfaßte eine metaphysische Kriminalerzählung voller Rätsel aus Zeit und Raum und menschlicher Verstrickung mit dem Titel *Der Garten der Pfade, die sich verzweigen*. Henry Colt Hoare dreht den Spieß um: Er baut einen Weg und läßt ihn erzählen.

Britisches Empire: König-Alfred-Turm

Villa Lante

Sacheverell Sitwell, Dichter und weitgereister jüngerer Bruder von Edith und Osbert Sitwell, schrieb einst: «Wenn ich die Frage beantworten sollte, wo ich mit eigenen Augen den lieblichsten Ort gesehen hätte, dessen natürliche Schönheit mich am tiefsten beeindruckte, in Italien oder sonstwo auf der Welt, ich würde die Gärten der Villa Lante nennen.» An anderer Stelle notierte er, daß ein Teil der Faszination auch mit den Menschen zusammenhinge, die über Jahrhunderte die Villa bewundert hätten. Wir möchten hinzufügen, daß die Villa Lante für viele Gärten in der Welt Pate gestanden hat, gelegentlich sogar getreulich imitiert wurde; auch das hat keinen geringen Anteil an ihrem Weltruhm. Unsere Zeichnungen beschränken sich auf den formalen, terrassierten Teil des Gartens, auf die Architektur, das Wassersystem und die Bepflanzung. Doch mit das

VILLA LANTE

Gesamtansicht

Bauwerke und Terrassen

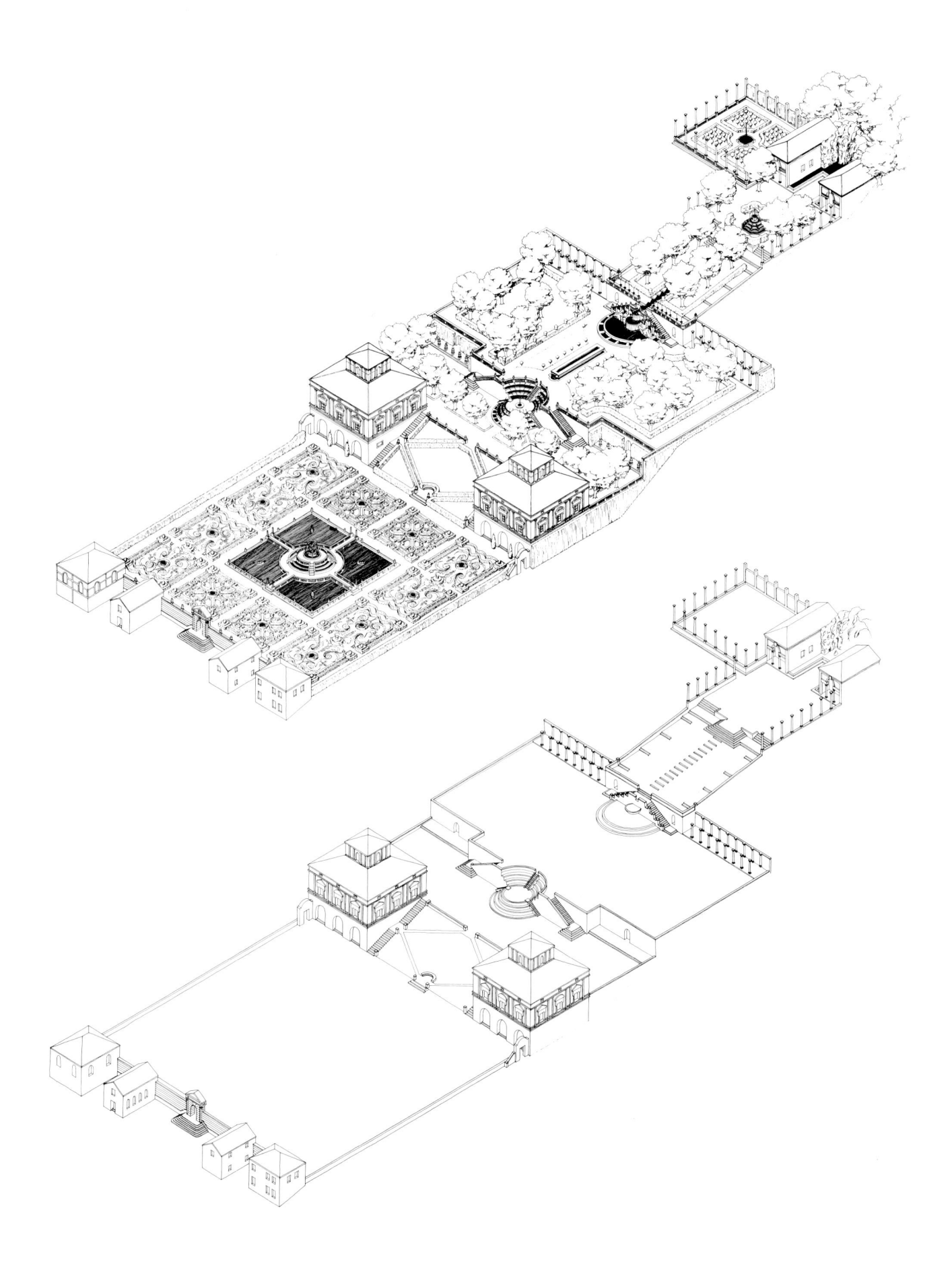

156 · ORTE der VERGANGENHEIT

VILLA LANTE

Wasseranlagen

Pflanzplan

Pilgerweg entlang der Wasserachse

1. Die Quelle ergießt sich aus der Tiefe des Waldes
2. Bassin zwischen zwei Lusthäusern
3. Springbrunnen: Urnen, Masken, Delphinmäuler speien Wasser
4. Kaskade
5. Gestufte Rampe
6. Brunnen der Musen und des Pegasus
7. Steintisch
8. Lampionbrunnen
9. Brunnen mit Wappen der Familie Montalto

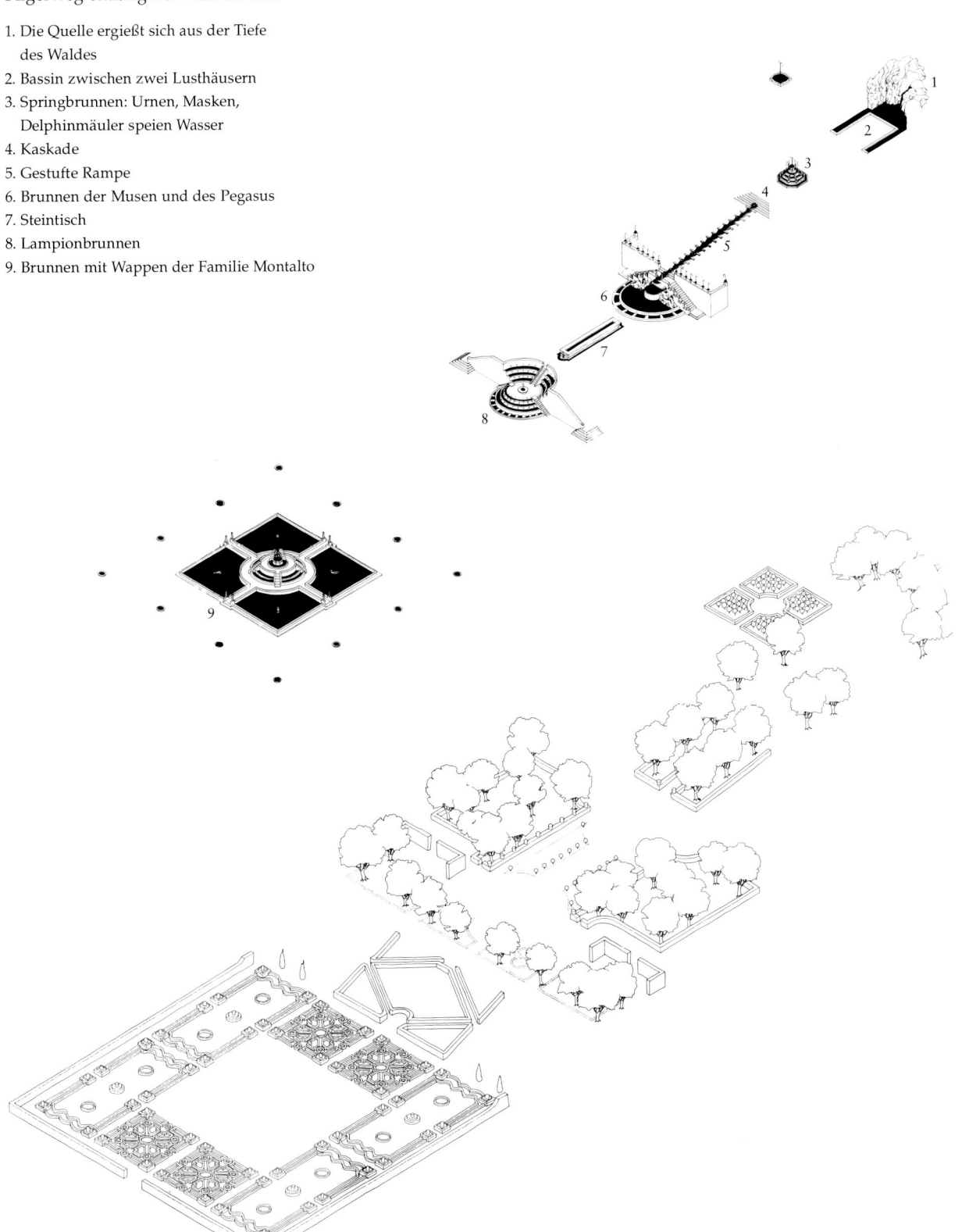

Aufregendste an der Villa Lante ist eigentlich die Art der Anbindung der formalen Terrassen an die Wildnis drumherum. Mit den in gerader Linie durch den Wald geschnittenen Wegen, die zu Bänken, Bauwerken und Brunnen führen, ist sie viel weiter entwickelt als alle ihre Vorgängerinnen.

Es heißt, der große Architekt Giacomo Vignola habe die Anlage für Kardinal Gian Francesco Gambara entworfen. Er begann 1566 mit dem Bau auf einem Grundstück, das die Stadt Viterbo ihren Bischöfen als Sommerresidenz überlassen hatte. Gambara widerstand dem Drängen des Heiligen Stuhls, das schöne Grundstück dem Vatikan zu überlassen; er mußte sich aber dem Wunsch des Asketen Carlo Borromeo (dessen Familie später Isola Bella anlegen sollte) beugen und auf den Bau des zweiten Casinos verzichten. Gambaras Nachfolger Kardinal Montalto fühlte sich an kein Versprechen gebunden und ließ das Casino bauen, vermachte dann aber doch Garten und Villa dem Vatikan, der sie 1656 dem Herzog Ippolito Lante als Gegenleistung für Festungsbauten, die Lante für den Vatikan errichtet hatte, überließ.

Der Garten ist eine einzige Folge von architektonischen Höhepunkten. Am genialsten war die Idee, nicht *ein* Haus in die zentrale Position des Gartens zu setzen, sondern zwei gleichartige, kubische Casinos rechts und links von der Zentralachse zu bauen. Die Casinos werden dank ihrer Größe und Lage zu harmonischen Bestandteilen des Gartens, ähnlich wie der Turm in Sissinghurst, und müssen als Bauwerke nicht mit ihm konkurrieren.

Das Prunkstück des Gartens ist die Wasserachse. Sie ist lang und reicht weit über das Blickfeld der Casinos hinaus. Auch hier gleicht der Weg entlang des Wassers einem Pilgerweg. Wie zu Kardinal Montaltos Zeiten bleibt es eine wunderliche Wanderschaft; denn sie beginnt weit unten an der Achse, und es ist unklar, wo das Ziel liegt: entweder lenkt man seine Schritte von den Casinos bergauf zur Quelle, oder man begleitet das Wasser bergab zu dem herrlichen Brunnen, auf den alles zuströmt.

Wir wählen zunächst den Weg bergauf durch die Wildnis, um ganz oben neu zu beginnen. Die *Quelle* ergießt sich direkt aus der Tiefe des Waldes in ein *Bassin* zwischen zwei Lusthäusern, denen ursprünglich je ein *Giardino Segreto* zugeordnet war. Nur einer der geheimen Gärten hat die Zeiten überdauert: mit viergeteiltem Parterre und Brunnen in der Mitte ist er nach klassischem Muster angelegt. Kolonnaden und eine Balustrade fassen ihn ein. Weiter führt der Weg zu dem wunderbaren *Brunnen der Musen und des Pegasus*: Urnen und Masken und Mäuler von Delphinen speien Wasser, das unterhalb der Brunnenfassung als *Kaskade* austritt und über eine sanft geneigte, treppenähnlich *gestufte Rampe* fließt, an der eine Volute das Wasser in Formen preßt, in denen es perlt und blitzt und einen *gambero* aufleuchten läßt, den Krebs aus dem Wappen der Familie Gambara. Dann fließt das Wasser weiter in einen großen *Brunnen* mit Stufen, Fontänen und Flußgöttern.

Nun folgt ein langer *Steintisch*, der die Achse fortsetzt und mit ihr den Strom des Wassers: es fließt durch eine lange Rinne mitten im Tisch und kühlt den Wein. Warum sollte es nicht auch als Strom gedient haben, auf dem Flöße voller Köstlichkeiten den letzten Gast am Tischende erreichen? Seine nächste Station ist der *Lampionbrunnen* mit einem wunderbaren Formenspiel: kreisförmig angelegte Stufen leiten das Wasser aufs nächste Niveau, wobei das Innenrund des Kreises auf halber Höhe liegt und zugleich auf halber Tiefe von der Terrassenkante geschnitten wird, so daß das obere Halbrund ein Amphitheater, das untere aber eine elegante Treppe bildet. Über den Hang zwischen den Casinos führen schließlich zwei Wege und zwei Treppen hinab auf das Niveau des großen quadratischen Wasserparterres. Dort sind rund um das Bassin zwölf quadratische Blumenparterres angelegt, die nach einer frühen Zeichnung einfach und gerade bepflanzt waren, inzwischen aber rokokohafte Kurven bekommen haben. Von den Parterres führen vier Brücken über das Becken zu einer runden Insel in seiner Mitte, auf der ein diesmal rundes Becken den zentralen Brunnen umgibt, auf dessen Plattform wiederum vier Brücken führen. Über den zentralen Brunnen halten, wie unter einer kristallenen Wasserkuppel, vier Bronzemohren das Wappen der Montalto.

Der Garten endet an einer Mauer mit Tor. Dahinter liegt, hügelabwärts, das Städtchen Bagnaia. Wir wählen den Weg zurück zu einem der beiden Casinos, der von geheimen Wasserspielen gesäumt ist; hier wurden die Ankommenden zum Vergnügen von Gastgeber und Gästen aus versteckten Düsen bespritzt und bis auf die Haut durchnäßt.

Was fand Sitwell an der Villa Lante so faszinierend? Gewiß, ihn betörte die Vollkommenheit der steinernen Brunnen und verzierten Kaskaden. Doch an erster Stelle – und das ist das Besondere auch nach unserer Meinung – hat ihn wohl bestochen, daß hier alles einer zentralen Idee untergeordnet ist: dem Wasser, Wasser in jedweder Form, Wasser, das einen Kanal hinunterläuft, sich auf alle möglichen Arten bewegt, dahingleitet oder hoch aufschäumt, plötzlich versickert, verschwindet und wieder auftaucht; Wasser, das rauscht und tönt; Wasser, das über einen Tisch läuft, das gerade eben noch eine Fontäne war und jetzt den Wein kühlt und schon bereit ist, sich wieder loszureißen und in Kaskaden weiterzustürzen und hügelabwärts Reißaus zu nehmen. Unten ist das viergeteilte Wasserparterre gleichzeitig Vollendung der Achse und ruhender Pol, an dem alles Wasser sich sammelt. Selbst die Wasserspiele, an denen es fontänengleich aus dem Boden schießt und den nichtsahnenden Gast durchnäßt, sind als verirrte Wasseradern deutbar (sie befinden sich neben dem rechten Casino). Überhaupt scheinen die Zwillingscasinos, die zum Wasser respektvollen Abstand halten, ihm damit die größte Reverenz zu erweisen.

Die Casinos sind die steingewordene Form von höchstem Luxus. Sie sind für Feste gedacht und gebaut, sie sind Orte der Entspannung und der Lust. Hier wurde weder Vorrat gehalten noch Wäsche gewaschen, für profane Tätigkeit war kein Raum. Es zählten, wie bei der Sonnenuhr, nur die heiteren Stunden.

Stadtgärten, Gartenstädte: Isfahan und Beijing

Gegensätze ziehen sich an. Mit dem alten Sprichwort läßt sich auch die Spannung zwischen natürlicher Wildnis und strenger Gartenarchitektur gut beschreiben. In England finden wir den Gegensatz zwischen der exakten, symmetrischen Geometrie der Villen im Stil Palladios und den Parks von William Kent und Capability Brown, in denen sie stehen; gehen wir nach Persien, dann finden wir, daß die Strenge der viergeteilten Gartenquadrate durch die weichen Formen von Rosenbüschen und Obstblüten gemildert wird. Auch in der Anlage ganzer Städte finden wir Spannung und Ausgleich.

Vor allem der Mittlere Osten überrascht den Reisenden mit dem krassen Gegensatz zwischen dem Gewirr der Straßen und Gassen in Wohnvierteln und

Basars mit dichtem Verkehr, mit Lärm und Gewühl und der Stille, der Klarheit, der Symmetrie, die sich in Gärten und Innnenhöfen der Moscheen darbieten. Diese Inseln der Ruhe im wilden Treiben verlangen nach strengen Sitten und Ritualen.

Nirgendwo ist der Gegensatz augenfälliger als im Stadtplan von Isfahan, das unter der Herrschaft der Safawiden Persiens Hauptstadt war. Die Stadt wurde unter Schah Abbas I. (1599 bis 1627) angelegt. Obwohl Isfahan heute eine moderne Großstadt ist und Autobahnen und Neubauten auch hier die teilweise Zerstörung des Alten mit sich brachten, ist die Form der alten Stadt noch wiederzuerkennen. Im Süden fließt der *Sende Rud*, im Norden liegt das Straßengewirr des *Basars*. Bindeglied ist die berühmte Stadtanlage mit Gärten, Moscheen und Palästen.

Sie wird von drei Hauptachsen bestimmt, die schiefwinklig aufeinander zulaufen und deren Raster sich überlagern. Die erste Hauptachse beginnt im Süden als langer Boulevard an der imposanten *Allahverdi-Khan-Brücke*, auch Dreiunddreißig-Bogen-Brücke genannt, die Schah Abbas über den Sende Rud bauen ließ. Er verläuft fast genau nach Norden. Nach den viergeteilten Gärten, die rechts und links davon angelegt wurden, heißt er *Chahar Bagh*. In seiner Mitte verlief früher ein Kanal mit Onyxbecken und Rosenblättern auf dem Wasser. Die Quadrate der Gärten schufen mit ihren Achsenkreuzen ein streng geometrisches Raster als Kontrast zur unregelmäßigen, kleinzelligen Textur der Altstadt im Norden. Die Gärten gibt es nicht mehr, der Chahar Bagh ist zu einer verkehrsreichen Durchgangsstraße geworden; nur die Alleebäume erinnern noch an die Vergangenheit.

Der große, rechteckige Kaiserplatz *Meidan-i-Schah*, ein ehemaliger Poloplatz, bestimmt die zweite, in einem Winkel von fünfzehn Grad auf den Chahar Bagh zulaufende Hauptachse. Der Platz verbindet Basar und umliegende Geschäfte im Norden, das Handelszentrum der Stadt, mit dem Eingang zum Gartenpalast *Tschehel Sotun* an seiner Westseite und der berühmten *Schah-Moschee* im Süden. Die Palastgärten zwischen Meidan-i-Schah und Chahar Bagh vermitteln zwischen den beiden Rastersystemen.

Die dritte Hauptachse wird von der Richtung nach Mekka vorgegeben, das von Isfahan aus gesehen in südwestlicher Richtung liegt. Die Schah-Moschee ist deshalb um genau fünfundvierzig Grad gegen den Meidan-i-Schah gedreht. Wie hier das Problem der schiefwinkligen Achsen mit Hilfe von Portal, Vestibül und *iwan* (der überwölbten Portalnische einer Moschee, zu der vom Hof einige Stufen hinaufführen) gelöst wurde, ist eine architektonische Meisterleistung. An der Ostseite des Meidan-i-Schah steht die viel kleinere und bezaubernd heitere *Scheich-Lutfullah-Moschee*. Auch ihre kuppelüberwölbte quadratische Grundfläche ist um fünfundvierzig Grad gegen den Platz gedreht. Dann gibt es noch die gewaltige, alte, in großen Teilen vorsafawidische *Freitagsmoschee*, eine erstaunliche Verwachsung von labyrinthischen Korridoren, Durchlässen und Säulenhallen, die sich zu einem architektonischen Knäuel verdichten; in ihrer Mitte jedoch liegt ein lichter, geräumiger, rechteckiger Hof mit mehreren Iwans und einem Brunnen, alles streng auf die Achse nach Mekka ausgerichtet.

Werfen wir einen Blick zurück: hier der Weg durch den Basar, eine wahre Entdeckungsreise, ein Pilgerweg auf gewundenen Wegen, durch enge Gassen; dazu der Lärm der Händler und Handwerker, der Duft der Gewürze, der

Isfahan: Gärten als Inseln der Ruhe. Der Pavillon Hescht-i-Behescht nach einer Zeichnung von Bertram Goodhue

Der Boulevard Chahar Bagh im frühen 19. Jahrhundert. Zeichnung von Eugène Flandin

Stadtplan von Isfahan aus der Zeit der
Safawiden: Die Symmetrie der Gärten

1. Garten des Derwischs
2. Garten des Weinbergs
3. Throngarten
4. Garten der Wesire
5. Tschehel Sotun
6. Hescht-i-Behescht
7. Maulbeergarten

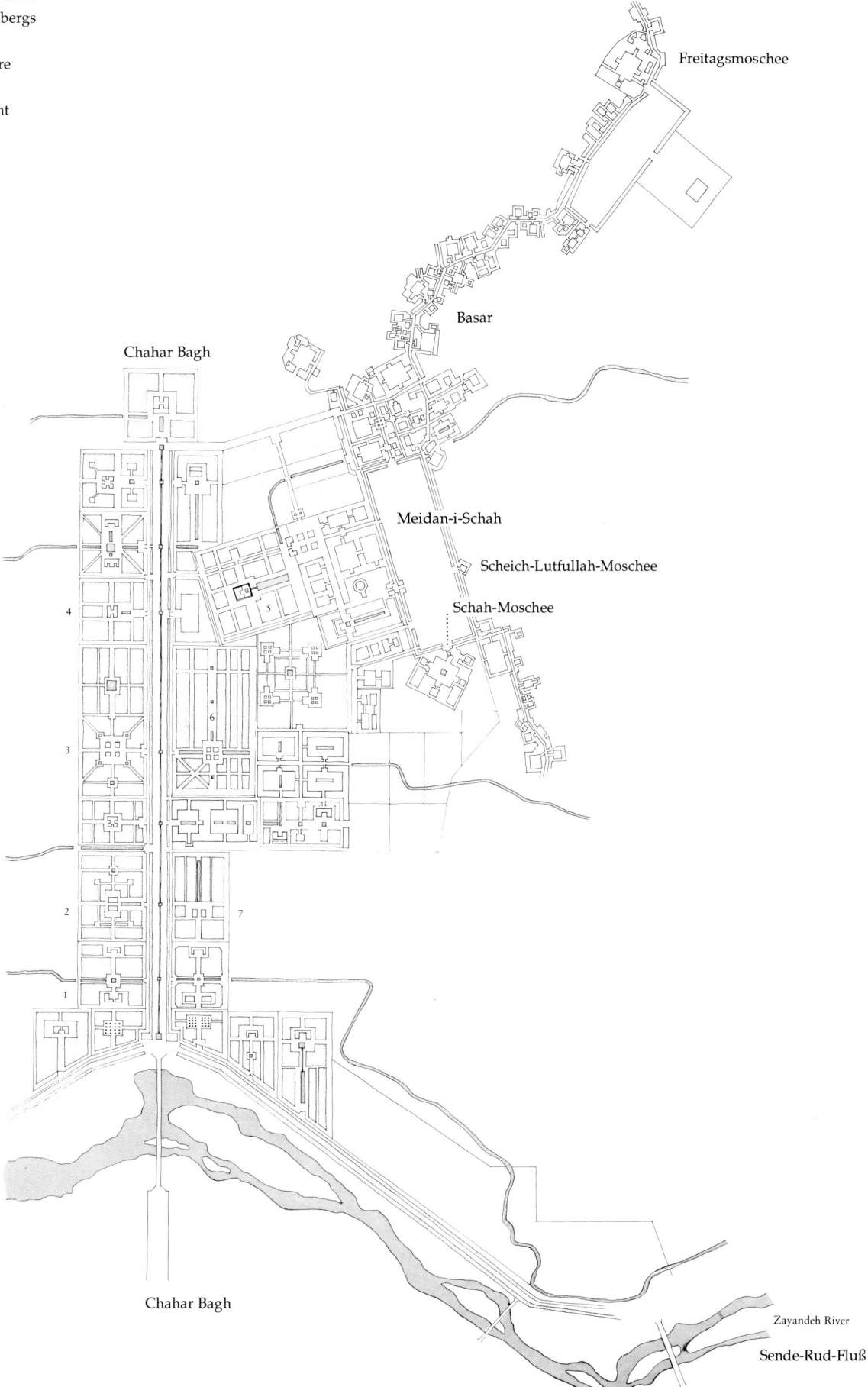

Freitagsmoschee

Basar

Chahar Bagh

Meidan-i-Schah

Scheich-Lutfullah-Moschee

Schah-Moschee

Chahar Bagh

Zayandeh River

Sende-Rud-Fluß

Hescht-i-Behescht: ein sybaritischer Nabelpunkt. Zeichnung von Pascal Coste

Staub und das Gedränge, romantische Bilder und harte Geschäfte; dort die strenge Geometrie von Chahar Bagh, Meidan-i-Schah, Schah-Moschee und Freitagsmoschee: gerade Linien, die offene Flächen symmetrisch teilen, mit klar bestimmten Fluchtpunkten.

Die Lust an der Ordnung ist nicht auf die symmetrische Pracht der Stadtgärten von Isfahan beschränkt. Auf den Stadtplänen chinesischer Städte treten uns ähnliche Formen entgegen. Die Anlage der alten Gartenstadt Suzhou zum Beispiel basiert auf einem von einer Außenmauer umgrenzten Rechteck und einem rechtwinkligen Raster von Straßen, Gassen und Kanälen. Ein breiter Kanal führt außen um die rechteckige Stadt. Der alte Stadtplan ist auf einer Säule aus dem dreizehnten Jahrhundert eingraviert und bestimmt auch noch das heutige Stadtbild. Allerdings ist die Stadtmauer fast verschwunden, die Stadt hat das ursprüngliche Rechteck schon lange gesprengt. Und doch findet man hier und dort noch Fragmente der alten Anlage.

Weißgetünchte Mauern und Fassaden mit braunen hölzernen Türen und Balkonen säumen die Straßen; Platanen spannen ein Blätterdach darüber und werfen grobscheckige Schatten auf die weißen Mauern. Hinter den Häusern fließen Kanäle. Schmale Querstraßen verbinden Straße und Kanal, hier und da überqueren sie als Fußgängerbrücke das Wasser. Hinter den weißen Mauern aber liegt eine andere Welt. Zickzack und Mäander, Schatten und Lichtreflexe, Zauber und Illusion: die weltberühmten Gärten von Suzhou.

Die traditionelle Stadtplanung Chinas macht von der Achse doppelten Gebrauch. Sie bestimmt nicht nur die Richtung, sondern wird auch zur Reihung benutzt. Im überschaubaren Maßstab eines Privathauses sieht das so aus, daß auf einer Achse abwechselnd geschlossene Räume und offene Höfe liegen; daraus entsteht eine rhythmische Folge von Licht und Schatten, jeweils durch eine Türöffnung geschieden. Im Riesenmaßstab der Kaiserstadt Beijing herrscht das gleiche Prinzip: Beijing ist die Wohnstatt des Kaisers. Der Stadtplan des heutigen Beijing ist das Resultat ständiger Stadterneuerung seit dem zwölften Jahrhundert, das Grundkonzept aber hat sich kaum verändert. Die Zentralachse der Stadt verläuft streng von Süd nach Nord, vier ummauerte Rechtecke sind an ihr aufgereiht, zwei große und zwei kleinere, von denen drei ineinandergeschachtelt sind. In der Mitte sitzt die eindrucksvoll symmetrisch aufgebaute *Verbotene Stadt* mit ihren roten Mauern, der alte Kaiserpalast aus dem fünfzehnten Jahrhundert, erbaut vom Mingkaiser Yong Le von 1407 bis 1420. Darin sind alle wichtigen Gebäude nach Süden orientiert, auch der Haupteingang, so daß das Gesicht des Kaisers symbolisch immer der Sonne zugewandt war. Die Verbotene Stadt und ein fünftes Rechteck, der Kohlenhügel, werden von der ihrerseits ummauerten *Kaiserstadt* umschlossen. Diese wiederum ist eingebettet in die *Innere Stadt*, an die im Süden das Rechteck der Äußeren Stadt grenzt. Zwischen der Verbotenen Stadt und den äußeren Mauern ist die Stadt durchzogen von einem Netz von Straßen, Gassen und Hofhäusern. Dieses Straßennetz ist weitgehend intakt geblieben, während die alten Häuser mit ihren Höfen größtenteils verschwunden sind.

In Beijing verbinden sich die beiden Prinzipien des Aneinanderreihens und des Ineinandersetzens zu einer räumlichen Hierarchie, in deren Zentrum die politische Macht residiert, der Mittler zwischen Himmel und Erde, der Kaiser. Ineinandergesetzte Mauern umgeben ihn wie Zwiebelschalen, zu ihm führen hintereinandergereihte Tore, Höfe und Hallen.

Suzhou: Das rechtwinklige Raster der
Stadtanlage

Straße *Gasse* *Kanal*

Suzhou: Zauber und Illusion in den
Gärten

163 · ORTE der VERGANGENHEIT

Die Achse als Richtung
und Reihung

Riesenmaßstab: Die Verbotene Stadt im Herzen von Beijing

Überschaubarer Maßstab eines Privathauses

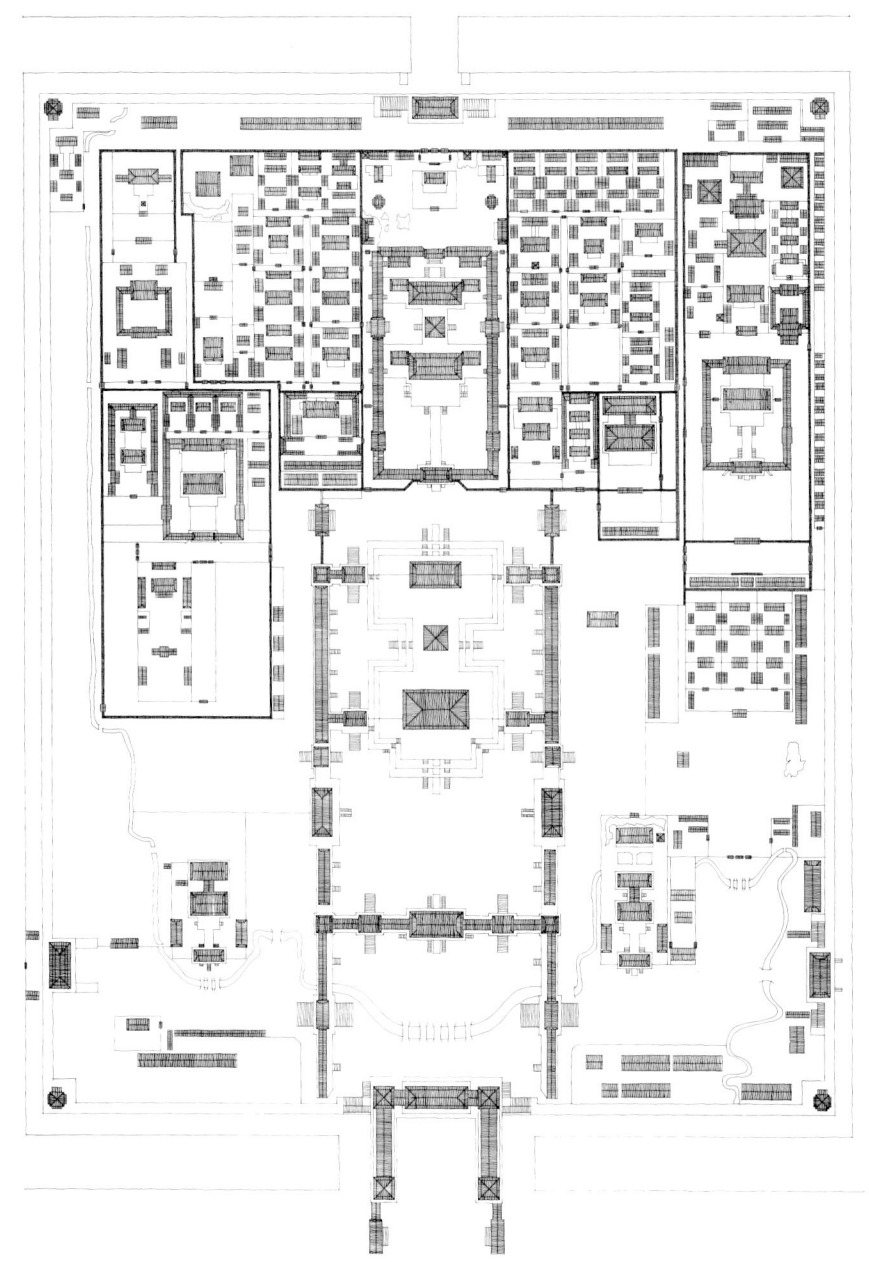

Grundriß der Verbotenen Stadt

164 · ORTE der VERGANGENHEIT

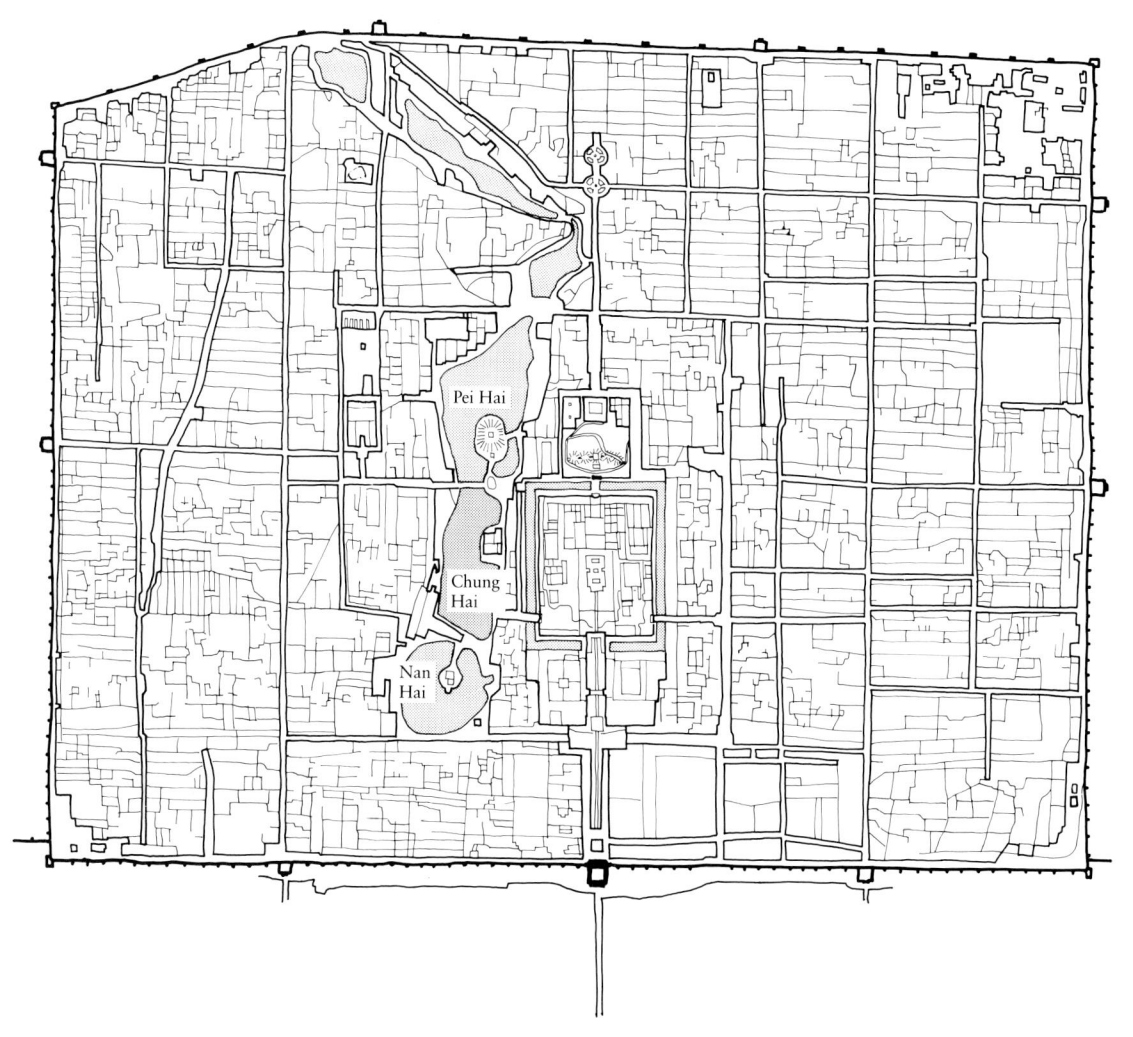

Straßennetze der Kaiserstadt und der Inneren Stadt umschließen die Verbotene Stadt

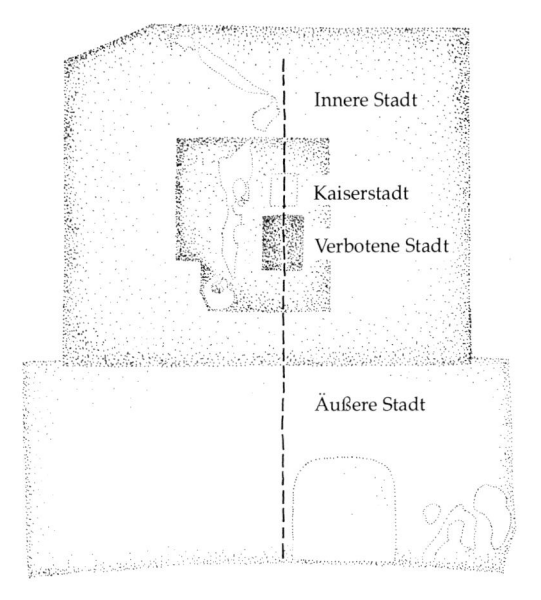

Zentralachse von Süd nach Nord mit der Reihung der vier ummauerten Rechtecke

165 · ORTE der VERGANGENHEIT

Süd-Nord-Achse des alten Peking, Stationen an einem Pilgerweg

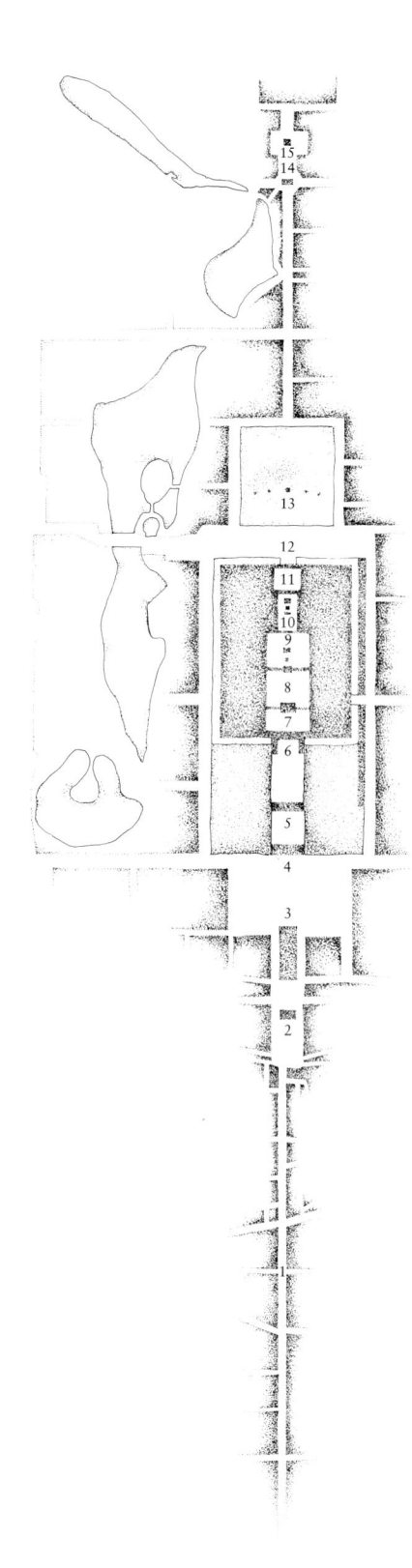

Die Mandschuherrschaft ist vorbei, seit der Revolution 1912 hat kein Kaiser mehr aus den roten Mauern heraus regiert; nur wohnen durfte der letzte Kaiser dort noch eine Zeitlang. Doch die alte Süd-Nord-Achse ist geblieben, auf ihr durchschreitet man die vielen Schichten des historischen China auf dem erregendsten städtischen Pilgerweg, der sich denken läßt. Acht Kilometer lang ist der Weg durch Tore, Hallen und Höfe:

1. *Yongding Men*, das Tor der Vereinigung, ist das südliche Tor der Äußeren Stadt. Hier beginnt die *Qian Men Straße*, und hier beginnt unser Pilgerweg.
2. *Qian Men*, das Vordere Tor, ist das monumentale Südtor der Inneren Stadt.
3. *Tian'an Men Platz*, der Platz des Himmlischen Friedens, ist ein gigantisches Rechteck von vierzig Hektar Fläche, Brennpunkt des modernen Beijing. Hier rief Mao Zedong am 1. Oktober 1949 die Volksrepublik aus, hier rotteten sich in den sechziger Jahren die Roten Brigaden zusammen, nach dem Tod Chou En-lais erhob sich hier 1976 das Volk gegen die radikale Jian Qing; hier starben im Mai 1989 die Studenten. Auf der Süd-Nord-Achse des Platzes stehen das *Mao Zedong Mausoleum* und das *Denkmal für die Helden des Volkes*.
4. *Tian'an Men Tor*, Tor des Himmlischen Friedens. Es steht am Nordrand des Platzes hinter einem kleinen Wasserlauf und ist der Eingang zur Kaiserstadt. Hier wurden die kaiserlichen Erlasse ausgegeben. Der Torturm mit roten Mauern und gelben Dachziegeln wurde zum Wahrzeichen der Volksrepublik China.
5. *Tuan Men*, ein hohes, rotes Tor, folgt auf einen rechteckigen Hof.
6. *Wu Men*, das Mittagstor, ist ein großes Bauwerk mit U-förmigem Grundriß am Ende eines langen, rechteckigen, von einer zweizeiligen Baumreihe geteilten Platzes. Hier überschreitet man den Wallgraben, durchquert die von Wachtürmen verstärkte Mauer und betritt die Verbotene Stadt.
7. *Taihe Men*, das Tor der Höchsten Harmonie, erreicht man über einen gepflasterten rechteckigen Hof, den der von fünf Marmorbrücken überspannte Goldwasserbach quert. Das Tor hat die Form einer Halle und ist gleichzeitig eine Art Vorzimmer für den wichtigen Raum, der sich anschließt.
8. Der Platz der Höchsten Harmonie ist der größte offene Raum der Verbotenen Stadt und Vorraum für *Taihe Dian*, die Halle der Höchsten Harmonie, die im Norden an ihn grenzt. Der Platz bildet den Höhepunkt in der Folge rechteckiger offener Räume, die mit dem Tian'an Men Platz begann.
9. *Drei Zeremonialpaläste* auf einer breiten dreistufigen Terrasse stehen im nächsten Hof.
10. *Drei Privatpaläste*, das kaiserliche Wohnquartier, folgen nach Norden.
11. *Yu Huan Yuan*, der kaiserliche Blumengarten, ist der letzte und intimste Gartenraum in der Verbotenen Stadt. Ihn zieren alte, knorrige Zypressen, dazu Glyzinien, Pfingstrosen, Pflaumenblüten als Farbtupfer. Hier hatte Ch'ien Lung seine Bibliothek, und die Kaiserinwitwe ließ an der rückwärtigen Mauer einen Steingarten aufschichten, von dem aus sie auf die Straße blicken konnte.
12. *Schenwu Men*, das Tor der göttlichen Begabung, ist das nördliche Tor der Verbotenen Stadt. Es führt die Achse durch die Mauer und über den Wallgraben zum Kohlenhügel.
13. *Jing Shan*, der Aussichtsberg, ist ein anderer Name für den Kohlenhügel. Von fünf symmetrisch angelegten Pavillons steht der mittlere auf der

Der Pilgerweg durch Beijing

1. Quian Men Straße

2. Quian Men

3. Tian'an Men Platz

4. Tian'an Men Tor

5. Tuan Men

6. Wu Men

7. Taihe Men

8. Taihe Dian, davor der Taihe Platz

9. Einer der Zeremonialpaläste: Zhonghe Dian

10. Einer der Privatpaläste: Qiangqing Gong

11. Yu Huan Yuan, Pavillon im kaiserlichen Blumengarten

12. Blick vom Schenwu Men auf Jing Schan

13. Jing Schan, der Kohlenhügel

14. Blick auf Gu Lou vom Jing Schan

15. Zhong Lou, der Glockenturm am nördlichen Ende der Achse

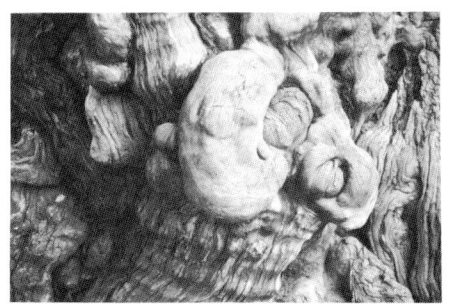

Die Gärten von Beijing. Geschwungenen atürliche Formen setzen sich über das Ordnungsraster hinweg: Knorrige Zypressenwurzeln im Yu Huan Yuan

Achse und gestattet einen herrlichen Blick nach Süden wie nach Norden auf das, was uns noch erwartet. Hier war der höchste Punkt Beijings, bis ihm einzelne Wolkenkratzer den Rang streitig gemacht haben.

14. *Gu Lou*, der Trommelturm, steht ein gutes Stück weiter nördlich auf der Straße, die am Kohlenhügel beginnt.
15. *Zhong Lou*, der Glockenturm, liegt direkt dahinter, kurz vor der Nordmauer der Inneren Stadt.

Die ganze Anlage ist konfuzianische Hierarchie in Reinkultur. Schaut man sich aber den Grundriß der Stadt an oder blickt vom Kohlenhügel nach Westen, dann sieht man Elemente, die anderen Regeln gehorchen. Drei große Seen mit unregelmäßigen Konturen setzen sich über das Ordnungsraster hinweg: *Bei Hai*, *Chung Hai* und *Nan Hai*. Um jeden See liegt ein Park, am Seeufer geschwungene Wege: Pilgerwege in Harmonie mit dem Tao der Natur.

Bei Hai, der nördlichste der drei Seen, wurde schon vor tausend Jahren während der Liao-Dynastie zum kaiserlichen Garten. Der Gartenliebhaber Ch'ien Lung hielt sich gern dort auf. Nach 1949 wurde die Anlage restauriert und ist heute Beijings größter öffentlicher Park. In der Mitte des Sees liegt *Tjiung-hua*, die Schimmernde Jadeinsel, mit dem Turm der Weißen Pagode und einem Rundweg, teils überdacht, teils von Steingärten begleitet. Ein zweiter Rundweg am Landufer schlängelt sich zwischen Blumen und unter Trauerweiden um den See herum. Lotos, Enten, Pavillons erfreuen den Wanderer, er findet einen kleinen ummauerten Garten im Garten wie im Sommerpalast und trifft auf die Neun-Drachen-Wand aus leuchtend bunt glasierten Ziegeln, auf denen zwischen Wellen und Wolken neun Drachen mit einer Kugel spielen; von Osten grüßt das «geborgte» Panorama des Kohlenhügels und seiner Pavillons. Für einen Moment ist das Raster aufgebrochen, sanft strömen Wind und Wellen hindurch.

Isfahan und Beijing: Beide Städte überlassen dem Besucher die Wahl, die Stadt auf einer geraden Achse inmitten symmetrischer Anlagen zu durchqueren oder den Weg entlang der malerischen Einfälle und Überraschungen eines Labyrinths zu suchen. In Isfahan wird die axiale Geometrie von den Gärten geschaffen, während die Gärten von Beijing sich ihr entgegenstellen.

MUSTER

Wie uns manche Gärten als spannende, ereignisreiche Erzählung erscheinen und in ihren Bann ziehen, so faszinieren uns andere durch ihre Form, durch ihre Symmetrien, Repetitionen und Variationen, wie die Reime und das Versmaß eines Gedichts.

Der symmetrisch geteilte Block aus vier Quadraten

Das Grundmuster eines Gartens, der aus seiner Form heraus lebt, ist der symmetrisch geteilte Block aus vier Quadraten mit einem Brunnen oder einer Skulptur in der Mitte. Gehwege oder Wasserwege laufen schnurgerade in die vier Himmelsrichtungen, eine feste Abgrenzung trennt den Garten von der äußeren Wildnis. Die bei der Viertelung entstandenen Flächen werden bepflanzt. Jedes Viertel kann durch Wege noch einmal geviertelt werden, und noch einmal und viele weitere Male. Das Muster ist schon aus der Zeit der Sassaniden (3.–7. Jahrhundert) bekannt, kann aber noch älter sein. Bis zum Ende des Mittelalters war es das Modell für alle Gärten der westlichen Welt.

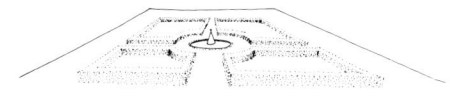

Bei einem Sonett haben Rhythmus und Metrik, für sich allein genommen, nur untergeordnete Bedeutung: erst durch die Umkleidung mit Worten und Bildern wird auch das Gerüst interessant. Nicht anders verhält es sich mit Gärten und ihren Mustern. Es sind nicht die einfachen, rasch zu durchschauenden Regeln der Anlage, die unsere Begeisterung entfachen, sondern die endlosen Variationen und spannenden Spiele, die unter der Herrschaft der Regeln möglich werden.

Die Symmetrie des Ram bagh

Babur, der erste Großmogul, hatte in seinen Memoiren wenig Gutes über Indien zu berichten:

Hindustan ist ein Land mit wenigen angenehmen Zügen. Die Leute sehen nicht gut aus, sie wissen nichts vom Reiz freundschaftlichen Miteinanderlebens, freimütiger Geselligkeit oder familiären Verkehrs. Sie besitzen weder Geist noch Verstand, weder höfliche Manieren noch ein Gefühl für Kameradschaft und Liebenswürdigkeit, weder Scharfsinn noch technische Erfindungsgabe. Sie sind nicht fähig, ihre handwerklichen Arbeiten planvoll auszuführen, und haben keine Geschicklichkeit im Zeichnen und wenig Kenntnisse auf dem Gebiet der Architektur... Es gibt keine guten Pferde, keine guten Hunde, keine Trauben und Melonen, kein Eis und kein kaltes Wasser; in den Basars gibt es kein Brot und keine schmackhaften Speisen, sie kennen keine heißen Bäder, keine Schulen, keine Lichter, Leuchter, Fackeln... Fließendes Wasser kennen sie nur aus Strömen und aus Gewässern in Schluchten und Höhlen; Wasserleitungen für Gärten und Paläste gibt es nicht. Ihre Gebäude sind weder ansehnlich noch elegant, weder regelmäßig noch symmetrisch und überhaupt nicht den klimatischen Bedingungen angepaßt.[29]

Auch der große Babur konnte ein solches Land nicht von Grund auf verändern. Aber er konnte sich ein Refugium schaffen, konnte das «Land ohne Zauber und Ordnung» ausgrenzen, indem er einen Garten anlegte. Er wählte das linke Ufer der Dschumna in Agra. Babur erzählt in seinen Memoiren, wie der Garten entstand:

Einer der großen Mängel Hindustans ist das Fehlen von Kanälen. Meine zukünftige Residenz sollte zu einem schön geplanten, symmetrischen Garten werden, Schöpfräder könnten künstliche Bäche erzeugen. Mit diesem Ziel im Auge setzten wir in Agra über die Dschumna, um den geeigneten Platz für einen Chahar bagh zu finden. Doch alles, was ich sah, war so häßlich und abstoßend, daß ich über den Fluß zurückkehrte und die Idee an den Garten aufgab. Doch es gab einfach keinen günstigeren Ort als Agra, und ich versuchte, aus dem Vorhandenen das Bestmögliche zu machen.

Einige Tage später begann die Arbeit mit dem Bau eines Brunnens, aus dem die Hamams (Heiße Bäder) versorgt werden sollten, und dem ersten Stück Land, dort, wo heute die Tamarindenbäume stehen und das achteckige Wasserbecken. Dann kamen das Große Bassin und seine Einfassung an die Reihe, dann das Bassin und die Audienzhalle vor der Äußeren Residenz. Als nächstes wurden der Palast und sein Garten und verschiedene andere Wohngebäude erbaut, und schließlich der Hamam. Zum erstenmal sah das unordentliche und unfreundliche Indien einen Garten mit Ordnung und Symmetrie, mit regelmäßigen Beeten, eingefaßt von Bordüren aus Rosen und Narzissen in vollendeter Harmonie.

Der Garten, der heute Ram bagh heißt, ist wahrscheinlich der Rest des Gartens, den Babur beschreibt. Er liegt am Ufer der Dschumna, gegenüber dem heute viel berühmteren Tadsch Mahal. Dieser Teil von Agra ist immer noch, vielleicht mehr denn je, «häßlich und abstoßend». Nur wenige Touristen, die zum Tadsch Mahal kommen, nehmen die staubige Rikschafahrt auf sich, um den ältesten aller Mogulgärten zu besuchen. Die Einheimischen scheuen den Weg nicht. An Feiertagen drängen sich hier die Menschen, große Familien und Freundesgruppen breiten im Schatten ihre Decken aus und rauchen, essen, trinken, feiern Feste wie zu Baburs Zeiten. Papageien und Affen toben in den Bäumen, von Dutzenden kleiner Feuer steigen Essensdüfte in die Luft. Über dem Ufer der Dschumna sorgen Pavillons für Schatten und Kühlung, wenn der heiße Wind bläst und den Staub aufwirbelt.

Babur hatte die Erinnerung an die viergeteilten Paradiesgärten Persiens und Samarkands auf seinem Eroberungszug nach Indien mitgebracht. Ram bagh ist die Weiterentwicklung des Grundmusters in ein weitgespanntes quadratisches Netz von Kanälen. Über dem Fluß ließ er eine Terrasse aufschütten, die ebenfalls von rechtwinkligen Kanälen durchzogen wird. An den Kanalkreuzen sind *chabutras* gebaut, erhöhte Podeste aus Stein, auf denen zwei Personen bequem sitzen können. An manchen Stellen kann man noch die Reihen der Bäume wiedererkennen, die er pflanzen ließ. Auf der Terrasse über dem Fluß stehen zwei Pavillons. Zwischen ihnen liegt, mitten im Großen Bassin, eine Insel-Chabutra; das war Baburs Platz. Er nannte ihn *Bagh-i-Gul Afshan* (Blumenübersäter Garten) und saß dort gern inmitten seiner Beete und Bordüren. Später nannte man Platz und Garten Aram-Bagh, Garten der Muße, und Ram bagh ist die Abkürzung davon. An den Rändern der Terrasse fließt das Wasser der oberen Kanäle über marmorne *chadars* (Wasserrutschen) zwischen Treppenstufen in kleinere Becken auf der nächsten Ebene und wird dort in Steinrinnen weitergeführt.

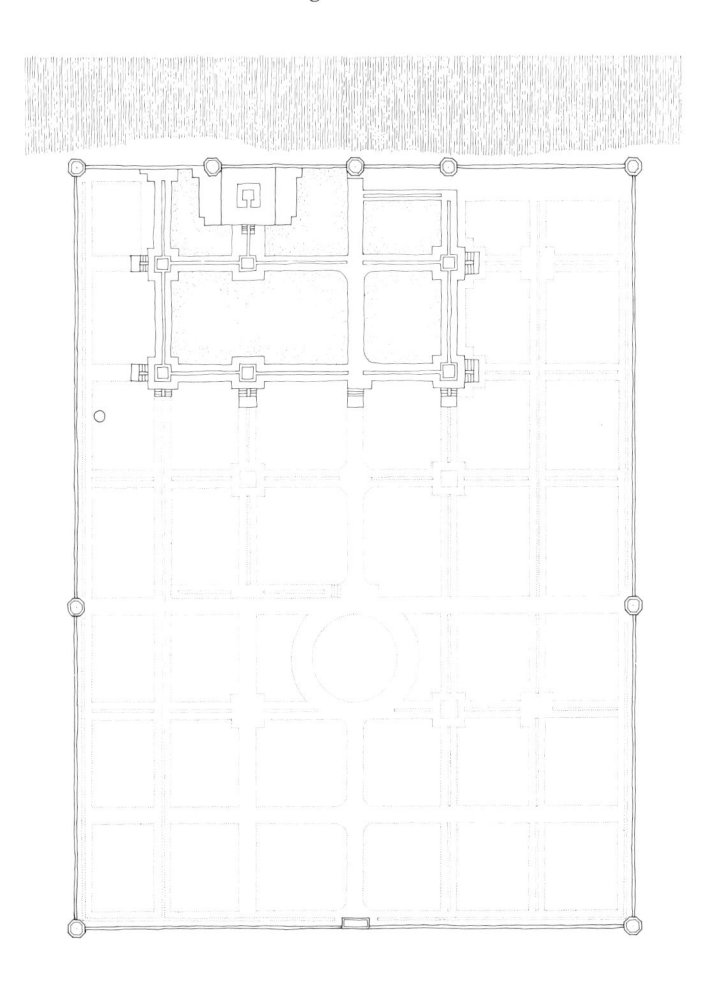

Symmetrieraster des Ram bagh in Agra

171 · ORTE der VERGANGENHEIT

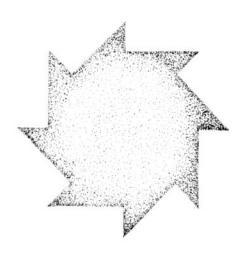

Rotationssymmetrie

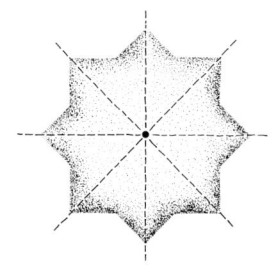

Spiegelsymmetrie mit mehreren Achsen, die durch einen Mittelpunkt laufen

Die Symmetrien des *chahar bagh*

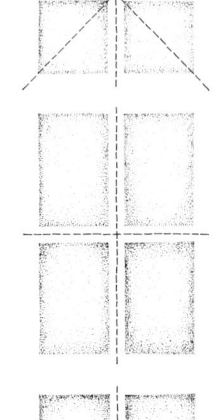

Vier Spiegelachsen eines quadratischen chahar bagh

Zwei Spiegelachsen eines rechteckigen chahar bagh

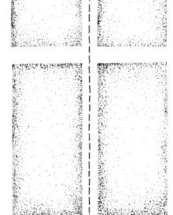

Einfache Spiegelachse

Babur begegnete dem «Mangel an fließendem Wasser», indem er an der Südwestecke des Gartens neben dem Fluß einen großen Brunnen graben ließ und das Wasser mit persischen Schöpfrädern in einen Hochtank beförderte. Von da floß es in die Kanäle und in ein großes Speicherbecken mit unterirdischem Hamam und weiteren Zisternen.

Die Reste des Ram bagh lassen noch heute seine einstige Pracht erahnen. Auf dem Grundriß ist die alte Struktur gut zu erkennen. Es ist bemerkenswert, wie genial Pavillons, Lustgärten und ein geschickt angelegtes Bewässerungssystem zu einer einheitlichen, symmetrischen Komposition verflochten sind. Die Architektur durchdringt den Garten und der Garten die Architektur, und das strömende Wasser hält beides zusammen.

Babur sehnte sich nach Wasser im Überfluß und nach «Ordnung und Symmetrie». Was kann er in seinen Memoiren damit gemeint haben? Ram bagh kann uns einigen Aufschluß geben, besonders wenn wir bedenken, daß Babur in einer islamischen Tradition stand, in der schon Jahrhunderte vor ihm jede mögliche Form von Symmetrie erprobt worden war.

Symmetrie kann sich in ihrer einfachsten Form um einen Punkt oder um eine Achse bilden. Wasserräder besitzen nur eine Punkt- oder Rotationssymmetrie, Pflanzenblätter nur eine Axial- oder Spiegelsymmetrie. Die Zahl der Spiegelachsen läßt sich aber bis ins Unendliche vermehren: ein Rechteck hat zwei, ein gleichschenkliges Dreieck hat drei, ein Quadrat vier Symmetrieachsen; eine Blüte kann sehr viele besitzen, und jeder Kreis besitzt unendlich viele.

Der *chahar bagh* (Vier Gärten) hat als Quadrat vier Seiten, vier Kanäle, vier Felder und vier Spiegelachsen. Dehnt man das Quadrat zum Rechteck auseinander, vermindern sich die Spiegelachsen auf zwei; verschiebt man den Kreuzungspunkt auf einer der beiden Mittellinien, bleibt noch eine Spiegelachse, verschiebt man ihn schräg aus der Mitte, bleibt keine Symmetrieachse übrig. Umgekehrt könnte man die Zahl der Spiegelachsen vermehren. Doch Perser und Großmoguln hatten einen guten Grund, das zu unterlassen: es fließen nur vier Ströme aus dem Paradies. Erst in der europäischen Renaissance und im Barock vermehrte man dann zur Prachtentfaltung die Zahl der Achsen ganz unbeschwert, man denke nur an Karlsruhe.

Aus regelmäßiger Wiederholung entlang einer Achse entsteht eine Art serieller Symmetrie, realisiert etwa in einer Baumreihe mit regelmäßigen Abständen. Spiegelt man die Baumreihe an einer Achse, dann entsteht daraus eine zweite Version, die Allee. Wenn man zwei Reihen pflanzt und die zweite Reihe um einen halben Abstand versetzt, entsteht eine dritte Version. Insgesamt gibt es dabei nicht mehr als sieben Möglichkeiten.

Wenn man die Bäume mit gleichen Abständen in rechtwinklig sich kreuzenden Reihen pflanzt, dann erhält man ein Quadratnetz. Das ist das Grundmuster von Ram bagh. Daraus entwickelte sich in späterer Mogulzeit der *char chenar*: vier Platanen (*chenar*), in einem kleinen Quadrat gepflanzt, bilden einen schattigen Raum, oft mit einem Stein-chabutra in der Mitte. In Nasim bagh ließ Großmogul Akbar Bäume in einem Zehn-Meter-Raster anpflanzen; so entstanden aneinandergereihte Char chenars: ein Raum wird zum Palast.

Serielle Symmetrie mit Spiegelachse: Allee

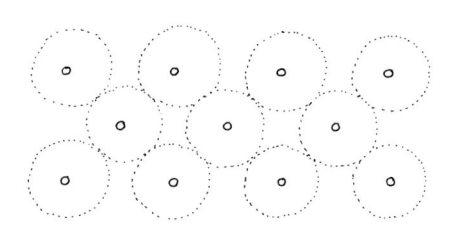

Quincunx (Fünfauge)

Dichtestmögliches Pflanzmuster

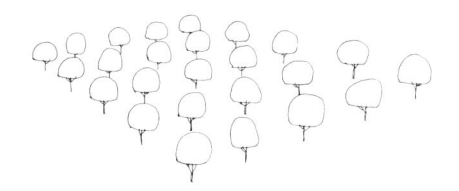

Einfaches Raster

Wenn man das quadratische Raster in einer Richtung dehnt oder staucht, bekommt man rechteckige Felder. Form und Größe der Rechtecke des *Patio de los Naranjos* (Patio mit den Orangenbäumen) in Sevilla zum Beispiel sind in der kurzen Achse von den Minimalabständen der Baumkronen vorgegeben, in der längeren Achse von der Notwendigkeit des Zugangs für Ernte und Bewässerung.

Das quadratische Raster kann auch so verändert werden, daß die nächste Parallelreihe jeweils ein wenig verschoben wird. Dann entstehen als serielles Muster statt der Quadrate Parallelogramme. Versetzt man die nächste Reihe genau um einen halben Abstand, dann erhält man ein Muster mit dem Namen Quincunx, Fünfauge. Man kann es auch als Überlagerung zweier Quadratnetze deuten, bei der die Eckpunkte auf den Diagonalen jeweils um einen halben Abstand alternieren. Quincunx heißt das Muster, weil, wie bei der Fünf des Würfels, ein Punkt stets von vier weiteren Punkten umgeben ist. Es erfreute sich großer Beliebtheit für die Brunnenanlagen in den Grabmal-Gärten der Moguln, und zur gleichen Zeit wie einige große Mogulgärten entstanden in England viele Obstgärten im Quincunx-Muster. Im Garten der Moschee von Cordoba ist eine besondere Möglichkeit genutzt, die das Quincunx als Überlagerung zweier Quadratraster anbietet: das eine Raster ist aus Palmen gepflanzt, das andere aus Orangenbäumen, die im Halbschatten der Palmen besonders gut gedeihen.

Vergrößert man den Reihenabstand im Quincunx ein wenig, dann erhält man lauter gleichseitige Dreiecke. Da Baumkronen, von oben gesehen, meistens rund sind, ist dies das dichtestmögliche Pflanzmuster überhaupt. Es ist auch das effizienteste Muster für die Bewässerung von Feldern durch kreisende Beregnungsanlagen: die unberegnete Fläche bleibt so am kleinsten.

Alle ornamentalen Muster, wie man sie zum Beispiel als Flächenornamente in den Kachelfeldern der Moscheen findet, beruhen auf einem der fünf beschriebenen Punkteraster. Mathematiker haben berechnet, daß es genau siebzehn verschiedene Möglichkeiten einer solchen Symmetrie in Tapetenmustern gibt. Die Künstler der Moguln, der Perser und Araber haben alle siebzehn gekannt, haben sie in allen Variationen benutzt und als Wanddekorationen aus ihren Palästen und Grabmälern in die Gärten übernommen oder zur dekorativen Gestaltung von Fußböden verwendet.

Bei der Anlage von Gärten spielen die regelmäßigen Muster die gleiche Rolle wie bestimmte Klangmuster in der Poesie. Es gibt den siebzehnsilbigen (fünf; sieben; fünf) Dreizeiler *Haiku*, den Stabreim, den Halbreim, dann Trochäus, Anapäst und Spondeus. Alexander Pope machte sich über die geometrischen Formen in Gärten lustig, natürlich in gereimten Zweizeilern aus fünffüßigen Jamben[30].

Nie lieblich Wirrnis, die das Muster stört,
Gepflegte Wildnis nie den Blick betört:
Hain winkt dem Hain, Alleen haben Brüder,
Die halbe Plattform kehrt gespiegelt wieder.

Pope verwarf reguläre Muster als hirnlose Formalismen mit vorhersehbarem, langweiligem Ergebnis. Aber die Meister der regelmäßig angelegten Gärten, wie auch die Meister des strengen Versmaßes, wissen genau, daß Symmetrien und Analogien Bedeutungsträger sein können: Gleiches und Verschiedenes wetteifern miteinander, Verschiebungen und Variationen in einem Muster haben eine bestimmte Bedeutung, und schon das Bruchstück eines Musters mag für das Ganze stehen. Ohne Regeln spielt man kein Spiel, und dann kann man auch niemals gewinnen.

Die Wasser von Kaschmir

Babur konnte sich mit dem Ram bagh ein geordnetes, symmetrisches und schattiges Paradies schaffen. Seine Nachfolger fanden auf der Flucht vor Indiens Hitze und Chaos noch ein besseres Refugium: das Hochtal von Kaschmir. Es liegt, umringt von hohen Gipfeln und Graten, im Vorgebirge des Himalaya, nördlich von Agra und Delhi. Das 130 Kilometer lange und vierzig Kilometer breite, ziemlich ebene Hochtal wird nach Südwesten vom Jhelum entwässert, einem Fluß mit vielen abgeschnittenen Flußschlingen und Altwässern, der sich am Talende in einer Schlucht durch die Pir-Panjal-Kette zwängen muß, bevor er sich in die Ebene des Pandschab ergießt. Im Tal von Kaschmir liegen zwei große, flache Seen, Wularsee und Dalsee. Ihre Ufer sind dicht mit Schilf bewachsen, und große Lotoskissen schwimmen auf dem Wasser. Großmogul Dschahangir schrieb in seinem Tagebuch:

Kaschmir ist der Garten des ewigen Frühlings, der vorgeschobene Posten des Königspalasts – ein bezauberndes Blumenbeet, das das Herz höher schlagen läßt, ein Erbreich der Feen. Die lieblichen Wiesen und fröhlichen Wasserfälle entziehen sich jeder Beschreibung. Ströme und Quellen gibt es ohne Zahl. Wohin das Auge blickt: Grün und fließendes Wasser. Rote Rosen, Veilchen und Narzissen wachsen wild. Auf den Wiesen findet man alle erdenklichen Blumen und süß duftende Kräuter – mehr als man zählen kann.

Großmogul Akbar hatte 1586 das Sultanat Kaschmir erobert. Sein Sohn Dschahangir und dessen Nachfolger wählten das Tal zur ständigen Sommerresidenz. Wenn im Frühjahr der Schnee geschmolzen war und die Pässe begehbar wurden, unternahm der Hofstaat den langen Aufstieg aus der Ebene des Pandschab hinauf in die Kühle des grünen Hochlands. Und kurz bevor der erste Schnee die Pässe wieder unpassierbar machte, kehrte man in den Süden zurück.

Zu Baburs Vision vom Paradies gehörte nicht nur fließendes Wasser, sondern auch Symmetrie. Seine Nachkommen vervollkommneten die Schönheit der natürlichen Landschaft Kaschmirs durch Gärten, in denen sich Bergwiesen in gemusterte Blumenbeete, Seen in geometrische Bassins, Flüsse und Bäche in Kanäle verwandelten und der liebliche Gesang des *Bül-bül* im schattigen Pavillon als Echo erklang.

Hier war das Gelände nicht mehr flach wie an den Ufern der Dschumna. Babur mußte seine Kanäle noch aus Brunnen und künstlichen Behältern speisen, in den Hügeln von Kaschmir aber floß das Wasser in natürlichen Strömen. So war es nur logisch, seinen Ursprung nicht mehr in die Mitte des Chahar bagh, sondern an sein höchstgelegenes Ende zu legen. Das Quadrat wurde in der Fallrichtung zum Rechteck gestreckt und behielt nur noch eine Symmetrieachse: das fließende Wasser.

Das Gelände wurde quer zum Tal terrassiert. War aus Baburs bescheidenen Chadars das Wasser von der aufgeschütteten Flußterrasse auf das nur wenig tiefere Gartenniveau geströmt, so entstanden hier durch die Terrassierung

Dalsee

Schalimar bagh

Nasim bagh

Nischat bagh

Hari Parbat

Schwimmende Gärten

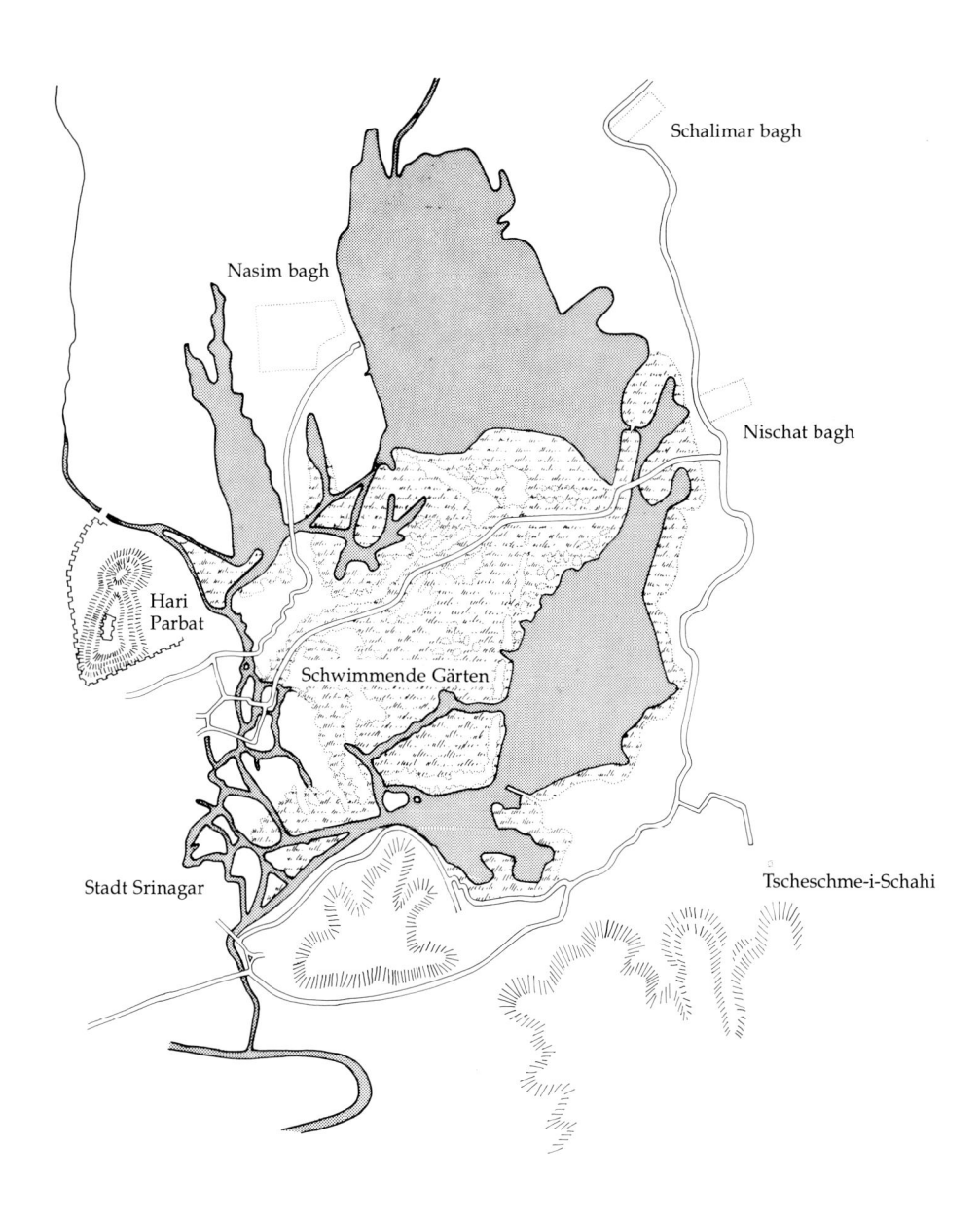

Stadt Srinagar

Tscheschme-i-Schahi

Auf dem Dalsee

Schilf und Schwimmende Gärten

Lotosblühende Lagune

Wolken spiegeln sich im Wasser

175 · ORTE der VERGANGENHEIT

großartige Kaskaden. Die Natur war freigiebig mit Wasser, und mit Hilfe der Niveauunterschiede ließ sich genügend Druck in den Wasserrohren erzeugen, um damit am Fuß der Chadars Fontänen sprudeln zu lassen.

Für das Wasser wurde eine eigene Choreographie entworfen: Hier legte es sich als glitzernde, transparente Folie über kleine Schattenflecken und Farbtupfer; dort wurde es zur wegdriftenden, sprühenden Gischt, dann wieder blubberte es, tröpfelte, hüpfte und plumpste in dicken Tropfen herab. Die Bodenflächen der Chadars waren facettenartig gemustert, sie wirkten wie stilisierte Kiesel in einem Bachbett. In sorgfältiger Handwerksarbeit gemeißelt, überzogen sie sich mit schimmernden Wasserfilmen wie mit feiner Glasur und formten stehende Wellen, winzige Blasen, schäumende Flecken, glitzernde Strahlen, Sprudel und

Kanalisierter Fluß als Symmetrieachse in Vernag

Vernag: Regelmäßiges Muster in der Landschaft von Kaschmir

Natürlicher See und Wiese

Symmetrisches Becken und Wiese: Atschabal

Tropfen, fliegende Gischt, Planscher, Spritzer, Sprenkel oder ein wunderbares, schaumgeborenes Chaos.

Statt des Einzelpavillons auf der Kreuzung von Wasserachsen oder vier Pavillons an den Ecken der Quadrate bietet sich jetzt die Möglichkeit, eine Reihe streng symmetrischer Pavillons und Chabutras wie Brücken über den Wasserlauf der dominanten Zentralachse zu bauen, oder sie als Zwillingspaare zu beiden Seiten der Achse anzuordnen. Die günstigsten Stellen dafür befinden sich in der Nähe der Chadars, wo Auge und Ohr das Strömen und Rauschen des Wassers genießen und man sich noch in Reichweite der kühlenden Gischt befindet. Zum Überqueren des Wassers bieten sich geometrisch angeordnete Schrittsteine an.

Die Kanäle waren nicht länger gleichwertig. Wegen der starken Wasserführung mußte der Längskanal verbreitert, manchmal sogar durch Parallelkanäle entlastet werden. Die Querkanäle dagegen verloren an Bedeutung und verschwanden manchmal ganz. Gern wurden zu beiden Seiten des Hauptkanals symmetrisch Platanen gepflanzt, um den Fluß des horizontal strömenden Wassers durch vertikal gesetzte Takte rhythmisch zu gliedern.

Im allgemeinen war das untere Ende des Gartens leichter zugänglich, deshalb legte man dorthin den Eingang. Von hier aus führte der Weg flußaufwärts und bergan, durch eine Folge umschlossener Räume, die nach oben von der Mauer der jeweils nächsten Terrasse begrenzt waren. Dies war auch ein Aufstieg von der öffentlichen Sphäre zur privaten. Am leichtesten war die Eingangsterrasse der Öffentlichkeit zugänglich, am unzugänglichsten und privatesten war die oberste Terrasse, auf der sich gewöhnlich der *zenana* befand, der Haremsgarten.

Unsere Pläne zeigen die Mogulgärten, die heute noch erhalten sind. *Schalimar bagh* ist ein herrlicher Gartenpalast, der sich bis zum Ufer des Dalsees

Von den Bergen fließt
das Wasser in natürlicher
Strömung

Natürliche Hänge am Ufer des Dalsees

Terrassierter Hang eines Gartens am Ufer
des Dalsees: Nischat bagh

Natürlicher Wasserfall im Gebirge

Gefaßter Wasserfall in einer
Marmorrampe: *chahar* in Atschabal

Künstlicher Wasservorhang mit *chini
kanas* in Schalimar

Natürliche Muster strömenden Wassers

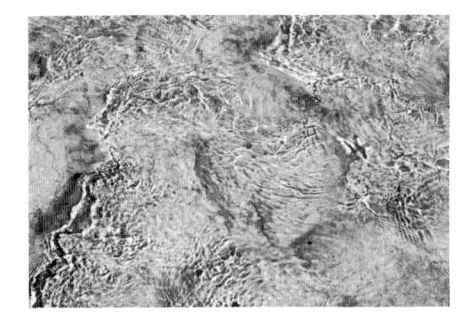

Symmetrisch gemusterte
Oberfläche eines *chadar*
in Tscheschme-i-Schahi

Natürlicher Schrittstein

Künstliche Schrittsteine in Schalimar bagh

178 · ORTE der VERGANGENHEIT

herabzieht. Er wurde von Dschahangir, dem Sohn Akbars, begonnen und von seinem Sohn Schah Dschahan erweitert und vollendet. *Nischat bagh* ist in steilen Terrassen angelegt. Asaf Khan, der Bruder der Kaiserin Nur Dschehan, baute ihn 1633 am Ufer des Dalsees südlich von Schalimar und näher an der Stadt Srinagar. Schalimar bagh und Nischat bagh sind die größten Gartenpaläste Kaschmirs, wir werden sie später genauer betrachten.

Ebenso bemerkenswert, aber kleiner sind *Tscheschme-i-Schahi* (1633), *Atschabal* und das Bad von *Vernag* (beide 1620).

Tscheschme-i-Schahi, Kaiserquelle, entstand südlich von Nischat bagh, hoch oben am Berg mit Blick über den See. Erbaut hat ihn Ali Mardan Khan, Schah Dschahans Statthalter in Kaschmir. Verglichen mit Schalimar und Nischat ist die Anlage viel kleiner und intimer. Eigentlich ist sie wenig mehr als ein Vorhof auf der Terrasse vor dem *baradari*, einem offenen Wasserpavillon, der die Quelle beherbergt. Ihr ganzer Stolz ist der eine lange Chadar, der die Mittelachse bildet.

Atschabal liegt an einem bewaldeten Hügel und ist reichlich mit Wasser gesegnet. Hier werden die Chadars zu tosenden Wasserfällen, deren Rauschen man an besonderen Plätzen in Ruhe genießen kann: über dem Wasser sitzt rittlings ein zweigeschossiger Baradari, ein anderer steht auf einer Insel im Strom, und im Schatten uralter Platanen liegen riesige Stein-Chabutras.

Den einfachsten aller heute noch erhaltenen Mogulgärten findet man abgelegen in Vernag am Banihalpaß, der zur indischen Ebene hinunterführt. Das Bad von Vernag (Schlangenbad) liegt auf einer sanft geneigten Wiese am Fuß eines steilen, bewaldeten Berghangs. Die starke Quelle ist in einem tiefen oktogonalen Bassin gefaßt. Im türkisblauen Wasser ziehen Schwärme von Karpfen ihre Bahn. Eine kühlende Steinarkade umschließt das Becken, so daß man von innen nur auf die steil in den Himmel ragenden Berge blicken kann oder über den Wasserabfluß talabwärts. Das Wasser strömt in einen geraden Kanal, quert über dreihundert Meter die frühere Wiese und mündet dann in einen Forellenbach. Blumenparterres und glatte Rasenflächen säumen den Kanal rechts und links.

Dschahangir, Großmogul und leidenschaftlicher Gartenbauer, starb 1627 auf der Rückreise beim Abstieg in die indische Ebene. Er wünschte sich, nach Vernag zurückgebracht und dort begraben zu werden. Doch sein letzter Wunsch wurde nicht erfüllt. Aus Angst, der erste Schnee könnte den Paß versperren, brachte sein Gefolge den Leichnam statt dessen nach Lahore, wo ihm seine Witwe Nur-Dschehan ein Grabmal aus weißem Marmor baute.

Alle Gärten in Kaschmir bauen auf dem gleichen, einfachen Grundriß auf. Ihre Erbauer spielten nach strengen Regeln, und der Besucher weiß im Prinzip, was ihn erwartet. Seine Einmaligkeit und seine besonderen Reize bezieht der einzelne Garten aus der Art und Weise, wie er mit dieser Erwartung spielt: manchmal bestätigend, manchmal überraschend, aber stets unter Beschwörung des Genius loci, der sich in die Anmut des fließenden Wassers kleidet: Plätschern und Sprühen in Tscheschme-i-Schahi; Tosen und Rauschen in Atschabal; Strömen und klare Tiefe in Vernag; sanftes Hinabgleiten in den lotosüberwucherten See in Schalimar und Nischat. Jeder Garten ist eine poetische Erneuerung der immer gleichen Idee.

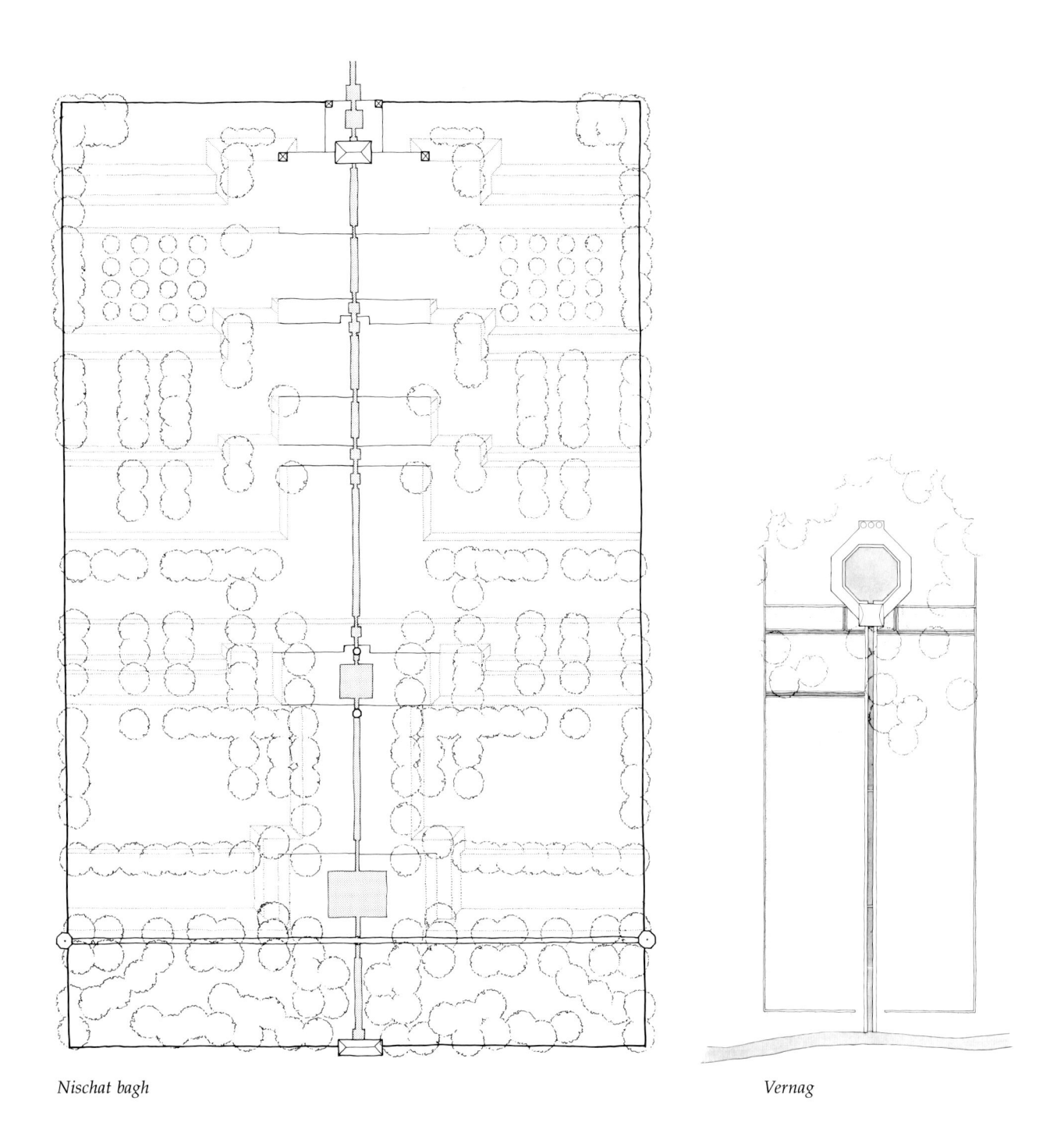

Das Spiel des Gartenbauers: Die Lustgärten
von Kaschmir im Größenvergleich

Nischat bagh

Vernag

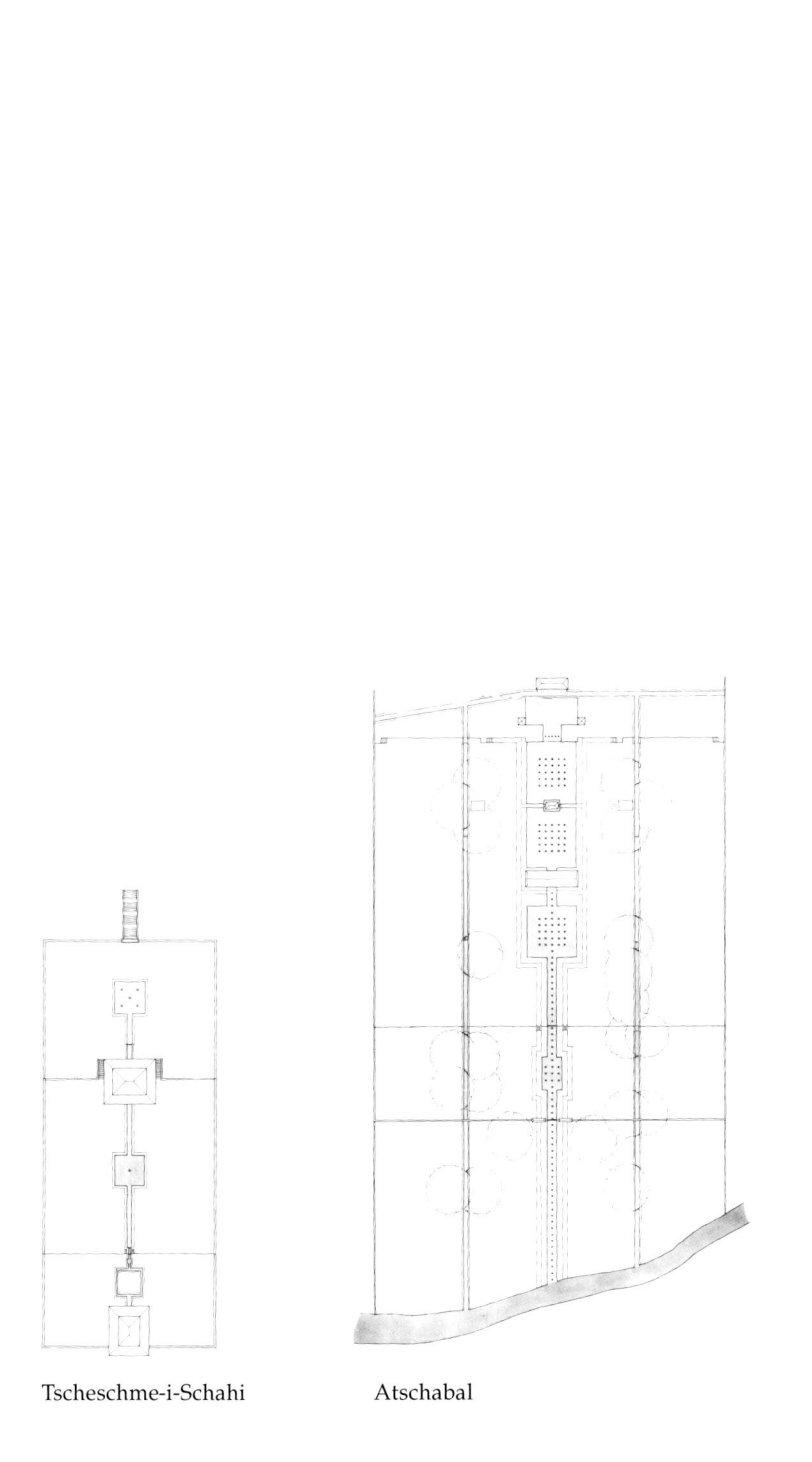

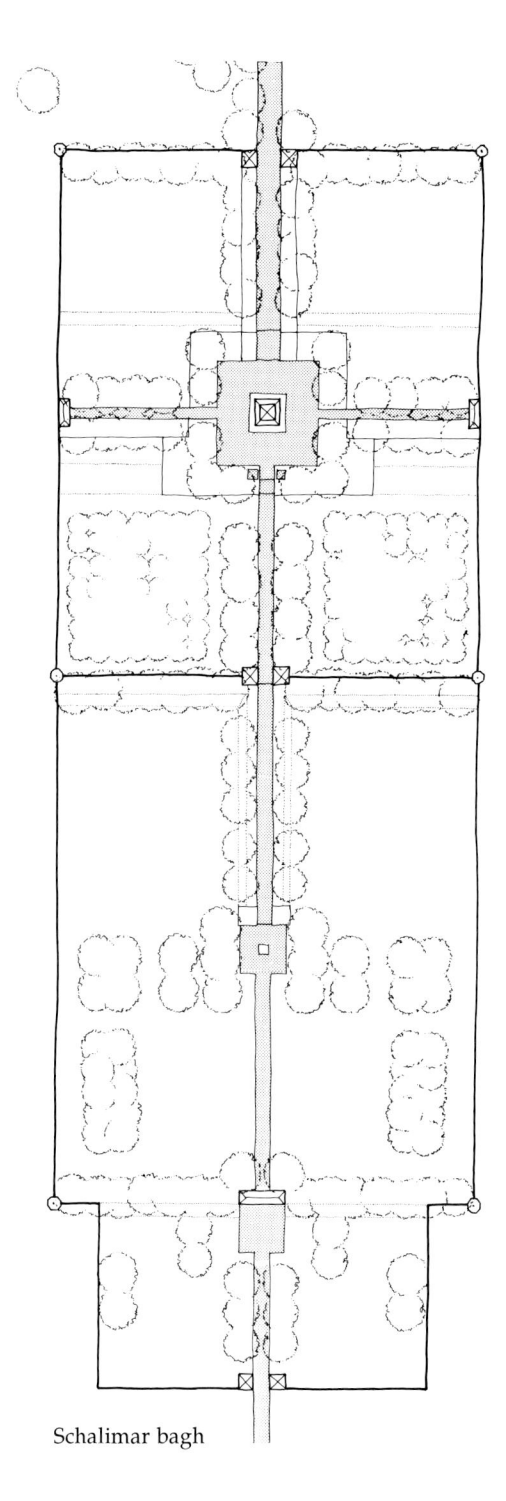

Tscheschme-i-Schahi   Atschabal   Schalimar bagh

Schalimar bagh

Schalimar, der «Hort der Liebe», ist der berühmteste aller Gartenpaläste Kaschmirs. Dschahangir persönlich hat seine herrliche Lage gepriesen:

«Nahe am See liegt Schalimar. Von den Hügeln kommt ein lieblicher Fluß und strömt in den See. Ich ließ meinen Sohn Khurram einen Damm bauen und zur Augenweide einen Wasserfall anlegen. Dieser Ort ist eine der Schönheiten von Kaschmir.»

1619 wurde mit der Anlage des Gartens begonnen, im gleichen Jahr wurde auch die nahegelegene Stadt Srinagar gegründet. 1630 erweiterte der Statthalter Zafara Khan auf Wunsch von Schah Dschahan die Anlage nach Norden. Später nutzten es afghanische und Sikh-Gouverneure als Erholungsort, und während der Herrschaft von Ranjit Singh tauchten die ersten europäischen Touristen auf. Dann ließ der Maharadscha Hari Singh elektrisches Licht installieren, und heute ist Schalimar ein vielbesuchter öffentlicher Park.

Schalimar liegt zu beiden Seiten eines sanften Tals inmitten steiler Berge, mit dem ewigen Schnee des Mahadeo als Hintergrund. So wie Kaschmir selbst von Bergen umschlossen ist, so ist auch Schalimar ein umschlossener Bezirk. Ursprünglich bestand er aus drei aneinandergereihten Chahar baghs, dem Eingangsbezirk, dem Kaisergarten und dem Haremsgarten. Im unteren Quadrat, heute von einer modernen Straße verstümmelt, befanden sich der Eingang und am oberen Ende die öffentliche Audienzhalle *Diwan-i-Am*, ein Baradari, in dem der Großmogul vor dem Thron das Volk empfing. Im mittleren Quadrat, dem Kaisergarten, stand der *Diwan-i-Khas*, die Audienzhalle für den Hofstaat. Das Gebäude ist zerstört, nur die steinernen Fundamente sind noch zu erkennen. Das oberste Quadrat ist der Zenana, der Palastgarten der Damen mit dem wundervollen *Schwarzen Pavillon*, den Schah Dschahan bauen ließ, vermutlich als Festsaal der Moguln.

Die natürliche Grundstücksneigung bis zum See wurde in einer quer zum Tal angelegten Terrassenfolge aufgefangen. Das Gefälle ist gering, die Terrassen sind niedrig.

Der Gebirgsfluß, den Dschahangir stauen ließ, wurde zu einem breiten, geraden Kanal, der auf der Mittelachse des Gartens fließt und in den See mündet. In der Mitte der Quadrate, unterhalb der Gebäude verbreitert sich der Kanal jedesmal zu einem quadratischen Wasserbecken und erinnert an das Naturschauspiel im Haupttal von Kaschmir, wo die Flüsse sich zu Seen erweitern. Im Haremsgarten und im Kaisergarten laufen Querachsen über die Mittelbassins und lassen die Vierteilung des klassischen persischen Chahar bagh entstehen.

Mitten im Kanal sitzen Springbrunnen, an jedem Bassin bilden Fontänen ein Wasserdach. Was heute als federleichter Flaum erzeugt wird, war früher stark wie der Federbusch auf dem Turban des Moguls. Die Springbrunnen standen am dichtesten am unteren Ende der Wasserfälle, weil dort der Wasserdruck den kräftigsten Strahl erzeugte.

Wo immer der Kanal die Stützmauer einer Terrasse kreuzt, entsteht ein Wasserfall. Wie ein durchsichtiger Vorhang fällt das Wasser in glattem Bogen über die marmorne Staumauer; sie hat ein Muster aus unzähligen *chini kanas*, kleinen ausgemeißelten Nischen, in die heute bei besonderen Anlässen Blumen

Annäherung an Schalimar bagh

gestellt werden; früher dienten sie zur Aufnahme von Öllampen, um bei Nacht das Wasser von hinten zu beleuchten. Das Becken um den Schwarzen Pavillon, wo das Hauptstück des Kanals beginnt, wird von drei Wasserfällen gespeist, die so herrlich plätschern und planschen, als würden Kinder eine Wasserschlacht veranstalten.

Zu beiden Seiten des Kanals liegen die Hauptwege. Das heißt, niemand kann direkt auf der Mittelachse laufen. Nur an wenigen Stellen, die aber mit großer Raffinesse ausgestaltet sind, kann der Kanal überquert werden. Die erste Stelle ist am Diwan-i-Am. Der Chabutra, das marmorne Podest des Großmoguln, steht im Schatten über dem Wasserfall mitten im Kanal; Schrittsteine führen von beiden Seiten zu ihm hin. Der zweite Übergang befindet sich am Chabutra des Diwan-i-Khas, den man von jeder Seite auf einem Fußgängerdamm erreicht. Im Haremsgarten schließlich gelangt man zum Schwarzen Pavillon über schmale Steinbrücken zwischen den Fontänen.

Riesige Platanen, regelmäßig gepflanzt wie Alleen, beschatten die Wege. Auf den ebenen Terrassen neben den Alleen liegen bewässerte Wiesen mit wilden Blumen und Obstbäumen. Das gleiche Bewässerungssystem findet man heute überall in Kaschmir in Obst- und Gemüsegärten wieder. Während die Wiesen von Schalimar zu Dschahangirs Zeiten mit geometrischer Präzision angelegt waren, Rabatten und Beete mit blühenden und duftenden Pflanzen die Flächen füllten, sind sie jetzt ganz willkürlich gemustert.

Der schönste Weg, sich Schalimar zu nähern, führt über das Wasser. Am besten nimmt man in Nasim bagh auf der gegenüberliegenden Seeseite ein *shikara*, ein Boot. Vorsichtig bahnt es sich seinen Weg zur Mitte des Sees durch Lotosblätter, auf denen noch die Wassertropfen des morgendlichen Regens glitzern. Gelegentlich begegnet es anderen Booten mit Familien auf dem Weg zum berühmten Wallfahrtsort Hasrat-Bal oder mit Fischern, die ihre Netze nach Karpfen auswerfen. Doch kaum je wird das Bild gestört, das die erhabenen Gipfel vor dem blauen Himmel auf die Wasseroberfläche zeichnen. Nähert man sich dem anderen Ufer, dann heben sich Schalimar und Nischat mit ihren Platanen wie rechteckige Blöcke aus dunklem Grün gegen die Hügel ab. Bevor man das Ufer erreicht, eröffnet sich ein Labyrinth aus Wasserwegen zwischen kleinen Inseln aus mannshohem Schilf. Ist das Labyrinth bezwungen, gleitet das Boot in einen geraden Kanal, der mehr als einen Kilometer lang auf das Ufer zuläuft: der offizielle Weg nach Schalimar. Unter einem Dach von Platanen und vor den Augen von Kindern und alten Männern, die auf der Kanalböschung sitzen, bringt uns das Boot bis zum Eingang.

Vom unteren Gartenbezirk öffnet sich der weitere Blick entlang des Eingangskanals bis zum Diwan-i-Am, der, rosa wie eine Lotosblüte, den Eingangsbezirk beherrscht. Von da an geht es auf schattigem Wege leicht bergauf, vorbei am Diwan-i-Khas und zwei kleinen Pavillons, die den Eingang zum Haremsgarten bewachen. Der Schwarze Pavillon ist zugleich Ende und Höhepunkt des Wegs, der am gegenüberliegenden Ufer zwischen Lotosblumen begann. Majestätisch erhebt er sich über einer Kuppel aus glitzernden Wassertropfen und erquickt den Besucher mit tiefem Schatten und dem Plätschern und Funkeln des Wassers. Der Blick schweift in alle Himmelsrichtungen, Fontänen und Bassins senden eine kühle Brise herüber.

Schwarzer Pavillon

183 · ORTE der VERGANGENHEIT

SCHALIMAR BAGH

Gesamtansicht

Bauwerke und Terrassen

Wasseranlagen

Pflanzplan

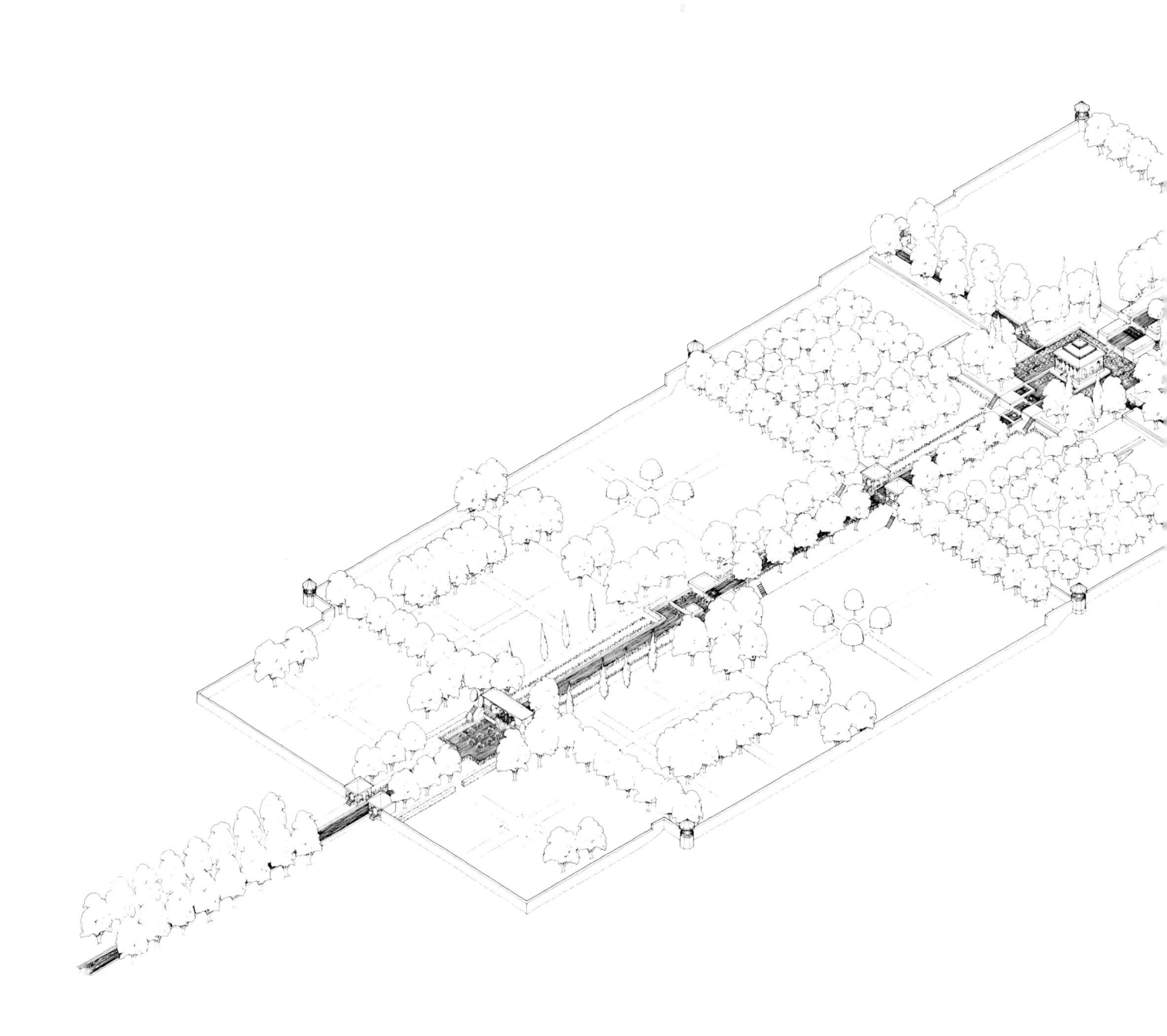

184 · ORTE der VERGANGENHEIT

Pilgerweg zum Ursprung des Wassers

1. Anfahrtskanal
2. Eingang
3. Diwan-i-Am
4. Diwan-i-Kas
5. Eingang zum Haremsgarten
6. Schwarzer Pavillon

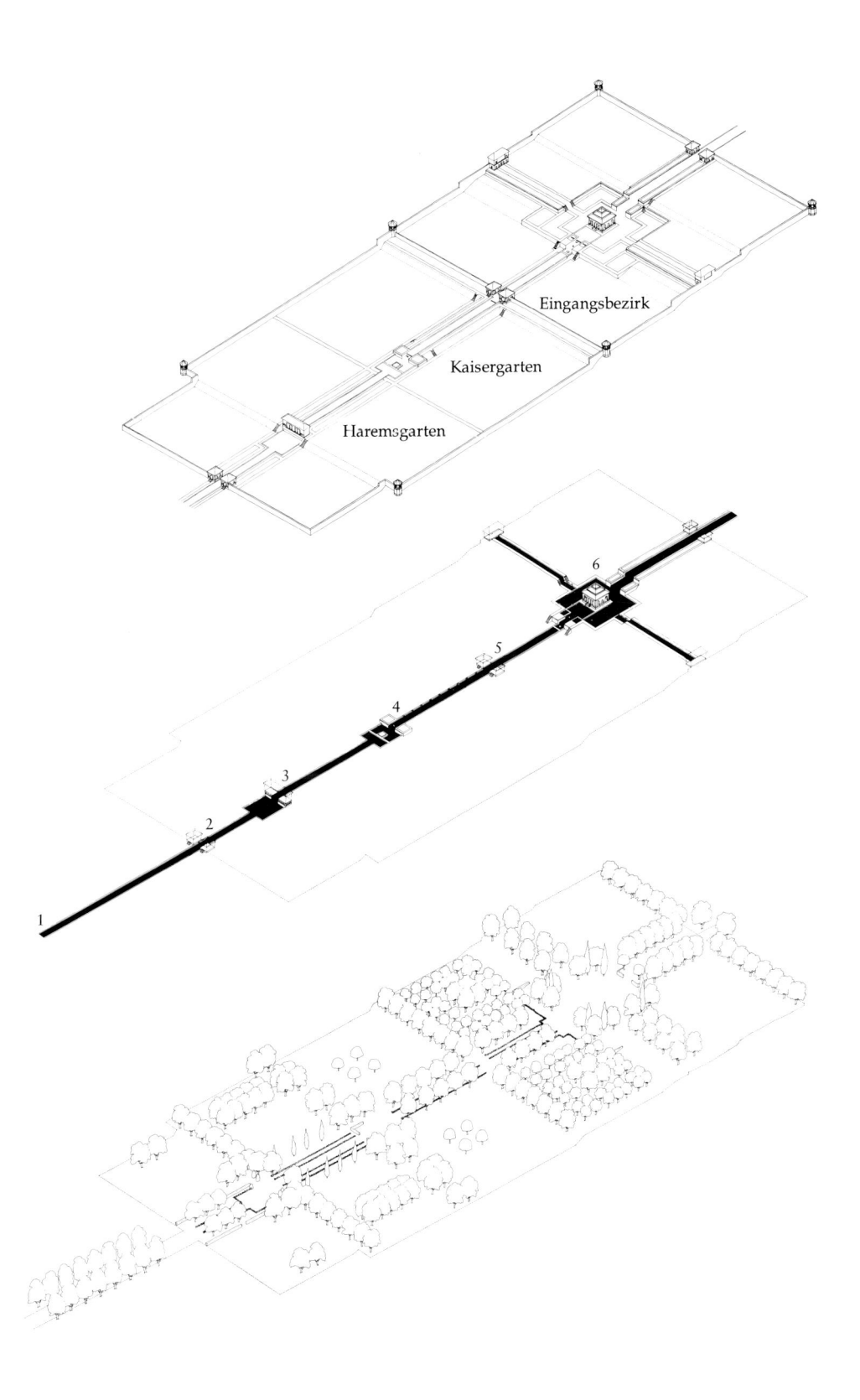

185 · ORTE der VERGANGENHEIT

In einem ebenen Paradiesgarten bildet der Brunnen oder ein Wasserbecken das geometrische und soziale Zentrum. In dieser Anordnung wiederholt der Garten – im verkleinerten Maßstab – die Erfahrung von Wüstenbewohnern, die in eine Oase kommen und bis zu ihrem Herzen, meist einem Teich, vordringen. Zwischen den Hügeln von Schalimar verlängert sich die Mittelachse, und das Herz des Gartens verlagert sich an seinen höchsten Punkt. Darin spiegelt sich auch der alljährliche Zug des kaiserlichen Hofstaats nach Kaschmir: die Reise beginnt draußen, in einer anderen Welt; Pässe müssen überwunden werden, um ins geschützte Innere zu gelangen, in den Bereich der Felder, Blumen und früchtetragenden Bäume. Mit einem letzten Anstieg erreicht man das kühle Refugium am Wasser.

Nischat bagh

Nischat bagh, der Garten der Freude, ist ein Gartenpalast in der gleichen Art und Größe wie Schalimar. Er ist nach dem gleichen Muster angelegt, mit demselben Material gefertigt, während der Regierung desselben Herrschers gebaut und liegt ganz in der Nähe. Doch Nischat war keine kaiserliche Residenz, deshalb brauchte auf die zeremonielle Hierarchie der Gartenräume nicht so viel Rücksicht genommen zu werden. Nischat besteht nur aus zwei Bezirken: dem Lustgarten unten und dem Zenana, dem Haremsgarten, oben.

Anfahrt nach Nischat bagh: Spiegelbilder im Dalsee

Das Gelände ist steiler als in Schalimar, liegt näher am Ufer und ist mit dem See enger verbunden. Am Ufer gibt es weder Schilf noch Sumpf, sondern eine künstliche Lagune als Einfahrtsbecken. Die Terrassen sind steiler, enger und zahlreicher. Wie die Tierkreiszeichen sind es zwölf.

Von Terrasse zu Terrasse fließt das Wasser nicht in breiten Wasserfällen über niedrige Marmormauern, sondern durch hohe, enge Chadars. Die Marmorrampen sind mit Flachreliefs aus geometrischen Ornamenten kunstvoll verziert und zu künstlichen Bachbetten stilisiert. Sind sie trocken, entsteht ein zartes Muster aus Licht und Schatten; vom Wasser benetzt, glänzen und schimmern sie; strömt das Wasser darüber, dann entsteht ein weißes Spitzenmuster aus Schaum und Gischt. Neben jeder Rampe führen Treppen hinauf, und auf den Terrassen überspannt ein Chabutra den Kanal.

Die Terrassen von Nischat bagh

Nischat ist, wie Schalimar, ebensosehr ein Pilgerweg wie ein Muster. Seine Symmetrien entfalten sich, wie gereimte Verse, eine nach der anderen und vollenden sich als Folge. Das Gedicht beginnt auch diesmal mit der Annäherung auf dem Boot vom gegenüberliegenden Ufer, vom Wallfahrtsort Nasim bagh, über den stillen Dalsee. Diesmal führt der Weg durch schwimmende Gärten auf Flößen aus Schilf und Wurzeln, auf denen Tomaten und Melonen üppig gedeihen. Eine hochgewölbte, einbogige Steinbrücke spiegelt sich im stillen Wasser und gewährt Einlaß in die lotosblühende Lagune. Von hier gesehen, erscheinen die grünen, grauen und lotosrosa Terrassen wie übereinandergestapelt.

Über dem dreiterrassigen Eingangsbezirk stand früher ein Baradari aus der Zeit der Maharadschas. Auf der Zeichnung ist er dargestellt, obwohl er nicht mehr existiert. Constance Villiers-Stuart beschrieb zu Beginn dieses Jahrhunderts seinen Zauber:

Der Baradari auf der dritten Terrasse ist ein zweistöckiges Gebäude im Kaschmir-Stil, erbaut auf den Steinfundamenten eines älteren Gebäudes. Das untere Geschoß ist achtzehn Meter breit und vierzehn Meter tief; rechts und links besitzt es Gitterfenster. In der Mitte liegt ein quadratisches Bassin von vier Meter Seitenlänge, mit fünf Fontänen, von denen die alte Steinfontäne in der Mitte die einzige ihrer Art ist, die es in Nischat noch gibt. An einem heißen Sommertag gibt es kaum einen schöneren Ort auf der Welt als diesen Raum mit den Springbrunnen. Die frohen Farben des hölzernen Schnitzwerks leuchten durch die Wasserschleier in herrlichem Kontrast zum stumpfen Grün des fließenden Wassers. Durch das Lattengitter eines Bogenfensters fällt der Blick auf die funkelnden Terrassen und ihre Wasserfälle, die weiß vor den hohen Bergen blitzen. Der Blick über den glitzernden See endet an schneebedeckten Gipfeln in der Ferne, im fernen Land Pir Panjal. Kletterrosen winden sich um die bunt bemalten Holzpfosten und stecken ihre pastellenen Blüten durch die Fenster. Den ganzen Nachmittag rauht eine leichte Brise die Wasseroberfläche des Sees und trägt den Duft der Blumen ins Gebäude, mischt ihn mit den driftenden Wasserschleiern; denn die Terrasse unter dem Baradari ist in alter Manier dicht mit persischem Flieder bepflanzt.

Oberhalb des Baradari steigen die zwölf Tierkreisterrassen des Lustgartens hinauf bis an die hohe Mauer des Haremsgartens. In der verkürzenden Perspektive von unten sieht es aus, als ströme ein einziger, gigantischer Wasserfall herab. Beim Aufstieg öffnet sich der Garten, Terrasse für Terrasse, wie eine Blüte am Morgen. Auf jeder Terrasse kann man sich auf einem steinernen Chabutra ausruhen, kann dem Zwitschern der Vögel lauschen und dem geschwätzigen Plätschern des Wassers, das sprühend über die Rampe schnellt. Der Blick schweift über die leuchtenden Blumenparterres bis auf den weiten See. Auf den Chabutras hatten die Moguln Zelte aufgeschlagen und Teppiche und Kissen ausgelegt. Zuletzt kommt man an eine hohe, steinerne Arkadenmauer, die an beiden Enden von achteckigen Zwillingskiosken bewacht wird. Dahinter liegt der Haremsgarten, ein dichter, schattiger Hain mit Blick über das Wasser bis zu Akbars Festung Hari Parbat auf einem Berg weit jenseits des Sees.

Die zwölf Strophen des Gedichts Nischat bagh, vom blumigen Baradari zum schattigen Haremsgarten, werden abgeschlossen mit einem Couplet: Wolken und ihre Spiegelbilder auf dem Lotossee. Nischat bagh: ein Sonett an den Himmel.

Die Grabpaläste der Moguln

Der Koran verspricht dem Gottesfürchtigen ein Leben in einem kühlen, fruchtbaren Paradies und benennt die ihm bevorstehenden Freuden in allen Einzelheiten. Sure 76 spricht von «behaglichen Ruhebetten» und einem Leben «ohne die Hitze der Sonne noch die schneidende Kälte der Nacht». Sure 47 spricht von «Bächen mit Wasser, das nicht faul ist» und von Strömen von Wein, Milch und Honig. Sure 55 erzählt ihm von grünenden Gärten, saftigen Weiden, Palmen und Granatäpfelbäumen und «Huris, die in kühlen Zelten, abgesperrt, behaglich auf grünen Decken und schönen Abqari-Teppichen ruhen».

Die Großmoguln legten ihre Gräber in Gärten, die nach dem Vorbild des verheißenen Paradieses gebaut waren. Zu Lebzeiten der Herrscher dienten sie

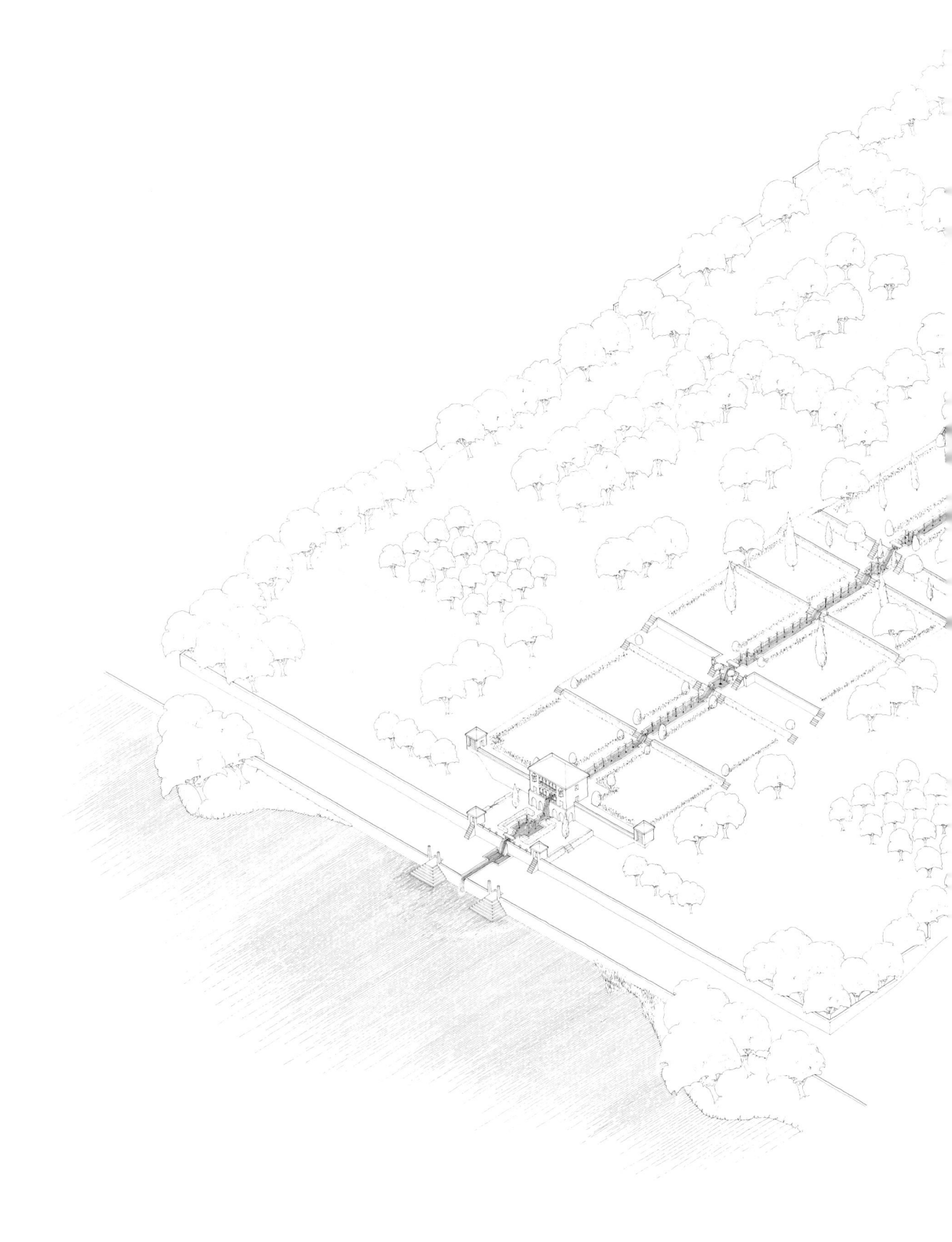

NISCHAT BAGH

Gesamtansicht

189 · ORTE der VERGANGENHEIT

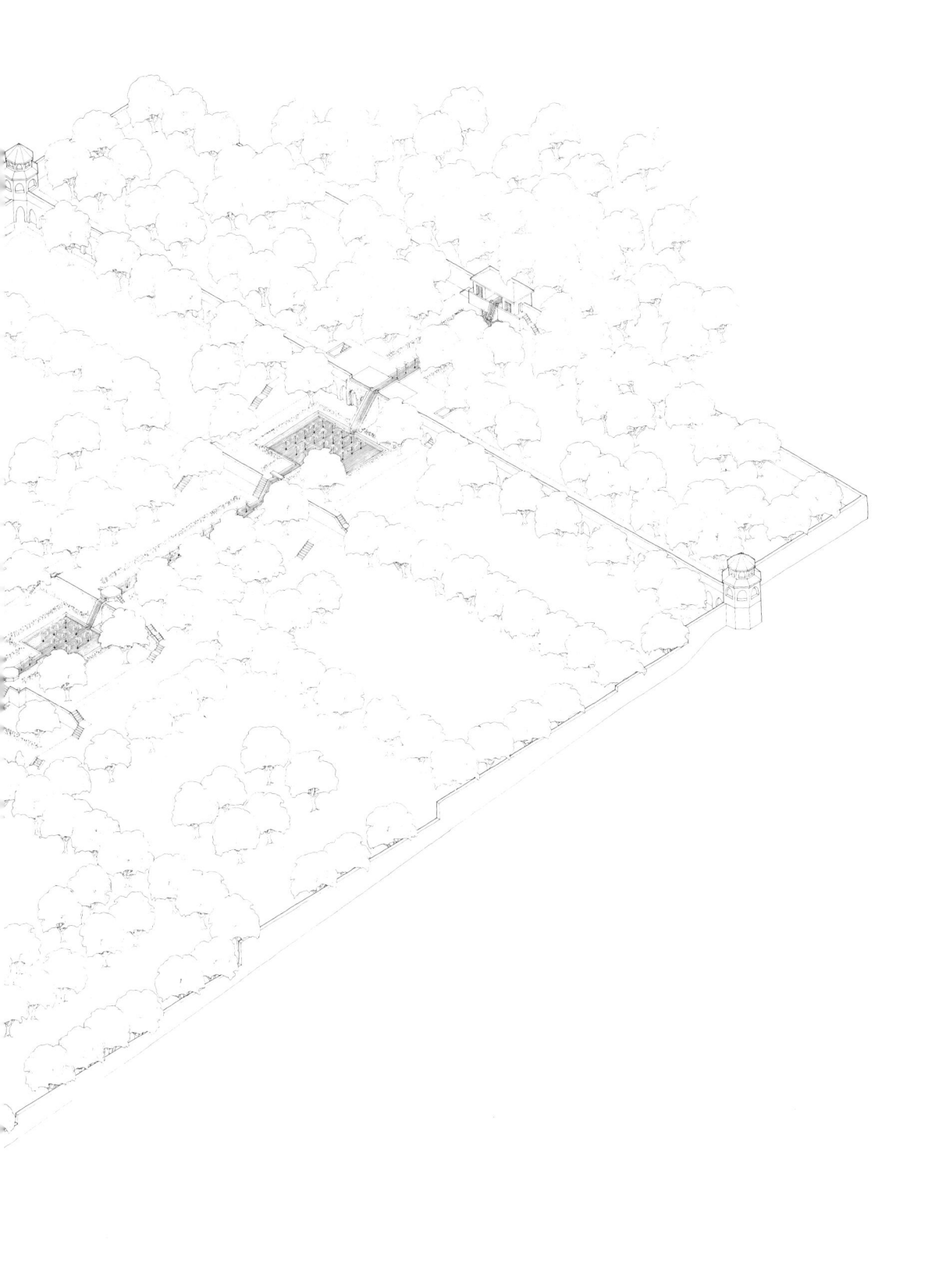

NISCHAT BAGH

Bauwerke und Terrassen

Wasseranlagen

Pflanzplan

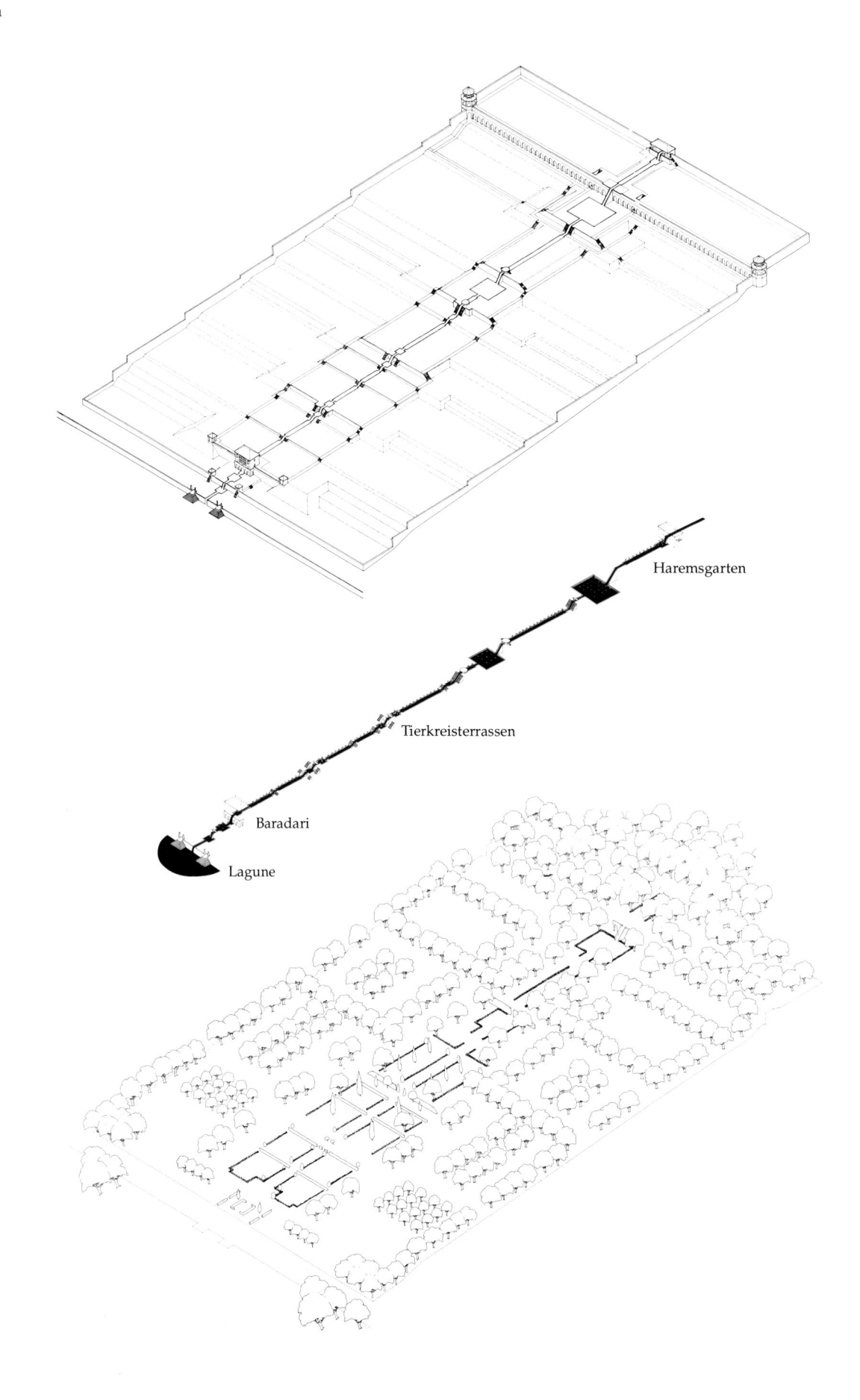

Haremsgarten

Tierkreisterrassen

Baradari

Lagune

Steinerne Grabpaläste im chahar bagh

Grabpalast von Humayun in Delhi

Grabpalast von Akbar in Sikandra

Grabpalast von I'timad-ud-Daula in Agra

Tadsch Mahal in Agra

als Lustgärten; mit ihrem Tod wurden sie der Eingang zum Paradies. Himmel und Erde waren über eine Gedankenbrücke miteinander verbunden.

Es war Babur, der sich als erster in einem Garten bestatten ließ. Zunächst wurde er am Ufer der Dschumna in Agra beerdigt, wahrscheinlich im Ram bagh. Nach ein paar Jahren wurden seine Gebeine nach Kabul gebracht und in seinem Lieblingsgarten am Rand der Berge zur letzten Ruhe gebettet. Ursprünglich war das Grab, wie er es bestimmt hatte, «zum Himmel hin offen, kein Dach darüber und kein Wächter davor». Heute ist es pompös überbaut, vom Garten gibt es keine Spur mehr.

Baburs Sohn Humayun und die meisten der späteren Moguln haben wesentlich imposantere Grabmale erhalten. Alle sind Varianten desselben Grundschemas: ein prächtiges Steinmausoleum mitten in einem Chahar bagh. Sie vereinen in sich die Einflüsse mehrerer Kulturen. Prunkvolle Steingrabmale waren schon Tradition bei den Vorfahren der Moguln: In Samarkand steht noch heute das große Kuppelgrab Timurs, ihres mongolischen Ahnherrn. Das Chahar bagh stammt aus einer anderen Kultur; es versinnbildlicht die vier Flüsse, die im Paradies entspringen. Als dritte Quelle gilt die Mythologie der Hindu, die den Moguln gewiß vertraut war. Auch vom Gipfel des heiligen Berges Meru fließen vier Flüsse in die vier Himmelsrichtungen und bilden ein kosmisches Kreuz. Schließlich hatte Babur selbst am Ram bagh gezeigt, wie man Pavillons, Terrassen und ein Wassersystem zu einer einheitlichen Komposition vereinigen kann.

Doch die Grabpaläste der Moguln waren viel größer als gewöhnliche Gartenpavillons und paßten nicht so einfach in die Mitte eines Chahar bagh. Hier trat ein formales Problem zutage, das innerhalb der Spielregeln selbst angelegt war, ähnlich wie in anderen berühmten Beispielen in der Geschichte: Für die griechischen Architekten war es ein Problem, bei einem dorischen Fries die Triglyphen um die Ecke herum zu führen; die byzantinischen Baumeister standen vor der Aufgabe, eine runde Kuppel auf einen viereckigen Raum zu setzen; und die Architekten der italienischen Renaissance fanden erst nach langem Kopfzerbrechen heraus, wie man eine klassische Fassade mit dem Schiff einer Basilika verbindet.

Humayuns Grabpalast in Delhi zeigt eine mögliche Lösung: ein monumentales Mausoleum aus rotem Sandstein mit Einlagen aus weißem Marmor, errichtet auf einem hohen quadratischen Unterbau, gekrönt von einer zwiebelförmigen Scheinkuppel, die von kleineren, von Säulen getragenen Kuppeln flankiert wird. Um die Proportionen zu wahren, wurde der Chahar bagh, der den Grabpalast umgibt, entsprechend vergrößert. Hätte man sich dabei an das traditionelle Muster gehalten und auf die vier Kanäle beschränkt, dann wären die Ecken des Gartens zu weit von jeder Bewässerungsmöglichkeit entfernt gewesen. Also unterteilte man jedes der vier Quadrate des Chahar bagh mit einem Raster von Kanälen in neun Unterquadrate. Wo man auch steht, ist man von einem Chahar bagh umgeben: vier Quadrate, vier Kanäle und ein steinerner Chabutra über dem Achsenkreuz. Die serielle Variante der klassischen Raumteilung wurde zum charakteristischen Gestaltungsmerkmal der Grabpaläste.

Das Kanalsystem wird aus einem Brunnen am nördlichen Tor gespeist. Doch hätte die Kapazität des Brunnens nie ausgereicht, um breite Kanäle und die großen Bassins zu füllen und das Wasser zum Fließen zu bringen; zudem ist das Gelände sehr flach, und starke Pumpen, die eine große Wassermenge in Umlauf setzen können, gab es nicht. Die Diskrepanz zwischen der großzügigen Konzeption und der fehlenden Wassermenge wurde genial gelöst. Die Kanäle wurden in breite, leicht erhöhte Wege aus roten Sandsteinplatten verwandelt, in deren Mitte nun ein schmaler, flacher Wassergraben verläuft, nicht viel mehr als eine Rinne. Die Wege bringen das Kanalraster eindringlich zur Geltung, verweisen auf seine Bedeutung im gesamten Plan und verleihen gleichzeitig dem leisesten Glitzern und Plätschern des Wasserlaufs ein Höchstmaß an Bedeutung.

Auch Akbars Grabpalast in Sikandra steht in der Mitte eines Chahar bagh. Er ist noch viel gewaltiger: die quadratische Anlage nimmt mit einer Seitenlänge von rund sechshundert Meter eine Fläche von sechsunddreißig Hektar ein, im Vergleich zu den zwölf Hektar der Grabanlage von Humayun. Der Grundriß der Anlage entstand wiederum durch eine Vervielfältigung von Quadraten, diesmal allerdings nach anderen Regeln: die Quadrate sind konzentrisch angeordnet, eins liegt im anderen. Der Palast selbst ist eine breite quadratische Stockwerkspyramide aus rotem Sandstein. Er liegt im Zentrum, auf der Kreuzung der Hauptachsen des Chahar bagh, innerhalb einer Mauer. Die vier Achsen des Chahar bagh werden jeweils auf halbem Wege zwischen Zentrum und Außenmauer von einem großen Wasserbecken verziert, das wiederum aus konzentrischen Quadraten entwickelt ist, eine Miniatur der Gesamtanlage. Im Zentrum des Palastes, auf der Kreuzung der Mittelachsen, führt eine Vertikale von der unterirdischen Grabkammer Akbars bis hinauf zu einem Kenotaph aus weißem Marmor in der Mitte des obersten Stockwerks. Es ist eine Art Dachgarten, umgeben von einer weißen, ungedeckten Arkade. An seinen Ecken, und auch an den Ecken der darunterliegenden Stockwerke, stehen auf vorspringenden Steinplatten bemerkenswert zierliche, luftige *chatris*, offene Pavillons, die eine auf vier Steinsäulen ruhende, mit weißen Kacheln ummantelte Kuppel krönt: Pavillons im Pavillon.

Anders als die Grabanlage von Humayum ist der Garten nicht als zweidimensionales Muster konzipiert, sondern als Hochrelief. Die Wege verlaufen rund einen Meter über dem Boden. Sie sind so breit, daß sich große Menschenmassen darauf bewegen können; Akbars Sohn Dschahangir notiert in seinen Memoiren, daß dort «heilige Männer zusammenkamen, um zu singen, zu tanzen und ekstatische Übungen zu machen». Die Wegränder waren ursprünglich mit Zypressen gesäumt, dem Symbol für Tod und Ewigkeit, und die Gartenquadrate mit Obstbäumen bepflanzt, dem Symbol des Lebens. Hohe Torbauten mit Minaretten erlauben einen Blick über den Garten und den Genuß jeder erfrischenden, kühlen Brise, die über die stickige Ebene streicht. Den gleichen Genuß verschaffen die schattigen Chatris auf dem Palast selbst. (Auch die nahegelegene Stadt Fatehpur Sikri, von Akbar gegründet, ist berühmt für ihre «luftige» Architektur.)

Der nächste bemerkenswerte Grabpalast steht in Agra am Ufer der Dschumna. Der Bauherr war der Perser I'timad-ud-Daulah, Dschahangirs Großwesir, Schatzmeister und Schwiegervater, Vater seiner Frau Nur Dschehan, die die Arbeiten überwachte.

Kaiserliche Grandeur war hier nicht gefragt; das Problem der richtigen Proportionen konnte gelöst werden, indem man nicht den Garten vergrößerte, sondern den Grabpalast verkleinerte. Er wurde zur zarten Marmorminiatur.

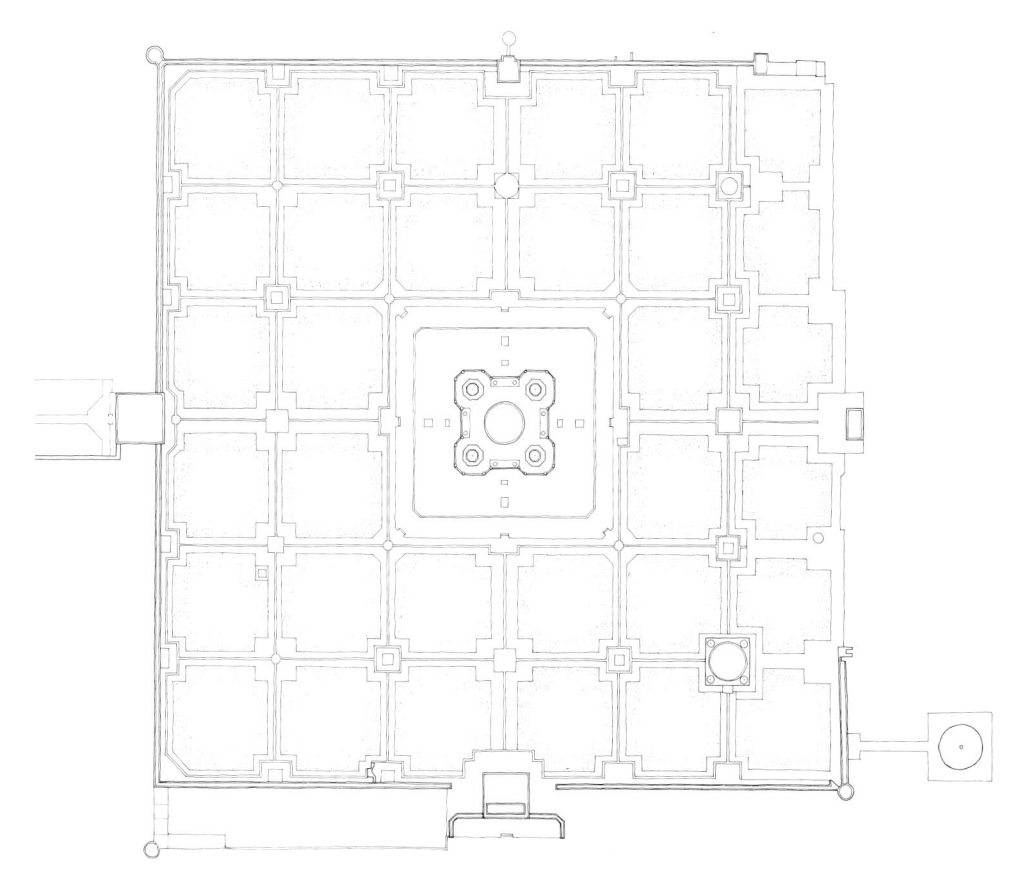

Geometrische Raumaufteilung beim
Grabpalast von Humayun

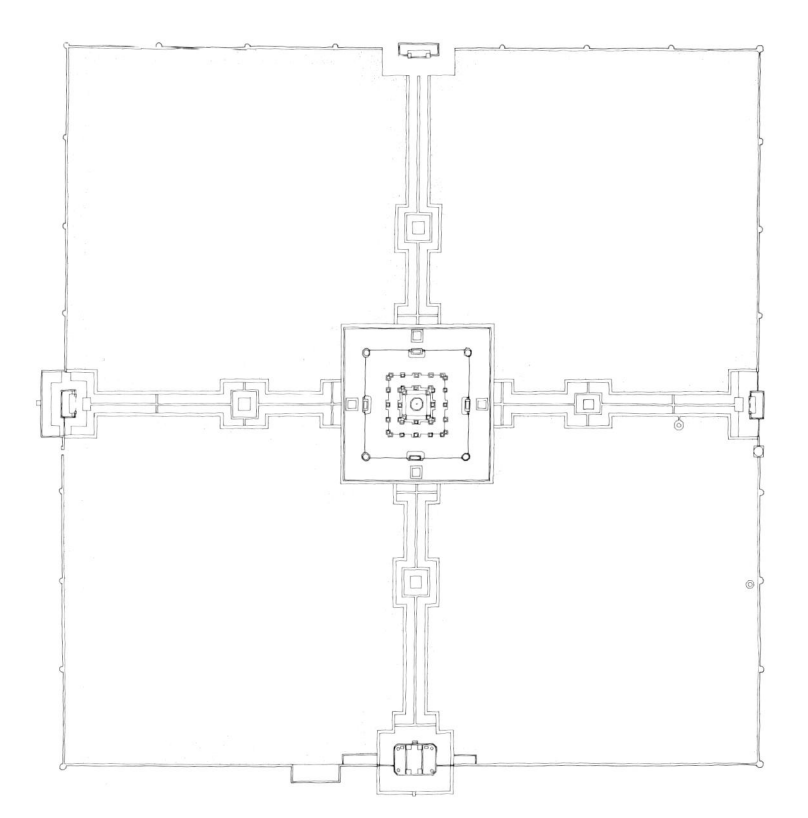

Geometrische Raumaufteilung beim
Grabpalast von Akbar

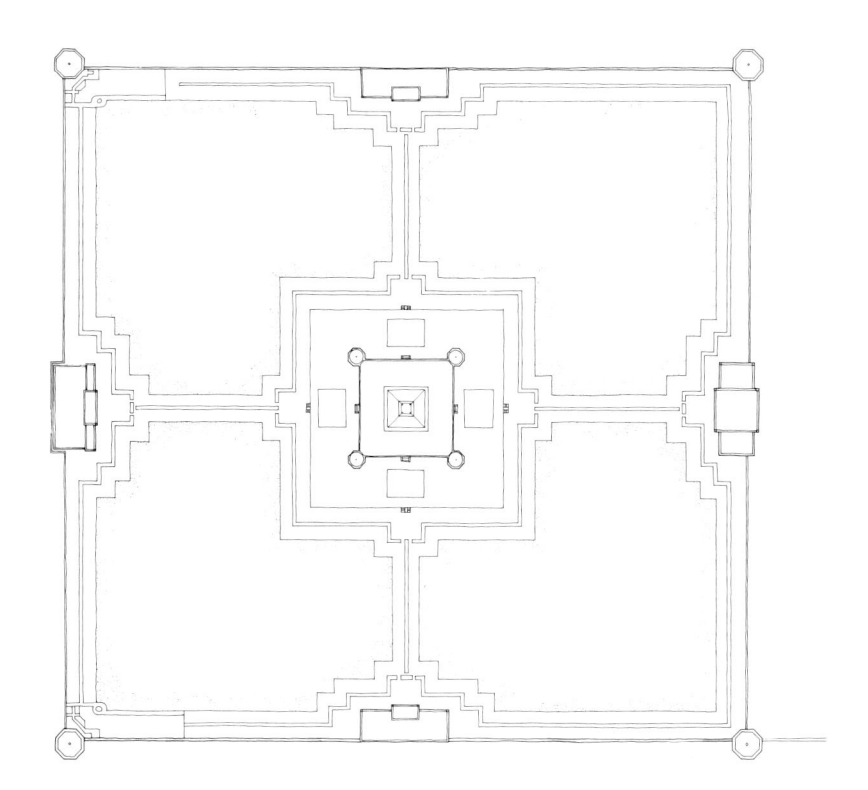

Geometrische Raumaufteilung beim
Grabpalast von I'timad-ud-Daula

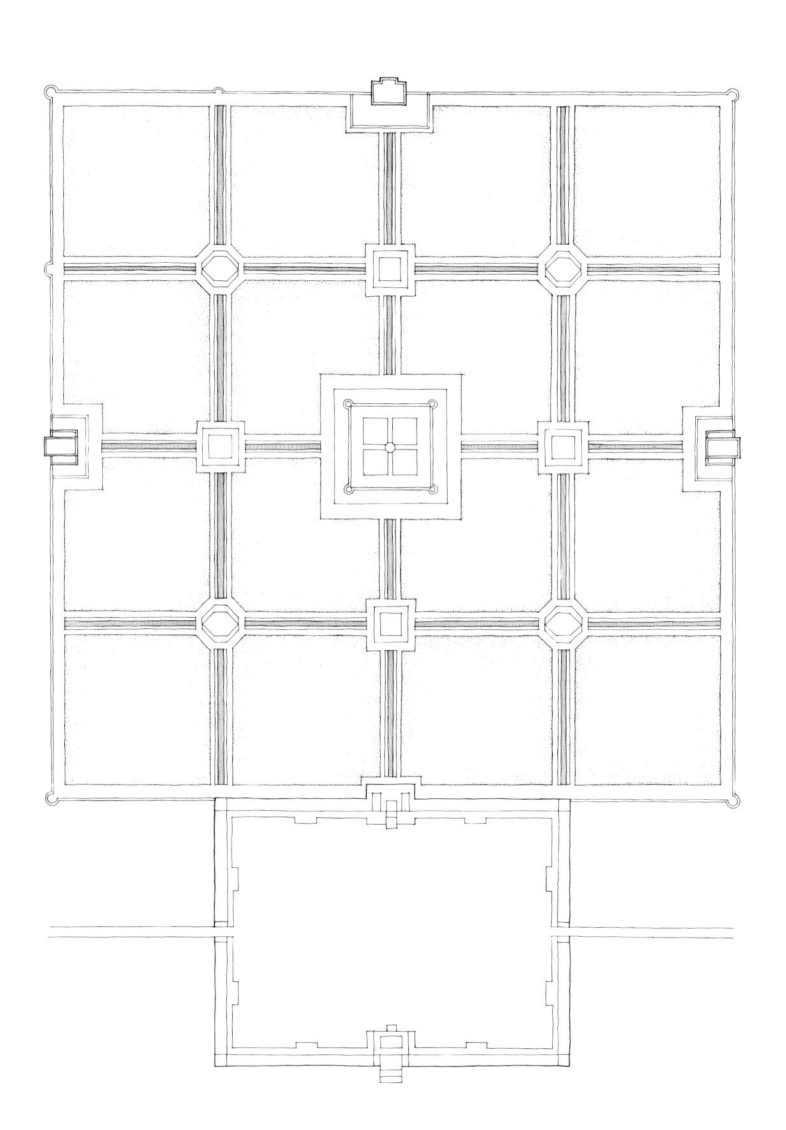

Geometrische Raumaufteilung beim
Grabpalast von Dschahangir

Auf einem niedrigen Sockel ruht eine quadratische Plattform aus Stein, darüber ein gedeckter Pavillon mit den Kenotaphen von I'timad-ud-Daulah und seiner Gemahlin. An den Ecken des Mausoleums und an den Ecken der Außenmauer stehen achteckige Minarettürme. Wo die Mittelachsen an die Außenmauer stoßen, stehen, wie üblich, Pavillons, im Osten ein echtes Wachhaus, die anderen drei sind Scheintore. Da der Chahar bagh mit einer Seitenlänge von einhundertfünfzig Meter relativ klein ist, ließ sich auf ein Kanalnetz verzichten. Der Garten wird von den Kanälen auf den beiden Hauptachsen und entlang der Gartengrenzen ausreichend versorgt.

Das Mausoleum für I'timad-ud-Daulah ist der erste Mogulbau ganz aus weißem Marmor. Alle Außenwände sind mit *pietradura*-Arbeit verziert, einer aus Florenz eingeführten Technik: in Marmor eingelegte Halbedelsteine in den verschiedensten Farben bilden komplizierte Muster. Alle Öffnungen sind mit fein ziselierten Marmorgittern verblendet. Die filigrane Oberfläche des Bauwerks erscheint entmaterialisiert, sie verändert sich mit den Farben des Himmels; das ganze Mausoleum wirkt klein und zerbrechlich, das Erhabene, Ehrwürdige weicht dem Lieblichen und Zarten.

Es gibt noch einen anderen wichtigen Unterschied. Der Garten liegt nicht inmitten einer konturlosen Ebene, sondern, wie noch andere Mogulgärten in Agra, am Ufer der Dschumna. Seine Hauptachse verläuft vom Eingangstor bis zum Fluß. Nur auf drei Seiten ist der Garten von Mauern umschlossen, während man auf der vierten Seite von einer hohen Terrasse über die schlammigen Wasser der Dschumna auf die Stadt blickt.

Nach Dschahangirs Tod 1627 begann seine Witwe Nur Dschehan den Bau eines weiteren Grabpalastes. Für ihren Gemahl baute sie in Lahore ein weißes Marmormausoleum, nicht unähnlich dem, das sie ihrem Vater errichtet hatte, aber entsprechend größer. Der Garten ist wieder ein kanaldurchwirktes Quadrat.

1630 starb Mumtaz Mahal, die Gemahlin von Schah Dschahan, dem Nachfolger Dschahangirs auf dem Kaiserthron, bei der Geburt ihres vierzehnten Kindes. Aus der Kraft seiner großen Trauer, mit allen Mitteln eines mächtigen Kaiserreichs und auf dem Boden einer langen architektonischen Tradition baute ihr Schah Dschahan am Ufer der Dschumna den wohl schönsten und prächtigsten aller Grabpaläste, den Tadsch Mahal. Die Arbeit begann sofort nach ihrem Tod und dauerte achtzehn Jahre.

Schah Dschahan wurde später von seinem Sohn Aurangseb entmachtet und fristete seine letzten Jahre als Gefangener in der Roten Festung von Agra. Von dort aus blickte er sehnsuchtsvoll über den Fluß auf die weißen Kuppeln des Tadsch Mahal. Als er 1666 starb, bestattete man ihn an der Seite seiner Gemahlin. Der französische Forschungsreisende Jean-Baptiste Tavernier überbrachte eine poetische, aber unbewiesene Variante über das Ende ihrer Liebesgeschichte: Schah Dschahan habe für sich eine schwarze Replik des Tadsch Mahal am gegenüberliegenden Ufer der Dschumna geplant. Doch habe Aurangseb mit seinem Geiz die Herstellung des dreidimensionalen Negativs verhindert.

Läßt man das Anekdotische beiseite und versucht, unvoreingenommen und neugierig auf den Tadsch Mahal, den *Palast der Krone* zu blicken, als sähe man ihn zum ersten Mal, so entdeckt man eine Reihe von erstaunlichen

DER TADSCH MAHAL

Gesamtansicht

Mauern und Bauwerke

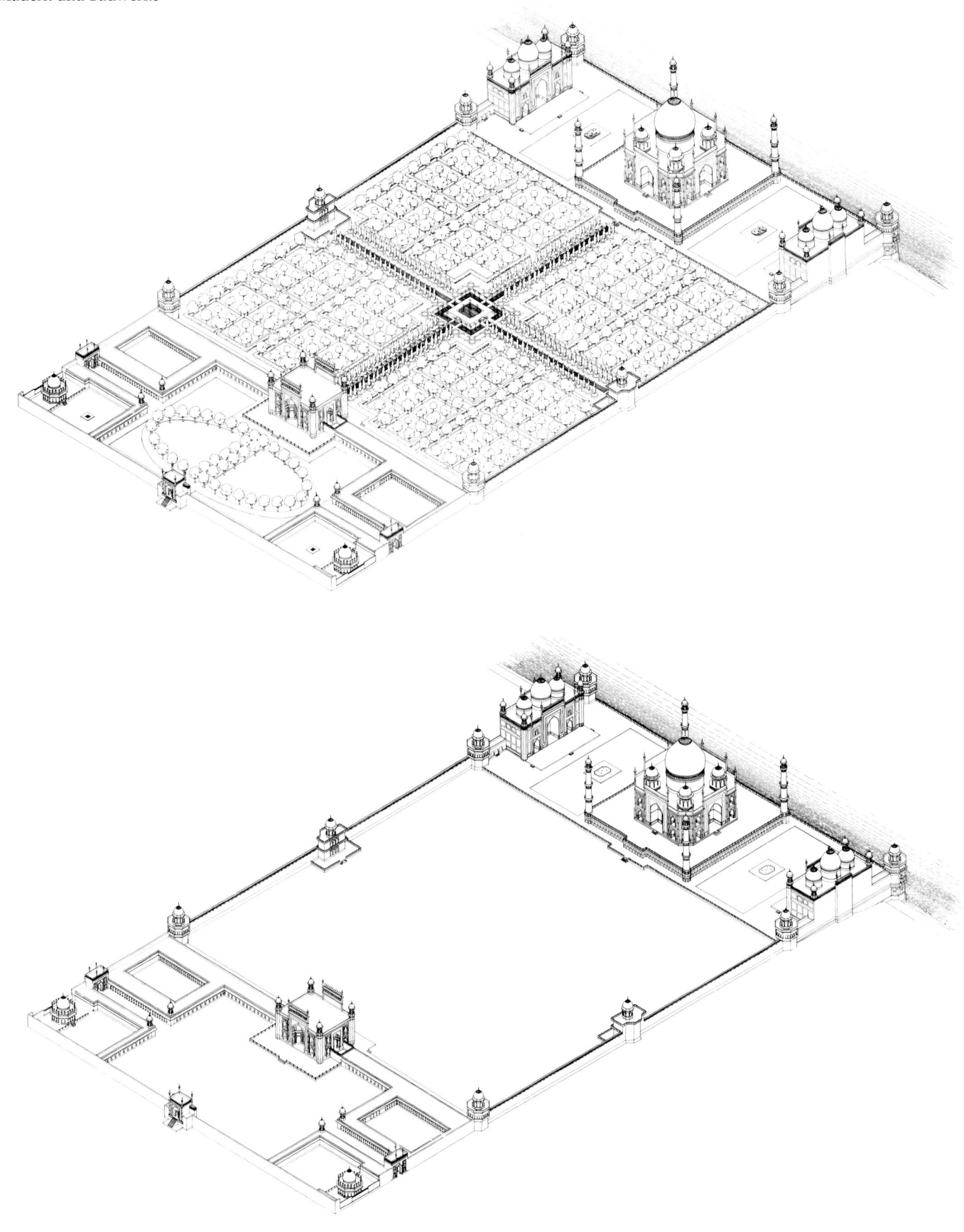

196 · ORTE der VERGANGENHEIT

Wasseranlagen

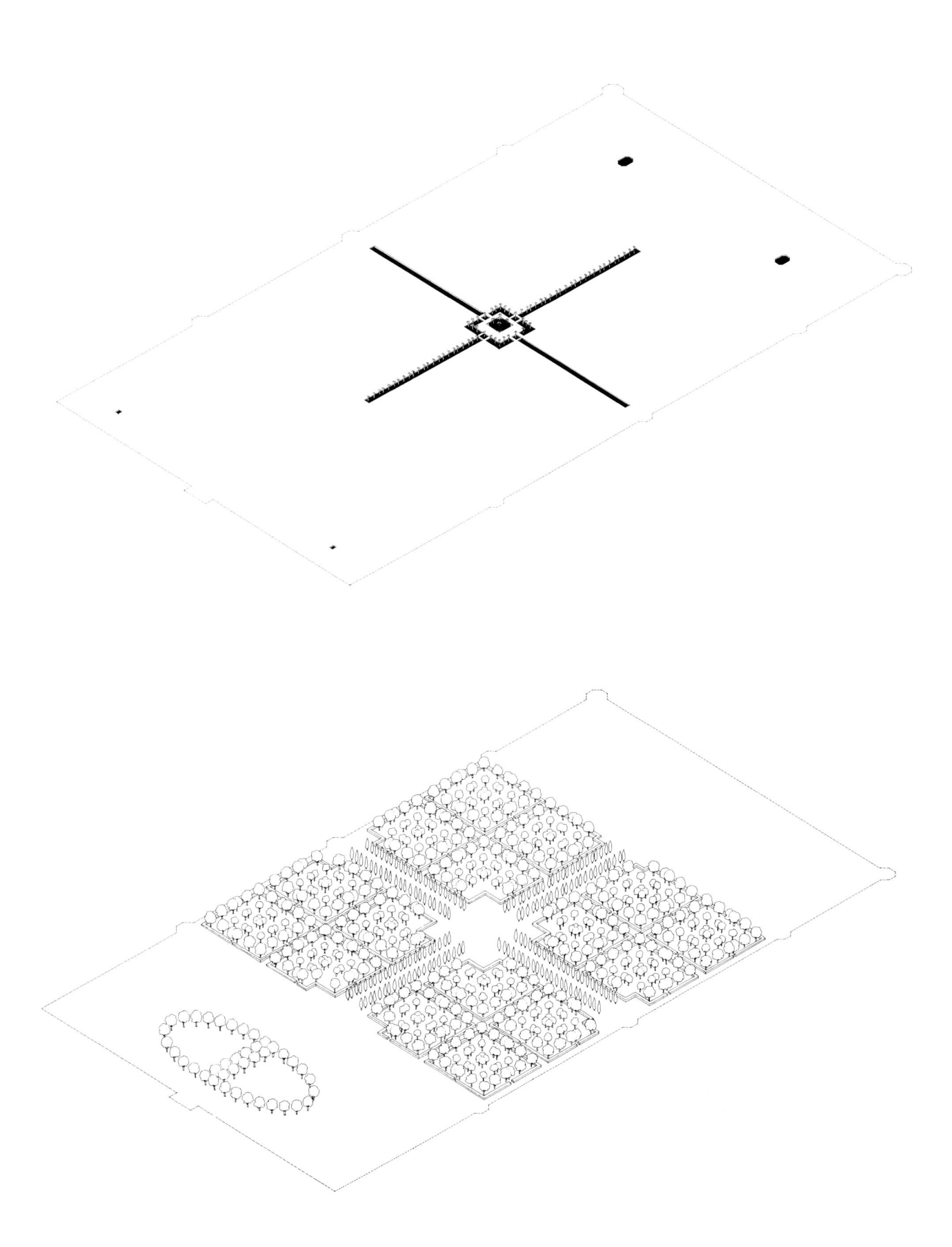

Pflanzplan

197 · ORTE der VERGANGENHEIT

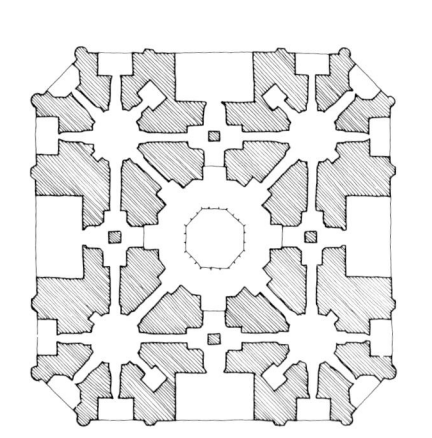

Rekursive Teilung der Quadrate im Grundriß des Grabpalastes Tadsch Mahal

architektonischen Neuerungen. Die Lage am Ufer der Dschumna, die Verwendung von Marmor und Pietradura-Technik sind mit dem Mausoleum von I'timad-ud-Daula vergleichbar. Dann aber die große Überraschung: das Verhältnis des Grabpalastes zu seinem Chahar bagh ist von atemberaubender Originalität. Der Palast sitzt nicht mehr im Zentrum, sondern exzentrisch auf der Uferterrasse; der Schnittpunkt der Hauptachsen erfährt seine Würdigung einzig durch ein kleines Wasserbecken, das wie ein Spiegel wirkt. Mit diesem ebenso einfachen wie genialen Schritt wird die traditionelle Beziehung zwischen den Dimensionen des Mausoleums und jenen des Chahar bagh zerbrochen, der schwierige Widerspruch löst sich auf.

Der Chahar bagh des Tadsch Mahal mißt etwa dreihundert Meter im Quadrat. Vier Wege teilen ihn, wie es die Tradition vorgibt, in vier Quadrate, und diese sind von Wegen noch ein weiteres Mal unterteilt. So stellt sich der Garten heute dar. Auf den 1828 angefertigten Karten des britischen Vermessungsamtes von Indien ist jedoch noch zu sehen, daß die rekursive Teilung der Quadrate im Chahar bagh ursprünglich viel weiter ging und der alte Grundriß eine vierstufige Hierarchie von 256 quadratischen Feldern besaß. Die Position eines Quadrats in der Hierarchie wurde durch die Breite der Teilungslinie gekennzeichnet: die Hauptachsen haben breite Kanäle mit Springbrunnen und Blumenparterres an beiden Seiten, daneben gepflasterte Wege und diese wieder begleitet von schmalen Bewässerungskanälen. Die nächste Stufe der Hierarchie waren einfache, engere Wege, und die feinste Unterteilung scheint nur noch aus Linien am Boden bestanden zu haben.

Auch der Grundriß des Grabpalasts ist rekursiv angelegt. Ein Quadrat (mit abgeschrägten Ecken) wird von symmetrischen Achsen in vier Quadrate unterteilt, in deren Mitte anstelle einer quadratischen Kammer ein Oktogon entsteht. Die vier Grundriß-Quadranten sind wiederum unterteilt, jetzt aber durch jeweils zwei Achsenkreuze, die um fünfundvierzig Grad gegeneinander gedreht sind; in der Mitte der Quadranten entsteht dabei wieder jeweils ein Oktogon.

Die vier schlanken Minarette, die man eigentlich an den Ecken des Baukörpers erwartet, sind überraschend nach außen versetzt und stehen an den Eckpunkten der breiten rechteckigen Terrasse vor dem Fluß. So plaziert, vergrößern sie scheinbar das Mausoleum, ohne es schwerer, gewichtiger erscheinen zu lassen. Es sieht so leicht aus, als würde es über dem Garten schweben. Seine scheinbare Größe entspricht der wirklichen Größe des Chahar bagh. Das kleine Wasserbecken wirkt wie ein Spiegel, es fängt ein Stück Himmel ein und senkt ihn herab, setzt es als würdigen Rahmen um das Spiegelbild des Palastes.

Bei den ersten Grabpalästen der Moguln verbindet sich die viergeteilte Symmetrie des Chahar bagh mit der unendlichen Symmetrie der Kuppel um die vertikale Achse und der bilateralen Symmetrie der Mausoleumsfassade. Die Symmetrien des Tadsch Mahal sind komplexer und auch hintergründiger, subtiler. Sowohl Garten als auch Grabpalast besitzen eine viergeteilte Symmetrie, doch deren Achsen fallen nicht mehr übereinander, denn das Ensemble aus Terrassenplattform, Grabpalast und Minaretten besitzt zwei eigene Symmetrieachsen. Die Gesamtanlage aus Bauten und Garten bleibt bilateral symmetrisch zu einer gemeinsamen Mittelachse, die vom Eingangstor über das spiegelnde Wasserbecken zum Mausoleum führt und als Blickachse noch über den Fluß hinaus. Der Besucher bewegt sich leicht versetzt neben

Das Spiel des Grabpalast-Erbauers:
Anlagen im Größenvergleich

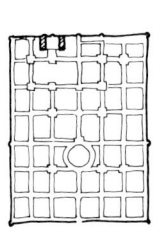

Ram bagh

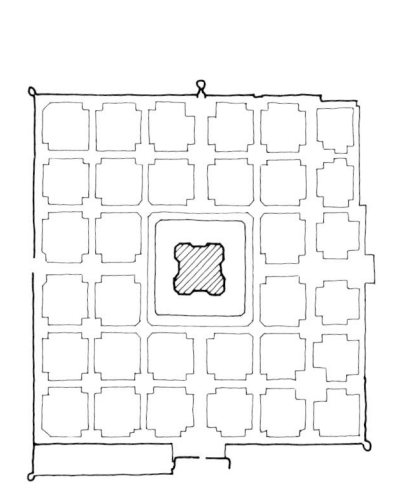

Grabpalast für Humayun

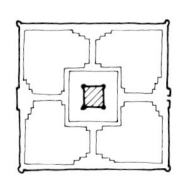

Grabpalast für I'timad-ud-Daula

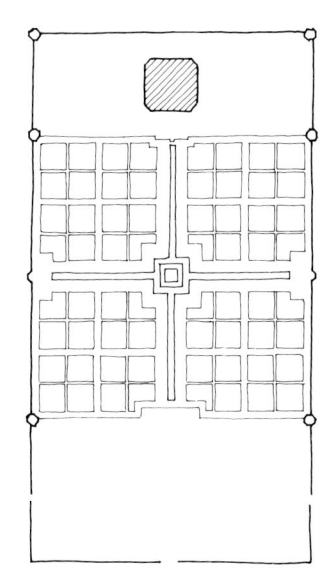

Der Tadsch Mahal

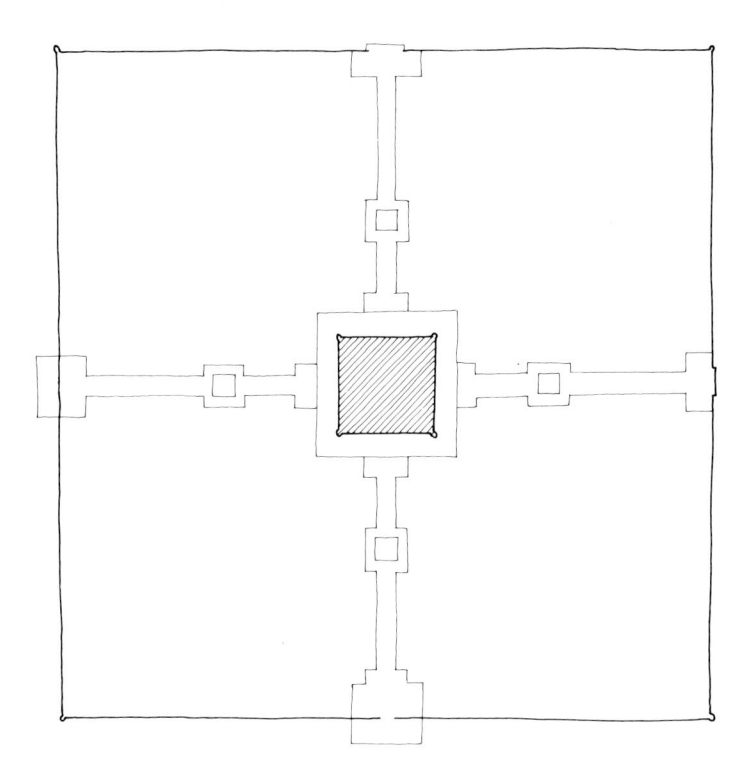

Grabpalast für Akbar

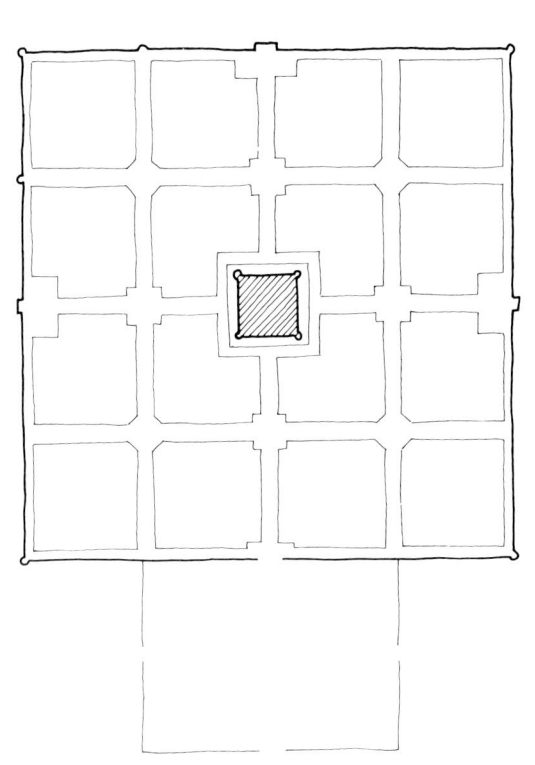

Grabpalast für Dschahangir

199 · ORTE der VERGANGENHEIT

dem Wasser, nicht genau auf der Achse, und auch die Stufen zur Terrassenplattform sind noch einmal seitlich versetzt. Die Unbegehbarkeit der Achse stärkt ihre Bedeutung. Und doch hat der Grundriß noch eine weitere Symmetrie. Im Wasserbecken wird das Mausoleum, umgekehrt und immateriell, ins Herz des Chahar bagh, aus dem man es gerissen hat, zurückgespiegelt.

Auch Aurangseb baute seiner Gemahlin ein Grabmal. Es wurde dem Tadsch Mahal sehr ähnlich, doch fehlen ihm die Großzügigkeit der Proportionen und die glückliche Hand bei der Komposition. Sein eigenes Grabmal dagegen sollte, wie es schon sein Vorfahr Babur für sich gewünscht hatte, nur ein einfaches, erdbedecktes Grab unter freiem Himmel sein. Damit schließt sich der Kreis, die Zeit der großen Grabpaläste ist vollendet. Die Mogulherrschaft dauerte noch an, bis die Briten ihr 1857 nach der «Indischen Meuterei» ein Ende setzten.

Oder war die Zeit doch noch nicht vorbei? Als Sir Edwin Lutyens 1912 den Auftrag erhielt, im Brennpunkt des britischen Machtzentrums Neu Delhi einen Regierungspalast für den Vizekönig zu bauen, entwarf er trotz seiner öffentlich zur Schau getragenen Verachtung für die Baukunst der Moguln einen Grundriß, der sich nur in Nuancen von der Raumaufteilung des Tadsch Mahal unterschied. Nicht ohne Einfluß waren dabei die Ideen von Lady Hardinge, der Frau eines früheren Vizekönigs, die sich liebevolle Erinnerungen an die Mogulgärten in Kaschmir bewahrt hatte.

Der *Rashtrapati Bhawan*, der Palast des Vizekönigs, steht am Ende der Hauptachse von Neu Delhi, einer Prachtstraße mit Kanälen auf beiden Seiten. Nähert man sich auf ihr dem symmetrischen, aus rosafarbenem Sandstein gebauten Palast, so wird man unweigerlich an den Weg zu einem Grabpalast der Moguln erinnert, nur daß hier alles noch gewaltiger ist. Überraschenderweise läuft die Achse durch den Palast hindurch und ordnet hinter ihm einen ornamentalen Garten im Mogulstil, dann eine Staffel von Tennisplätzen, und endet in einem kleinen runden Blumengarten. Garten und Gebäude sind so einander zugeordnet wie beim Tadsch Mahal, nur daß die Choreographie vertauscht ist: der Garten dient nicht mehr der Annäherung, sondern wird zum Ziel. Das Gebäude ist viel größer als jeder Grabpalast der Moguln (wie auch das British Empire sehr viel größer war als das Reich der Moguln in seiner größten Ausdehnung). Auch die rekursive Unterteilung des Gartens übertrifft in ihrer Raffinesse alles, was sich die Moguln je ausgedacht hatten. Darin wachsen Bougainvilleas, Blumen auf riesigen Beeten und mehr als vierhundert verschiedene Rosenarten. Doch im Mittelpunkt der Anlage, an dem Platz, an dem nach alter Tradition das Mausoleum steht und der im Tadsch Mahal durch das spiegelnde Wasserbecken eingenommen wird, befindet sich ein schlichtes Stück gepflegten englischen Rasens.

Hier endet die Geschichte eines «ästhetischen Abenteuers», um mit Sir John Summerson zu sprechen, die Geschichte eines Problems und seiner Lösung. Derlei Abenteuer werden erst dadurch möglich, daß sich Architekten an eine Übereinkunft über Vokabular und Syntax gebunden fühlen, wenigstens eine Zeitlang. Aus der internen Logik der Übereinkunft, der Konvention, resultiert ein Entwurfsproblem, das gelöst werden muß, ähnlich wie ein mathematisches Problem gelöst werden muß, das aus der Existenz einer Reihe von Axiomen

Grabpaläste und Minarette

Der Tadsch Mahal

Grabpalast für die Gemahlin von Aurangseb

Regierungspalast für den Vizekönig von
Indien in Neu Delhi. Entwurf von Sir
Edwin Lutyens im Stil der
Mogul-Baukunst

und Verfahrensregeln entsteht. Nicht in der Übereinkunft selbst liegt eigentlich die Faszination, sondern in den Abenteuern der Phantasie, die von ihr in Gang gesetzt werden.

Die Alhambra

Oberhalb der ehrwürdigen Stadt Granada erhebt sich auf einem Ausläufer der Sierra Nevada eine rote Burg. Von außen macht sie einen schroffen und wehrhaften Eindruck. Doch im Inneren liegen, schimmernd und glänzend wie Kristalle in einer Geode, sybaritische Lustgärten und Lusthäuser von betörender Zartheit und verschwenderischem Luxus. Dieser Palastgarten ist einzig in seiner Art, nichts Vergleichbares wurde aus den reichen und mächtigen Zentren des Islam überliefert. Warum wohl haben die weniger bedeutenden und ständig unter den Belagerungen der Christen leidenden Nasridenherrscher ausgerechnet hier ein Meisterwerk der Gartenbaukunst hinterlassen?

Das Geheimnis der Entstehung liegt im dunkeln, die äußere Pracht hingegen überstrahlt alles, solange sie nicht von Touristenschwärmen verdunkelt wird. Jeder überschüttet die Alhambra mit Bewunderung, seit Washington Irving zusammen mit Zigeunern und Räubern in ihren Mauern kampiert hat und uns Geschichten voller Abenteuer und Romantik überlieferte.

Granada war das letzte maurische Königreich auf europäischem Boden. Boabdil, der letzte Sultan, mußte am 2. Januar 1492 aus seinem Palast fliehen. Im Volkslied *La Golondrina* ertönt noch heute sein Wehklagen. Besonders bedeutend war das Sultanat Granada niemals gewesen. In den ersten Jahrhunderten nach der Ankunft der Araber, als die arabische Kultur in Spanien ihren Höhepunkt erreichte, lag das Machtzentrum in Cordoba; nach der Auflösung des Kalifats gingen die verschiedenen Königreiche nach und nach in christliche Hände über, bis nur noch Granada übrigblieb. Nach jahrzehntelangen Angriffen und Belagerungen wurde es schließlich von den katholischen Königen Ferdinand und Isabella erobert. Es scheint nicht so, als ob sie das Juwel, das ihnen mit der Alhambra in die Hände gefallen war, zu schätzen wußten. Jedenfalls verrät der Entwurf des mächtigen, strengen, quadratischen, unvollendet gebliebenen Renaissancepalasts mit dem runden Säulenhof, den ihr Sohn Karl V. 1526 in Auftrag gab, nur wenig Verständnis für die üppige Eleganz, an deren Stelle er trat.

Was wir heute sehen, sind die Reste des Gartenpalastes und einige viel jüngere Terrassen, die wohl den Originalterrassen recht ähnlich sind. Die Außenmauern der Roten Burg (arabisch *al-hamra*: die Rote) umschließen beträchtlich mehr Raum, als diese Reste beanspruchen. Man muß daraus schließen, daß früher noch weit mehr Terrassen und Gebäude existierten. Die Komposition besteht nicht, wie bei alten persischen Teppichen und Gärten, aus dem einfachen viergeteilten Muster, sondern ist eine Collage zwanglos miteinander verbundener offener und geschlossener Höfe, Räume und Gänge. Ein idealtypisches Ensemble würde zum Beispiel aus mehreren geschlossenen Räumen mit facettenreichen Voluten bestehen, die sich auf einen Innenhof öffnen, in dessen Mitte ein Springbrunnen plätschert. Ein kleiner Durchgang würde durch eine dunkle Passage zum nächsten Ensemble führen, in einen anderen Patio, der von Gebäuden umstanden, jedoch nicht von ihnen dominiert wird.

Die schroffe, wehrhafte Außenansicht der Alhambra. Illustration von F.O.C. Darley für Washington Irvings *Erzählungen von der Alhambra*

Die einzelnen Ensembles sind sehr verschieden, aber heute kann niemand mehr sagen, ob die Unterschiede durch verschiedenartige Zweckbestimmung der Räume hervorgerufen sind; nur Bäder und Moschee weisen eindeutig auf ihre Bestimmung hin. Vielleicht sollten wir uns die Patios als prächtige, kunstvolle Lagerplätze vorstellen, deren Architektur sich aus den Vorhängen von Zelten herleitet: mit buntgemusterten Teppichen, weichen Kissen, messingnen Kohlebecken zum Heizen und Kochen waren es gewiß einladende Orte. Die Utensilien des täglichen Gebrauchs sind verschwunden. Doch in den Räumen sind Decken und Wände so reich gemustert, so verschwenderisch mit farbigen Fliesen verkleidet und mit Arabesken und poetischen Inschriften verziert, daß man glauben möchte, sie seien noch bewohnt.

Die Axonometrie zeigt das Herz des Palastes, die Gärten und, drohend im Hintergrund, den Palast Karls V. Wir beginnen den Rundgang mit dem *Cuarto Dorado*, dem Goldenen Hof. Wenn man den Palast vom heutigen Eingang her betritt, ist es der erste ornamentierte Raum. Er ist klein und länglich. Man betritt den Marmorfußboden über drei Stufen und geht zu einer oktogonalen Eintiefung in der Mitte. Darin sitzt ein rundes Wasserbecken mit aufgestülptem Zackenrand, an dem sich kleine Wasserwellen, die an einer Fontäne in der Mitte entstehen, funkelnd brechen. An der Nordseite des Hofes gelangt man durch drei üppig stuckverzierte und über und über gemusterte Tore in einen länglichen Raum mit schönem Blick über das Tal. Die Südwand ist vollständig mit Stuckornamenten überzogen; sie hat zwei Türen und fünf Fenster und ist mit einem Stalaktitenfries verziert. Hölzerne Dachbalken und Traufen überragen sie. Durch die erste Tür gelangt man zurück zu den Vorhöfen, die andere führt über den *Myrtenhof* weiter in den Palast hinein.

Alhambra: Die wichtigsten Höfe mit den angrenzenden Räumen

1. Cuerto Dorado
2. Myrtenhof
3. Saal der Gesandten (Sala de los Embajadores)
4. Löwenhof
5. Saal der Abencerragen
6. Saal der zwei Schwestern
7. Gartenkomplex der Daraxa
8. Peinador de la Reina

Der Myrtenhof, *Patio de Comares*, ist mit dreiundzwanzig mal sechsunddreißig Meter etwa viermal so groß wie der Cuarto Dorado. Ein langes, schmales Bassin nimmt fast den ganzen Raum ein. Die Ruhe, die es ausstrahlt, wird noch verstärkt von zwei Wasserbahnen, die das Bassin aus zwei runden Brunnen unter den Arkaden außerhalb des eigentlichen Hofs speisen. Die durchbrochenen Stuckornamente der nördlichen Arkade lassen die Sonne Muster auf die gegenüberliegende Mauer werfen, die von den vibrierenden Reflexionen des Wassers zum Tanzen gebracht werden. Im Bassin spiegelt sich das Bild der sorgfältig gemeißelten Arkadenbögen und des fünfundvierzig Meter hohen *Comares-Turms* am Ende des Hofs, in dem sich der prachtvolle *Sala de los Embajadores*, der Saal der Gesandten, befindet. Hier, im früheren Thronsaal, bestechen wieder Fliesen und Stuckornamente an den Wänden, vor allem aber die einzigartige Kuppel aus mehr als achttausend verschiedenfarbigen Lärchenholzteilen.

In den Längsseiten des Myrtenhofs sitzen Türöffnungen, von denen man malerische Ausblicke auf weitere ornamentierte Raumgruppen hat. Durch eine Türöffnung gelangt man zu den *Bädern* in den unterirdischen Palasträumen. Im Grundriß erscheinen sie wie ein Bindeglied zwischen Myrtenhof und *Löwenhof*, in Wirklichkeit befinden sie sich tief unterhalb der beiden Hofgärten auf einem niedrigeren Niveau. Dort verbinden sie den Garten- und Gebäudekomplex der *Daraxa* mit dem *Peinador de la Reina*, dem Belvedere, einem Turm mit Ausblick über das Darro-Tal. Eine weitere Türöffnung in der gleichen Mauer des Myrtenhofs führt durch einen winzigen dunklen Korridor zu dem berühmtesten Ensemble der Alhambra, zum *Patio de los Leones*, dem

ALHAMBRA

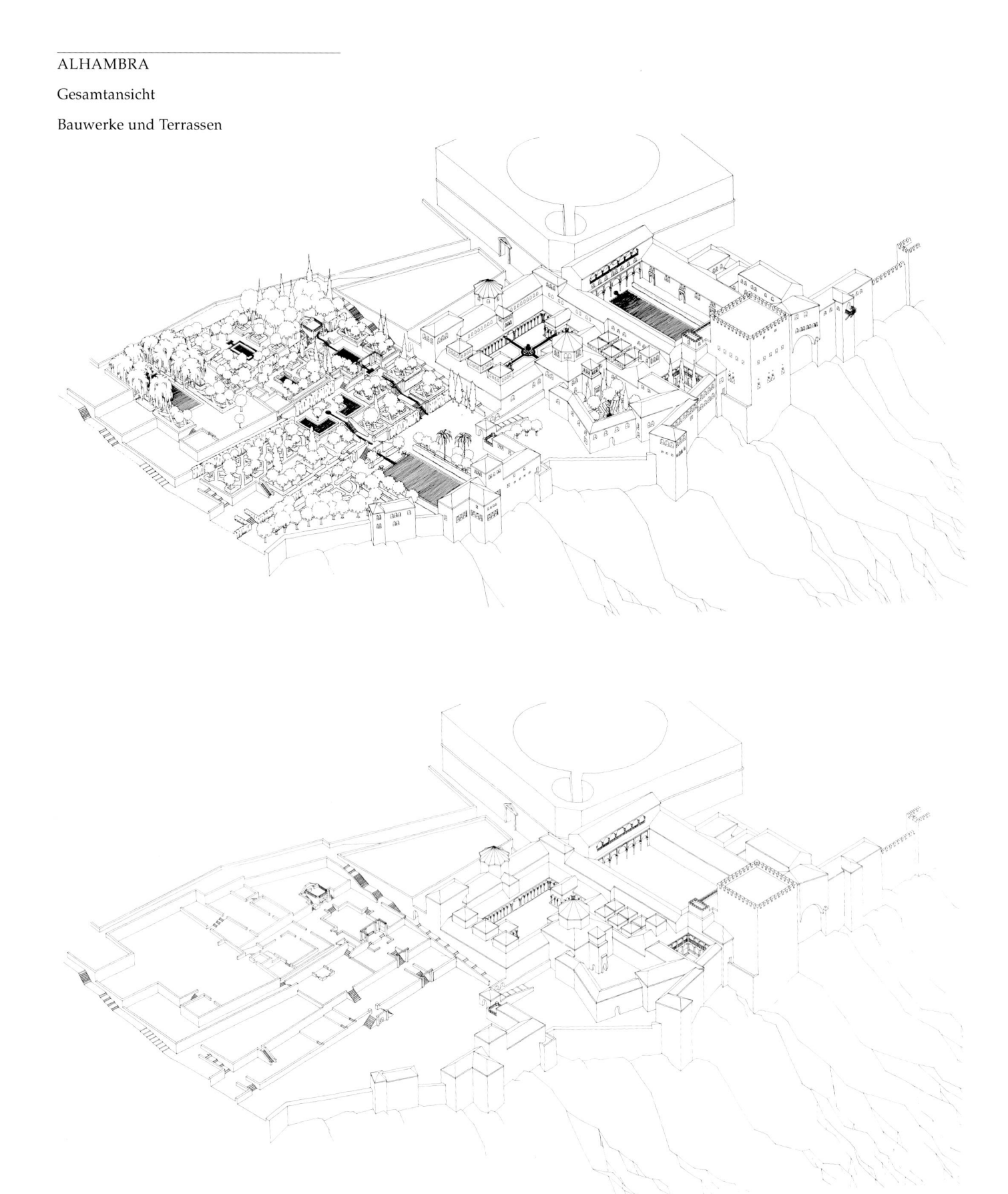

Gesamtansicht

Bauwerke und Terrassen

Wasseranlagen

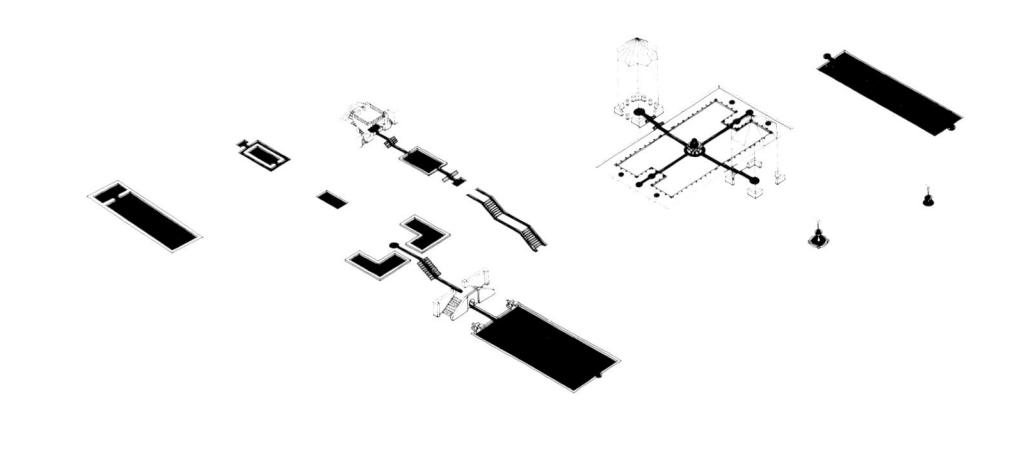

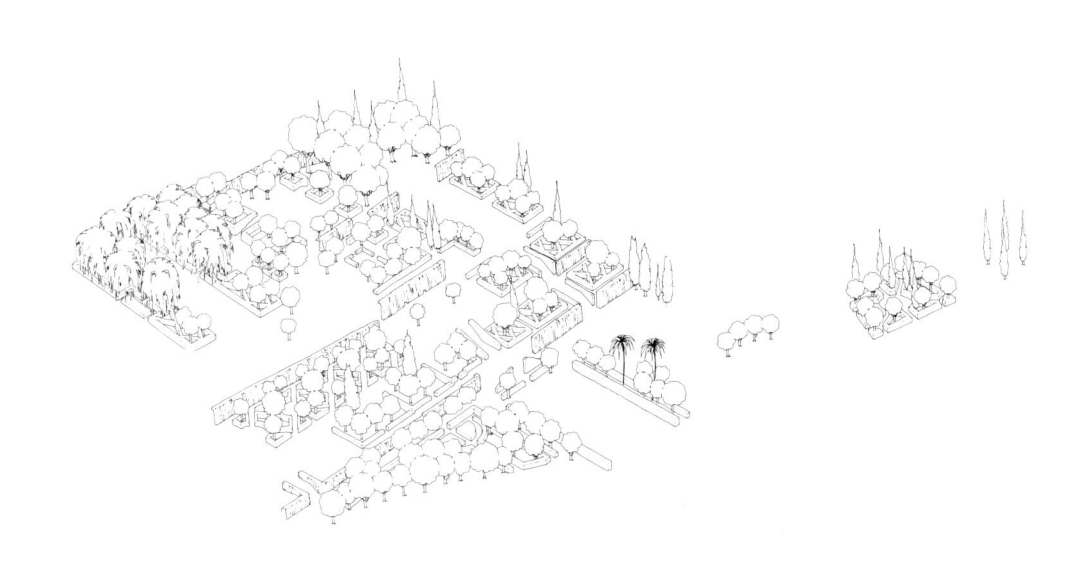

Pflanzplan

205 · ORTE der VERGANGENHEIT

Muster aus Kacheln und Stuck: der Myrtenhof. Illustration von Owen Jones

Löwenhof. Mit achtundzwanzig Meter Länge und sechzehn Meter Breite ist er kleiner als der Myrtenhof, aber er ist viel reicher ausgestattet. Den Hof umgeben Arkaden mit 124 Säulen, an den kurzen Seiten springen Pavillons vor, und dahinter liegen auf einer gemeinsamen Achse langgezogene, schmale Räume: an der Westseite ein einfacher länglicher Raum, an der Ostseite die Königshalle, *Sala de los Reyes*. In ihr werden drei erhöhte, quadratisch umschriebene Raumteile von stuckierten Stalaktitengewölben (Muqarnas-Kuppeln) überwölbt; dazwischen liegen rechteckige, flach gedeckte Abschnitte.

An der Nordseite des Löwenhofs liegt der schönste und eindrucksvollste Raum des Gesamtkomplexes, die *Sala de las Dos Hermanas*, der Saal der zwei Schwestern. Über einem quadratrischen Grundriß sitzt auf einem oktogonalen Tambour eine sternförmige Muqarnas-Kuppel. Von den drei umliegenden rechteckigen Räumen führt der nördliche zu einem kleinen, exquisit ausgeschmückten quadratischen Pavillon mit Blick auf die darunterliegenden Gärten und Wohnungen des *Mirador de Daraxa* mit Bäumen und einer Fontäne, die hoch über die umstehenden Pavillons aufschießt. Südlich des Löwenhofs liegt der *Saal der Abencerragen*, ein quadratischer Raum mit zwei anschließenden rechteckigen Nebenräumen. Auch hier finden wir eine Muqarnas-Kuppel auf einem achteckigen, sternförmigen Tambour.

Aus allen Himmelsrichtungen führen marmorne Kanäle über den Löwenhof. Sie speisen sich aus kleinen Springbrunnen im Saal der Abencerragen, im Saal der zwei Schwestern und in den beiden vorspringenden Pavillons im Hof und leiten das Wasser über kleine Stufen zum Löwenbrunnen in der Mitte. Über die angemessene Gestaltung der dabei entstehenden vier rechteckigen Felder des Löwenhofs hat man sich noch jüngst viele Gedanken gemacht. Im neunzehnten Jahrhundert, das erfahren wir von Washington Irving, waren sie überwachsen; dann war es eine Zeitlang nackter, verwitternder Felsen, und kürzlich wurden sie neu bepflanzt. Ein Garten ist der Löwenhof dabei immer geblieben, mit oder ohne Bepflanzung.

Östlich vom Löwenhof öffnen sich Hofgärten in verschiedenen geometrischen Mustern, mit weniger Gebäuden und mehr Grün. Auf dem Befestigungswall läuft ein Säulengang. Von dort blickt man nach Norden über das Tal, nach Süden auf ein breites Bassin, dessen gekräuselte Oberfläche Lichtpunkte auf die reichverzierte Decke des Säulengangs wirft. Man trifft auf einen einzelnen Turm und einen wunderhübschen kleinen Betsaal, der etwas aus der Achse gedreht ist, damit er nach Mekka zeigt. Tritt der Besucher aus dem Dunkel hinaus ins grelle Sonnenlicht, überfallen ihn Orientierungslosigkeit und Schwindel. In der Festungsmauer sitzen zwei eher düstere Türme aus unbehauenem Stein. In ihrem Inneren aber bergen sie winzige, grazile Pavillons. So wird jeder Turm zu einer Miniaturversion der Gesamtanlage, zur Geode in der Geode.

Man muß die Alhambra als Gartenanlage sehen. Sie ist ein verwandelter, zu Stein erstarrter Hain, dessen Baumstämme zu Säulen, dessen Zweige und Blätter zu schattigen Arkaden und stuckierten Gewölben wurden. Ihre Flächen aus Fliesen und Stuck und Holz lassen ein künstliches Blätterdach entstehen, das so abwechslungsreich und dicht ist wie das der Bäume in anderen Gärten, wenn sie das Licht der Sonne und, noch wunderbarer, die schimmernden Reflexionen der Springbrunnen und Bassins einfangen. Das opulente Spiel aus übereinanderprojizierten Mustern verliert auch dann nichts von seinem Glanz, wenn man die fast spartanische Strenge hinter all dem Verwirrenden und Schillernden entdeckt. Zum Beispiel gibt es in Wahrheit nur sehr wenig Wasser, und nur die höchst geschickte Plazierung der wasserspendenden Düsen erzielt aus dem kleinsten Tropfen die größte Wirkung. Die scheinbar grenzenlose Fülle von dekorativen Mustern entsteht aus der immerwährenden Variation weniger Themen. Fünftausend Stuckteile im Saal der Zwei Schwestern bestehen aus elf Mustern, die auf vier Grundformen aufgebaut sind. Alle Varianten der Oberflächengestaltung basieren auf den sieben möglichen Repetitionssymmetrien und den siebzehn möglichen Tapetensymmetrien. In der Komposition der Alhambra erkennen wir die Botschaft, daß Raffinesse viel befriedigender ist, wenn sie auf Ordnung und Einfachheit aufbaut, und daß die Freude an der Einfachheit den Genuß an brillanter Raffinesse keineswegs ausschließt.

Der Generalife

Die Alhambra ist ein Gewebe aus Sonne, Stuck und Wasser. Auf dem luftigen Berghang einige hundert Meter oberhalb stößt man wieder auf symmetrische Muster, diesmal aus lebendem Grün, das während der langen andalusischen Sommer Kühlung bringt und heiße Tage erträglicher macht. Die maurischen Könige haben sich den *Jinnah al-'Arif*, Garten des Erhabenen oder Vornehmster aller Gärten, als einen Sommersitz angelegt, um den Mauern des Roten Forts gelegentlich entrinnen zu können. In Spanien herrscht kein Mangel an Bergen und Hügeln, und wegen der kühleren Luft und der Aussicht legte man Gärten bevorzugt auf Hängen an. Der Hang wurde terrassiert, und jede Terrasse erhielt gemusterte Parterres, Wege, Grünflächen, manchmal auch Springbrunnen und Boskette. Die Bepflanzung war gegen den Hang gerichtet, der Blick in die Weite und auf die nächstuntere Terrasse. Der Generalife, dessen erster Abschnitt 1319 vollendet wurde, ist die typisch spanische Variante eines Gartens, der aus dem Spiel geometrischer Muster lebt.

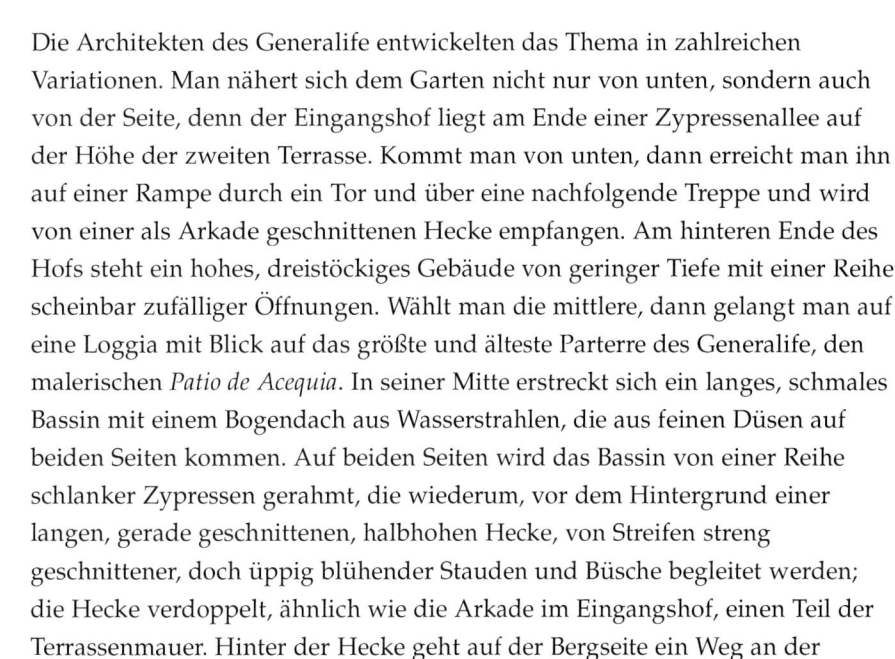

Muster aus lebendem Grün: der Generalife

Die Architekten des Generalife entwickelten das Thema in zahlreichen Variationen. Man nähert sich dem Garten nicht nur von unten, sondern auch von der Seite, denn der Eingangshof liegt am Ende einer Zypressenallee auf der Höhe der zweiten Terrasse. Kommt man von unten, dann erreicht man ihn auf einer Rampe durch ein Tor und über eine nachfolgende Treppe und wird von einer als Arkade geschnittenen Hecke empfangen. Am hinteren Ende des Hofs steht ein hohes, dreistöckiges Gebäude von geringer Tiefe mit einer Reihe scheinbar zufälliger Öffnungen. Wählt man die mittlere, dann gelangt man auf eine Loggia mit Blick auf das größte und älteste Parterre des Generalife, den malerischen *Patio de Acequia*. In seiner Mitte erstreckt sich ein langes, schmales Bassin mit einem Bogendach aus Wasserstrahlen, die aus feinen Düsen auf beiden Seiten kommen. Auf beiden Seiten wird das Bassin von einer Reihe schlanker Zypressen gerahmt, die wiederum, vor dem Hintergrund einer langen, gerade geschnittenen, halbhohen Hecke, von Streifen streng geschnittener, doch üppig blühender Stauden und Büsche begleitet werden; die Hecke verdoppelt, ähnlich wie die Arkade im Eingangshof, einen Teil der Terrassenmauer. Hinter der Hecke geht auf der Bergseite ein Weg an der hohen, von einer Balustrade gekrönten Mauer entlang, die der nächsten Terrasse Halt gibt. Gegenüber, auf der talwärts gelegenen Seite, begleitet ein schattiger Arkadengang den Patio. Durch die Bögen fällt der Blick auf die

GENERALIFE

Gesamtansicht

Bauwerke und Terrassen

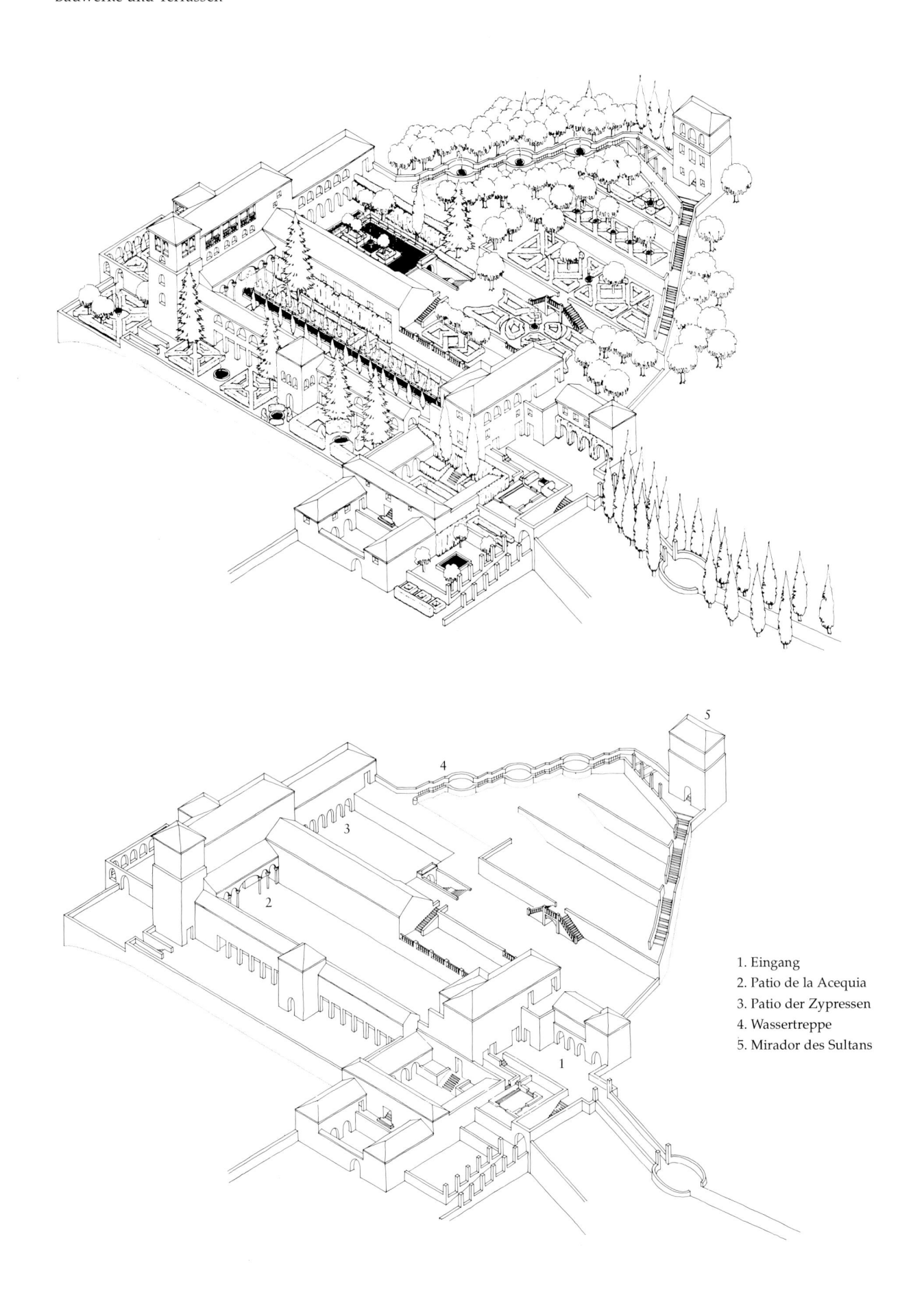

1. Eingang
2. Patio de la Acequia
3. Patio der Zypressen
4. Wassertreppe
5. Mirador des Sultans

Wasseranlagen

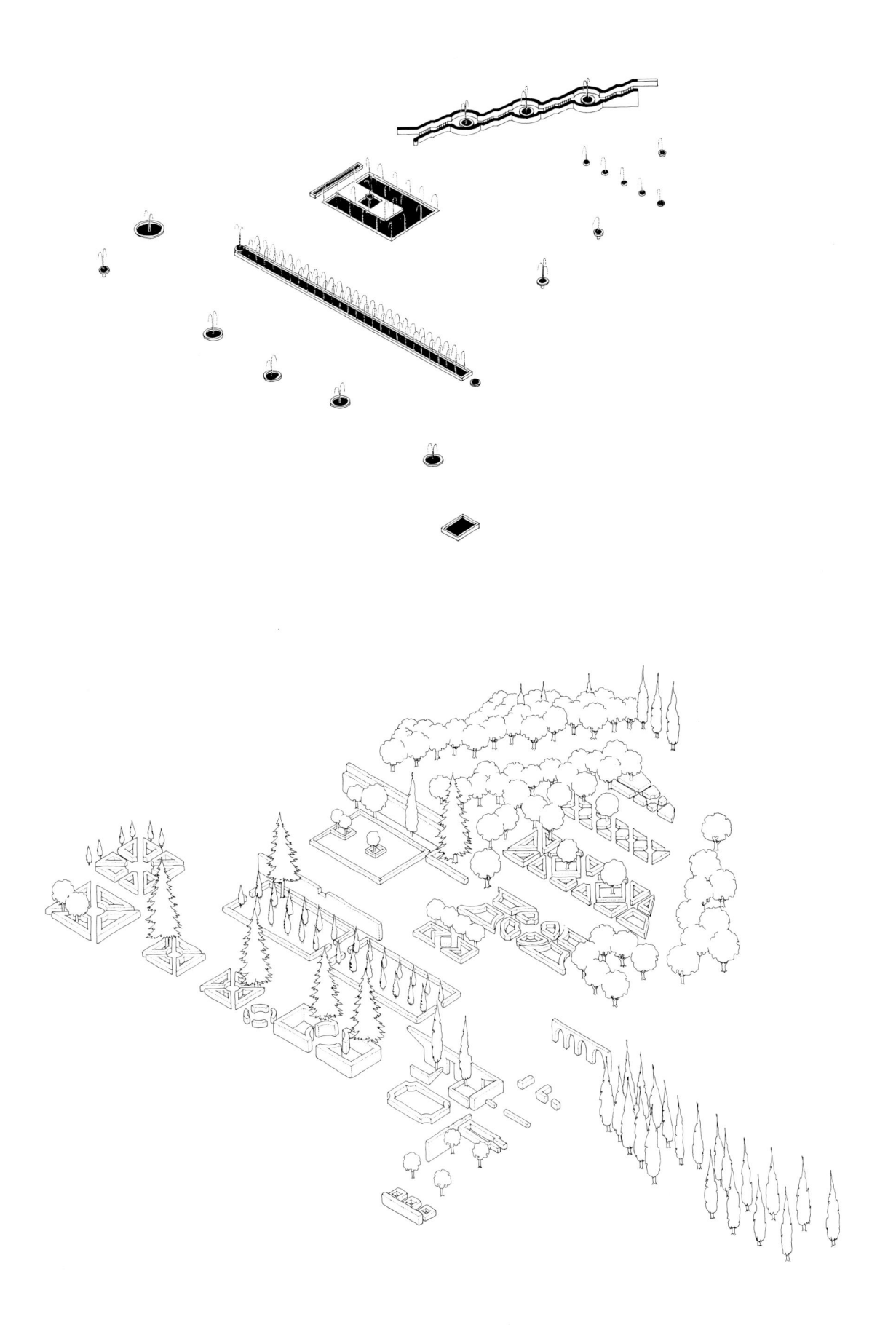

Pflanzplan

209 · ORTE der VERGANGENHEIT

Gärten und zahlreichen Springbrunnen der unteren Terrasse, auf die Alhambra, auf die dahinterliegende Stadt Granada und auf die weite Ebene in Richtung Jaen. Am Ende des langen Bassins, an der Schmalseite gegenüber dem Gebäude, durch das man die Terrasse betreten hat, steht wieder ein hohes schmales Bauwerk, mit einem Arkadenvorbau und einem Turm auf der hügelabwärts gelegenen Seite. Geht man auf der Mittelachse vom Ende des Bassins durch Arkadenvorbau und Gebäude, dann stößt man auf der anderen Seite des Gebäudes auf eine Loggia mit einem vorspringenden Aussichtspunkt auf der Achse. Von hier aus blickt man auf einen bezaubernden kleinen quadratischen Garten mit zwei Achsenkreuzen, einem klassischen und einem diagonalen, und einem runden Wasserbecken mit einer Fontäne in der Mitte.

Dieses Muster wird nun mehrfach aufgegriffen und variiert. Den tiefstgelegenen Eckpunkt der Anlage bildet ein weiterer quadratischer Garten, der nur noch ein diagonales Achsenkreuz besitzt, ebenfalls mit Wasserbecken und Fontäne in seinem Zentrum. Von dort geht es einige Stufen hinauf zu der langgestreckten unteren Terrasse. Hier stehen mehrere Springbrunnen in runden Wasserbecken, alternierend mit kleinen quadratischen Gärten, die man wiederum diagonal durchlaufen muß, bis man zu der Gebäudegruppe des Eingangshofs gelangt.

Zurück zu dem Gebäude, das den Patio de Acequia abschließt. Es setzt sich, etwas niedriger, hangaufwärts fort und führt zum *Patio der Zypressen*, dessen Schmalseite es begrenzt; an der Bergseite wird er von der nächsten Terrassenmauer abgeschlossen, an der Talseite von einem langgestreckten Gebäude. Von hier aus blickt man auf den Patio mit seinem großen Wasserbassin hinab; den sehr geringen Höhenunterschied steigerten die Gartenkünstler zu paradoxer Wirkung: der Garten liegt in voller Größe vor dem Auge des Betrachters und scheint gleichzeitig versunken in einer anderen Welt. Im Wasserbecken umschließt eine Halbinsel, dicht bewachsen und unzugänglich, ein inneres Wasserbecken mit einer Fontäne; ihre Ziegelterrasse ist noch einmal abgesenkt, sie liegt unterhalb des äußeren Wasserspiegels und ist doch trocken, nur ab und zu benetzt vom Sprühnebel der Fontäne: unzugänglich, fern, symbolisch von Wasser umschlossen, die Terrasse eines fernen Reiches.

Über dem Patio der Zypressen folgen noch drei Terrassen mit Gärten und Wasseranlagen und zwei diagonalen Treppensystemen, die zum *Mirador des Sultans* führen. Die linke Treppe auf dem Weg zum Mirador ist für ihr Geländer berühmt: es ist oben als Rinne ausgebildet, in der das Wasser von Treppenabsatz zu Treppenabsatz herunterströmt. Der Wasserlauf bildet einen reizvollen Kontrast zu den Fontänen in den kleinen Springbrunnen inmitten der drei kreisrunden Treppenabsätze. Die Wasserrinnen sind glatt, ohne die Raffinessen der Oberflächengestaltung, wie wir sie bei späteren italienischen Wasserspielen finden, wo das Wasser über eingelegte Muschelschalen hüpft und springt. Doch in der staubigen Hitze des andalusischen Sommers erklimmt man die kühle Wassertreppe mit größtem Vergnügen.

Vaux-le-Vicomte

Kaum eine Parkanlage spiegelt den Zeitgeist der absoluten Monarchie besser als der Garten von Vaux-le-Vicomte südlich von Paris. Er ist als Paradebeispiel in die Geschichte der Gartenkunst eingegangen und wurde gleichzeitig zum Symbol für Hochmut und Fall: Nicolas de Fouquet, Schatzmeister Ludwigs

Patio der Zypressen

XIV., beauftragte den jungen Landschaftsarchitekten André Le Nôtre mit der Anlage eines prächtigen Gartens. Zur Einweihung lud der stolze Fouquet auch seinen König. Der aber, entsetzt über den verschwenderischen Umgang mit der Staatskasse, ließ seinen Schatzmeister einsperren[31] und bedachte nun seinerseits den begabten Le Nôtre mit Aufträgen, aus denen eine Reihe gärtnerischer Meisterwerke hervorgingen, darunter Versailles.

In der Geschichte der Gartenkunst bedeutet Vaux-le-Vicomte einen Wendepunkt. Als erster wagt Le Nôtre den «Sprung» in die Natur und überwindet in einem neuen Muster geschickt die traditionelle Abgrenzung des geometrischen Gartens von der feindlichen Umwelt. In Vaux-le-Vicomte verläuft der Kanal nicht auf, sondern quer zur Mittelachse und entschwindet aus dem bis ins letzte Detail durchgeformten Garten in die freie, wilde, unkontrollierte Natur. Endlich, im selbstbewußten siebzehnten Jahrhundert, dringt der Mensch in die Landschaft ein und erschließt sie seinem Gestaltungswillen.

Das Schloß besetzt das hintere Drittel einer rechteckigen Fläche, die ein Schloßgraben zur Insel macht. Über eine Brücke betritt man den Vorhof, dessen Weite und Großzügigkeit im Konstrast steht zu der verwirrenden, noch an mittelalterliche Verschachtelungen erinnernden Dachlandschaft des Schlosses. Das Gebäude vor dem Schloß ist zu einer Anlage geordnet, deren Muster im großen Schloßgarten immer wieder aufgegrifffen wird. Im Zentrum liegt ein quadratischer, viergeteilter Hof, der an der Rückseite von einer Mauer begrenzt ist. Wege führen nach rechts und links zu zwei weiteren Höfen, in denen mit Kolonnaden verbundene Wirtschaftsgebäude ein Karré bilden. Vor der Hofmauer münden eine Anzahl fächerförmig angelegter Wege, wie man sie als *Patte d'oie* (Gänsefußmuster) aus französischen Wäldern kennt, auf einen ovalen Platz.

Rechts und links vom Schloß liegen geometrisch ornamentierte Parterres, «Luststücke». Das linke, doppelt so lang wie breit, besteht aus zwei gleichen Quadraten, die diagonal von Wegen durchschnitten werden. Die Mitte der Quadrate wird von einem Kreis bestimmt, die äußeren Ecken von Spiralen; die beiden gemeinsamen Ecken der zwei Quadrate sind als Muscheln gestaltet. Das viel schmalere Rechteck des rechten Parterres ist nur andeutungsweise unterteilt; seine Seitenlinien sind zweimal mit Broderien verschnörkelt, so daß drei ineinander übergehende Rasenstücke entstehen.

Der größte Teil der weiträumigen Anlage liegt hinter dem Schloß auf sehr großen, leicht abgetreppten Terrassen. Man erreicht sie von der Rückseite des Schlosses aus über eine Brücke. Jenseits einer Querpromenade führt der Weg auf der Mittelachse zunächst durch ein phantasievoll eingeteiltes Parterre bis zu einem runden Springbrunnen. Hinter dem Brunnen quert ein erster, kleinerer Kanal, der sichtlich nicht über den formal gestalteten Garten hinausgeht. Weiter auf der Hauptachse durchquert man ein großes Parterre von bemerkenswerter Schlichtheit, mit einem quadratischen Bassin am Ende und elliptischen Zwillingsbassins auf jeder Seite der Achse. Hier steigt der Garten leicht nach links und hinten an, und schon die geringe Neigung bewirkt bei der Größe des Geländes einen ansehnlichen Höhenunterschied. Links vom quadratischen Bassin liegt erhöht ein quadratisches Rasenstück, besonders hübsch von verflochtenen Spalieren gerahmt.

Vaux-le-Vicomte: Das Schloß

VAUX-LE-VICOMTE

Gesamtansicht

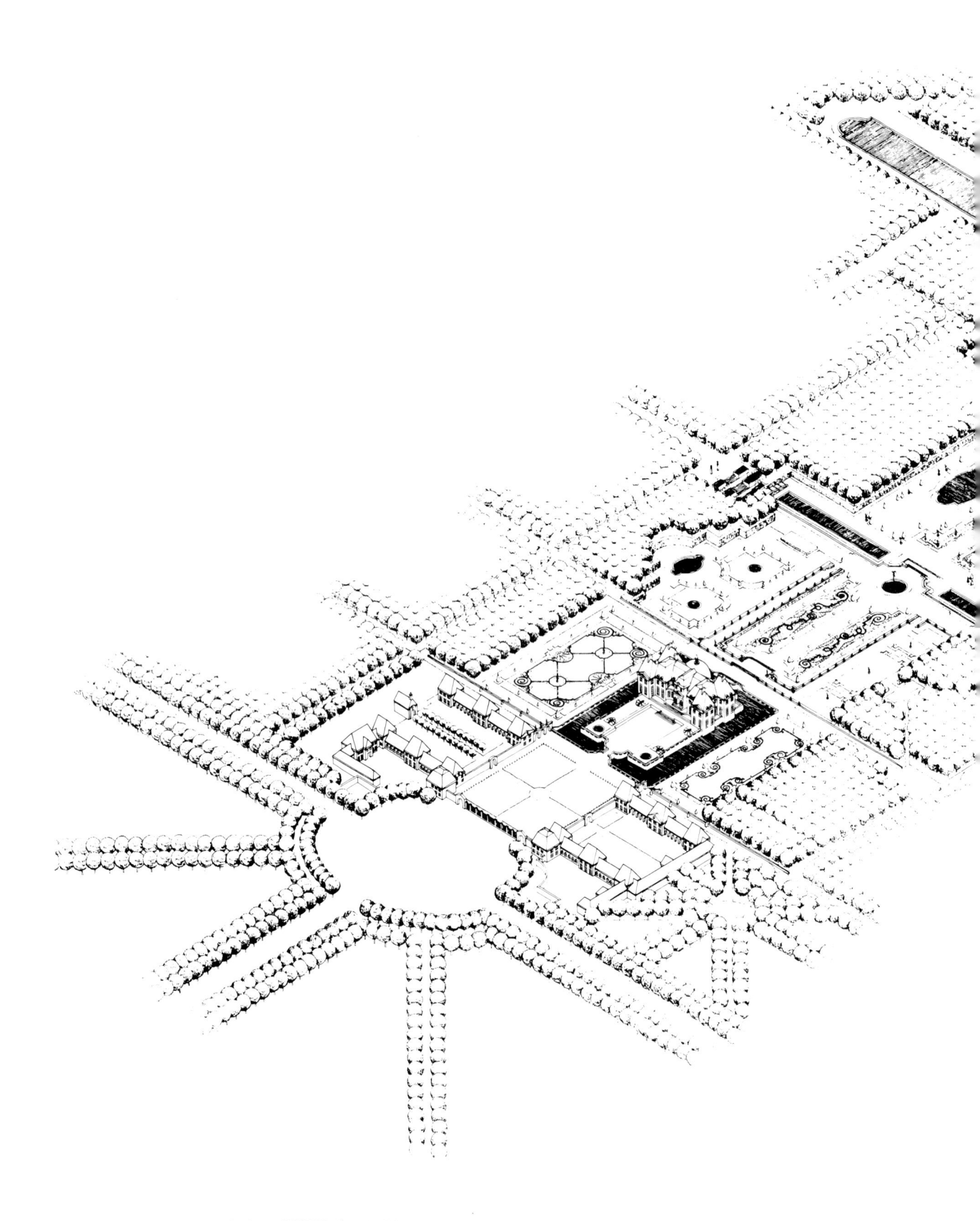

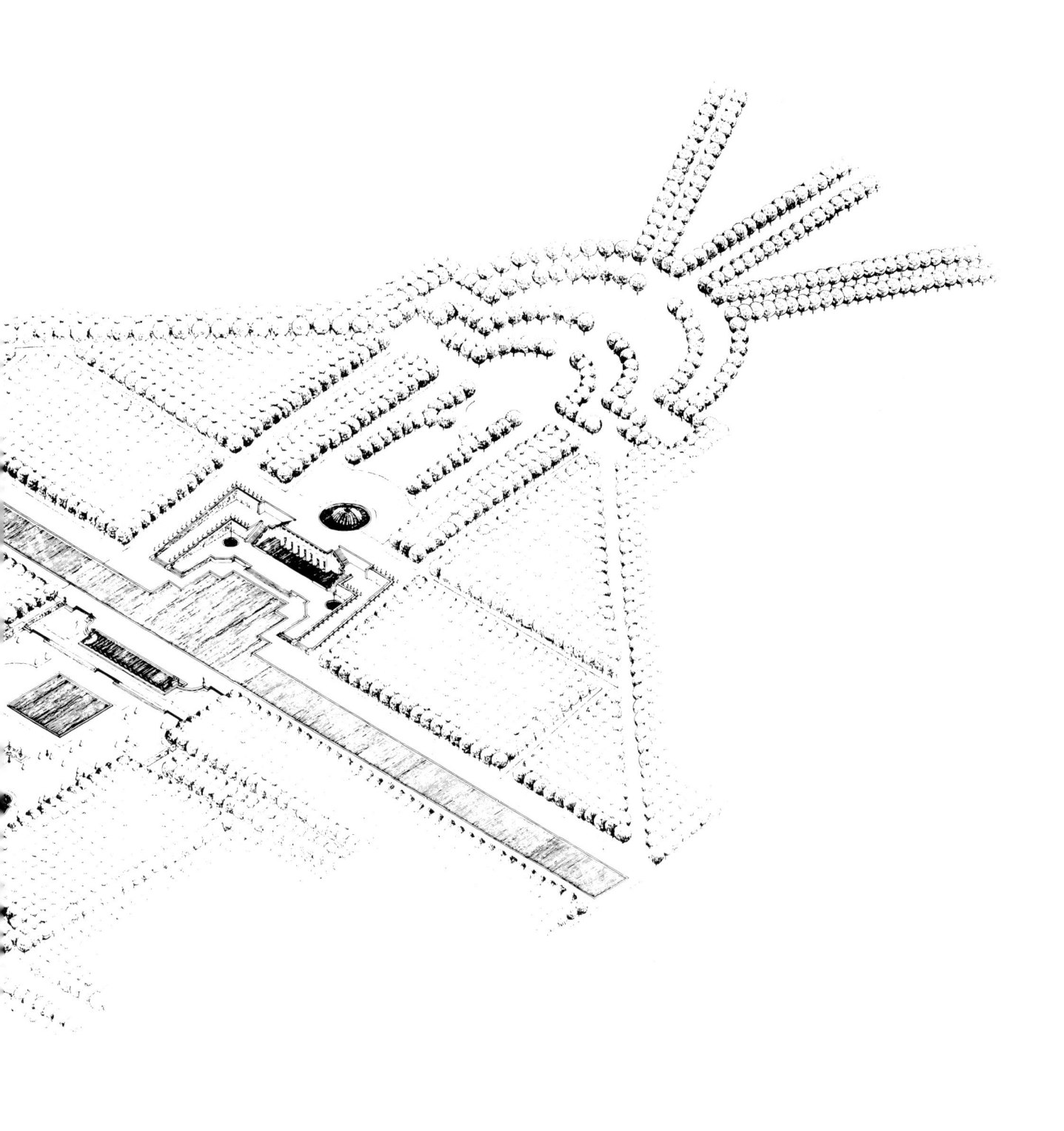

VAUX-LE-VICOMTE

Bauwerke und Terrassen

Wasseranlagen

Pflanzplan

Springbrunnen mit Wasserkuppel

Grotte

Kanal

Parterres

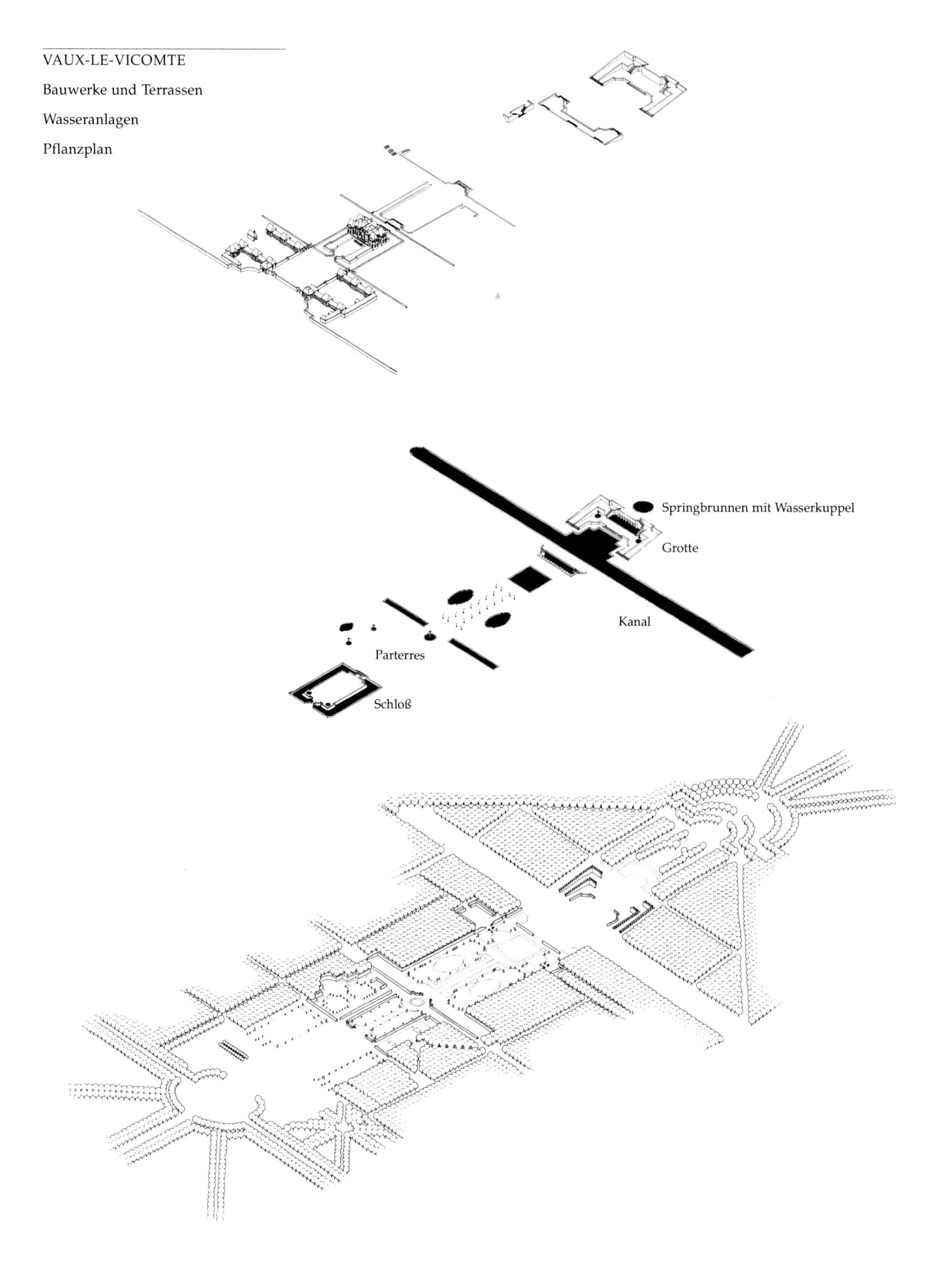

Schloß

Quer zur Hauptachse führen hinter dem quadratischen Bassin breite, aber sehr flache Stufen zu einer statuengeschmückten Mauer und einem schmalen rechteckigen Wasserbassin, das den dahinterliegenden Hauptkanal ankündigt. Er «durchbricht» den Garten – bis man wirklich selbst am Ufer steht und die Enden an beiden Seiten doch erkennt. Über den Kanal blickt man auf eine von Rampen überhöhte Grotte unter Arkaden, deren Lage sie als Pendant zum Schloßgebäude ausweist, so wie der erhöht hinter ihr liegende Springbrunnen eine Wasserkuppel formt, die mit der Kuppel des Schlosses korrespondiert. Baumreihen verlängern die Hauptachse noch ein wenig und gehen dann in konzentrische Halbkreise über, aus denen heraus sich fächerförmige Alleen in den Wald verlieren.

In Vaux-le-Vicomte ist alles weit, großflächig, geradlinig, einfach, streng, stark, großzügig: ein Abbild der Macht über Mensch und Natur. Strenge, geometrische, endliche Muster lassen die Unendlichkeit erahnen. Die Kraft, die sich hier andeutet, gebiert in Versailles noch größere, noch reicher verzierte Gärten; aber niemals wieder werden die Klarheit und die majestätische Wirkung von Vaux-le-Vicomte erreicht.

Wie mag es wohl gewesen sein, das Leben in dieser Umgebung? Zwei Antworten drängen sich auf. Die erste heißt, sich unterwerfen müssen, nach außen hin ein schickliches, gesittetes, strenges, ritualisiertes Leben führen. Einzig der Kanal scheint aus dem starren Muster auszubrechen und deutet die Möglichkeit zur Flucht an – wenn auch nicht mehr für den armen Fouquet. Strenge, formalisierte Gebärden der Gartenlandschaft fordern strenge, ritualisierte Gebärden der Bewohner in strengen, vorgeschriebenen Gewändern.

Die andere Antwort ist weniger schicklich, dafür interessanter. Sie stammt von dem Architekten Jean-Paul Carlhian, der fand, in ihrer Zeit hätten die formellen Räume den Rahmen für ein eher lässiges Gebaren abgegeben. Nie seien Gegenstände auf vollendet symmetrischen Kaminsimsen symmetrisch angeordnet worden, die Aufstellung der Möbel sei dem Bedarf gefolgt, Sitzgruppen wären ad hoc zusammengestellt worden und hätten niemals einen festen Platz gehabt. Die strenge Ordnung in der Architektur von Haus und Garten befreie sozusagen die Bewohner von der Pflicht, sich in ihren symmetrischen Räumen formell und ritualisiert zu bewegen und zu benehmen.

Studley Royal

Die Paradiese der Großmoguln und der maurischen Sultane bilden im Licht der Sonne symmetrische Muster aus glitzerndem Wasser. Le Nôtres Gärten vergolden den Glorienschein des Sonnenkönigs. Studley Royal ist ein Garten des Nordens, ein Ort mit viel Grün und Braun, mit verschwimmenden Entfernungen und dem silbrigen Widerschein eines blassen Himmels auf stillen Gewässern. Studley Royal liegt in einem bewaldeten Tal in der Nähe von Ripon in Yorkshire. Angelegt hat den Garten John Aislabie, eine Figur wie aus der Welt der Brontëschwestern. Er war von 1714–18 königlicher Schatzkanzler gewesen, fiel einem Skandal zum Opfer und landete im Tower. Er war nicht der erste und sollte nicht der letzte bleiben, der in der Anlage eines Gartens Trost suchte und fand.

Wie in Ryoanji und der Alhambra spielt auch Studley Royal mit dem Kontrast, mit dem Widerspruch zwischen Krudem und Vollendetem, setzt formlos

Studley Royal. Der Garten

Das Schöne: Mondteiche und Symmetrie des dorischen Tempels

Das Erhabene: Der Skell fließt über die Trümmer von Fountains Abbey

216 · ORTE der VERGANGENHEIT

Rauhes gegen strengste Symmetrie. In Ryoanji entsteht der Kontrast zwischen den unbehauenen Steinen in einem perfekten Rechteck aus weichem Sand. Glitzernd und regelmäßig wie Kristalle zwängen sich die rechteckigen Patios der Alhambra in den unwirtlichen, felsigen Rahmen der Umgebung. In Studley Royal liegen symmetrische Muster aus Wasser und kurzgeschorenem Rasen inmitten einer Landschaft aus wilden Bergen und Mauerresten.

Das Gelände ist ein L-förmiges Talstück des Flüßchens Skell, an einer Stelle, wo es sich zwischen steilen Hügeln hindurchzwängt. Vom Talboden aus bleibt unsichtbar, was sich hinter der Biegung verbirgt. Dort kann Aislabie mit einer spektakulären Überraschung aufwarten. Studley Royal ist in Wahrheit nicht ein Garten, sondern zwei; der erste liegt im oberen Strich des L, der zweite im unteren. Es ist ein grünes Palindrom: man kann Studley Royal von vorn und von hinten lesen, beides gibt Sinn.

Flußabwärts liegt ein Wehr, das einen großen, fast runden See aufstaut. Rund um das Ufer verläuft ein Weg. Der obere Rand des Sees wird von der hohen, geraden Steinmauer eines zweiten Damms gebildet, der quer übers Tal verläuft. In seiner Mitte befindet sich ein gestufter, halbrunder Wasserfall, an den Ufern stehen, symmetrisch, zwei Fischerhütten mit pyramidenförmigen Dächern und Palladiofenstern, wahrscheinlich das Werk von Colen Campbell.

Diese Geometrie läßt eine talaufwärts verlaufende Wasserachse vermuten, doch bleibt dies dem Blick zunächst entzogen. Der Weg zum Wasserfall und zu den Fischerhütten kommt von Osten, läuft auf der Mauer entlang und erreicht das westliche Flußufer mit Schrittsteinen oberhalb des Wasserfalls. Erst wenn man auf den Schrittsteinen steht, entdeckt man, daß der Fluß zu einem langen, geraden Kanal geworden ist, der rechtwinklig vom See abgeht und zum verborgenen Herzen des Gartens leitet. Dort liegen weiche Flächen aus Rasen und Wasser, zusammengefügt zu einer symmetrischen Komposition von euklidischer Präzision.

Der Kanal teilt den Talgrund in zwei Hälften, bildet die Sehne zu einem Bogen aus bewaldeten Hügeln. Auf der Westseite liegt ein kreisrunder Teich mit einer Statue, die den Punkt bezeichnet, an dem Aislabie seinen Zirkel einstach, um den Kreis zu ziehen. Von hier kreuzt eine Linie den Kanal im rechten Winkel und endet an einem dorischen Tempel, der zwischen Bäumen am Fuß des gegenüberliegenden Hügels steht. Sie bildet die Symmetrieachse für zwei hornförmige Teiche auf dem Westufer, die den runden Teich umgeben: ihre inneren Linien laufen parallel zu seiner Krümmung, ihre Basis ergibt sich aus seiner Tangente, und mit ihrer Form ergänzen sie ihn zu einem Ausschnitt aus einem imaginären, sehr viel größeren Kreis. Vorher schon begegnete man am Ostufer einem Teich in Form eines Halbrings, dessen Mittelpunkt wiederum eine Statue markiert. Dieses Muster aus ebenen Flächen, aus Parallelen und Senkrechten, aus Kreisen, Bögen und Achsen bildet das Ensemble der *Moon Ponds*. Sie sind umgeben von dunklen, düsteren Felsklippen, auf denen sich jedoch Aussichtsplätze befinden, von denen aus man die Mondteiche von oben genießen kann: ein Palladio-Picknickhaus aus Stein von Colen Campbell, eine offene dorische Rotunde mit dem Namen *Temple of Fame* und ein inzwischen verschwundener chinesischer Tempel.

Dieser Abschnitt des Kanals endet talaufwärts vor einem weiteren Wehr inmitten von Bäumen. Hier knickt der Kanal in einem stumpfen Winkel ab und verschwindet unter Bäumen. Nach einem weiteren Wehr verwandelt er sich in einen dicken, wurstförmigen Teich, dessen Halbrund sich um die Ecke in den oberen Teil des Gartens schiebt. Was nun folgt, wurde erst später angelegt, von Aislabies Sohn und Erben William.

Der obere Garten ist nicht viel mehr als ein langes, schmales Tal mit Fluß und Uferweg in der langgestreckten Lichtung des Talgrunds zwischen den bewaldeten Hängen auf beiden Seiten. Der Weg endet an den Ruinen der mittelalterlichen *Fountains Abbey*. Sie hat kein Dach mehr, durch die offenen Fensterhöhlen schwirren die überlebenden Bienen der Zisterzienser, über herabgefallene Trümmer fließt der Skell, und die Sonne wirft bizarre Schatten geborstener Mauern auf das taubenetzte Gras.

Einer von uns kam, lange bevor die Idee zu diesem Buch geboren wurde, ins Skelltal, um die berühmten Ruinen zu besichtigen. Er wanderte weiter flußabwärts, gelangte in ein kleines Gehölz und fand plötzlich, was ihm als Geheimer Garten erschien – ein Wunder an gepflegter Vollkommenheit. Der Boden war von geometrischen Mustern gezeichnet und verkündete ihm, wie einst dem schiffbrüchigen Philosophen in Rhodos, die Existenz menschlichen Intellekts. Die Ruinen waren vergessen. Vom dunklen Hügel grüßte die makellose weiße Symmetrie des dorischen Tempels im Licht der Nachmittagssonne.

Der andere von uns kam hierher, um die Mondteiche zu erforschen. Im leisen Nieselregen Yorkshires spazierte er flußaufwärts und gelangte an einen Ort mit Ruinen von elegischer Schönheit – Erinnerung an die stolze Macht der Klöster, die mit der Einziehung durch Heinrich VIII. ihr abruptes Ende fand, Erinnerung auch an John Aislabies ruinierte Träume und an die dunklen Gewölbe des Tower und an Zeilen von William Wordsworth und Thomas Gray. Die Symmetrien von einst sagen mehr als die makellose Glätte, die der Zeitgeist heute diktiert.

ANMERKUNGEN

1. Wörtlich: Narrheit. Eigentlich zweckloses Gebäude mit besonders betonten Stilelementen. (Bazin)
2. E.A. Poe, Werke, deutsch von Arno Schmidt und Hans Wollschläger, Olten und Freiburg 1967
3. Übersetzung von Eva Rechel-Mertens, Frankfurt 1967
4. James Boswell: Life of S. Johnson, 1791; deutsch 1797
5. Somerset Maugham: Aus meinem Notizbuch. Zürich 1954
6. engl.: *formal garden*. In der deutschen Gartenliteratur gibt es verschiedene Umschreibungen, vom *architektonischen Garten* bis zum *regelmäßigen Garten*. Dem Übersetzer erscheint *formal* am brauchbarsten.
7. Washington Irving: Erzählungen von der Alhambra. Leon 1975
8. Antiker Name für Palestrina. Villa des Plinius.
9. Deutsch: Über den guten Geschmack bei ländlichen Kunst- und Gartenanlagen und bei der Verbesserung wirklicher Landschaften; Leipzig 1798
10. «Vierzig Säulen» ist eine poetische Übertreibung. «Vierzig» steht im Persischen häufig für «viele». (A. Renz: Islam, München 1977)
11. Stupa: Buddhistischer Sakralbau für die Aufnahme von Reliquien
12. Prester John war im Mittelalter ein legendärer Priester und König von Abessinien
13. Im Original: *belting, clumping, dotting*
14. Eine Art Boule-Spiel auf dem Rasen
15. Die englischen Namen könnte man etwa so ins Deutsche übertragen:
    Badwater: Faulwasser; *Panamint Range*: Kupferschatzzinnen; *Black Mountains*: Schwarzenberge; *Funeral Mountains*: Begräbniskette; *Chloride City*: Salzhausen; *Greenwater*: Grünental; *Panamint City*: Kupferschatzmarkt; *Rhyolite*: Flußspaten; *Leadfield*: Bleifeld.
    Peter Agueberry: Peter Fieberbeer; *Seldom Seen Slim*: Fadengeist;
    Auf dem Grab steht:
    «Here lies Shorty Harris, a single-blanket jackass prospector.»
    Zabriskie Point: Zabriskie-Punkt; *Dante's View*: Danteblick, Höllenblick.
    Furnace Creek: Schmelzofenbach; *Stovepipe Wells*: Ofenrohrquelle: *Dry Bone Canyon*: Tal der trockenen Knochen; *Devil's Golf Course*: Satansgolfplatz.
16. Näheres in: S. Eisenstein, Vom Theater zum Film; Zürich 1960
17. A. Henze: Rom. Band V, Stuttgart 1962: Reclam
18. Beuchert, Marianne: Die Gärten Chinas, Seite 168; Köln 1983
19. Zum Westsee von Hangzhou ein Gedicht von Bai Juyi, 782–846, Präfekt von Hangzhou:
    Wie ein Gemälde ist es am See, seit der Frühling gekommen,
    Wirr durcheinander die Gipfel umkränzen die Fläche des Wassers.
    Immer mit anderem Grün vor die Berge die Kiefern sich drängen
    Und in die Wellen der Mond zeichnet den Perlenball.
    (Übersetzung von Günter Eich)
20. Dazu sagt Irmtraud Schaarschmidt-Richter in: Der japanische Garten, ein Kunstwerk. Würzburg 1979, Seite 219: «So zeichnet den ganzen Garten eine literarische Atmosphäre aus, die gleichzeitig eine der Heiterkeit benachbarte Melancholie nicht leugnet.»
21. Homer: Odyssee; übertr. von Joh. Heinr. Voß; 1781
22. In Your Garden; In Your Garden Again; More of Your Garden und – last not least – Even More of Your Garden.
23. John Prest: The Garden of Eden: The Botanic Garden and the Re-Creation of Paradise. New Haven 1981, Yale University Press.
24. V.S. Naipaul: «Pilgrimage», in: An Area of Darkness. Harmondsworth 1968; Penguin
25. Horace Walpole: On Modern Gardening; London 1798
26. Lewis Carroll: Alice im Wunderland; übersetzt von Christian Enzensberger. Frankfurt 1967
27. Vergil: Äneis. Übersetzt von Wilhelm Plankl und Karl Vretska; Stuttgart 1962
28. Zitiert nach Derek Clifford: Geschichte der Gartenkunst, übersetzt von Hubert Klemke. München 1966
29. Übersetzungen aus: Andreas Volwahsen, Islamisches Indien, München 1968; und A. Kaiser: Denkwürdigkeiten des Babur, Leipzig 1828
30. *No pleasing intricacies intervene,*
    No artful wilderness to perplex the scene:
    Grove nods at grove, each alley has a brother,
    And half the platform just reflects the other.
31. Vielleicht hätte Fouquet sich mit ähnlichen Worten retten können, wie sie Kardinal Wolsey, der Erbauer von Hampton Court, vor Heinrich VIII. gebrauchte: «Wozu errichtet sich ein Untertan einen so prächtigen Palast?» «Um ihn seinem Herrn zu schenken, Majestät!»

BIBLIOGRAPHIE

ALLGEMEINE TITEL

Bazin, Germain, *Geschichte der Gartenbaukunst*, Köln 1990
Buttlar, Adrian von, *Der Landschaftsgarten*, Köln 1989
Clifford, Derek, *Gartenkunst*, München ²1981 (*A history of garden design*, London 1962)
Enge, T.O., und C.F. Schröder, *Gartenkunst in Europa, 1450–1800*, Köln 1990
Francis, M. und R.T. Hester, *The Meaning of Gardens*, Cambridge, Mass. 1990
Gothein, Marie Luise, *Geschichte der Gartenkunst*, 2 Bände, München ²1988
Graham, Rose, *Gärten im englischen Stil. Techniken und Gestaltungsvorschläge*, München 1990
Jeckyll, Gertrude, *Garden Ornament*, Woodbridge 1986 (Nachdruck der Ausgabe von 1918)
Jellicoe, Geoffrey und Susan, *Die Geschichte der Landschaft*, Frankfurt/M. 1988 (*The Landscape of Man*, London 1975)
Jellicoe, Geoffrey und Susan, Patrick Goode und Michael Lancaster, *The Oxford Companion to Gardens*, Oxford 1986
Meyer, Hans, *Formale Gärten. Gestaltungselemente und Anlage architektonischer Gärten*, Stuttgart 1989
Prest, John, *The Garden of Eden: The Botanic Garden and The Re-Creation of Paradise*, New Haven 1981
Schnack, Friedrich, *Traum vom Paradies*, München 1967
Wimmer, Clemens A., *Geschichte der Gartentheorie*, Darmstadt 1989

CHINA

Beuchert, Marianne, *Die Gärten Chinas*, München ²1988
Chang, Chao-Kang, Blaser, Werner, *China, Tao in der Architektur*, Basel 1987
Keswick, Maggie, *The Chinese Garden*, London ²1986
Qian, Yun, *Alte chinesische Gartenkunst*, Leipzig 1986

JAPAN

Hayakawa, Masao, *The Garden Art of Japan*, New York ⁶1984
Isozaki, Arata, und Osamu Sato, *Katsura. Raum und Form*, dt. Stuttgart/Zürich 1987
Itoh, Teiji, *Die Gärten Japans*, Köln 1985 (*The Japanese Garden: An approach to nature*, New Haven 1972)
ders., *Space and Illusion in the Japanese Garden*, Tokyo ⁵1985
Kuck, Loraine, *The World of the Japanese Garden*, New York ⁴1984
Newson, Samuel, *A Thousand Years of Japanese Gardens*, Tokyo ³1957
ders., *Japanese Garden Construction*, New York 1988
Sakutei-ki où le livre secret des jardins japonais, Genf 1973
Schaarschmidt-Richter, Irmtraud, *Der Japanische Garten*, Würzburg 1979
Wiese, Konrad, *Gartenkunst und Landschaftsgestaltung in Japan. Technik, Kunst und Zen.* Tübingen 1982

INDIEN

Aubert, Hans-Joachim, *Nord-Indien*, Köln 1989 («Dumont Richtig reisen»)
Brandenburg, Dietrich, *Der Taj Mahal*, Berlin 1969
Brookes, John, *Gardens of Paradise. The History and Design of the Great Islamic Gardens*, London 1987
Crowe, Sylvia, S. Haywood, S. Jellicoe, G. Patterson, *The Gardens of Mughul Indian*, London 1972
Denkwürdigkeiten des Babur, übersetzt von A. Kaiser, Leipzig 1828
Dietz, Ernst, *Indische Kunst*, Frankfurt/Berlin 1964
Franz, H. Gerhard, *Hinduistische und islamische Kunst Indiens*, Leipzig 1967
Gascoigne, Bamber, *Die Grossmoguln*, München 1973
Gothein, Marie Luise, *Indische Gärten*, München 1926
Kaul, Manohar, *Hindu, Buddhist and Muslim Architecture*, New Dehli 1971
Naipaul, V.S., *An Area of Darkness*, Harmondsworth 1968
Villiers-Stuart, Constance M., *Gardens of the Great Mughuls*, London 1913
Vorwahlsen, Andreas, *Islamisches Indien*, München 1968
ders., *Indien, Bauten der Hindus*, München 1969

ENGLAND

Brown, Jane, *The Art and Architecture of English Gardens*, London 1989
ders., *Sissinghurst*, London 1990

Burke, Edmund, *Vom Erhabenen und Schönen*, dt. Berlin 1956
Chambers, Sir William, *Abhandlung über chinesische Gärten*, 1779
The Gardens of Britain, Sechs Bände, London 1977–1979
Hadfield, Miles, *A History of British Gardening*, London ³1977
Hammerschmidt, Valentin und Joachim Wilke, *Die Entdeckung der Landschaft. Englische Gärten des 18. Jahrhunderts*, Stuttgart 1990
Hunt, John Dixon, *William Kent*, London 1987
ders., und Peter Willis, *The Genius of the Place. The English Landscape Garden 1620–1820*, New York 1975
Jekyll, Gertrude, *Pflanzenbilder aus meinen Gärten. Englische Gartengestaltung*, dt. Stuttgart 1988
Sackville-West, Vita, *Aus meinem Garten*, dt. München 1962, Frankfurt/M. und Berlin 1987
Scott-James, Anne, *Sissinghurst: The Making of a Garden*, London 1975
Strong, Roy, *The Renaissance Garden in England*, London 1979
Turner, Roger, *Capability Brown and the Eighteenth-Century English Landscape*, London 1986
Weaver, Lawrence, *House and Gardens by E.L. Lutyens*, Suffolk 1981
Woodbridge, Kenneth, *Landscape and Antiquity: Aspects of English Culture at Stourhead 1718–1838*, London 1970

FRANKREICH

Adams, William Howard, *The French Garden 1500–1800*, New York 1979
Caisse Nationale des Monuments Historiques et des Sites, *Jardins en France 1760–1820*, Paris 1977
Dennerlein, Ingrid, *Die Gartenkunst der Régence und des Rokoko in Frankreich*, Worms 1981
Bernhard Jeannel, *André Le Nôtre*, dt. Basel 1988
Thouin, Gabriel, *Plans Raisonnés de toutes les espèces de Jardins*, Reprint der Ausgabe Paris 1820
Wiebensen, Dora, *The Picturesque Garden in France*, Princeton 1978
Woodbridge, Kenneth, *Princely Gardens. The Origins and Development of the French Formal Style*, London 1986

ITALIEN

Chatfield, Judith, und Liberto Perugi, *A Tour of Italian Gardens*, New York 1988
Henze, Anton, *Rom und Latium*, Stuttgart ²1962, Bd. V
Mader, Günter, und L.G. Neubert-Mader, *Italienische Gärten*, Stuttgart 1987
Mielsch, Harald, *Die römische Villa. Architektur und Lebensform*, München 1987
Shepherd, J.C., und G.A. Jellicoe, *Italian Gardens of the Renaissance*, New York 1925, London 1966
Wharton, Edith, *Italian Villas and their Gardens*, New York 1976

SPANIEN

Goury und Owen Jones, *Plans, Elevations, Sections and Details of the Alhambra*, 2 Bände, London 1842–1845
Grabar, Oleg, *Die Alhambra*, Köln 1981 (*The Alhambra*, Cambridge/Mass. 1978)
Irving, Washington, *Erzählungen von der Alhambra*, Leon 1975
Villiers–Stuart, Constance M., *Spanish Gardens: Their History, Types and Features*, London 1936

USA

Banham, Reyner, *Scenes in America Deserta*, London 1982
Creese, Walter L., *The Crowning of the American Landscape: Eight great spaces and their buildings*, Princeton 1985
Church, Thomas D., *Gardens are for People*, New York ²1983
Kostial McCuire, Diane, *Gardens of America. Three Centuries of Design*, Cambridge, Mass. 1989
Van Dyke, John C., *The Desert*, Salt Lake City 1980 (Nachdruck der Ausgabe von 1901)

AUSTRALIEN

Bligh, Beatrice, *Cherish The Earth. The Story of Gardening in Australia*, Sydney 1975
Chatwin, Bruce, *Traumpfade*, München/Wien 1990 (*The Songlines*, New York 1987)
Henty, Carol, *For the Peoples's Pleasure. Australia's Botanic Gardens*, New York 1989

INDEX

A

Abbé Laugier 43
Achse 42, 107, 109, 117, 121, 137, 143, 160, 162, 195, 200, 210, 211
Agra 170, 171, 174, 191, 195
Aha 42, 73, 143
Aislabie, John 215, 217
Akbar 174, 192
Alhambra 53, 202, 217
Ali Qapu 56
Altar des Himmels 38
Amarnath 130
Äneis 36, 149
Asaf Khan 179
Atschabal 179
Aurangseb 195, 200
Ayers Rock 67

B

Babur 23, 170–172, 174, 191, 200
Bacon, Francis 51, 116, 117
Bagh, Chahar 162
Bagnaia 159
Bali 82
Banks, Joseph 126
Banyanbaum 85, 127
Baradari 56, 57, 179
Bei Hai 169
Beijing 159, 162, 169
Beleuchten 48
Belichten 48
Benennen 54
Berg Meru 130
Bewässerung 46
Blenheim 76
Bodhi-Baum 21
Boissier, Gaston 96
Borges, Jorge Luis 46
Borobodur 58
Borobodurtempel 38
Botany Bay 126
Bouvard et Pécuchet 56
Bowood 73, 76
Bridgeman, Charles 137, 145, 147
Brown, Lancelot 11, 76
Bül-Bül 174
Burke, Edmund 55, 71
Burle-Marx, Roberto 34
Burton, Decimus 126

C

Campbell, Colen 217
Capability 11, 55, 63, 71, 159
Carlhian, Jean-Paul 215
Casino 158
Castelli 78
Casuarinas 51
Ch'ien Lung 34, 53, 54, 96, 105, 169
Chabutra 171, 176
Chadar 174, 176

Chahar Bagh 23, 109, 172, 174, 198
Chambers, Sir William 55, 126
Char Chenar 43, 172
Chatri 18
Cherwell River 137
Chini Kanas 182
Christo 33
Cixi 105
Combray 40
Cook, Sir William 126
Correa, Charles 18
Crivelli, Angelo 78

D

Dalsee 174, 179
de Fouquet, Nicolas 210
Death Valley 91, 93
Delhi 174, 191
Delos 122
Disney s. Walt Disney
Disneyland 16, 53, 102
Drachenlinien 43
Drainage 46
Dschahan 179
Dschahangir 174, 179, 182, 195
Dschumna 170, 191, 195
Düfte 50, 51, 122

E

Eisenstein, Sergej 94
Elements of Architecture 42
Ellison 31
Enshu, Kobori 111
Eremiten 53
Ermenonville 53

F

Flaubert 56
Flitcroft, Henry 149
Fontana, Carlo 78
Fountains Abbey 21, 218

G

Gambara, Gian Francesco 158
Gänsefußmuster 45
Garten der Pfade 46
Gartenraum 43, 44
Generalife 207
Gespaltenes Tor 45, 85
Gilpin, William 55
Granada 202
Großmogul 170, 172, 215
Gunung Agung 82, 84
Gürten 75
Gyo 56

H

Hadrian 34, 94, 96
Hafiz 50

Hamans (Heiße Bäder) 170
Hängende Gärten 38
Häufeln 75
Hayakawa, Masao 69
Heiße Bäder (Hamams) 170
Hindustan 23
Hoare, Sir Henry Colt 36, 148, 155
Hogarth, William 71
Homer 116, 117
Hortus conclusus 43
Humayun 191, 192

I

I'timad-ud-Daulah 192, 195
Idealgarten 51
Indus 133
Innere Stadt 162
Irving, Washington 53, 202
Isfahan 159, 160, 162, 169
Isola Bella 63, 78
Iwan 160

J

Japanischer Garten 69
Jekyll, Gertrude 34
Jomon 110
Jones, Inigo 126

K

Kaiserstadt 162
Kaja 84
Kälte 123
Kangin 84
Känguruh 69
Kaschmir 24, 130, 131, 174
Katsura 33
Katsurarikyu 110, 130
Kauh 84
Kelod 84
Kent 137, 146, 147
Kent, William 31, 136, 159
Kew 126
Kiosk 56
Klang 51
Klimaxgesellschaft 17
Knight, Payne 73
König Alfred 155
Kühlen 49
Kun-Ming-See 109

L

Labyrinth 58
Ladakh 133
Lago Maggiore 78
Lamayuru 133, 135
Larajonggrang 130
Lawrence, D.H. 69
Le Nôtre, André 24, 33, 58, 137, 211, 215
Li Tai-po 115
Linderhof 79
Line of Beauty 146

Lingam 130
Linné, Carl von 93, 126
Lorrain, Claude 45, 148, 149
Ludwig II. 79
Lutyens, Sir Edwin 36, 200

M

Madonna Inn 79
Magic Kingdom 34, 102
Mahal, Mumtaz 195
Mani-Steine 135
Mantras 135
Meidan-i-Schah 56, 160, 162
Melville, Herman 20
Merlin's Cave 53
Meru 91
Mogulgärten 53
Mohinder Singh Randhawa 57
Mondtor 45
Monument Valley 63, 91
Moon Ponds 217

N

Nabatäer 14
Naipaul, V.S. 133
Nasriden 202
Negev 14
Neuschwanstein 79
Nicolson, Harold 117
Nischat Bagh 179, 186
Noritada 111, 115
Nur Dschehan 179, 192, 195

O

Odyssee 116
Oxford 124

P

Padua 124
Palladio 159
Pandrethan 130
Paradies 43, 174, 187, 215
Paradiesgärten 171, 186
Park von Arnheim 31
Patio de los Naranjos 173
Patte d'oie (Gänsefußmuster) 211
Peacock, Thomas Love 75
Persien 23, 160, 171
Perspektive 36
Petworth 75
Peitradura 198
Pittoresker Stil 43, 45
Poe, Edgar Allan 31
Pope, Alexander 11, 52, 57, 136, 147, 154, 155, 173
Portmeirion 102
Prest, John 123

Price, Sir Uvedale 55
Primitive Hütte 43
Prinz Toshihito 110
Proust, Marcel 20, 40

Q

Quincunx 173

R

Ram Bagh 170, 172
Rashtrapati Bhawan 200
Raumillusion 36
Repton, Humphrey 55
Reynolds, Sir Joshua 78
Rousham 31, 58, 136
Rousham Park 54
Royal Botanical Gardens 126
Ryoanji 36, 63, 69, 217

S

Sabi 56
Sackville-West, Vita 117
Sakuteiki 47
Samarkand 191
Schah Dschahan 182, 195
Schalimar Bagh 176
Schönheitslinie 71, 73, 75
Seidenstrasse 134
Shakkei 33
Shan 12
Sharawadgi 55
Shibui 56
Shin 56
Shiva 130
Shiva-Thron 91
Shugakuin 33, 116
Shui 12
Sikandra 192
Sissinghurst 116, 117, 158
Sitwell, Sacheverell 155, 159
Skell 217
So 56
Solander, Daniel 126
Somerset Maugham 51
Sommerpalast 105
Steinerner Wald 64
Stourhead 36, 58, 148
Stravinsky, Igor 23
Studley Royal 215
Stupa 38, 58
Subak 84
Surabaya 82
Suzhou 27, 162

T

Tadsch Mahal 171, 195
Tange, Kenzo 110, 114
Taut, Bruno 110
Teatro Marittimo 95
Teiji Itoh 69
Tessen Soki 69

Timur 191
Tivoli 34, 94
Townsend, William 146
Traumzeit 45, 67
Tsaybegui 64
Tschehel-Sotun 56
Tscheschme-i-Schahi 179
Tschörten 135
Tüpfeln 75
Twickenham 154

U

Uluru 63, 64

V

Vaux-le-Vicomte 24, 210
Verbotene Stadt 162
Vergil 36, 148, 149, 179
Versailles 25, 45
Vignola, Giacomo 158
Villa Adriana 94
Villa Lante 24, 54, 155
Villiers-Stuart, Constance 186
Viollet-le-Duc 43
Vismara 78
Viterbo 158
Vollkommener Garten 96

W

Wabi 56
Wächterstein 25
Wahrzeichen 40, 84
Walpole, Horace 31, 136, 145
Walt Disney 34, 55, 102
Wärme 123
Wärmen 49
Wasserachse 158, 176
Wasserparterre 159
Watts Towers 79
Westsee von Hangzhou 98
Williams-Ellis, Sir Clough 102
Wimpole 76
Wotton, Sir Henry 42
Wularsee 174

Y

Yayoi 110
Yi He Yuan 105
Yourcenar, Marguerite 94
Yuan Ming Yuan 34, 53, 54, 58, 96

Z

Zenana 176, 182
Zitadelle 134